Karl Leberecht Immermann, Max Koch

Immermann's Werke

Karl Leberecht Immermann, Max Koch

Immermann's Werke

ISBN/EAN: 9783743624788

Hergestellt in Europa, USA, Kanada, Australien, Japan

Cover: Foto ©Thomas Meinert / pixelio.de

Weitere Bücher finden Sie auf **www.hansebooks.com**

Immermanns Werke

Zweiter Teil

Zweite Abteilung

Münchhausen

Zweiter Band

Herausgegeben

von

Prof. Dr. Max Koch

Berlin und Stuttgart,

Verlag von W. Spemann

Münchhausen.

Eine Geschichte in Arabesken

von

Karl Immermann.

———

Zweiter Teil.

Fünftes Buch.

Hochzeit und Liebesgeschick.

- --

Erstes Kapitel.

Worin der Hofschulze dem einäugigen Spielmann auseinanderseßt,
warum er keine seiner neun Jacken einbüßen wolle.

An einem klaren Augustmorgen brannten im Oberhofe so viele
5 Kochfeuer, als ob die Bevölkerung sämtlicher Ortschaften in
der Runde zum Mittagsmahle erwartet werde. Über der Herd=
flamme, durch große Klöße und Scheiter zu ungewöhnlicher Größe
entzündet, schwebte an dem eingezahnten eisernen Haken der mäch=
tigste Kessel, welchen die Wirtschaft bewahrte. Sechs oder sieben
10 eiserne Töpfe umstanden mit ihrem siedenden und brodelnden In=
halte diese Gluten. Auf dem Plaße vor dem Hause nach dem
Eichenkampe zu prasselten, wenn die Geschichte die Wahrheit sagt,
neun Feuer, und ebenso viele, oder höchstens eins weniger, auf dem
Hofe in der Nähe der Linden. Über allen diesen Kochstätten
15 waren Böcke oder Roste errichtet, auf welchen Bratpfannen standen,
oder an welchen Kessel von nicht geringer Größe hingen, obschon
keiner derselben sich mit dem Umfange dessen, der über dem Herde
seine Pflicht leistete, vergleichen durfte. Die Gluten verbreiteten
in dem Hause und um dasselbe eine starke Hiße, rote Funken
20 sprühten allenthalben empor und flogen auch wohl unter das
Strohdach, erloschen aber unschädlich inmitten des gefährlich Brenn=
baren, gleichsam, als wollte das Element dem arglosen Zutrauen,
welches die Hofesbewohner in seine Treue sezten, dankbar entsprechen.

Die Mägde des Oberhofes gingen mit Schaumlöffeln oder
25 Gabeln zwischen den Kochstätten geschäftig hin und her. Es durfte,
sollte die Speise den Gästen munden, nicht gefeiert werden mit
Abschäumen und Umwenden, denn in dem großen Kessel über dem
Herde gaben acht Hühner die Kraft zur Suppe her, und in den
übrigen dreiundzwanzig oder vierundzwanzig Töpfen, Kesseln oder
30 Pfannen sotten oder brieten sechs Schinken, drei Truthähne, fünf
Schweinsbraten, nebst der entsprechenden Anzahl von Hühnern.

1*

Diesem Geflügel war nämlich das bevorstehende Fest am
verhängnisvollsten geworden. Der Hahn, welcher die gelichteten
Reihen seiner Teuren über die Nährplätze des Hofes führte, sah
sich unterweilen wehmütig um, oder blickte zornig nach den Feuern,
die sein Liebstes für fremde Freuden zurichteten, und in einer
entfernten Ecke des Hofes bewegte der Morgenwind einen großen
Haufen brauner, gelber und weißer Federn, hin und wieder eine
derselben bis in die Nähe der Feuer wirbelnd.

Während die Mägde in den Bratpfannen nachgossen, die
Schinken anstachen, unter den Truthähnen die Glut erfrischten,
von den Hühnern und der Suppe den Schaum hinwegnahmen,
waren auch die Knechte fleißig an ihrem Werke. Der schwarz=
äugige Verwegene richtete im Baumgarten mit Böcken, Blöcken
und Brettern eine gewaltige lange Tafel zwischen den Blumen=
beeten und unter den Fruchtstämmen zu, nachdem ihm ein ähn=
liches Gerüst bereits im Flure gelungen war. Der dicke Langsame
bekleidete die Pforten des Hauses, die Wände des Flures und
die Thüren der beiden Zimmer, in denen wir den Diakonus und
seinen Küster einstmals haben speisen sehen, mit grünen Birken=
stämmen. Er seufzte nachdrücklich über diese grüne und lustige
Arbeit, auch fiel ihm, wie es schien, die Glut beschwerlich. Den=
noch war ihm ein nachgiebigeres Geschäft zugefallen, als seinem
Mitknechte, dem zornigen Rothaarigen. Denn er hatte doch nur
mit schmiegsamen Maien zu thun, jenem aber lag ob, das Vieh
festlich zu zieren. Den Kühen nämlich und Rindern, welche an
der einen Seite des Flures hinter ihren Krippen standen, ver=
goldete der Rothaarige mit Schaumgold die Hörner, oder band
ihnen bunte Schleifen und Quasten um dieselben. In der That
war dieses eine verdrießliche Arbeit, besonders für einen jähzornigen
Menschen. Denn manche Kuh und dieses und jenes Rind wollte
schlechterdings nichts von dem Feste wissen, schüttelte mit dem
Kopfe oder schwang die Hörner seitwärts, so oft ihm der Rot=
haarige mit dem Leimpinsel und den Schaumgoldblättern nahte.
Er bezwang lange seine Natur und gab nur zuweilen ein dumpfes
Murren von sich, wenn ihm ein Horn den Pinsel oder die Blätter
aus der Hand schlug. Laute, welche die allgemeine Stille, womit
alle Beschäftigte ihre Arbeit verrichteten, kaum unterbrachen.

Als aber die Zierde des Stalles, eine große Weißgefleckte,
mit welcher er sich wohl schon eine Viertelstunde lang umsonst

abgemüht hatte, endlich sogar heimtückisch ward und ihm einen
gefährlichen Stoß versetzen wollte, da riß dem Rothaarigen die
Geduld. Er sprang zur Seite, ergriff einen Zaunpfahl, mit dem
er einst den Pitter vom Bandkotten verschont hatte, und der sich
zufällig in der Nähe befand, und gab dem widerspenstigen Tiere
mit dem dicksten Ende des Pfahls einen so gewaltigen Schlag in
die Weichen, daß die Kuh aufstöhnte. Ihre Seiten begannen zu
fliegen und ihre Nüstern zu schnauben.

Der Langsame ließ die Maie, welche er in der Hand hielt,
sinken, die erste Magd sah vom Kessel auf, und beide riefen wie
aus einem Munde: Gott behüt' uns! Was thust du?

Wenn so ein Aas keine Raison annehmen will, und will
sich nicht mit Manier vergolden lassen, so soll ihm das Donner=
wetter die Knochen zerschmeißen! rief der Rothaarige. Er riß
der Kuh das Haupt herum und schmückte sie nun schöner als
alle ihre Gefährtinnen. Denn das Tier, in seinen Schmerzen
sanftmütiger geworden, stand jetzt ganz still und ließ mit sich vor=
nehmen, was der rauhe Künstler wollte.

Das kann Euch eine teure Hochzeit werden, sagte die erste
Magd. Denn die Blässe ist melk, und wenn sie verkalbt, so seid
Ihr vom Hof.

Und wenn Ihr noch ein einziges Mal Euren Rachen aufreißt,
so kriegt Ihr auch den Zaunpfahl an den Hirnkasten! rief der
Zornige. — Denn der Baas hat mir lange keinen Spruch mit=
geteilt und jach sein zum Haber thut auch mitunter gut, und an
so einem Ehrentage muß man keinen Menschen kujonieren. —
Er gab der geschmückten Blässe einen Schlag auf die Hüften und
sagte: Nun stehe gerade und halte die Hörner steif, damit du
nach etwas aussiehest, wenn die Herrschaften hier speisen.

Während auf diese nachdrückliche Weise unten die Hochzeits=
anstalten betrieben wurden, legte der Hofschulze oben in der
Kammer, worin er das Schwert Karls des Großen verwahrte,
seinen Staat an. Das hauptsächlichste Stück des Feierputzes,
welches die Bauern der dortigen Gegend tragen, ist die Menge
der Jacken, welche sie unter dem Rocke anziehen. Je reicher der
Bauer ist, um so mehrere Jacken zieht er bei außerordentlichen
Gelegenheiten an. Der Hofschulze besaß deren neun, und alle
waren von ihm bestimmt, sich am heutigen Tage auf seinem
Leibe zu versammeln. Er hatte sie hinter einem Saatlaken,

welches wie ein Vorhang den einen Teil der Kammer von dem andern schied, der Reihe nach an Pflöcken neben einander auf= gehängt, erst die unteren von wollenem geblümten Damast, silber= grauem oder rotem, dann die oberen von braunem, gelbem, grünem Tuche. Diese waren mit schweren silbernen Knöpfen geziert. Hinter dem Saatlaken besorgte der Hofschulze seinen Anzug.

Er hatte sein weißes Haar sauber gekämmt, und das gelbe, frischgewaschene Antlitz leuchtete darunter hervor, wie ein Rübsen= feld, über welchem im Mai Schnee gefallen ist. Der Ausdruck natürlicher Würde, welcher diesen Zügen eigen war, hatte sich heute noch um ein Großes vermehrt; er war Brautvater und fühlte das. Seine Bewegungen waren noch langsamer und ge= messener als damals, wo er mit dem Roßkamm feilschte. Sorg= fältig prüfend beschaute er jede Jacke, bevor er sie von ihrem Pflocke nahm, und legte sie darauf bedachtsam eine nach der andern an, ohne sich bei dem Zuknöpfen irgend zu übereilen.

Eben war er mit den damastenen fertig geworden und wollte zu denen von Tuch übergehen, als draußen vor der Thüre der Kammer ein Leierkasten erklang, und folgendes Lied aus einer von Trunk und Heiserkeit verwüsteten Kehle zu tönen begann:

> Fordre niemand mein Schicksal zu hören,
> Dem das Leben noch wonnevoll winkt;
> Ja wohl könnte ich Geister beschwören —

Weiter ließ der Hofschulze den Schwanengesang Kosciuszkos nicht kommen, sondern rasch hinter dem Saatlaken hervortretend, ging er zur Thüre und rief ärgerlich hinaus: Was soll das? Was soll das Geplärr im stillen Hochzeithaus?

Ich wollte mich nur anmelden, erwiderte eine heisere Stimme, indem die Pfeife des Leierkastens, welche bei dem letzten Worte des Liedes in Thätigkeit gewesen war, ausspiff. Herein trat, oder vielmehr drängte sich eine mißgewachsene, kahlköpfige Gestalt, in eine kurze, grobe Jacke und zerrissene Hosen gekleidet, mit Holzschuhen an den Füßen. Es war der einäugige Spielmann, der bei den Bauern in der Gegend der Patriotenkaspar hieß, weil er in den Unruhen von 1787 als fünfzehnjähriger Knabe zu den holländischen Patrioten gelaufen war. Er wußte viel

---

24. Thaddäus Kosciuszko, der letzte Oberfeldherr der Republik Polen und Diktator im polnischen Aufstand von 1794. — 36. Patrioten nannte sich die den Statthaltern aus dem Hause Oranien feindliche Partei.

von Schonhoven, Gorkum und Nieuwport zu erzählen; jener
Feldzug war die große Zeit seines Lebens gewesen. Übrigens
galt er für einen schlechten Menschen, dem man nicht gern be=
gegnete, schützte sich vor dem Hungertode durch den Pfennigerwerb
5 seines Leierkastens und lag oft wochenlang unter freiem Himmel,
oder in einsamen Schoppen und Ställen, denn ein eigenes Obdach
besaß er nicht, obgleich er in seiner Jugend ein artiges Erb an=
getreten hatte, welches ihm aber in sonderbarer Weise verloren
gegangen war. Neben seinem Singen schöner Lieder, gedruckt in
10 diesem Jahr, trieb er auch einen kleinen Handel mit Schriften,
wie: „Des Herzogs von Luxemburg Verbündnis mit dem Satan“
oder „Die schöne Karoline als Husarenoberst“, welche auf dem
Leierkasten zur Anreizung der Wißbegierigen ausgebreitet lagen,
wenn er sang und spielte.

15   Der Hofschulze war, verdrießlich über die Unverschämtheit
des Patriotenkaspars, zurückgetreten, stemmte die Arme in die
Seiten und rief: Wer ruft Euch? Schert Euch vom Hofe! Hier
wird Euch nichts gereicht.

      Nein, versetzte der einäugige Spielmann, indem er das un=
20 versehrt gebliebene Auge tückisch unter den dünnen Brauen zu=
sammenkniff, hier wird mir nichts gereicht, das weiß ich wohl,
Hofschulze. Ihr laßt mich durch den Hund vom Hofe herunter
hetzen, wenn ich hier anstimmen will: Auf! Auf, ihr Brüder, und
seid stark! oder das Mantellied, oder: Das Kanapee ist mein
25 Vergnügen. Ja, so thut Ihr, und wenn es nach Euch ginge,
wäre ich längst vor Hunger zusammengeschnurrt, wie eine Back=
pflaume. Dieses verrichtet Ihr an mir, obgleich Ihr wohl wißt,
daß Ihr derjenige seid, welcher einstmals mir Haus und Hof ab=
feimte und mich zu diesem Leierkasten darniedergebracht hat.

      1. Schonhoven, Stadt in Südholland, Bezirk Rotterdam; in der Nähe Schonhovens
wurde die Prinzessin Friederike Wilhelmine von Oranien, Schwester König Friedrich
Wilhelms II. von Preußen, von den Patrioten gefangen genommen; dies zu rächen rückten die
Preußen über Gorkum, welche Festung sie am 17. Sept. 1787 zur Kapitulation zwangen, in
Holland ein; am selben Tage bemächtigten sich dreißig preußische Husaren der Festung
Nieuwport; vgl. Th. Ph. v. Pfau, Gesch. des preuß. Feldzugs in der Provinz Holland,
Berlin 1790. — 11. „Des weltberufenen Herzogs von Luxemburg, gewesenen kgl. General
und Hofmarschals Pacta, oder Verbündniß mit dem Satan, und das darauf erfolgte
erschröckliche Ende, wobey auch dessen bey seinem Leben verübte tyrannische Mord= und
Frevelthaten kürzlich beschrieben werden. Gedruckt zu Offenbach und Nürnberg.“ — 12. Das
Volksbuch „Die schöne Karoline als Husarenoberst oder die edeldenkende Kaufmannswitwe“
ist erst 1826 erschienen. — 23 f. Auf! Auf, ihr Brüder ꝛc., Anfangsworte von Schubarts
berühmtem „Kapliede“; vgl. 81. Bd. der Nat.=Litt. S. 430. — 24. Das Mantellied, „Schier
dreißig Jahre bist du alt“ von Holtei nach der alten Melodie „Es warn mal drei Reiter
gefangen“.

Der Hofschulze warf einen Blick auf den eisenbeschlagenen
Koffer, worin sein Richtschwert lag, dann trat er dem einäugigen
Spielmann einen Schritt näher, sah ihn lange groß und gelassen
an, und fragte ihn darauf: Wer ist schuld, daß der Oberhof nach
meinem Tode in die fremde Freundschaft übergeht und nicht bei 5
meinem Samen bleibt?

Ich, antwortete der Spielmann, und drehte am Leierkasten,
daß dieser einige Mißtöne von sich gab. Ich habe Euch dazumal
Euren Jungen und Erben totgeschlagen. Ihr wißt aber wohl,
was der Junge wider mich ersonnen hatte, und wie ich um mein 10
linkes Auge gekommen bin. Und deshalb hättet Ihr nicht so
mit mir verfahren dürfen, wie Ihr verfahren seid, denn man
darf den Menschen wohl abthun, aber ihn nicht elend machen.

Seid Ihr anders als gehörig geheischen und geladen worden?
fragte der Hofschulze kalt. Habe ich Euch nicht nach richtigem 15
Freistuhlsrecht und Königsbann vermaledeiet und Euch gewiesen
echtlos, rechtlos, friedelos, ehrlos, sicherlos, mißthätig? — He?

Nein, versetzte der Spielmann und lachte höhnisch. Mein
Fleisch und Blut und Gebein ist wie es sich gebühret, gewiesen
und zugeteilt den Krähen und Raben und den Vögeln und andern 20
Tieren in der Luft, meine Seele aber dem lieben Herrgott, wenn
sie derselbe zu sich nehmen will.

Amen, sprach der Hofschulze. Warum rührt Ihr diese
Dinge auf?

Es sind alte Geschichten, sie mögen schlafen, sagte der Spiel= 25

14 ff. Die Vorladung unter Angabe der Klage und des Klägers wurde gewöhnlich
heimlich zugestellt, die Ladungsfrist war dreimal fünfzehn Tage. Die Verfemungsformel
lautet: „Da nun vor mir verklagt, verfolgt und verwunnen ist N. N., den ich um seiner
Missethat und Bosheit willen habe heischen und laden lassen, als Recht ist der heimlichen
Acht, und er in der Bosheit so verhärtet ist, daß er nicht Ehre und Recht pflegen will
und das höchste Gericht des Reiches verschmähet, so verfeme und verführe ich ihn hier
von kgl. Macht und Gewalt wegen, als Recht ist im Königsbann gebietet und ausweiset,
und ich nehme ihn aus dem Frieden und der Freiheit, die Papst und Kaiser gesetzt und
bestätigt und ferner alle Fürsten und Herrn, Ritter und Knappen, Schöffen und Freie
beschworen haben in dem Lande zu Sachsen, und ich setze ihn aus allen Freiheiten und
Rechten in Königsbann und Wette in den höchsten Unfrieden: und ich weise ihn forthin
von den vier Elementen, die Gott den Menschen zum Trost gegeben und gemacht hat: und
ich mache ihn forthin echtlos, rechtlos, ehrlos, friedelos, mißthätig, fempflichtig,
leiblos, also daß man mit ihm thun und verfahren mag, als man mit einem andern
verfemten, verführten und verwiesenen Manne thut. Und er soll nun forthin keines
Gerichts noch Rechts genießen, noch gebrauchen. Und er soll keine Freiheit noch Geleit
ferner haben, noch gebrauchen, in keinen Schlössern noch Städten, außer an geweihten
Orten. Und ich vermaledeie hier sein Fleisch und sein Blut, auf daß es nimmer zur Erde
bestattet werde, der Wind und die Krähen, Raben und Tiere in der Luft ihn
verführen und verzehren. Und ich weise seine Lehen und sein Gut ledig dem Herrn, sein
Weib zur Witwe, seine Kinder zu Waisen, seinen Hals dem Stricke, seinen Leichnam den
Tieren, seine Seele aber befehle ich Gott im Himmel, wenn er sie zu sich nehmen will.‟

mann, ingrimmig eine seiner fliegenden Schriften zerreißend, welche
auf dem Deckel des Leierkastens lag und das höllische Verbündnis
des Herzogs von Luxemburg enthielt. Ich komme wegen Hungers
zu Euch. Mich hungert. Ich hab' seit drei Tagen nichts ge=
5 fressen. Die Leute wollen mir nichts mehr geben, weil sie der
Lieder überdrüssig sind. Hochzeitshaus ist offen Haus. Deshalb
habe ich das Recht und die Befugnis, auf den Oberhof zu kommen.
Ich wollte Euch gebeten haben, daß Ihr mich zum Spaßmacher
für heute nachmittag annehmet und mir dafür, wie recht, Speise
10 und Trank reichen lasset.

Der Hofschulze besah den unglücklichen Spaßmacher von
oben bis unten und sagte dann langsam: Ihr habt nicht die
Statur und Manier, daß die Leute über Euch lachen können.
Auch ist Steinhausen bereits genommen worden und mit zwei
15 Spaßmachern giebt es Zank.

Steinhausen, rief der Spielmann zornig, weiß nicht halb die
Späße, wie ich! Ich habe die besten und neuesten, von denen sich
Steinhausen nichts träumen läßt.

Dennoch bleibt es bei Steinhausen, erwiderte der Hofschulze,
20 ohne die Miene zu verziehen, denn er hatte im Laufe des Ge=
sprächs seine gewöhnliche Ruhe bald wiedergewonnen. Er fügte
aber dem abweisenden Bescheide hinzu, daß der andere sich fern
von den Gästen in den Eichenkamp setzen dürfe und dort der
Stillung seines Hungers gewärtig sein könne.

25 Aber in diesem sonderbaren Volke lebt selbst bei den Ge=
ächteten und Ausgestoßenen ein gewisser Stolz fort. Der Spiel=
mann warf auf das letzte Anerbieten seines rauhen Feindes trotzig
den Nacken empor und rief: Umsonst habe ich noch nie Brot ge=
gessen, und wenn Ihr mir nicht vergönnen wollt, für Euch zu
30 arbeiten, so will ich fortfahren zu hungern.

Er wandte sich und ging der Thüre zu. Der Hofschulze
wartete seine völlige Entfernung nicht ab, um hinter das Saat=
laken zurückzutreten. Der Spielmann blieb aber in der Thüre
stehen, und als er sah, daß sein Widersacher ihn nicht bemerken
35 konnte, setzte er leise seinen Leierkasten ab, schlich auf den Zehen
unhörbar wieder in die Kammer, blickte sich spähend um, flüsterte:
Hier muß es irgendwo herum stecken! Wo steckt es?

Der Koffer erregte seine Aufmerksamkeit, er schlug sacht den
Deckel zurück und hätte beinahe seine Freude durch einen Schrei

verraten, als er das rostige Gewaffen darin liegen sah. Nun ist
es gut, nun will ich dir schon einen Tort anthun, den du zeitlebens nicht verwinden sollst, murmelte er. Ohne Geräusch zu
machen, klappte er den Deckel zu, bewegte sich leise nach der
Thüre, zog den Schlüssel von derselben, warf den Leierkasten an 5
dem Tragriemen über die Schulter, trat jetzt, als kehre er noch
einmal zurück, hart auf und rief mit lauter Stimme: Hofschulze,
noch ein Wort!

Der Hofschulze, der gerade mit seinem Hochzeitsputze fertig
geworden war, schritt in diesem Augenblicke hinter dem Saat- 10
laken hervor. Sein Ansehen war höchst stattlich. Ein lichtblauer
offen hängender Tuchrock mit weiten geräumigen Ärmeln gab der
großen, markigen Gestalt Umfang und Fülle, darunter saßen die
neun Jacken, die er nur so weit zugeknöpft hatte, daß alle, eine
unter der andern, sichtbar blieben. Auf das Haupt hatte er sich 15
den dreieckichten Hut mit breitem Rande, an der Seite in die
Höhe gekrempt, gedrückt, an den Füßen trug er leinene Kamaschen,
glänzend von Weiße, und ein großer Stock bewehrte die braune,
runzlichte Faust. Erstaunt über die vermeintliche Wiederkehr des
Spielmanns blieb er einige Augenblicke schweigend stehen, der 20
Spielmann schwieg ebenfalls, weil er sich an dem Anblicke seines
Feindes, dem er einen tödlichen Verdruß bereiten zu können sich
bewußt war, wie an dem eines aufgeschmückten Opfers im stillen
weiden mochte. So standen einander der Reiche und der Bettler
des Standes schweigend gegenüber; der Reiche voll Verachtung, 25
der Bettler mit dem Gefühle, daß auch ihm eine Macht über den
Reichen geworden sei.

Endlich fragte der Hofschulze: Was wollt Ihr noch?

Hofschulze, versetzte der Spielmann mit erheuchelter Demut,
Hunger thut gar zu weh und Standhaftigkeit hält nicht vor gegen 30
knurrende Eingeweide. Ich wollte Euch nur noch sagen, daß ich
im Eichenkamp heute nachmittag sitzen und auf die Brocken warten
werde, die von Eurem Tische fallen.

Ich dacht's wohl, sagte der Glückliche stolz. Hochzeit macht
alle satt, ist ein Sprichwort, es soll bei Euch auch zutreffen. — 35
Er wollte gehen. Der Spielmann vertrat ihm den Weg. Erlaubt,
sagte er, daß ich Euch noch einen Augenblick betrachte. Ihr seid
trefflich gekleidet. Der Rock kostet seine Mandel Thaler. Aber

38. Eine Mandel 15—16 Stück.

eine Sitte will mir nicht gefallen, die mit den neun Jacken.
Wenn man herumgekommen ist in der Welt, wenn man dabei
war, wie die alte Orange dazumal in Schonhoven vermolestiert
wurde, und bei der Übergabe von Gorkum und hernach auch noch
allerhand dieses und jenes in der Fremde gesehen hat, so lobt
man nicht jegliches, was die Leute daheim thun. Neun Jacken,
eine unter der andern — darin könnt Ihr Euch ja gar nicht
rühren — und werdet müssen, besonders beim Essen, eine Hitze
ausstehen, nicht zu ertragen.

Für Pläsir wird dergleichen überhaupt nicht angezogen, ant=
wortete der Hofschulze feierlich. Sondern, weil ich neun Jacken
bezahlen kann, so trage ich neun Jacken, und weil es so her=
gebracht ist seit hundert und mehreren Jahren, und die gute Sitte
es erfordert, und mein Vater und mein Großvater immer neun
Jacken trugen auf allen Hochzeiten und Kindelbieren. Wie viele
sollte ich denn nach Eurem Rate anziehen, Kaspar?

Der Patriotenkaspar dachte nach und sagte dann: Etwa sechs.

Gut. Also die siebente, achte und neunte lege ich ab, wenn
ich Eurer Meinung folge. Nun kommt aber einer, dem die sechste
Jacke nicht gefällt, und ein anderer, dem die fünfte mißbehagt,
und wieder einer, dem die vierte anstößig ist. Dieses geht nun
so fort. Es werden sich, wenn ich erst bis zur dritten Jacke
herunterprozessiert bin, stets Leute finden, die mir diese, und
Freunde, die mir die zweite widerraten. Kein vernünftiger Grund
ist aber vorhanden, warum ich diesen Leuten abschlagen soll, was
ich Euch gewährte. Jetzt trage ich also noch eine Jacke und
meinen Rock darüber. Weil ich jedoch einmal in das Auszichen
gekommen bin, und weil mir in der Sommerwärme überhaupt
alles und jegliches Zeug auf dem Leibe Beschwernis macht, ei,
so bleibe ich vielmehr in der Übung, werfe erst den Rock ab, und
dann die letzte Jacke, und wofern die Hitze einigermaßen stark ist,
auch noch endlich das Hemde, gehe dann also splitterfasernackt
umher, wie ein gerupfter Sperling, was eine Schande ist und
nicht gut läßt.

In allen Sachen muß man daran halten, wie sie eine
Ordnung und ihren Bestand haben und des Herkommens sind.
Wäret Ihr nicht zu den holländischen Patrioten und noch sonst

3 f. Er meint vermutlich den Vorfall, den die Erbstatthalterin in den holländischen
Unruhen auf ihrer Reise nach dem Haag erlebte. Anm. J's.

allerwärts herumgelaufen, sondern hübsch im Kolonate sitzen ge=
blieben, so wären Euch die dummen Dinge und Hoffärtigkeiten
aus dem Kopfe geblieben. Weil Ihr aber die alte Orange draußen
mit hattet vermolestieren helfen, so dachtet Ihr, Ihr dürftet uns
hier auch Molesten machen, die Welt gehöre Euer und außerdem   5
noch etwas. Ihr erhobet Eure Augen zu meiner Tochter, was
Ihr als Kolon nicht durftet, und daraus entsprang Sünde und
Schande, Vergewaltigung, Mord und Totschlag. Ich mußte an
Euch Recht nehmen, Ihr seid bis zum Leierkasten herunter=
gekommen, und ich trage noch meine neun Jacken. Wer dazu 10
die Macht und Gewalt hat, der soll sich auch die neunte nicht
abbisputieren lassen, denn er weiß wohl, womit er anfängt, aber
nicht, wo er aufhört, und dieses ist die Moral von der Sache.

Zweites Kapitel.

Ein Topf läuft über, und eine Braut wird geschmückt.   15

Der Hofschulze war nach seiner Rede langsam aus der
Kammer und die Treppe hinuntergegangen, gefolgt von dem Spiel=
mann, der auf die Schlußfolgerungen des Alten nichts zu er=
widern wußte und sich unten aus dem Hofe schlich. Im Flur
überschaute der Hofschulze die getroffenen Anstalten; die Feuer, 20
die Kessel, die Töpfe, die grünen Maien, die bebänderten und
vergoldeten Hörner seines Rindviehs. Er schien mit allem zu=
frieden zu sein, denn er nickte mehreremale wohlgefällig mit dem
Kopfe. Er schritt durch den Flur hofwärts und dann nach der
Seite des Eichenkamps, sah die dortigen Feuer lodern und gab 25
gleiche Zeichen des Beifalls, jedoch immer mit einer gewissen
Hoheit. Wenn der weiße Sand, womit der ganze Flur und der
Platz vor dem Hause dick bestreut war, unter seinen Füßen so
recht lebhaft rauschte und knackte, schien ihm dieses ein besonderes
Vergnügen zu machen.   30
Jetzt war er von seinem beaufsichtigenden Gange in die Nähe
des Herdes zurückgelangt. Ein Topf, welchen die Mägde zu tief
in die Gluten geschoben, war im Überkochen begriffen, und drohte,
seinen Inhalt zu verschütten. Schon war ein Teil des letzteren
in das Feuer gewallt, welches sich zischend gegen diesen Feind 35
wehrte. Von den Mägden und Knechten war eben zufällig niemand

im Flur, da sie im Baumgarten sich mit der Tafel beschäftigten. Der Hofschulze hätte nun allerdings dem Fortschritte des Unheils durch Abrücken mit eigener Hand Einhalt thun können, aber er war weit entfernt, so die Haltung des Brautvaters, welche ihm
5 verbot, irgend etwas an diesem Tage selbst anzufassen, zu verlieren. Vielmehr stand er ruhig neben dem überkochenden Topfe, ruhig wie jener spanische König, welcher die glühende Kohle lieber seinen Fuß versengen ließ, als daß er sie etikettewidrig selbst weggenommen hätte. Er begnügte sich damit: Gitta! zu rufen,
10 auch nicht hastig und leidenschaftlich, sondern langsam und ruhig. Es dauerte daher einige Zeit, bevor die Magd Gitta herbeikam, und als sie endlich gekommen war, erschien die Hilfe zu spät, denn der Topf hatte nichts mehr zu verschütten.

Der Hofschulze ließ sich diesen Verlust nicht kümmern, die
15 Magd mußte ihm einen Stuhl vor das Haus setzen, er nahm dort, dem Eichenkampe gegenüber, Platz, und erwartete, die Schenkel gerade vor sich hingestreckt, Hut und Stock in der Hand, von der goldenen Sonne prächtig beleuchtet, still und wacker den weiteren Fortgang der Dinge.

20 Inzwischen schmückten zwei Brautjungfern die Braut auf ihrer Kammer. Rings um sie her standen bunt mit Blumen bemalte Laden und Packen in Leinwand, welche die Ausstattung an Gebild, Betten, Garn, Wäsche und Flachs enthielten. Selbst in der Thüre und bis weit auf den Gang hinaus war alles besetzt.
25 Inmitten dieser Reichtümer saß die Braut vor einem kleinen Spiegel, hochrot und ernsthaft. Die erste Brautjungfer legte ihr die blauen Strümpfe mit roten Zwickeln an, die zweite warf ihr den Rock von schwarzem, feinem Tuche über, und ließ diesem Stücke die Jacke gleichen Stoffes und gleicher Farbe folgen.
30 Darauf beschäftigten sich beide mit dem Haare, welches zurückgestrichen und hinten in einer Art von Rad zusammengeflochten wurde.

Während dieser Zurüstungen sagte die Braut kein Wort. Desto gesprächiger waren ihre Freundinnen. Sie lobten den Putz, priesen
35 die aufgestapelten Schätze, und hin und wieder ließ ein verstohlener Seufzer ahnen, daß sie lieber Geschmückte als Schmückende gewesen wären. Unerschöpflich waren sie in Hochzeitsgeschichten, welche jedoch

7. spanische König, Don Pedro el ceremonioso von Arragon 1327—1335 (laut freundl. Mitteilung Dr. Lubers).

sämtlich darauf hinausliefen, daß die und die dasselbe angezogen
habe, was nun auch die Tochter vom Oberhofe der Landessitte
gemäß zu tragen hatte. Als diese Erzählungen endlich doch ver=
siegten, kam das Ausbleiben der dritten Brautjungfer an die
Reihe. Sie hatte sich unpaß melden, jedoch zugleich sagen lassen, 5
sie werde wohl noch imstande sein, zu kommen, wenn auch später
als die andern. Nun war es aber schon zehn Uhr vormittags,
in einer halben Stunde mußte die Glocke anfangen zur Trauung
zu läuten, es war die höchste Zeit, daß die dritte erschien, ohne
welche die Braut für nicht gehörig begleitet gelten konnte. Sie 10
kommt gewiß, sagte die zweite Brautjungfer, an so einem Tage
macht sich ja kein Mensch etwas daraus, wenn ihm auch etwas
schlimm ist. — Und was wollt Ihr mit mir wetten, rief die
erste, daß sie nicht kommt? Ich weiß, was ich weiß, weiß, mit
den Schmerzen ist es so weit nicht her, aber der Verdruß ist zu 15
groß, und sie kann sich nicht zwingen; das hat ihr von jeher
gefehlt.

Ei Gott, sagte die Braut, welche hier zum erstenmale ihre
Sprache fand, ängstlich, das wäre ja ein erschreckliches Unglück, und
wenn sie ausbliebe, so würde aus der ganzen Hochzeit nichts. — 20
Sie würde lieber den Bräutigam gemißt, als die dritte Braut=
jungfer entbehrt haben.

Wenn du mir folgen willst, Korbelchen, so laß uns auf den
Notfall denken, sprach die zweite Brautjungfer, ein flinkes, anstelliges
Mädchen. Ich pack' deinen zweiten Feiertagsanzug aus, wir warten 25
noch ein Stückchen, und wenn die Sibyll' dann nicht da ist, so
kleid' ich die Stellvertreterin für sie ein.

Ohne die Antwort der Braut abzuwarten, hatte das Mädchen
eine der Laden aufgethan und aus derselben den saubern neuen
Staat mit allem Zubehör an Bändern und Krausen genommen. 30
Ihre Gefährtin stieß während dessen durch das Radgeflecht der
Haare einen silbernen Pfeil, und dann brachten beide Mädchen
mit feierlichen Mienen der Braut die Krone zugetragen. Denn
die Mädchen der dortigen Gegend tragen an ihrem Ehrentage keinen
Kranz, sondern eine Krone von goldenen und silbernen Flittern. 35
Der Kaufmann, welcher ihren Putz liefert, leiht die Krone nur
dar und nimmt sie nach dem Hochzeitstage zurück. So wandert
sie von einem bräutlichen Haupte zum andern. Es liegt etwas
Schönes und Wahres in diesem Gebrauche und ich müßte mich

sehr irren, wenn er nicht aus dem göttlichen Instinkte des Volkes
entsprungen wäre, der freilich darin, wie in allem, worin er
schöpferisch hervortritt, nur unbewußt gewaltet hat. Das Höchste,
Einzige, was nur einmal das Leben zieren kann, soll nie als
5 Eigentum in Besitz genommen werden, soll stets nur leihweise
die Stirn des Glücklichen berühren. So darf der Lorbeerkranz
um die Scheitel des Helden und Dichters, so darf das Blatt,
welches sich, wann Vater und Mutter weinend segnen, durch die
Locke der Jungfrau schlingt, nur Gunst und Zeichen eines Augen=
10 blicks sein. O es wäre zu wünschen, daß mancher unserer städtischen
Damen versagt wäre, mit anspruchsvollem Stolze die welke Myrte
zu betrachten, die sie im geschmückten Kästchen unter dem großen
Spiegel verwahren, daß sie sich vielmehr hätten gewöhnen müssen,
gleich den westfälischen Bäuerinnen die Krone morgen auf einem
15 andern Haupte zu erblicken, welche sie heute trugen, und welche
gestern ebenfalls eine andere getragen hat!

Drittes Kapitel.

Worin der Autor fortfährt, die Vorbereitungen zur Hochzeit zu beschreiben.

20 Die Braut senkte ihr Haupt ein wenig, als die Freundinnen
ihr die Krone aufsetzten, und ihr Antlitz wurde, als sie die leichte
Last auf ihrem Haare fühlte, wo möglich noch röter als früher.
Es ist schön im Menschenleben, daß jeder einen Augenblick erlebt,
worin alle königliche Macht und Majestät vor ihm zu nichte wird.
25 Diesen Augenblick erlebt nicht nur der Feldherr, der durch einen
Sieg die Hauptstadt rettet, oder der Kanzler, der mit einem Feder=
zuge die Grenzen des Reichs um das Doppelte zu mehren weiß;
es erlebt ihn jeder einmal, er müsse sich auch sonst Tag für Tag
durch ein gedrücktes Dasein hindurch beugen und winden. Der
30 Tagelöhner hat ihn, der sein neugeborenes erstes Kind auf den
Arm nimmt und selbst der todkranke Bettler empfindet ihn, wenn
ihm ein pflichtgetreuer und gewissenhafter Priester die heilige
Kommunion reicht.

Auch unsere Braut, von der sonst nicht viel zu sagen ist,
35 fühlte diesen Augenblick, als sie die Krone auf ihrem Haupte
empfing. In dem dunkelschwarzen Haare, welches sie ausnahms=

weise mitten unter dem blonden Volke besaß, funkelten die goldenen und silbernen Flitter gar lustig. Sie richtete sich, angefaßt von ihren Freundinnen, auf, und die beiden breiten goldburchwirkten Streifen, welche zur Krone gehören, fielen ihr lang auf den Rücken hinunter. Die Knechte standen schon vor der Thüre, um die Ausstattung in den Flur hinabzuschaffen, die Brautjungfern nahmen ihre Freundin bei der Hand, eine erhob das Spinnrad, welches bei den nachfolgenden Ceremonieen ebenfalls seine Bestimmung hatte, und so gingen die drei langsam die Treppe hinunter zum Brautvater, während die Knechte die Laden und Packen ergriffen und sie in den Flur zu tragen begannen.

Inzwischen hatte der Hofschulze unten vor der Thüre Gelegenheit gehabt, seine Fassung zu beweisen. Denn kaum war er draußen einige Minuten lang gewesen, als ein junger Bursche, der Hochzeitbitter, langsam durch den Eichenkamp gegen das Haus zugeschritten kam, dessen verlegene Miene mit seinem Putze und mit dem lustigen Busche von gewiß fünfzig farbigen Bändern am Hute wenig übereinstimmte.

Nun, was ist das? fragte ihn der Hofschulze. Was soll das traurige Gesicht? Passierte ein Unglück?

Ach, versetzte der junge Hochzeitbitter, werdet mir nicht böse, Hofschulze. Hölscher will nicht kommen.

Der Alte ließ vor Schreck seinen Hut fallen und seine Züge verwandelten sich. — Wie? rief er nach einigem Schweigen. Hölscher will nicht kommen? Mein nächster Nachbar? Ei, das wäre ja dem ganzen Pläsir und Feste ein großer Schimpf. Und warum will er nicht kommen? Du bist gewiß in deiner Rede stecken geblieben.

Nein, das nicht, versetzte der Hochzeitbitter. Ihr wißt, an Maulwerk fehlt mir's nimmer, und ich bringe auch alles immer heraus, gehörig geschrieen, wie es sein muß. Ich kann die Rede aufs Schnürchen, wie ich sie aller Orten hersagte, und so auch bei Hölscher:

Ihr lieben, guten Hochzeitsleute,
Kommt morgen auf den Hof, nicht heute;
Der Bräutigam und auch die Braut
Die werden vom Herrn Pastor getraut,
Und wenn getraut ist, geht's zu Tisch,
Darauf wird sein viel Fleisch, kein Fisch,

Es wird da sein auch ein Stück Wurst,
Ist gut für den Hunger und weckt den Durst.
Auch findet ihr einen oder mehrere Schinken,
Auf welche sich sehr gut läßt trinken,
5   Ein Mostertstück wird nicht vergessen,
Das sollt ihr dann mit Mostert essen,
In der Suppe sind Hühner, die nicht krähn,
Das Beste sind vier Puterhähn',
Die lagen fünfzig Jahr' an der Kett',
10   Davon sind sie geworden fett,
Kommt ihr zum Oberhofe nicht,
So seid ihr alle schlechte Wicht' —

Der junge Bursche würde noch lange in diesen Versen, die er laut schreiend mit eintönigem Fall der Stimme vortrug, fort=
15 gefahren haben, wenn ihn nicht der Hofschulze ungeduldig unter=
brochen und zu ihm gesagt hätte: Ich brauche deinen Spruch nicht. Warum bleibt Hölscher aus?

Weil ich ihn statt gestern, erst heute früh eingeladen habe, erwiderte kleinlaut der Hochzeitbitter. Sie hatten mir gestern
20 überall so viel eingeschenkt, daß ich gegen Abend duselig geworden war und einschlief und Hölscher ganz verschlief, wo ich denn nun heute früh nachholen wollte, aber . . .

Hölscher ließ das nicht gelten und sagte, es schicke sich nicht, erst am Hochzeitmorgen gebeten zu werden, es gehöre sich spätestens
25 den Tag zuvor, nicht wahr? fiel der Hofschulze ein.

Jawohl, antwortete der Bursche, und er sagte auch, es heiße in dem Spruch:

Kommt morgen auf den Hof, nicht heute —

wenn er aber morgen komme, so habe er das leere Nachsehen.
30   Der Hofschulze bohrte seinen Stock tief in die Erde. Das Blut war ihm dermaßen in das Antlitz getreten, daß seine Stirn=
adern geschwollen starrten. Er sah den Hochzeitbitter mit einem furchtbaren Blicke an, vor dem dieser den Hut abnahm und drei Schritte zurücktrat. Dann sagte er: Wenn ich mich nicht menagieren
35 müßte, absonderlich heute, so kriegtest du diesen Stock hinter die Ohren, daß du das Aufstehen vergessen solltest. Hölscher kommt nicht, das weiß ich, ich kenne ihn darin, er ist einer, der sich nicht vernegligieren läßt. Und wenn ich selbst zu ihm ginge, was sich aber auch durchaus nicht schickt, er würde es abschlagen. Jedermann

wird nun nach Hölscher fragen, das wird ein Kujonieren geben,
ei! ei! ei! — Was für einen Schaden hast du mir an der Hochzeit
gestiftet! Könnt ihr denn das verruchte Zechen nicht lassen? Denkt
ihr immer, ohne das gediehet ihr nicht? Sieh mich an, ich werde
zu Martini neunundsechszig und fasse alles noch stramm mit an, 5
und doch soll der noch auftreten, der mir nachsagen kann, er habe
mich anders wie gewöhnlich gesehen.

Ihr seid auch was Apartes, mit Euch kann sich niemand
in Vergleichung stellen, sagte der junge Bursche schüchtern.

Ei was! fuhr der Hofschulze auf. So wie ich bin, hat der 10
liebe Herrgott alle Menschen haben wollen, und es ist nur eure
Schlemmerei und Liederlichkeit, die euch nicht so werden läßt.

Während dieses rauhen Auftrittes hatten die Knechte mit
den Packen und Laden auf der Treppe und im Flur ein großes
Geräusch gemacht, und es war sonach die frühere Stille des Ober= 15
hofes sehr unterbrochen worden. Jetzt trat die Braut, geführt
von den beiden Brautjungfern, in die Thüre, das Haupt fest und
steif unter der zitternden Goldkrone haltend, als ob sie fürchte,
den Ehrenschmuck zu verlieren. Sie reichte dem Vater die Hand
und bot ihm, ohne aufzusehen, den guten Morgen, worauf der 20
Alte ohne alle Rührung Schön Dank versetzte und seine frühere
Positur wieder annahm. Die Braut setzte sich an die andere
Seite der Thüre, nahm ihr Spinnrad vor sich und begann eifrig
zu spinnen, in welcher Arbeit sie observanzmäßig bis zu dem
Augenblicke, wo der Bräutigam sie zum Brautwagen führte, fort= 25
fahren mußte.

Der nachlässige Hochzeitbitter hatte sich unterdessen verstohlen
entfernt. Die zweite Brautjungfer unterrichtete den Hofschulzen
von dem Ausbleiben der Sibylle, woran, wie sie hinzufügte, keine
Unpäßlichkeit, sondern das boshafte Wesen schuld sei, weil sie 30
nämlich selbst ein Auge auf den Wilhelm, den Bräutigam, gehabt
habe. Die Glocke begann eben zum erstenmale zu läuten und es
war nun durchaus keine Zeit zu verlieren. Der Hofschulze, der
seit einer Viertelstunde aus einer Verdrießlichkeit in die andere
gestürzt wurde, murmelte tiefsinnig vor sich hin: Wenn nur alles 35
klug geht bei dieser Hochzeit! — Alle die Schererein — hm!
hm! ei! ei! — Indessen muß der Mensch seine Kontenance be=
halten. — Er gab, wiewohl sehr ungern, die Erlaubnis, anstatt
der boshaften Eifersüchtigen, Lisbeth als dritte Brautjungfer ein=

zukleiden, mit welchem Bescheide sich die zweite entfernte, um den
Putz zu Lisbeth zu tragen, auch die erste ging, im Baumgarten
den Strauß für den Bräutigam zu pflücken.

In der Ferne ließen sich schon einzelne Töne der Musik
hören, welche das Herannahen des Brautwagens verkündigten.
Aber auch dieses Zeichen, daß der entscheidende Augenblick bevor=
stehe, der ein Kind vom Hause der Eltern löset und den Vater
bei dem Kinde in den Hintergrund der Anhänglichkeit schiebt,
brachte keine Regungen in den Personen hervor, welche wie Muster=
bilder alter Bräuche an den beiden Seiten der Hofthüre saßen.
Die Tochter spann, hochrot aber gleichgültig aussehend, unverdrossen
fort, der Vater sah gerade vor sich hin, und beide, Braut und
Brautvater, wechselten mit einander kein Wort.

Die Brautjungfer suchte unterdessen im Baumgarten den
Strauß für den Bräutigam zusammen. Sie wählte spätblühende
Rosen, Feuerlilien, orangegelbe Sternblumen, Blumen, welche sie
dort Jelängerjelieber, an andern Orten Jesublümlein nennen, und
Salbei. Groß, daß man drei Hochzeiter höherer Stände damit
hätte ausstatten können, geriet dieser Strauß, denn bei den Bauern
muß alles in das Gewicht fallen. Auch nicht ganz lieblich duftete
er, denn die Salbei verbreitete einen starken, die Sternblume sogar
einen übeln Geruch; indessen durfte beides, insbesondere die Salbei,
nicht fehlen, sollte der Strauß herkömmliche Vollständigkeit besitzen.
Als sie ihn fertig hatte, hielt ihn das Mädchen mit stolzer Freude
vor sich hin, und verknüpfte ihn dann mit einer breiten dunkel=
roten Schleife. Darauf ging sie ihren Posten bei der Braut
einzunehmen.

Viertes Kapitel.
Der Jäger und sein Wild.

Während das Ceremoniell so durch den ganzen Oberhof
waltete, waren auf dem Zimmer, welches der wilde Jäger früher
bewohnt hatte, zwei junge Leute ohne alles Ceremoniell beisammen.
Vier warme Wangen hielten keine bestimmte Farbe, sondern spielten
bald in Purpur, bald in Rosenröte, bald in einem fliegenden
Bleich; vier blaue Augen suchten einander, und wenn sie sich
gefunden, zogen sie, wie erschrocken über ihr Wagnis, den Vorhang
der Wimpern vor sich nieder; zwei Lippenpaare hätten gern

2*

gemeinsame Beschäftigung vorgenommen; da diese ihnen aber noch
versagt war, so zuckten sie für sich in wundersamer, unruhiger
Thätigkeit, die des eigentlichen Ziels entbehrte.

Das junge Mädchen saß am Fenstertischchen und säumte ein
schönes Tüchlein, welches der Jüngling für sie in der Stadt ge- 5
kauft und ihr zum Festputz verehrt hatte. Sie stach sich heute
noch öfter in die Finger, als an dem Abende, da sie der Braut
am Linnen nähen half, denn wenn die Augen die Nadel nicht
überwachen, so geht diese ihre eigenen boshaften Wege.

Der Jüngling stand vor ihr und hatte eine Arbeit für sie 10
unter den Händen. Er schnitt ihr nämlich eine Feder. Denn
endlich, hatte das Mädchen gesagt, müsse sie doch Nachricht geben,
wo sie geblieben sei und um Erlaubnis bitten, noch einige Tage
im Oberhofe verweilen zu dürfen. Er stand an der andern Seite
des Tischchens, und zwischen ihm und dem Mädchen duftete eine 15
weiße Lilie und eine Rose, frisch abgeschnitten, im Glase. Mit
der Arbeit übereilte er sich nicht, er fragte, bevor er das Messer
anlegte, das Mädchen vielfältig, ob sie lieber mit weicher oder
mit harter Spitze schreibe, fein oder stumpf, ob er die Fahne stutzen
oder lang lassen solle, und richtete noch mehrere dergleichen Fragen 20
an sie, so gründlich, als solle ein Schreibmeister mit der Feder
ein kalligraphisches Kunstwerk liefern. Auf diese umständlichen
Fragen gab das Mädchen mit halber Stimme viele und un-
bestimmte Antworten, bald sollte die Feder so und bald sollte sie
so geschnitten werden, und dann sah sie ihn zuweilen an und 25
seufzte jedesmal, wenn sie das that. Der Jüngling seufzte noch
öfter, ich weiß nicht ob über die unbestimmten Antworten, oder
über sonst etwas. Einmal gab er ihr die Feder in die Hand,
damit sie an der zeigen sollte, wie lang sie die Spalte wünsche.
Sie that es, und als sie ihm die Feder zurückreichte, empfing er 30
noch etwas mehr, nämlich ihre Hand. Diese wurde von der
seinigen so ergriffen, daß die Feder darüber zu Boden fiel und
eine Zeitlang ihnen aus dem Gedächtnisse kam, weil alles Bewußtsein in die beiden Hände gefahren war, die einander sanft streichelten
oder drückten — darüber lauten meine Quellen verschieden. 35

Ich will euch ein großes Geheimnis verraten. Der Jüngling und das Mädchen waren der Jäger und die schöne blonde
Lisbeth. Und wenn ihr einmal recht freundlich gegen mich sein,
mich nicht immer so bezweifeln und bemäkeln wollt, wodurch ihr

manches Gute in mir, und euch manche Freude zerstört habt, so
thue ich euch jetzt den Gefallen, und erzähle euch, wie es den
beiden jungen Leuten im Oberhofe ergangen war, nachdem der
Jäger die Lisbeth statt des Rehes geschossen hatte.

Die Verwundete war in jener Nacht auf ihr Zimmer ge=
tragen worden und der Hofschulze, der ganz verstört, was ihm
selten begegnete, aus seiner Kammer hervorkam, hatte sogleich nach
dem nächsten Chirurgus geschickt. Dieser Mann wohnte aber
anderthalb Stunden vom Oberhofe, er schlief fest und ging ungern
bei Nacht aus. Der Morgen war daher schon angebrochen, als
er endlich mit seinen notdürftigen Instrumenten anlangte. Er
nahm das Tuch von den Schultern, betrachtete die Wunde und
machte ein äußerst schwieriges Gesicht. Indessen müssen selbst die
Bedenklichkeiten eines Dorfchirurgen vor der offenbaren Gering=
fügigkeit eines Falls weichen. Der Schuß des jungen Schwaben
hatte Lisbeth glücklicherweise bloß gestreift, nur zwei Schrotkörner
waren in das reine, jungfräuliche Fleisch gedrungen, aber auch
nicht tief. Der Chirurgus zog sie heraus, legte einen Verband
auf, empfahl Ruhe und kaltes Wasser und ging mit dem stolzen
Gefühle nach Haus, daß, wenn er nicht so schleunig herbeigerufen
worden wäre und nicht so unverdrossen bei Nacht seine Pflicht
gethan hätte, unfehlbar der kalte Brand zu der Wunde hätte
treten müssen.

Lisbeth war während des Harrens auf die Hilfe gefaßt
gewesen, und hatte kaum geklagt, obgleich ihr totenblasses Gesicht
verriet, daß sie Schmerzen litt. Auch die Operation, welche durch
die schwere Hand des Chirurgen peinigender wurde, als nötig,
hatte sie mutig ausgehalten. Sie ließ sich die Schrotkörner geben
und schenkte sie dem Jäger mit einem Scherze. Es seien Treff=
körner, sagte sie zu ihm, er solle sie aufheben, er werde damit
glücklich sein.

Der Jäger nahm die Treffkörner, wickelte sie in Papier und
ließ das Haupt seines schönen Wildes, weil es schlummern wollte,
aus den sanft umfangenden Armen. In denen hatte Lisbeth seit
dem Eintritte in die Stube des Oberhofes mit ihren Schmerzen
geruht, wie droben am Freistuhl. Unverwandt hatte er mit
kummervollem Auge in ihr Antlitz geschaut und war zuweilen
einem freundlichem Blicke begegnet, welchen sie, wie um ihn zu
beruhigen, zu ihm emporschickte.

Er ging in das Freie. Unmöglich konnte er jetzt den Ober=
hof verlassen, er mußte, so sagte er, doch die Heilung der armen
Verletzten abwarten, das erforderte die Menschlichkeit, fügte er
hinzu. Im Baumgarten fand er den Hofschulzen, der, da er er=
fahren, daß keine Gefahr vorhanden sei, seinen Geschäften nach= 5
ging, als habe sich nichts ereignet. Er bat den Alten, ihm noch
länger Quartier zu geben. Der Hofschulze sann nach und wußte
kein Gelaß für den Jäger. Und wenn es auch nur ein Verschlag
auf dem Speicher wäre! rief der Jäger, der auf die Entschließung
seines alten Wirtes mit einer Ängstlichkeit harrte, als hange davon 10
sein Schicksal ab.

Nach langem Besinnen fiel diesem endlich ein solcher Ver=
schlag auf dem Speicher ein, worin er Frucht bewahrte, wenn die
Ernte für die gewöhnlichen Räume zu ergiebig ausgefallen war.
Jetzt war er leer, und diesen wies nun der Alte seinem jungen 15
Gaste an, setzte aber hinzu, daß es ihm da droben wohl nicht
gefallen werde. Der Jäger ging hinauf, und obgleich der kahle
und verdrießliche Raum nur von einer Dachluke sein geringes
Licht empfing, und zum Sitzen sich da nichts vorfand, als ein
Brett und ein Kasten, so gefiel es dem Jäger doch dort oben 20
wohl. Denn, sagte er, alles ist mir einerlei, wenn ich hier nur
bleiben darf, bis ich darüber sicher bin, daß ich mit meinem ver=
wünschten Schießen keinen Schaden angerichtet habe. Es ist schönes
Wetter, und ich werde nicht viel oben zu sein brauchen.

Er war auch wirklich nicht viel oben in seinem Verschlage, 25
sondern mehr unten bei Lisbeth. Er bat sie so oft wegen des
Schusses um Verzeihung, daß sie ungeduldig wurde und ihm mit
einem Stirnfältchen des Verdrusses, welches ihr allerliebst stand,
sagte, er solle das nur sein lassen. Nach fünf Tagen war sie
vollkommen geheilt, der Verband konnte abgelegt werden und nur 30
leichte rötliche Pünktchen an der weißen Schulter deuteten noch
die Stellen der Verwundung an.

Sie blieb im Oberhofe, denn sie war vom Hofschulzen, wie
wir wissen, schon früher zur Hochzeit gebeten worden. Diese
verspätete sich um einiges, weil die Ausstattung zum bestimmten 35
Tage nicht fertig werden wollte. Der junge Jäger blieb auch,
obgleich ihn der Hofschulze nicht einlud. Er lud sich aber selbst
zur Hochzeit, indem er eines Tages dem Alten sagte, die Landes=
gebräuche seien ihm so merkwürdig, daß er sie auch auf einer

Hochzeit kennen zu lernen wünsche. Er sagte dies, nachdem er schon vielfältig unten bei Lisbeth gewesen war. Und als er es vorbrachte, flammte sein Gesicht und er konnte das Verlangen nach Erweiterung der Kenntnisse nicht so recht ohne zu stocken kund thun.

Bald hatte der Jäger zwei Tageszeiten, eine unglückliche und eine glückliche. Die unglückliche war, wenn Lisbeth, und sie that es alle Tage, am Brautlinnen half. Der Jäger wußte dann gar nicht, was er mit seiner Zeit beginnen sollte. Nun sahen ihn die Bäume des Gartens und die Eichen des Kamps erst recht wie sein Waldmärchen an. Zuweilen blickte er gen Himmel, aber noch öfter zur grünen, schwellenden Erde nieder, die er hin und wieder hätte küssen mögen, so lieb war ihm der Boden geworden, auf dem er gar manches erlebt hatte. Wenn seine Gedanken Worte wurden, so lauteten sie: Das schöne Mädchen an der schönen Blume — und dann ihr liebes Blut droben am Frei= stuhl — und nun — und nun — —

Aber das alles füllte ihm die Seele nicht aus. Er be= durfte einer Gesellschaft, freilich war ihm nicht jede recht, denn dem Hofschulzen wich er eher aus, wenn er ihm begegnete. Aber nach der Linnenkammer war er oft unterweges, worin er die Mädchen plaudern hörte, und worin Lisbeth still half. Hatte er die Klinke in der Hand um aufzudrücken, dann überzog sein Antlitz dunkle Glut, er wandte sich stolz und ging trotzig, wie ein Löwe, die Treppe hinunter, zum Hofe hinaus, weit, weit in das Feld, ohne sich umzusehen.

Die glückselige Zeit begann, wenn Lisbeth von ihrer Arbeit ruhte und frische Luft schöpfte. Dann war es gewiß, daß beide zusammentrafen, der Jäger und sie. Und wäre er noch so weit hinten im Gebüsch gewesen, es kam ihm dann vor, als sagte ihm jemand: Jetzt ist Lisbeth im Freien. Dann flog er hin, wo er sie vermutete, und siehe, seine Ahnung hatte ihn nicht ge= täuscht, denn schon von weitem erblickte er die schlanke Gestalt und das liebliche Antlitz. Sie pflegte sich dann wohl seitwärts nach einer Blume zu bücken, als achte sie seiner nicht. Vorher hatte sie freilich nach der Gegend gesehen, woher er kam.

Nun gingen sie zusammen durch Feld und Aue, denn er bat sie darum so herzlich, daß es ihr wie eine Sünde vorkam, ihm diese kleine Bitte abzuschlagen. Und je weiter sie sich vom Hofe in die wallenden Felder, in die grünen Wiesen verloren,

desto freier und fröhlicher wurde ihnen zu Mute. Und wenn die
rote sinkende Sonne alles rings umher und ihre jugendlichen
Gestalten mit verklärte, dann meinten sie, es könne ihnen keine
Angst und Pein mehr im Leben kommen.

Der Jäger that der Lisbeth auf diesen Gängen alles zu
Gefallen, was er ihr nur an den Augen absehen konnte. Wenn
sie zufällig nach einem Busche wilder Feldblumen sah, die entfernt vom Wege auf einer hohen Hecke blühten, so hatte er sich
auf die Hecke geschwungen, ehe noch der Wunsch nach den Blumen
in ihre Seele gekommen war. Und wo der Weg sich etwas ab-
schüssig senkte, oder ein Stein im Wege lag, oder wo es ein
geringes Wässerlein zu überschreiten gab, da streckte sich sein Arm
ihr stützend und führend entgegen und sie lachte über die unnötige
Dienstfertigkeit und — nahm den Arm dennoch, und ließ ihren
noch eine Zeitlang in dem seinigen, auch wo der Weg wieder eben
geworden war.

Auf diesen stillen und anmutigen Gängen hatten die jungen
Seelen einander viel mitzuteilen. Er erzählte ihr von den
schwäbischen Bergen, von dem grünen Neckar, von der Alp, vom
Murgthale und von dem Berge Hohenstaufen, auf dem das große
Kaisergeschlecht entsprossen sei, dessen Thaten er ihr auch erzählte.
Dann sprach er von der großen Stadt, worin er studiert habe,
und von den vielen klugen Leuten, die ihm dort bekannt geworden
seien. Und endlich erzählte er ihr von seiner Mutter, wie er
diese so zärtlich lieb gehabt habe, und wie es daher wohl kommen
möge, daß ihm nachher jede Frau teuer und wert erschienen sei,
weil er bei jeder an seine selige Mutter gedacht habe.

Die Lisbeth mußte dagegen von ihrem einfachen Leben erzählen. Darin kamen keine großen Städte und keine klugen
Leute vor und — auch keine Mutter! — Und dennoch meinte er,
nie etwas Schöneres gehört zu haben. Denn jede niedere Pflicht,
die sie geleistet, hatte sie durch Liebe geadelt, und von dem
Fräulein und dem alten Herrn Baron wußte sie tausend rührende
Züge anzugeben, auf allen Plätzen im Schloßgarten und hinter
demselben waren ihr Geschichten begegnet, und aus den Büchern,
die sie sich verstohlen vom Söller geholt, hatte sie erstaunliche
Dinge über fremde Völker und Länder herausgelesen, und sonderbare Vorgänge zu Wasser und zu Lande, und alles hatte sie
behalten.

Wohl hatte der Diakonus recht gehabt, als er die Lisbeth
mit der Blume verglich, die in Duft und Moder erblüht war.
Die Natur hatte an diesem blonden Mädchen ihre Allmacht be=
währen wollen. Sie hatte sich in einem Maienrausche vorgesetzt,
durch die That zu sprechen: Sehet da mein Werk! Eure Er=
ziehung ist Stückerei und Flickerei. — In der Seele dieses
Mädchen war alles neu, ganz, frisch, jungfräulich. Dieses Mädchen
war verständig, wie ein Rechenmeister, und hatte mit den Bauern
um den letzten Zinsgroschen sich gestritten, den sie ihrem Pflege=
vater verschaffen wollte, und dieses Mädchen war doch auch ganz
lyrisch, ganz quellendes und wiedergebärendes Empfangen. Über
ihr Antlitz zogen die Geister der Dinge, die sie sah und hörte,
ein sichtbarer Reigen. Wenn der Jäger ihr von den klugen Ge=
sprächen der Weisen erzählte, so lag ein feines Verstehen um die
Lippen, wenn er ihr sagte, daß Karl von Anjou mit finsterem,
unbeweglichem Gesichte zugesehen, als er den jungen unschuldigen
Konradin hinrichten lassen, so faltete sich die reine Stirn und
Thränen flossen unter diesen lieben zornigen Falten; aber eine
süße Trunkenheit, ein seliger Sonnenschein durchleuchtete das
Antlitz, wenn er ihr das grüne wilde Murgthal schilderte und
dazu mit seiner tiefen, wohlklingenden Stimme das Lied sang:

Süßer, goldner Frühlingstag!
Inniges Entzücken!
Wenn mir je ein Lied gelang,
Sollt' es heut' nicht glücken?

Alles, was er in diese unberührte Brust säete, das keimte,
sproßte, wurzelte darin, blühte und trug Frucht. Der Jäger ward
nicht müde, ihr aus seinem Vorrate zu geben, denn er empfing
wieder das hundertste Korn; seine Welt kam ihm verklärt, ge=
lichtet, vergöttlicht zurück aus dem Lächeln Lisbeths und von
ihren frischen Lippen. So wogte es zwischen ihnen hin und
wieder, ein Seliges, Unausgesprochenes, Unaussprechliches und
war der Wonne kein Ende. Jegliches gefiel ihm an ihr. Wenn
er ihr an einer schlimmen Stelle des Weges die Hand reichte
und wohl fühlte, daß der leise Druck leiser erwidert wurde, so
durchschauerte ihn die Freude, und wenn er ihr dann gleich wieder
die Hand drückte, und die ihrige nun regungslos in der seinigen

22 ff. Die erste Strophe von Uhlands „Frühlingsfeier".

blieb, gleich als wollte sie sagen: Verschwenden wir das Beste nicht! so gefiel ihm das auch. Ebenso war es mit den Blicken. Ihr Auge ruhte einmal oder zweimal des Tages hingegeben an ihm und dann nicht wieder, er mochte es mit dem seinigen auffordern, wie dringend er wollte. Daß sie in allem Maß hielt, 5 gefiel ihm so sehr. Ja, es gefiel ihm sogar, daß ihre Oberlippe ein klein wenig zu kurz war, und die weißesten Zähne zum Vorschein kamen, wenn sie lachte oder lebhaft sprach. Denn dieser Mangel gab in seinen Augen ihrem Gesichte etwas reizend Kindliches, lieblich Unfertiges, was wie alles in ihr auf die letzte, 10 süßeste Vollendung durch den Hauch der Zärtlichkeit harrte.

So gingen ihnen die Tage hin, einer nach dem andern im Oberhofe. Der Hofschulze sah freilich mit andern Augen drein, mußte zwar geschehen lassen, was er nicht hindern konnte, aber er schüttelte häufig den Kopf, wenn er seine jungen Gäste so viel 15 mit einander gehen und verkehren sah. Dann pflegte er für sich zu sagen: Es ist ein Unrecht von so einem Junker. — Seine rauhen Gedanken flogen wie ein widriger Sturm um diese reine Knospe, die zur Blüte aufbrechen wollte. Er nahm sich vor, Lisbeth bei erster günstiger Gelegenheit zu warnen. 20

Wovor? — Zwischen ihr und ihrem Freunde war alles Unschuld, Demut, der keuscheste Traum eines guten Geistes. Noch war das Wort Liebe nicht über ihre Lippen gekommen und geküßt hatten sie einander auch noch nicht. Wenn er zu Nacht in dem elenden Verschlage auf sein Strohlager sank, so hatte er 25 vorher die Luke aufgestoßen und die Sterne schienen ihm wie Lisbeths Augen tief in das Herz hinein, bis er entschlummerte. Wenn sie ihr Bettchen unten im Stüblein suchte, so kniete sie am Stuhle vor dem Bettchen nieder, und faltete die Hände und meinte, ein schönes Gebet zu sprechen, obgleich ihre Lippen kein 30 Wort sagten. Er rief oben leise für sich hin, wenn seine Wimpern sich schlossen: Der ganzen Welt möchte ich vertrauen, wie sie mir so wohl gefällt. — Sie flüsterte, indem sie sanft ihre Wange an das Kissen drückte: Er ist der beste Mensch, den ich noch gesehen habe — und dann schliefen sie beide ein und die harmlosen 35 Gedanken besuchten einander in den webenden Schatten der Nacht.

Das waren die Tage, von welchen geschrieben steht: Sie blühen einmal und nicht wieder!

Fünftes Kapitel.

Die Störung. Was sich in einer Dorfkirche zutrug.

Endlich hatte der Jäger die Feder geschnitten. Er schob Lisbeth ein Blatt Papier hin und bat sie, zu versuchen, ob sie
5 schreibe. Sie that es, konnte aber damit nicht zurecht kommen, sie habe Zähne, sagte sie. Er sah, was sie geschrieben, es war ihr eigener Name in den klarsten, ebensten Zügen. Die feinen Buchstaben entzückten ihn. Ich glaube, an der Feder liegt es nicht, stammelte er, ich wollte wohl, ohne sie zu kappen, ein ganzes
10 Gedicht damit niederschreiben. — Thun Sie es, versetzte Lisbeth und schlug die Augen nieder, Sie sagten mir ja überdies, daß Sie mir das Tuch mit einem Scherze haben schenken wollen.

O — der Scherz wird wohl ausbleiben — rief der Jäger, nahm Feder und Papier, setzte zu dem Worte: Lisbeth das
15 Wörtlein: An, und schrieb einige Reimzeilen nieder.

Lacht nicht über sie! — Der Jäger konnte seinen guten, runden schwäbischen Vers machen, und hätte bessere zustande gebracht, wäre er freieren Herzens gewesen.

> Ich wollte dir mit leichten Scherzen
20 > Die arme kleine Gabe reichen;
> Da trat mir ein Gefühl zum Herzen,
> Das jene Scherze machte weichen.
> Es war die fromme, sanfte Rührung,
> Wenn man durch guter Genien Führung
25 > Die lieblichste Natur erblüht,
> Und aus sich selbst entfaltet sieht.

> In deinem Ernst, in deinem Lachen
> Gehörst du dir nach holdem Rechte;
> Was deine frischen Lippen sprachen,
30 > Es ist das Deine, drum das Echte:
> Wo solche Zauber im Gemüte,
> Folgt das Geschick, wie Frucht der Blüte,
> So lebe, lebe immerzu
> Dein Los, dir eigen, hold wie du!

19 ff. Als Immermann am 2. Oktober 1838 mit Marianne Niemeyer, seiner späteren Braut, den Sohn seines Bruders Ferdinand aus der Taufe hob, dichtete er für seine Mitpatin diese Verse.

Er hatte diese Verse mit fliegender Feder geschrieben, denn die Glocke läutete schon, und Lisbeth, die im Hochzeitszuge nicht fehlen durfte, schien unruhig zu werden. Jetzt reichte er das Blatt mit abgewandtem Gesichte ihr hin und trat von ihr hinweg an das andere Fenster. Nach einigen Sekunden hörte er hinter sich tief atmen und dann leise schluchzen. Rasch wandte er sich und hatte den rührendsten Anblick. Lisbeth stand, etwas gebeugt, als drücke sie die Verehrung, welche sie empfangen, und hielt das Blatt in der reizendsten Unbehilflichkeit mit beiden Händen vor sich hin, wie ein Kind, das die glänzende Weihnachtsbescherung sich noch gar nicht anzueignen wagt. Die hellen Thränen flossen ihr unter den Wimpern, dabei lächelte sie, und sah den Jäger mit dem gläubigsten Vertrauen an, als wollte sie sagen: Wenn du einen armen Findling so hübsch besingen kannst, so mußt du es wohl recht herzlich mit ihm meinen. — Endlich fand ihre Empfindung ein lautes Wort und sie lispelte: Sie machen zu viel aus mir und ich werde noch ganz eitel durch Sie werden.

Er trat, fest seinen flammenden und doch so sanften Blick auf sie heftend, ihr entgegen und wollte ihre Hand küssen. Sie war küssenswert, diese Hand. Es ist, als ob manchem nichts schaden könne. Trotz aller Arbeit war die Hand weich und zart geblieben. Lisbeth entzog sie seinem Munde und bot ihm, die Augen schließend, die Lippen dar. Jauchzend wollte er mit den seinigen sie berühren, da öffnete sich die Thüre und die Brautjungfer trat mit dem Putze und ihrem Anliegen ein. Die Gestörten traten erschreckt auseinander, Lisbeth zu ihrem Tüchlein, der Jäger, ohne sie anzusehen, an das Fenster, von wo er dann mit niedergeschlagenem Blicke aus dem Zimmer schlich. Denn das Gefühl ist auch darin nur sich selbst gleich, daß es mit dem Bewußtsein der reinsten Tugend die Furcht des lichtscheusten Verbrechens paart. — Du denkst an das geliebte Mädchen zugleich mit deinen Gedanken an Gott, du sagst, wie der Jäger, in deinen einsamen Entzückungen: Könnte ich diese Liebe, wie meine beste That, von den Dächern rufen! und dann verleugnest du sie, wie Petrus den Herrn, der ersten Basenfrage, und rufst, ob man von dir glaube, daß du so thöricht seist? —

Draußen war unter dem Glockengeläute die Musik immer näher gekommen, und jetzt wurde der Brautwagen, gezogen von zwei starken Pferden, am andern Ende des Weges, der durch den

Eichenkamp leitete, sichtbar. Die erste Brautjungfer stand mit
ihrem dicken, zum Teil übelriechenden Strauße ehrbar neben der
Braut, die Knechte standen bei den Packen und Laden im Flur,
zum letzten Anfassen bereit; der Hofschulze schaute unruhig nach
5 der zweiten und nach der improvisierten dritten Brautjungfer sich
um; denn wenn diese nicht vor der Erscheinung des Bräutigams
den Platz, den ihnen der Tag anwies, nahmen, so war es nach
seinem Gefühle um die ganze Feierlichkeit geschehen. Doch da
kamen die beiden Erwarteten eben noch zur rechten Zeit die Treppe
10 herunter und stellten sich zu der ersten, als der Wagen gerade
auf den freien Platz vor dem Hause hinauslenkte.

Gleichmütig im Gesicht, wie alle Hauptpersonen dieses Festes,
stieg der Bräutigam vom Wagen. Junge Leute, seine nächsten Freunde,
folgten ihm bebändert und bestraußt. Er schritt langsam auf die
15 Braut zu, die auch jetzt noch nicht emporsah, sondern immerfort
nur spann und spann. Nun befestigte ihm die erste Brautjungfer
den großen Strauß, worin Sternblume und Salbei dufteten, vorn
auf der Brust an dem hochzeitlichen Kleide. Der Bräutigam empfing diesen Schmuck ohne zu danken, denn der Dank gehörte
20 nicht zum Herkommen. Er reichte seinem Schwiegervater stillschweigend die Hand, dann sie ebenso stillschweigend der Braut,
die sich darauf erhob und zu den Brautjungfern stellte, zwischen
die erste und zweite und vor die dritte.

Während dessen hatten die Knechte die Ausstattung auf den
25 Wagen geschafft. Die Szene bekam etwas Wildes, denn indem
die Menschen mit dem Gepäck zwischen den Kochfeuern hindurch-
liefen, wurde mancher brennende Klotz von seinem Orte hinweg-
gestoßen, knisterte und sprühte in dem Wege, den das Brautpaar
zu gehen hatte. Nach dem Linnen, dem Flachs, den Kleidungs-
30 stücken nahm die Braut mit ihren drei Jungfern und dem Spinn-
rade, welches sie selbst trug, auf dem Wagen Platz. Der Bräutigam
setzte sich abgesondert von ihr in den hintersten Teil des Fahrzeuges, und die jungen Bursche mußten diesem zu Fuße folgen,
da die Ausstattung zu viel Raum einnahm, um ihnen noch Sitze
35 zu gestatten. Hierüber machte der eine hergebrachte Späße gegen
den Hofschulzen, auf welche dieser schmunzelnd antwortete. Er
ging hinter den jungen Burschen her, und zu ihm gesellte sich der
Jäger. So gingen zwei zusammen, welche an diesem Tage die
entgegengesetztesten Empfindungen hegten. Denn der Hofschulze

dachte an nichts, als an die Hochzeit, und der Jäger an nichts weniger,
als an sie, obgleich seine Gedanken um den Brautwagen flogen.

Fahre dieser nun langsam nach dem Hofe des Bräutigams,
wo schon die ganze Hochzeitsgesellschaft, Männer, Frauen, Mädchen,
junge Bursche aus allen umliegenden Wehren, und überdies die
Freunde aus der Stadt, der Hauptmann und der Sammler seiner
warten. Dort wird abgeladen; wir gehen inzwischen voran zur
Kirche, die in der Mitte der ganzen Bauerschaft auf einem grünen
Hügel, beschattet von Wallnußbäumen und wilden Kastanien, liegt.
— In der Sakristei beschäftigte sich der Diakonus still mit seinem
Texte. Er gehörte zu den glücklichen Geistlichen, deren innerste
Glaubenskraft vom Zweifel, welchen die neuere Wissenschaft erst
recht gründlich ausgeschaffen hat, nicht berührt wird. Die ver-
flüchtigenden Vorstellungen, welche in das Christentum eingedrungen
sind, waren ihm nicht fremd geblieben, und sein Geist mußte zu
sich sagen, daß darin mehr Wahrheit sei, als in dem Buchstaben
des Orthodoxen. Aber es ging ihm mit der heiligen Geschichte,
wie es uns mit unsern Eltern geht. Wir erkennen ihre Schwächen
und sind doch, wo es auf etwas ankommt, immer ihre Kinder.
Denn er wurde gleich ein anderer, wenn er das Heiligtum betrat; zwischen dessen Wänden verschwand ihm die Kälte, er empfand
das Evangelium in allen seinen Ausstrahlungen, Wundern und
Widersprüchen als eine ewige Thatsache, und als eine wirkliche,
nicht als eine gemachte. So war er denn nie in der Kirche
Lippengläubiger, sondern erbaut, um andere zu erbauen.

Auch heute war er in den Gegenstand seiner Predigt fromm
vertieft. Indessen störte ihn einigermaßen der Küster, welcher,
ohne noch dort ein Geschäft zu haben, auch in der Sakristei verweilte, seinen Oberen mit verlegenen Blicken anschaute und dazu
unablässig seufzte. Der Diakonus sah sich endlich genötigt, ihn
zu fragen, was dies zu bedeuten habe?

Beklemmung, Beängstigung, ein ungemeines Blutwallen und
Zudringen der Säfte nach dem Kopfe hat es zu bedeuten, Herr
Diakonus, versetzte der seufzende Küster.

Es ist nicht zu verwundern, daß Ihr beklommen seid, antwortete lächelnd der Diakonus. Dieses Kopfkissen, welches Ihr
jahraus, jahrein, sobald wir die Stadt verlassen, eingeknöpft auf
dem Unterleibe tragt, die Witterung mag so schön sein, wie sie will,
muß Euch das Blut wallen machen und die Säfte zu Kopfe treiben.

Es ist nicht dieses, mein Herr Diakonus, erwiderte der Küster, indem er seinen ausgestopften Unterleib streichelte, welcher sich in sonderbaren Wellenlinien, Wülsten und Knoten darwies, weil der Inhaber die Federn des Kissens nicht ganz gleich verteilt und
5 verstrichen hatte. Es ist nicht dieses. Besser bewahrt, wie beklagt, ich weiß ja, was eine hartnäckige Verkältung auf sich hat. Das Kissen ist gleichsam ein Teil von mir geworden und ruht mir ohne die mindeste Beschwer auf dem Herzen. Aber weshalb ich beklommen bin, das ist die Furcht vor einer Herabsetzung meines
10 Ansehens und vor einer Schändung so zu sagen des ganzen Küsterstandes, welche mir auf dieser unglücklichen Hochzeit bevorsteht.

Wie denn so?

Der Herr Diakonus wissen, daß der Schulmeister loci vor nunmehr beinahe acht Tagen verstorben ist, und seine Stelle noch
15 keine Besetzung gefunden hat. So fehlet also dieser Hochzeit der zweite observanzmäßige Aufwärter, und da hat nun der Hofschulze, dieser alte eigensinnige Mann, sich nicht entblödet, mir gestern an- und zumuten zu lassen, ich solle statt des fehlenden Schulmeisters aufwarten, weil Küster und Schulmeister mit einander die meiste
20 Ähnlichkeit und Verwandtschaft hätten, worüber ich denn die ganze Nacht hindurch kein Auge zugethan habe. Annoch kann ich vor Herzklopfen mich nicht zufrieden geben.

Freilich würde bei der Aufwartung die eigene Leibesnahrung nicht so wohl gedeihen, sagte der Diakonus.
25 Dieses nebenbei, sprach der Küster sehr ernst. Nötigenfalls würde durch Bündelschnüren und Serviettenverpackung dafür gesorgt werden, daß Küsterei in ihren Gerechtsamen keinen Schaden erlitte. Aber daß die Würde eine Beeinträchtigung dulden müßte und die Freiheit der Stelle von allen und jeden Aufwartediensten
30 eine Verletzung erführe; dieses ist die Hauptsache. Und ehe ich ein solches Präjudiz aufkommen lasse, wodurch mittelst fernerer Nachlässigkeit der Amtsnachfolger Küsterei einer immerwährenden Last unterzogen werden könnte, sterbe ich lieber, obschon ich einsehe, daß meine Weigerung einen furchtbaren Lärmen hervorbringen
35 kann, denn der Hofschulze ist in allem fest, was er sich vorsetzt. Daher entsprießet denn wohl nicht ohne Grund einiger Kummer.

Der Diakonus, der durch das Geschwätz des Küsters sich in

16. Bei den Hochzeitsmahlzeiten der Bauern in der dortigen Gegend warten der Bräutigam und der Schulmeister auf; sonst niemand. Anm. J.'s.

seinen Gedanken unangenehm geirrt fühlte, beschwichtigte ihn mit der Versicherung, daß er seinen Einfluß verwenden werde, um den Hofschulzen von dem rechtswidrigen Verlangen abzubringen. Der Küster ging, etwas erleichtert, da es Zeit war, und die Menschen sich schon in der Kirche versammelt hatten, hinaus und begann auf der Orgel die hergebrachte Schlacht von Prag zu spielen. Er kannte nämlich nur ein Präludium, und dieses war jene verschollene Schlachtmusik, an welche sich vielleicht noch einige ältere Leute erinnern, wenn ich ihnen in das Gedächtnis zurückrufe, daß das Tongemälde mit dem Aufmarsche der Zietenschen Husaren anfängt. Von diesem Aufmarsche wußte der Küster dann immer mit freilich nicht selten kühnen Gängen sich in die gangbaren Kirchenmelodieen hinüberzuschwingen.

Während des Liedes betrat der Diakonus die Kanzel, und als er die Augen zufällig auf die Versammlung warf, hatte er einen unerwarteten Anblick. Ein vornehmer Herr vom Hofe stand nämlich mitten unter den Bauern, deren Aufmerksamkeit er zerstreute, weil sie von ihrem Gesangbuche immer empor- und nach seinem Sterne schielten. Der vornehme Herr wollte mit irgend einem Bauern in das Gesangbuch sehen, um in das Lied einzustimmen, da aber jeder, so wie der Herr vom Hofe sich ihm näherte, ehrerbietig auswich, so gelangte er nicht zum Zwecke und erregte nur eine fast allgemeine Unruhe. Denn wenn er in eine Kirchenbank sich setzte, so rutschten auf der Stelle sämtliche darin seßhafte Bauern bis in die äußerste entgegengesetzte Ecke, und entflohen der Bank gänzlich, wenn der Vornehme ihnen nachrutschte. Dieses Rutschen und Entrutschen wiederholte sich in drei bis vier Bänken, so daß der Herr vom Hofe, der in der besten Absicht diesen Dorfgottesdienst besuchte, es endlich aufgeben mußte, zu einer thätigen Teilnahme an demselben zu gelangen. Er hatte Geschäfte in der Gegend und wollte die Gelegenheit nicht verabsäumen, durch Herablassung die Herzen dieser Landleute für den Thron zu gewinnen, dem er sich so nahe wußte. Deshalb war in ihm, sobald er von der Bauernhochzeit hörte, der Vorsatz entstanden, ihr leutselig von Anfang bis zu Ende beizuwohnen.

Den Diakonus berührte der Anblick des Vornehmen, den er

---

16 ff. Immermann hatte bei der Schilderung des Herrn vom Hofe und seines Benehmens eine bestimmte Persönlichkeit, einen Grafen v. Stolberg im Auge (gütige Mitteilung Herrn Geheimrats v. Sybel).

aus den glänzenden Zirkeln der Hauptstadt kannte, nicht wohl=
thuend. Er wußte, welche sonderbare Sitte der Predigt folgen
werde, und fürchtete den Spott des Vornehmen. Seine Gedanken
verloren daher von ihrer gewöhnlichen Klarheit, seine Gefühle waren
5 etwas bedeckt und er kam, je weiter er redete, um desto weiter
aus der Sache. Seine Zerstreuung wuchs, da er bemerkte, daß
der Vornehme ihm verstehende Blicke zuwarf und bei einigen
Stellen beifällig mit dem Haupte nickte; meistenteils da, wo der
Redner mit sich am unzufriedensten gewesen war. Er beschnitt
10 daher die einzelnen Teile der Traurede, und eilte sich, zur Ceremonie
zu gelangen.

Das Brautpaar kniete nieder und die verhängnisvollen Fragen
ergingen an dasselbe. Da trug sich etwas zu, was den vornehmen
Fremden in den äußersten Schreck versetzte. Denn er sah links
15 und rechts, vor sich und hinter sich, Männer und Frauen, Mädchen
und junge Bursche dicke Knittel, aus Sacktüchern gewunden, hervor=
ziehen. Alles war aufgestanden, zischelte unter einander und sah
sich, wie es ihm vorkam, mit wilden und heimtückischen Blicken
um. Da es ihm nun unmöglich war, den richtigen Sinn dieser
20 Vorbereitungen zu erraten, so verließ ihn alle Fassung, und weil
die Knittel doch unwidersprechlich auf jemand deuteten, der Schläge
empfangen sollte, so kam ihm der Gedanke, daß er der Gegen=
stand einer allgemeinen Mißhandlung sein werde. Er erinnerte
sich, wie scheu man ihm ausgewichen war, und er bedachte, wie
25 roh der Charakter des Landvolkes ist, und wie die Bauern vielleicht,
weil ihnen seine herablassende Gesinnung nicht bekannt sei, sich
vorgenommen hätten, den ihnen unbequemen Eindringling zu ent=
fernen. Alles dieses ging blitzschnell durch seine Seele und er
wußte nicht, wie er Würde und Person vor dem entsetzlichen An=
30 griffe wahren sollte.

Als er noch ratlos nach Entschlüssen rang, schloß der Diakonus
die Feierlichkeit, und es entstand augenblicklich der wildeste Tumult.
Sämtliche Knittelträger und Knittelträgerinnen stürzten schreiend
und tobend und ihre Waffen schwingend nach vorwärts, der Herr
35 vom Hofe aber war über mehrere Bänke mit drei Sätzen seit=
wärts nach der Kanzel zu gesprungen, erstieg dieselbe im Nu und
rief von diesem erhöhten Standpunkte mit lauter Stimme in die
tobende Menge hinunter: Ich rate euch, mich nicht anzutasten!
Ich hege die besten und herablassendsten Gesinnungen gegen euch,

aber jede mir zugefügte Beleidigung wird der Monarch ahnden, wie eine ihm selbst widerfahrene.

Die Bauern aber hörten nach dieser Rede nicht hin, von ihrem Vorhaben begeistert. Sie rannten dem Altare zu, und unterwegs bekam schon dieser und jener unabsichtliche Prügel, bevor das eigentliche Ziel derselben erreicht war. Dieses war der Bräutigam. Die Hände über den Kopf schlagend, bahnte er sich mit aller Anstrengung eine Gasse durch die Menge, welche ihre Knittel auf seinem Rücken, seinen Schultern und überhaupt aller Orten, wo Platz war, tanzen ließ. Er lief, sich gewaltsam Raum schaffend, nach der Kirchthüre zu, hatte aber, bevor er dieselbe erreichte, gewiß über hundert Schläge empfangen, und kam so, wacker zerbläut an seinem Ehrentage, aus dem Heiligtume. Alles lief ihm nach; der Brautvater, die Braut folgten, der Küster schloß unmittelbar hinter dem letzten die Thüre ab und verfügte sich in die Sakristei, welche einen besonderen Ausgang in das Freie hatte. In wenigen Sekunden war die Kirche leer geworden.

Noch stand indessen der vornehme Herr auf der Kanzel. Der Diakonus aber stand vor dem Altare, sich gegen den Vornehmen mit freundlichem Lächeln verbeugend. Dieser hatte, als er auf seinem Felsen Ararat sah, daß die Prügel nicht ihm zugedacht waren, beruhigt die Arme sinken lassen, und fragte, als jetzt Stille eingetreten war, den Diakonus: Sagen Sie mir um des Himmels willen, Herr Prediger, was bedeutete dieser wütende Auftritt und was hatte der arme Mensch seinen Angreifern gethan?

Nichts, Ew. Excellenz, versetzte der Diakonus, der ungeachtet der Würde des Orts Mühe hatte, ein Lachen über den Höfling auf der Kanzel zu verbeißen. Dieses Abklopfen des Bräutigams nach der Trauung ist ein uralter Gebrauch, den sich die Leute nicht nehmen lassen. Sie sagen, er solle bedeuten, daß der Bräutigam fühle, wie weh Schläge thun, damit er sein künftiges hausherrliches Recht wider die Frau nicht mißbrauche.

Ja, das sind denn doch aber wunderbare Sitten ... murmelte die Excellenz und stieg von der Kanzel. Unten empfing sie der Diakonus sehr höflich und wurde von ihr mit drei Küssen auf der flachen Wange beehrt. Dann führte der Geistliche seinen vornehmen Bekannten in die Sakristei, um ihn von dort in das Freie zu entlassen. Der noch immer Erschrockene sagte, er müsse erst überlegen, ob er an dem ferneren Verlaufe der Festlichkeit

teilnehmen könne. Der Geistliche bedauerte dagegen auf dem
Wege nach der Sakristei unendlich, daß er nicht früher von dem
Vorhaben Seiner Excellenz Kunde erhalten habe, weil er dann
imstande gewesen sei, Nachricht von der Prügelsitte zu erteilen
⁵ und so Furcht und Schreck abzuwenden.

Nachdem beide sich entfernt hatten, war Stille und Schweigen
in der Kirche. Es war ein artiges Kirchlein, reinlich und nicht
zu bunt; ein reicher Wohlthäter hatte manches dafür gethan. Die
Decke war blau gemalt mit goldenen Sternen, an der Kanzel
¹⁰ zeigte sich künstliches Schnitzwerk und unter den Leichentafeln der
alten Pfarrer, welche den Fußboden bedeckten, befanden sich sogar
zwei oder drei von Messing. Reinlich und sauber wurden die
Bänke gehalten, auch darauf hatte der Hofschulze mit seinem
großen Einflusse hingewirkt. Eine schöne Decke zierte den Altar,
¹⁵ über dem sich ein geschlungenes marmoriert angestrichenes Säulen-
werk erhob.

Hell fiel das Licht zu dem Kirchlein ein, die Bäume säuselten
draußen und zuweilen bewegte ein gelindes Lüftchen, das durch
eine zerbrochene Scheibe drang, die weiße Schärpe, womit der Engel
²⁰ über dem Taufbecken bekleidet war, oder die Flitter der Kronen,
welche, von den Särgen der Jungfrauen genommen, die Pfeiler
umher schmückten.

Braut und Bräutigam waren fort, der Brautzug war fort,
und doch war es nicht ganz einsam in dem stillen Kirchlein. Zwei
²⁵ junge Leute waren darin zurückgeblieben und wußten nicht von
einander und das war so zugegangen. Der Jäger hatte sich, als
die Hochzeitleute die Kirche betraten, von ihnen abgesondert und
war still eine Treppe zu einer oberen Prieche hinaufgegangen.
Dort setzte er sich auf einen Schemel ungesehen von den andern,
³⁰ abgewendet von ihnen und von dem Altare, ganz für sich und
allein. Er schlug sein Gesicht in seine Hand, aber das konnte
er nicht lange ertragen, die Wange und Stirn glühte ihm zu
stark. Das Kirchenlied drunten fiel mit seinen ernstgezogenen Tönen
wie ein kühlender Tau in seine Glut, er dankte Gott, daß endlich,
³⁵ endlich ihm das größte Glück beschieden sei, und in die frommen
Worte da unten sang er unaufhörlich seine weltlichen Verse hinein:

In deinem Ernst, in deinem Lachen
Gehörst du dir nach holdem Rechte! . . .

28. Prieche, Emporbühne seitwärts der Orgel an der Längsseite der Kirche.

3 *

Ein kleines Kind, welches sich neugierig heraufgeschlichen hatte,
nahm er sanft bei der Hand und streichelte diese. Dann wollte
er ihm Geld geben, aber er ließ es sein, drückte es an sich und
küßte ihm die Stirn. Und als das Kind, ängstlich von den heißen
Liebkosungen, die Treppe hinuntergehen wollte, führte er es sacht 5
hinab, daß es nicht falle. Dann kehrte er zu seinem Sitze zurück
und hörte nichts von der Rede und nichts von dem Lärmen, der
ihr folgte, in tiefe, selige Träume versunken, die ihm seine schöne
Mutter zeigten und sein weißes Schloß auf grünem Berge und
ihn und noch jemand in dem Schlosse. 10

Lisbeth war in ihrem fremdartigen Anzuge verlegen und
scheu hinter der Braut hergegangen. Ach, dachte sie, in dem
Augenblicke, wo der gute Mensch von mir sagt, ich wäre immer
natürlich, muß ich geborgte Kleider tragen. Sie sehnte sich in
die ihrigen zurück. Die Bauern, die Leute aus der Stadt hörte 15
sie hinter sich zischelnd ihren Namen nennen, der vornehme Herr,
welcher vor der Kirche dem Zuge entgegentrat, besah sie lange
prüfend durch seine Lorgnette. Das alles mußte sie erleiden, als
sie eben so schön besungen worden war, als ihr Herz von Freude
und Entzücken überflutete. Sie trat halbbetäubt in die Kirche 20
ein und nahm sich vor, bei dem Rückwege von dem Zuge zu
bleiben, damit sie auf keine Weise wieder der Gegenstand des
Gesprächs, oder gar der Scherze werde, über welche sie sich seit
einer Viertelstunde weit hinaus fühlte. Auch sie hörte von der
Rede wenig, so sehr sie sich zwang, dem Vortrage ihres verehrten 25
geistlichen Freundes zu folgen. Und als die Ringe gewechselt
wurden, da erregten ihr die gleichgültigen Gesichter des Braut=
paares eine sonderbare Empfindung, gemischt aus Wehmut, Neid
und dem stillen Unwillen, daß ein so himmlischer Augenblick an
stumpfen Seelen vorübergehe. 30

Nun entstand der Tumult und da entfloh sie unwillkürlich
hinter den Altar. Als es wieder still geworden war, holte sie
tief Atem, zupfte an ihrer Schürze, strich sich eine Locke, die ihr
auf die Stirn gefallen war, sacht zurück und faßte sich ein Herz.
Sie wollte sehen, wie sie unbemerkt auf Nebenwegen zum Ober= 35
hofe zurückgelangen und der leidigen Kleider quitt werden möchte.
Mit kleinen Schritten und niedergeschlagenen Augen ging sie durch
einen Seitengang nach der Thüre zu.

Aus seinen Träumen endlich erwacht, kam der Jäger die

Treppe hinunter. Auch er wollte die Kirche verlassen, wußte aber
freilich nicht, wohin dann? Sein Herz bebte, als er Lisbeth sah;
sie schlug die Augen auf und blieb schüchtern und fromm stehen.
Dann gingen sie, ohne einander anzuschauen, stumm der Thüre
5 zu, auf deren Drücker er seine Hand legte, sie zu öffnen. Sie
ist verschlossen! rief er mit einem Laut des Entzückens, als sei
ihm das höchste Glück widerfahren. Wir sind in der Kirche eingeschlossen!

Eingeschlossen? fragte sie voll süßem Schreck. — Warum
10 macht Sie das bestürzt? Wo kann man besser aufgehoben sein
als in einer Kirche? sagte er seelenvoll. Er schlug sanft seine
Arme um ihren Leib, mit der andern Hand faßte er ihre Hand,
so führte er sie nach einer Bank, nötigte sie darauf nieder und
setzte sich neben sie. Sie sah in ihren Schoß und ließ die
15 Bänder an dem buntfarbigen Jäckchen, welches sie trug, durch die
Finger gleiten. Er hatte seinen Kopf auf dem Betbrette auf-
gestützt, sah sie von der Seite an und berührte das Häubchen,
welches sie trug, wie um den Stoff zu prüfen. Er hörte ihr
Herz klopfen und sah ihren Hals gerötet. — Nicht wahr, es ist
20 ein abscheulicher Anzug? fragte sie nach langem Schweigen kaum
hörbar. — Oh! rief er und knöpfte seine Weste auf, ich sah nicht
nach dem Anzuge! — Er faßte ihre beiden Hände, drückte sie
stürmisch gegen seine Brust und zog sie dann von der Bank.

Ich ertrag's nicht so still zu sitzen! Lassen Sie uns die
25 Kirche besehen! rief er. — Hier ist wohl nicht viel Sehenswürdiges,
versetzte sie zitternd.

Er ging mit ihr zu dem Taufsteine, auf dessen Grunde noch
etwas von dem heiligen Naß stand, denn es war vor der Hochzeit
schon eine Taufe in der Kirche gewesen. Sie mußte mit ihm
30 auf den Grund und in das Wasser hinabsehen. Dann tauchte
er den Finger hinein und netzte erst ihre und dann seine Stirn.

Um Gotteswillen, was machen Sie? rief sie ängstlich und
wischte rasch die ihr frevelhaft dünkende Befeuchtung ab. —
Wiedertäuferei treibe ich, sagte er wunderbar lächelnd. — Dieses
35 Wasser weiht die Geburt zum Leben, und dann geht das Leben
so fort — lange, lange, heißt Leben und ist keins — und dann
bricht das wahre Leben auf, und man sollte dann von neuem
taufen. — Sie wurde ängstlich in seiner Nähe und stammelte:
Kommen Sie, ein Ausgang wird durch die Sakristei zu finden

sein. — Nein, rief er, erst die Totenkronen wollen wir besehen; zwischen Geburt und Grab erlebt unser Leben sein Leuchtendes, sein Schönes! — Er führte sie zu der stattlichsten Totenkrone am gegenüberstehenden Pfeiler und murmelte auf dem Wege mit trunken=irren Blicken die Stelle von Gray, welche mit seinen übrigen Gedanken nicht zusammenhing, und auf welche ihn nur der Ort bringen konnte: „Viel Tropfen reinsten Glanzes bergen des Meeres dunkele unermessene Tiefen, viel Blumen brachen auf, um ungesehen zu blühen, und ihre Süße an die öde Luft zu verschwenden!"

Dachte er an das Mädchen, von dessen Sarge die strahlende Totenkrone war? — Ich weiß es nicht. — Flittern und glänzende Ringe hingen an dünnem Zindel herunter. Er riß zwei Ringe ab und flüsterte: Ihr seid nur schlechte Reifen, aber zu köstlichem Gold will ich euch weihen und heiligen! — Er steckte, ehe Lisbeth es verwehren konnte, ihr den einen und den andern darauf sich an. Dabei sah er zornig aus, seine Lippen schürzte ein er= habener Unmut, er legte seine geballte Faust dem Mädchen auf den Nacken, als wollte er sie züchtigen, daß sie seine Seele ihm entwendet habe. In diesem starken jungen Gemüte riß die Liebe, wie ein Waldstrom im Gebirge, tiefe Schluchten und Spalten.

Oswald! rief sie und trat vor ihm zurück. Es war das erste Mal, daß sie seinen Vornamen nannte. — Wir können das ebenso gut thun, wie die dummen Bauern, sagte er, und sind keine anderen Ringe zur Hand, so nehmen wir sie vom Sarg= schmuck, denn das Leben ist stärker als der Tod. — Nun gehe ich, seufzte sie atmend und wankte. Ihr Busen flog, daß das Mieder wild bewegt wurde.

Aber schon hatten seine starken Arme sie umstrickt und auf= gehoben und vor den Altar getragen. Dort ließ er sie nieder, die halb ohnmächtig an seiner Brust lag, und stammelte schluchzend vor Liebesweh und Liebeszorn: Lisbeth! Liebe! Einzige! Entsetz= liche! Feindin! Räuberin! Vergieb mir! Willst du mein Du sein? Mein ewiges, süßes Du?

5. Thomas Gray, englischer Lyriker, gest. 30. Juli 1770. Der Jäger citiert Verse aus Grays berühmtestem Gedichte, der „Elegie auf einen Dorfkirchhof", die in Kosegartens Übersetzung lauten:

„Wie mancher teure Edelstein versprüht
Den Glanz in Tiefen, die kein Lot ermißt!
Wie manche Blum' errötet und verblüht
In öden Schründen, die kein Lichtstrahl küßt!"

Sie antwortete nicht. Ihr Herz schlug an seinem, sie schmiegte sich ihm an, als wollte sie mit ihm verwachsen. Ihre Thränen flossen auf seine Brust. Nun hob er ihr Haupt empor, und die Lippen fanden sich. In diesem Kusse standen sie lange, lange.
5   Dann zog er sie sanft neben sich auf die Kniee nieder, und beide erhoben vor dem Altare betend die Hände. Sie konnten aber nichts vorbringen als: Vater! lieber Vater im Himmel! Und das wurden sie nicht müde, mit wonnezitternder Stimme zu rufen. Sie riefen es so zutraulich, als ob der Vater, den sie
10 meinten, ihnen die Hand reiche.

Endlich verstummte dieses Rufen und sie legten das Gesicht schweigend an das Altartuch. Mit dem Arme aber umschlang eines des andern Nacken, die Wangen glühten, eine an der andern, und die Finger spielten sanft in den Locken. Es war keine Un-
15 ruhe mehr in den Herzen; sie schlugen still und gleichmäßig.

So knieten die beiden eine Zeitlang vereinigt lautlos im Heiligtume. Plötzlich fühlten sie ihre Häupter leise angerührt und sahen empor. Der Diakonus stand zwischen ihnen mit leuchtendem Antlitz und hielt seine Hände segnend auf ihren Scheiteln. Er
20 war zufällig aus der Sakristei noch einmal in die Kirche getreten und hatte mit gerührtem Erstaunen die Verlobung gesehen, die hier abseitig der Hochzeit und im Angesichte Gottes zustande ge= kommen war. Auch er redete nicht, aber seine Augen sprachen. Er zog den Jüngling und das Mädchen an seine Brust und
25 drückte seine Lieblinge herzlich an sich.

Dann ging er mit dem Paare, es führend, in die Sakristei, um es von dort zu entlassen. So gingen die drei aus der kleinen, stillen, hellen Dorfkirche.

Sechstes Kapitel.
30   Die ferneren Ereignisse eines Hochzeittages.

Unterdessen hatte sich das Hochzeitgefolge mit den Musikanten und dem Brautpaare wieder im Oberhofe eingefunden, und alles stand und saß im Flur, Hof und Garten umher. Noch immer loderten die Feuer und waren die Mägde geschäftig. Die farbigen
35 Jacken der Mädchen, die sonderbar geformten Schneppenhauben der Frauen und die lichtblauen Röcke der Männer gaben der

Szene ein buntes und fremdartiges Ansehen. Der Oberhof hatte
sich ganz mit Menschen erfüllt, denn es waren wohl an die
hundert Personen versammelt, welche der Brautvater hatte ein=
laden lassen. Steinhausen, der Spaßmacher, war auch schon
unter ihnen, verhielt sich aber noch still, denn seine Stunde sollte 5
erst nachmittags kommen. Um das Brautpaar bekümmerte sich
niemand sonderlich. Der Bräutigam half den Tisch im Flure
decken. Die Braut saß mit den beiden ihr treugebliebenen Braut=
jungfern für sich und in einiger Entfernung von den übrigen
Frauen unter den Linden im Hofe. Zuweilen, und insoweit sie 10
sich von ihrem Getränke abmüßigen konnten, spielten die Musi=
kanten, denen ein besonderer Tisch im Baumgarten angewiesen
worden war, kurze Stücklein, ohne jedoch eine eigentliche Auf=
merksamkeit zu erregen, denn die meisten hielten ihren Sinn nur
auf die weißgedeckten Tafeln geheftet, auf welchen nun die Mägde 15
allgemach anzurichten begannen.

Der Brautvater hatte unterdessen von neuem Gelegenheit
gehabt, seine Fassung zu beweisen. Zwar, daß ihm der Diakonus,
als er in den Hof kam, verkündigte, die fremde Excellenz, welche
er soeben im Kruge bekomplimentiert, sei von ihm ungeachtet des 20
Schrecks in der Kirche dennoch veranlaßt worden, die Hochzeit zu
besuchen, konnte seinem Stolze nur behaglich sein. Aber sonst
ging so manches bei dem Pläsir, wie er für sich hinmurmelte,
nicht in der gehörigen Manier. Schon daß seine Voraussagung
eintraf und daß ihn bei der Rückkehr in den Oberhof ein jeder 25
befragte, warum Hölscher nicht komme, war ihm sehr verdrießlich
gewesen. Dann verdroß es ihn, daß die dritte Brautjungfer,
Lisbeth, zurückgeblieben war und nicht, wie sich gebührte, bei seiner
Tochter saß. Der Hauptmann, der heute seinen preußischen Tag
hatte und das eiserne Kreuz trug, steigerte den Ärger. Nach 30
uralter Sitte war nämlich für die vornehmen und städtischen
Gäste im Flure gedeckt worden, und für die geringeren Leute
im Baumgarten. Denn der Bauer, welcher nicht zum Vergnügen,
sondern in Last und Plage viel draußen sein muß, hält das
Obdach des Hauses für den besten Segen und glaubt den zu 35
ehren, dem er dieses anbietet. Der Hauptmann aber, der rasch
einsah, daß der Aufenthalt in der heißen und dumpfen Enge

33 ff. In Justus Mösers „Patriotischen Phantasieen“ findet sich ein eigner Aufsatz
„für die warmen Stuben der Landleute“.

unangenehm sein werde, ordnete an und kommandierte, daß er
mit der Braut, dem Pastor, dem Brautvater und dem Sammler
im Baumgarten speisen wolle, ließ auch sofort die Gabeln, welche
die vornehmen Gäste ausnahmsweise bekamen, nach der Tafel im
5 Freien tragen. Es war dies schon geschehen, als der Hofschulze
hinzukam und mit großem Unmute die abermalige Abweichung
vom Hergebrachten gewahrte. Er stieß einen tiefen Seufzer aus,
welches bei ihm ein Zeichen verhaltenen Zornes war, bezwang
sich indessen und äußerte gegen den Hauptmann, der ihn militärisch
10 kurz fragte, ob er des Henkers gewesen sei, daß er seine Freunde
aus der Stadt habe am Herde rösten wollen, mit gehaltener
Höflichkeit: wie die Herrschaften es sich am liebsten einrichteten,
so sei es ihm auch recht und angenehm.

Aber dem Diakonus, der ihn darauf beiseite nahm, um eine
15 Angelegenheit von Wichtigkeit mit ihm zu ordnen, hielt er desto
hartnäckiger Stich. Der Diakonus wollte nämlich seinen unglück=
lichen Küster von dem Aufwartedienste frei haben, weil er wirklich
befürchtete, daß das Ehr= und Rechtsgefühl dieses Mannes es auf
den äußersten Widerstand ankommen lassen und vielleicht die
20 völlige Störung des ganzen Hochzeitsfestes herbeiführen werde.
Bei diesem Punkte fühlte sich jedoch der Hofschulze zu fest in
seinen begründeten Ansprüchen und verblieb unweigerlich dabei,
daß der Küster die Gäste bedienen müsse, da der alte Schulmeister
gestorben und ein neuer noch nicht angekommen sei. Aus seinen
25 Reden ging hervor, daß er einen Küster nur für die Spielart
eines Schulmeisters hielt, wie denn in der That auch an vielen
Orten beide Posten in e i n e r Person vereinigt zu sein pflegen.
Der Geistliche suchte mit aller Gelassenheit ihn durch verschiedene
Gründe auf andere Gedanken zu bringen, und schlug endlich vor,
30 den Spaßmacher Steinhausen zum zweiten Aufwärter zu ernennen.
Dieser Vorschlag verletzte aber recht eigentlich den Hofschulzen,
er erklärte dem Diakonus, daß er nur deshalb, weil der Herr
noch nicht lange in der Gegend sei und darum die Manieren
nicht inne haben könne, ihm die Rede hingehen lasse. Denn
35 erstlich sei nicht die mindeste Ähnlichkeit zwischen einem Schul=
meister und einem Spaßmacher, und zweitens werde es ja für
seinen Eidam im höchsten Grade despektierlich sein, einen solchen
Kompagnon zu haben.

Die Debatte dauerte zwischen beiden Männern unentschieden

fort. Sie wurde mit Anstand und Ruhe geführt, aber ein Ende
und Ziel ließ sich nicht voraussehen. Dies war um so beklagens-
werter, als bereits die meisten Suppenkübel und Schüsseln auf
den Tafeln dampften, und alles nach der Mahlzeit verlangte, die
doch ohne die gehörige Aufwartung nicht zustande kommen konnte. 5

Der Küster hatte sich, da er seine Sache in guten Händen
sah, aus Politik, um nicht persönlich überrumpelt zu werden, auf
einige Zeit vom Oberhofe entfernt. Er ging zwischen den Wall-
hecken spazieren, und mit ihm ging einer der fremden Hochzeits-
gäste, ein alter Schirrmeister, der im nächsten Postorte gerade 10
seine zehn Ruhestunden genoß, und die Gelegenheit nicht hatte
vorbeigehen lassen wollen, vom Hochzeitbraten zu kosten — ein
weitläuftiger Anverwandter des Hofschulzen. Er gehörte zu den
ausgedienten Kriegsknechten, die nach vielen Mühen und Strapazen
einen sogenannten Ruheposten bekommen. Der Ruheposten unseres 15
Schirrmeisters gestattete ihm viermal im Monat sein Bett aufzusuchen, sonst lag er bei Nacht und Tage auf der Landstraße.
Er hatte so viel Kupfer auf der Nase, als ein rechtschaffener
Schirrmeister haben muß, war ein Fünfziger, d. h. hoch in den
Fünfzigen, rüstig und wacker, und litt nur von seinen Feldzügen 20
her an der Gicht, die ihn zezuweilen ganz kontrakt machte.

Der Küster und der Schirrmeister unterhielten sich in dieser
Zwischenzeit vor Tische vom menschlichen Leben und vom höchsten
Gute. — Wenn man so wie ich auf vielen Hochzeiten gewesen
ist, sagte der Küster, wenn man sieht, wie die jungen Leute 25
einander heiraten, nach neun Monaten ein Kind kriegen, und
dann immer so fort, jedes Jahr ein frisches Kind — nun stirbt
dieses und jenes Kind, und die, welche leben bleiben, heiraten
nach mehreren Jahren auch, und zuletzt stirbt alles mit einander,
und man hat das, wenn man seine sechzig Jahre auf den Schultern 30
trägt, wie gesagt, einigemale mit durchmachen müssen, so kommt
einem das menschliche Leben ganz einerlei vor und wie eine
Kugel, die sich immer umdreht.

Das menschliche Leben kommt mir mehr gleichsam als wie
eine Reise vor, sagte der Schirrmeister. 35

Der Küster sah seinen Gefährten lange erstaunt an und
sprach darauf: Dieser Gedanke ist ganz neu, denn ich fand ihn
noch nirgends in den vielen Büchern, die ich doch gelesen habe.

Der Schirrmeister fühlte sich geschmeichelt und versetzte: Unter-

weges fällt unsereinem allerhand ein. Es soll mir ganz recht
sein, wenn dieser Gedanke nirgendwo geschrieben steht, denn Bücher
zu lesen habe ich freilich keine Zeit.

Der Küster fuhr in seinen Betrachtungen folgendermaßen
fort: In dieser vernünftigen Fassung über das menschliche Leben
sänftigen sich auch die menschlichen Wünsche. Ich war zu meiner
Zeit in der Jugend sehr oben aus und wollte platterdings
Theologie studieren. Frühprediger mußte ich wenigstens werden;
das stand fest. Es war aber dazumal mit dem Unterrichte eine
verkehrte Sache, und die Lehrer hatten nicht die Manier, daß
man etwas begreifen konnte. Ich begriff nichts und wurde so
nach und nach Küster, wozu man freilich auch nicht ohne Gaben
sein darf. Gegenwärtig habe ich eigentlich nur noch drei Wünsche
auf dieser Welt.

Und die sind? fragte der Schirrmeister.

Erstlich wünschte ich, daß jemand einmal ein ordentliches
und ausführliches Buch von Küstersachen schriebe und darin aus-
einandersetzte, worin das Amt und die Würde eines Küsters
besteht, was man ihm mit Fug zumuten darf und was nicht.
Denn alles will uns jetzt zu Leibe, und es giebt keinen an-
gefochteneren Stand, weshalb es denn ein wahres Bedürfnis der
Zeit wäre, daß in den Vorstellungen über Küster und Küstereien
einmal wieder bessere Ordnung gestiftet würde.

Was ich mir wünsche, ist geringer, sagte der kupfernasige
Schirrmeister. Ich bin mit meinem Posten ganz zufrieden, man
lernt auf jeder Station andere Menschen kennen, es giebt immer
etwas Neues, und die fremden Gegenden auf dem Kurs verschaffen einem auch beständig Abwechselung. Hat man einmal
Langeweile, nun, so liest man zur Unterhaltung seinen Personen-
zettel, kurz, ich möchte diesen Beruf mit keinem anderen vertauschen
und wäre ganz glücklich, wenn ich nur ein einziges Mal tüchtig
schwitzen könnte.

Thut Ihnen das so not und kommen Sie nie dazu? fragte
der Küster.

Not sehr, denn das Reißen in den Gliedern von meinen
Strapazen her nimmt von Jahr zu Jahr zu. Das ist auch ganz
regulär, denn dergleichen Übel mehren sich immer, wenn man
bei jedem Wind und Wetter hinaus muß. Könnte ich aber einmal so recht von Grund der Seele schwitzen, ich hätte wohl auf

einige Zeit Ruhe. Dazu gelange ich indessen nie, weil ich nur viermal im Monate zu Hause schlafe.

Dann könnten Sie ja doch schwitzen, sagte der Küster.

Keine Möglichkeit. Habe es versucht, aber die Gedanken lassen den Schweiß nicht vorbrechen, versetzte der Schirrmeister. Nämlich, wenn ich eben ein paar Stunden im Bette gelegen habe und der Fliederthee nun seine Wirkung thun will, so fange ich an zu denken: Jetzt füttern die Pferde, die du vorgelegt kriegst, jetzt wird schon der Wagen geschmiert, nun stehen der Herr Sekretär auf, nun sehe ich sie in ihrem Warschauer Schlafpelz sitzen und die Karten und Papiere fertig machen, alleweile ist der Briefzettel geschrieben, und alleweile die Personenkarte — da schlägt es sechs, und ich muß aufstehen, trocken, wie ich mich hinlegte, denn wenn man seine völlige Ruhe nicht hat und an andere Dinge denken muß, so löst sich die Natur nicht, und wenn man den Fliederthee eimerweis tränke. Dieses fehlt also an meiner völligen Zufriedenheit, und so ist das menschliche Glück nie vollkommen.

Ja, sagte der Küster, es mangelt immerdar etwas, welches auch heilsam sein mag, denn sonst verlangten wir nicht nach dem Himmel. — Mein zweiter Wunsch wäre, daß doch endlich ein Einsehen gethan würde, und alle Hunde abkämen, oder wenigstens mit Knüppeln vor den Beinen umherlaufen müßten, wegen der möglichen Tollheit. Hier an dieser Stelle, Schirrmeister, war es, wo ich durch eine solche Kanaille, die von jener Wallhecke herab= sprang, am letzten Zinstage einen Todesschreck hatte. Man sollte überhaupt seinen Nebenmenschen vor Alterationen mehr behüten und bewahren. Tolle Menschen läßt man auch viel zu frei um= hergehen. So habe ich zu meinem Erstaunen gehört, daß der übergeschnappte Schulmeister von Hackelpfiffelsberg, welcher eine Zeitlang bei dem alten Herrn Baron eingesperrt war, seit gestern krank in der Gegend gesehen worden ist. Wenn einem nun un= versehens dieser Wütige begegnete —

Aber der Küster konnte seinen Satz nicht enden, denn es ereignete sich etwas, was selten vorzukommen pflegt, nämlich: Der Wolf in der Fabel erschien. Um die Ecke herum trat nämlich plötzlich, mit einer Flinte bewaffnet, der Schulmeister Agesilaus, oder vielmehr Agesel, in der veilchenblauen Pekesche mit Sammet= vorstößen. Er ging munteren und beherzten Schrittes auf die

beiden Männer zu, denn er war auf dem Wege nach dem Ober=
hofe. Aber ihn sehen, einen Laut des Schreckens ausstoßen, sich
blitzschnell umkehren und mit gewaltiger Schnelligkeit entfliehen,
war bei dem Küster eins.

Er lief, die Hände vorgestreckt, spornstreichs nach dem Hochzeit=
hause und stürzte mit dem Geschrei: Rettet euch! unter die Gäste,
die, alsobald aufgestört, teils den Küster in bewegten Gruppen
umwogten, teils zum Flüchten Anstalt machten. Der Hofschulze,
welcher von der allgemeinen Unruhe nicht angesteckt wurde, trat
fragend zum Küster und erhielt von ihm den Bescheid, daß einer
oder mehrere Tolle, ja vermutlich das ganze Irrenhaus in der
Nähe ausgebrochen sei, und die verrückte Gesellschaft, furchtbar mit
Flinten und Keulen bewaffnet, sich nahe.

Die Weiber erhoben ein Geschrei, der Hofschulze, welcher
von sich auf andere schloß und nicht annehmen konnte, daß die
Furcht in dem Maße übertreibe, wie hier der Fall war, machte
zum erstenmale in seinem Leben ein verlegenes Gesicht, und alles
war in Bestürzung — als der Schirrmeister mit dem vermeintlichen
Tollen in den Hof trat.

Agesel! riefen alle, die ihn kannten, und deren waren nicht
wenige. Ist dieses das ganze entsprungene Irrenhaus? fragte
der Hauptmann. Ihr seid und bleibt ein Poltron, Küster! —
Man kann noch nicht wissen — stammelte der zitternde Küster,
der seinen Versteck hinter der Excellenz vom Hofe, die indessen
auch unter den Gästen eingetroffen war, genommen hatte, ver=
mutlich weil er im Schutz des Vornehmsten am sichersten zu sein
glaubte. Die Excellenz sah verwundert umher und wußte abermals
nicht, woran sie war.

Agesel warf einen wehmütigen Blick auf die Versammlung,
einen schmerzlichen gen Himmel und sagte dann seufzend: Ich ahne
recht wohl, was dieser Vorgang zu bedeuten hat. Ja, wer einmal
einem gewissen Unglücke unterworfen gewesen ist, vor dessen Schritten
fleugt immerdar die Furcht her und ruft: Geht aus dem Wege!
— Meine Herren aus der Stadt! Ich kann Sie versichern, daß
ich gewöhnlicher Mensch in der vollsten Bedeutung des Wortes
bin. Euch Bauern, die ihr dies vielleicht nicht verstehen würdet,
sage ich, daß es bei mir keineswegs rappelt, sondern daß ich auf
den Oberhof komme, um mich nach der Pflegetochter vom Schlosse
zu erkundigen. Wer mir das glauben will, der thut wohl daran,

und wer es nicht glauben will, der kann es bleiben lassen. Die Flinte, welche den Küster vielleicht erschreckt hat, habe ich droben am Freistuhl, bei dem ich vorbeikam, im Walde gefunden. Schaft und Rohr lagen gesondert und zum Teil beschädigt an verschiedenen Stellen, mich jammerte das gute Eisen und Holz, ich band es notdürftig mit Bast und Bindfaden zusammen, und stellte so den Anschein einer Flinte dar, welche aber, wie der Augenschein lehrt, durchaus unschädlich ist.

Er zeigte das zusammengeflickte Schießgewehr vor, welches, wie man leicht errät, das des Jägers war. Wer es zu sehen bekam, überzeugte sich mit einem Blicke, daß es keine Gefahr bringen könne. Die gesetzten Reden des Schulmeisters brachten ein allgemeines Zutrauen in seinen hergestellten Verstand zuwege. Dem Diakonus kam plötzlich ein Gedanke, durch den so unvermutet in die Hochzeit eintretenden Agesel den ganzen Streit über das Aufwarten beizulegen. Er sagte dem Hofschulzen seine Meinung, dieser billigte sie, und beide richteten an den Schulmeister das Ersuchen, als zweiter Aufwärter bei der Mahlzeit zu dienen. Nichts konnte dem Manne erwünschter sein. Er versetzte, daß sein ganzes Bestreben jetzt dahin gehe, nützlich zu wirken, daß er daher mit Freuden die Gelegenheit, die ihm heute dazu durch das Bedienen der Gäste gewährt werde, ergreife, und in diesem anscheinend zufälligen Ereignisse eine wahre Fügung des Himmels erkenne, indem er nicht verschweigen könne, daß der Herr Schulrat Thomasius ihm gewisse Aussicht auf die Schulmeisterstelle der Bauerschaft gegeben habe, daher das vorläufige Aufwarten gleichsam schon den Anfang des ihm zugesagten Dienstes darstelle. Nach dieser Rede band er sich hurtig eine weiße Schürze vor, holte mit Geschicklichkeit einen gekochten Schinken vom Feuer und setzte ihn anstandsvoll auf die Tafel im Baumgarten.

Sonach waren alle Hindernisse beseitigt, und die ganze Hochzeitsgesellschaft nahm auf eine gereimte Einladung des Burschen, der Hölscher zu bitten vergessen hatte, Platz. Die Braut, die Brautjungfern, der Diakonus, der Brautvater, die städtischen Freunde, die Excellenz, der Schirrmeister und die größten Hofesbesitzer mit ihren Frauen stellten sich um die Tafel unter den Bäumen im Garten, die geringeren Leute und die jungen Bursche und Mädchen, unter Anführung des Küsters, um die im Flur. Der Diakonus sprach an seinem Tische ein Gebet, der Küster eins an dem

seinigen. Hierauf wurde an beiden Tischen ein geistliches Lied
angestimmt.

Für Lisbeth war zwischen den Brautjungfern ein Platz offen
gelassen worden. Der Hofschulze sah sich unruhig nach ihr um.
5 Sie kam nicht. Dagegen kam während des Gesanges der Jäger,
überblickte die Tafel, fand für sich keinen Platz offen, weil die
zwei unerwarteten Gäste, die Excellenz und der Schirrmeister, schon
allen Raum hinweggenommen hatten, Lisbeths Platz aber un=
besetzt. Freudeglänzend wurde sein Antlitz, er schlich sich sacht
10 seitwärts nach dem Hause, um sein Mädchen aufzusuchen. Sie
trat ihm bei den Linden entgegen, umgekleidet, in ihrem gewöhnlichen
Anzuge, den Strohhut auf dem Haupte. — Nun ist mir wohl,
nun bin ich wieder, wie ich sein muß! rief sie freundlich. — Ich
weiß, sagte er, du magst dich nicht verstellen, du wolltest neulich
15 nicht einmal leiden, daß ich dir an deinem Haare zeigen durfte,
was für Zöpfe die schwäbischen Mädchen tragen.

Nein, sagte sie, niemals was vorstellen, was man nicht ist.

Sie wollte nach dem Tische im Baumgarten gehen, der Jäger
hielt sie aber zurück und rief: Wie? In dem leichten städtischen
20 Kleidchen willst du dich als Brautjungfer an den Tisch setzen!
Da erwarte nur, daß dich der Hofschulze, der streng auf Ordnung
und Kostüm hält, fortweiset! — Ja, was soll ich beginnen?
fragte sie verlegen; das häßliche steife Zeug lege ich nimmermehr
wieder an.

25 O meine Geliebte, sagte der Jäger zärtlich, wollen wir denn
unser Glück unter die Bauern tragen? Dasitzen und rohe Späße
anhören und langweilige Bräuche mit anschauen? Ist's denn nicht
der Tag unserer Tage? Gehört er nicht ganz uns unter Gottes
liebem Himmel und auf Gottes grüner Erde? Müssen wir zwei
30 nicht allein bei einander bleiben, fern, fern von den anderen
Menschen? Ich wollte dich bitten, mit mir zu gehen, den Hügeln
zu, den Platz suchen, wo ich dich zum erstenmale fand bei der
schönen Blume.

Wie darf ich das? Was würden sie von mir im Oberhofe
35 sagen, versetzte sie scheu. Sie entfernte sich von ihm.

Wohl! Wohl! rief er halbzornig. So setze dich denn nieder
bei deinen Kameradinnen; für mich ist aber nicht gedeckt, ich gehe
zu Wald! — Er ging trotzig einer Seitenpforte zu, die in das
Freie führte. Ein stechender Schmerz saß ihm im Herzen. Um

nichts, wenn ihr wollt. Das ist die Liebe. — Aber er hatte
noch nicht die Pforte erreicht, als er seine Schulter leise angerührt
fühlte. Er wandte sich um; Lisbeth war ihm nachgefolgt. —
Wenn sie dir nichts zu essen geben wollen, da mag ich auch nichts
und wo du bleibst, bleibe ich auch, sagte sie herzlich und zog ihn, 5
bevor er etwas erwidern konnte, nun selbst durch die Pforte in
das Freie. Er umfaßte sie und beide sprangen durch Wiese
und Feld.

───────

Siebentes Kapitel.

Der vornehme Herr vom Hofe macht vergebliche Anstrengungen, sich 10
herabzulassen. Der Spaßmacher Steinhausen wird jedermann
verständlich.

Die Braut saß quer vor dem Tische und rührte keinen Bissen
an. Der Brautvater, welcher dem Auftritte zwischen dem Jäger
und Lisbeth aus der Entfernung zugeschaut hatte und infolge 15
desselben den Platz der dritten Jungfer leer bleiben sehen mußte,
flüsterte gekränkt und ingrimmig: Dieser Untugend werde ich noch
vor Abend mit der Manier ein Ende machen. — Auch er aß
wenig. Desto angelegener ließen die Bauern sich dieses sein, hatten
ihre Messern, ein jeder das seinige, aus der Tasche hervorgezogen, 20
womit sie ohne Gabeln fertig zu werden wußten, und sprachen
den Hühnern tapfer zu, ohne darüber ihre mutigen Vorsätze auf
Schinken, Mostertstücke und Braten daran zu geben. Eine un=
endliche Last von Eßbarem dampfte auf den Tafeln, fast schien
es, selbst diesen Appetiten gegenüber, unmöglich, alles zu bewältigen, 25
wenn nicht dennoch die Schnelligkeit, womit die ersten Gänge vom
Angesichte der Welt verschwanden, dazu die Aussicht gegeben hätte.
Alles schrotete, käute, schluckte, und es ist nicht erlogen — denn
ich bin ja nicht Münchhausen, oder wenigstens nur zur Hälfte
er —, wenn ich sage, daß mancher Bauer binnen wenigen Minuten 30
ein ganzes Huhn überwunden hatte, und daß ein Schinken für
sechs Mann nur soeben zureichte. Auch die Städter ließen sich
die reinliche, derbe Kost vortrefflich munden, der Schirrmeister aber .

───────

10. In Immermanns Gedichtsammlung von 1822 findet sich ein Epigramm „Der
Kammerherr":　　　　　„Gott sprach in seiner Allmacht:
　　　　　　　　　　　　Das Nichts soll etwas werden!
　　　　　　　　　　　　Da hüpft aus Dunst und Schein
　　　　　　　　　　　　Das Kammerherrlein."

aß für zwei Bauern und trank für drei. Was das Getränk be=
trifft, so muß ich leider, wie undichterisch dies klingen mag, von
Bier berichten. Jeder hatte seinen irdenen Deckelkrug gefüllt vor
sich stehen, und wenn derselbe geleert war, so klappte der In=
5 haber auf eine eigene landesübliche Weise mit dem zinnernen Deckel,
worauf frische Füllung erfolgte. Selbige besorgte der erste Auf=
wärter, der Bräutigam, aus einer mächtigen Schleiffanne eingießend,
mit welcher er, eine weiße Serviette vorgesteckt, die Tafeln um=
kreiste. Dieser König des Festes hatte von seinem Ehrentage
10 nichts als Prügel vorhin und Mühe anjetzt, denn die Deckel
klappten unaufhörlich, bald hier, bald da. — Nur der Diakonus
und die städtischen Gäste erhielten Wein vorgesetzt. Der Schul=
meister lag der Aufwartung in betreff des Festen ob, flink und
gewandt, recht heiter in diesem Geschäfte.
15 Es gab unter den Gästen nur zwei, welche die allgemeine
Befriedigung nicht ganz teilten, der eine aus Verlegenheit, der
andere aus Furcht. In Furcht befand sich nämlich der Küster
und in Verlegenheit der vornehme Herr vom Hofe. Dem Küster
hätte der größte Irrenarzt von Europa ein schriftliches Zeugnis
20 einhändigen können, daß der Schulmeister bei Sinnen sei, es würde
ihm doch nicht wohl geworden sein in der Nähe dieses Menschen,
der mit so gefährlichen Werkzeugen, wie Schüsseln, Tellern, Messern,
unbewacht um ihn her hantierte. Er dachte im stillen an alle die
Fälle, worin ein Verrückter, lange Zeit scheinbar hergestellt, plötzlich
25 wieder wütend geworden ist, und nun mit dem, was er gerade
in der Hand hat, dem Nächsten, Besten die Hirnschale zerschmettert.
Diesem Schicksale wenigstens einigermaßen vorzubeugen, setzte er
unter dem Vorwande, daß es in dem von Hitze glühenden Flure
kühl ziehe, seinen Hut auf, obgleich dies allgemein auffiel. Wirklich
30 war der arme Küster in einer traurigen Lage. Seine Eßlust
überstieg wo möglich noch die des Schirrmeisters, der heutige Tag
war ein solcher, an dem er hatte zeigen wollen, was Kinnbacken
zu leisten vermögen, und nun ging ihm dieser schöne Traum so
häßlich aus. Denn nichts hindert den Menschen mehr am Schlucken
35 als Furcht und Angst. Der Küster fühlte sich unglaublich gehemmt.
Hatte er eben auch in einem selbstvergessenen Augenblicke einen
starken Bissen zum Munde geführt, etwa eine Hühnerkeule oder
einen Streifen Rindfleisch von der Mächtigkeit einer halben Hand,
siehe! so flog hinter ihm der aufwartende Schulmeister, vielleicht

eine Kelle in der Fauſt, vorbei, und Hühnerkeule oder Rindfleiſch=
ſtreifen ſaßen ihm auf der Stelle feſt, verzaubert, wie Schiffe auf
dem Lebermeere, zwiſchen den Zähnen. — Umſonſt ſuchte er durch
häufiges Trinken die hinabführenden Wege geſchmeidiger zu machen;
der Schreck erhielt ſeine Kehle in Trocknis trotz alles Gießens. 5
So, zwiſchen Entſetzen und Appetit, glich er, wenn dieſes Gleichnis
nicht zu niedrig klingt, dem Hunde, der vor einer erwiſchten Brat=
wurſt ſitzt, vor Wolluſt zittert, ſie zu verſchlingen, und dabei ſcheu
nach dem Herrn ſieht, der aus der Entfernung bereits mit der
Peitſche herbeieilt. 10

Der vornehme Herr vom Hofe machte unterdeſſen vergebliche
Verſuche, ſich herabzulaſſen, und geriet darüber in Verlegenheit.
Er ſaß zwiſchen dem Hoffchulzen und dem Diakonus, und hatte
gegenüber zwei Bauerfrauen, die bei ihren Männern ſaßen. Als
das gewaltige Eſſen begann, fühlte er wohl, daß er in dieſe 15
Thätigkeit nicht einzugreifen vermöge, auch erregten ihm die Speiſen
keinen Hunger und er begnügte ſich, nur zum Schein etwas auf
den Teller zu nehmen. Dort aber blieb es unberührt liegen,
ungeachtet der Hoffchulze, der ſeine Koft nicht gern verſchmäht ſah,
ihn mit einiger Empfindlichkeit nötigte, auch zu eſſen. Das konnte 20
er nicht, jedoch beſtrebte er ſich, leutſelig zu ſein, denn zu dieſem
Ende und um das Volk, ſoviel an ihm war, durch hinreißende
Manieren für den Thron gewinnen zu helfen, war er ja nur
wieder unter die Bauern gekommen.

Um in dieſe Manieren einen gewiſſen Fortſchritt vom Ge= 25
ringeren zum Größeren zu bringen, ſah er die gegenüberſitzenden
Bauern mit einer ſüßen Freundlichkeit an und winkte dazu gnädig
mit dem Haupte, als wollte er ſagen: Nun, ſchmeckt's, ihr ehrlichen
Landleute? — Darüber lachten aber die Bauern, und einer ſtieß
ſeinen Nachbar an mit den Worten: Iſt der Kerl verrückt? — 30
Der vornehme Herr vom Hofe glaubte, als er des Lachens inne
ward, ſeine Huld nicht deutlich genug von ſich gegeben zu haben,
er beſchloß daher, zuvörderſt das andere Geſchlecht zu gewinnen,
ließ ſich zwei Teller geben, ſtellte ſie vor ſich hin, ſchnitt zwei
gute Stücke von dem vor ihm ſtehenden Truthahne ab, legte ſie 35
auf die Teller und reichte dieſe Leckerbißlein den beiden Bauer=
weibern, die noch ziemlich rund und hübſch waren. Die Weiber,

---

3. Leber=, auch Klebermeer, in älteren Sagen oft erwähnt, die es in den Weſten
verlegen; vgl. Konrad Hofmann 1865 in den Sitzungsber. b. Münchner Akademie.

zugleich mit einer artigen Redensart, welche ihnen unverständlich
blieb, angesprochen, guckten verlegen, rot und stumm auf die Teller,
ohne die Gaben der Courtoisie anzurühren. Ihre Männer aber
sahen mit sonderbaren Blicken nach dem Geber hinüber; der eine
5 nahm seiner Frau den Teller mit den Worten: Du brauchst nicht
von anderer Leute Teller zu essen, du hast deinen eigenen, weg
und reichte ihn dem soeben geschäftig vorbeifliegenden Schulmeister.
Der andere warf ihn sogar ärgerlich mit der Befrachtung unter
den Tisch, indem er halblaut rief: Was zu grob ist, ist zu grob!
10 — Der vornehme Herr vom Hofe begriff durchaus diese Einher=
gänge nicht, er suchte sich rechts und links, gerade und schräge
hinüber so liebenswürdig als möglich zu machen, aber alles war
vergebens, weil er immer mit holder Ungezwungenheit, die zwischen
die festgestellte Ordnung der Tafel trat, darthun wollte, daß es
15 ihn gar nicht beenge, unter so geringen Leuten zu sitzen. Aber
das erschien den bäuerlichen Tischgenossen eben wie die größte
Unart, und bis zum Schweinsbraten hatte sich flüsternd so ziemlich
die Meinung festgestellt, daß man vornehme Leute für höflicher
gehalten habe. Der umsonst sich Herablassende, welcher äußerlich
20 die Fassung des Hofes behielt, obgleich ihm innerlich immer übler
zu Mute ward, sagte endlich zum Hofschulzen: Ihr habt hier recht
eigentümliche Sitten, Alterchen.

Auf diese huldreiche Anrede maß der Hofschulze seinen vor=
nehmen Gast mit den Augen und versetzte dann stolz und bedächtig:
25 Ich weiß nicht, Herr, ob die Sitten hier anders sind, als anderer
Orten, denn ich bin nie über Börde und Haarstrang hinaus=
gekommen, habe auch niemalen Lust dazu gehabt. Richtig ist es,
daß hier alles mit der Manier zugeht, alles und jedes seine
Ordnung, Zeit und den gewiesenen Platz hat, jedermann die ihm
30 gebührende Reverenz genießt, so daß ich den Halbhüfner, den
Kötter und wer es sonst sein mag, jeden bei seiner Gebühr nennen
muß, freilich aber auch prätendiere, daß mich niemand anders als
Hofschulze nennt, das heißt, versteht sich, von meinesgleichen, denn,
Herr, hinter den Bergen mögen wohl andere Sitten und Gebräuche
35 herrschen.

Es war gut, daß in diesem Augenblicke das letzte Gericht
der Mahlzeit, der Rollkuchen, verzehrt war, und von weiterer
Herablassung seitens des vornehmen Herren nicht mehr die Rede
sein konnte, denn man kann nicht wissen, bis zu welchen unan=

genehmen Auftritten dieselbe noch geführt haben würde. Der
Diakonus sprach das Gratias, abermals ertönte ein geistliches
Lied, und darauf ging alles von den Tischen, die gleich einem
Schlachtfelde nur noch Knochen, Gerippe und Schwarten zeigten.
Die Weiber tranken Kaffee, die Männer setzten ihr Biertrinken 5
fort, die Musikanten stimmten allgemach ihre Instrumente. Stein=
hausen, der Spaßmacher, begann sein Amt, indem er von einer
Gruppe zur andern ging, hier das Rätsel aufgab: wann der
Hase über die meisten Löcher laufe, dort einen Rotkopf warnte,
er solle nicht so nahe an die Scheune gehen, um nicht Feuer an= 10
zulegen, einem dritten Haufen die Geschichte vom Prinzen Pralle
erzählte, der gefallen sei vom Stalle, hätte weinen wollen, aber
keine Augen gehabt, und was dergleichen mehr war an Rätseln,
Schwänklein und Pößlein, die er auf jeder Hochzeit anbrachte
und die nie ihre Wirkung verfehlten. Die Bauern lachten, daß 15
die Hofesmauern hätten Risse bekommen mögen; wen er recht
entzückte, der gab ihm einen Puff, nicht allzu sanft, worauf Stein=
hausen einen Klaps zurückgab, oder mit den Füßen ausschlug,
wie ein Pferd, ohne daß diese Thätlichkeiten irgend eine Störung
des guten Vernehmens und des allervollkommensten Verständnisses 20
hervorbrachten, welches zwischen dem Spaßmacher und seinen Zu=
hörern herrschte.

Während man so dort einander durchaus begriff, dauerten
in einer andern Ecke des Hofes die Mißverständnisse fort. Der
vornehme Herr hatte sich nämlich mit dem alten Hauptmann in 25
ein Gespräch eingelassen, welches eine patriotische Färbung erhielt.
Der Alte war sehr gesprächig über die Affairen, denen er auf
der vaterländischen Seite beigewohnt, und erging sich mit Behagen
in diesen Kriegesgeschichten. Jener Kavalier war vor Zeiten dem
Hauptquartiere attachiert gewesen, und konnte also so ziemlich 30
folgen. Im Verlaufe dieser Unterredungen rief er plötzlich mit
einem feucht verklärten Blicke: Diese große Zeit, die der Herr
segnete! Was für herrliche Früchte hat sie aber auch gebracht! —
Er faltete die Hände dabei.

Das Gesicht des alten Hauptmanns wurde so trocken, wie 35
ein Sandfeld, welches seit sechs Wochen keinen Regen gesehen,
und er versetzte: Früchte? Ei!

Ein Vaterland! rief der Hofmann mit Pathos.

Der alte Hauptmann hatte etwas zu viel Wein getrunken.

Er schüttelte sich, als ob er, mit Erlaubnis zu reden, an Un=
geziefer litte und polterte dann rücksichtslos: Vaterland! — Schwere
Angst! Und alles vergessen oben, was geschehen, mit Schlauch=
spritzen die Feuer ausgespritzt, und wenn wir künftiges Jahr das
5 Jubiläum feiern, vermutlich damit wegkriechen müssen beiseite,
nur damit so geduldet werden, keine Anerkennung, keine Unter=
stützung von — — Donnerwetter! Verzeihen Excellenz, daß
ich Sie stehen lasse, aber ich kann die Pfeife nicht entbehren und
will sie mir dort bei den Bauern anstecken.

10 Er ging und ließ den Kavalier stehen, dessen Beziehungen
im Oberhofe anfingen mythisch zu werden. Im Grunde war es
ihm lieb, daß der alte Offizier sich so brüsk von ihm entfernte, denn
er erwog, daß der angeregte Gegenstand zu zarter Natur sei, um
ihm, in seiner Stellung so nahe dem Throne, ein ferneres Gespräch
15 zu verstatten.

Ein Unwille hatte sich seiner Seele bemeistert, er nahm sich
vor, geeigneten Ortes ein Wort über den in diesen Gegenden
herrschenden schlechten Geist fallen zu lassen, vorderhand aber
seine Rolle rein auszuspielen. — Wenn diese Bestien die feineren
20 Andeutungen von Güte und Huld nicht verstehen, so will ich mich
gleichsam encanaillieren, sagte er für sich. Er trat zu einer
Gruppe von Bauern, welche Steinhausen eben verlassen hatte,
faßte zwei bei der Hand — denn er konnte sich dazu verstehen,
weil er Handschuhe trug — und rief im biedersten Hoftone, dessen
25 er mächtig werden konnte: Wie freut man sich, wenn man immer
in Zwangsverhältnissen leben muß, darf man einmal unter euch
gemütliche, von jeder Fessel der Konvenienz entbundene Natur=
menschen treten!

Dieses Lob klang den Bauern wie Chaldäisch, und sie be=
30 gannen sich nun vor ihrem Gönner zu fürchten, denn sie meinten,
er habe ihnen eine neue Steuer ankündigen wollen. Sie wichen
daher, wie in der Kirche, scheu vor ihm zurück, und die beiden
an der Hand Ergriffenen steckten die Hände in die Rocktaschen.
— Der Diakonus, welcher die ganze Zeit über den Mühwaltungen

6 f. Im VI. Buche der „Epigonen" sieht Hermann in Berlin zu seinem Befremden,
„wie es Mode geworden war, auf eine jüngstvergangene Zeit voll Glut und Erhebung
vornehm hinunterzublicken. Man schämte sich fast der verübten Großthaten wie wilder
Studentenstreiche; die Helden jener Epoche wurden von allen Seiten kritisch beleuchtet;
sie waren unbequem geworden, und das berüchtigte Gleichnis, daß in dem denkwürdigen
Jahre jeder zum Kampf geeilt sei, pflichtmäßig wie der Bürger bei entstandnem Feuer=
lärmen zur Spritze, erfreute sich vieler eifriger Verehrer."

seiner vornehmen Bekanntschaft mit Behagen gefolgt war, trat
zu dem unglücklichen Herablassenden und sagte: Excellenz, die
Leute sind zu dumm, um Sie zu fassen. Übrigens bin ich der
unterthänigen Meinung, daß Sie, wofern Sie länger unter ihnen
verweilten, bald von Ihrem Glauben zurückkommen würden.   5

Wie so?

Gemütlich sind die Bauern gar nicht. Excellenz, die Leute
haben keine Zeit zum Gemüt. Gemüt kann man nur haben, wenn
man wenig zu thun hat, der Bauer aber muß sich zu viel placken
und schinden, um sich auf das Gemüt legen zu können. Er ist   10
durch und durch gerader Verstand, Ernst, Eigensinn und erlaubter
Eigennutz. Weil diese Mischung nun aber wie für die Ewigkeit
bei ihm zu sein scheint, so hat sie etwas Ehrwürdiges, etwas so
Ehrwürdiges, wie der Granit, der auch, hart und schwer, die Erde
hält. Der Bauernstand ist der Granit der bürgerlichen Gemeinschaft. 15

Sie müssen sie besser kennen. — Wenigstens aber hatte ich
darin recht, daß ich sie von den Fesseln der Konvenienz gelöste
Naturmenschen nannte.

Im Gegenteil — Excellenz verzeihen — der Bauer ist zwar
viel im Freien, aber nichts weniger als ein Naturmensch. Er 20
hängt so sehr von Konvenienz, Herkommen, Standesbegriffen und
Standesvorurteilen ab, wie nur die höchste Klasse der Gesell=
schaft. Im Mittelstande allein gilt die Freiheit des Individuums,
in diesem Stande fließt einzig der Strom der Selbstbestimmung
nach Charakter, Talent, Laune und Willkür. Der Bauer denkt, 25
handelt, empfindet standesmäßig und hergebrachterweise. Die
Abstufungen werden in den Dörfern wenigstens ebenso fest ge=
halten, als in den Schlössern und Palästen. Ich unterstehe mich,
Ihnen zu versichern, daß dieser Hofschulze auf den Kolonen mit
demselben Stolze hinuntersieht, wie nur der reichste Majoratsherr 30
auf den Briefadel von gestern blicken kann. Ich wollte es keinem
Burschen aus einem kleinen Hofe raten, um die Tochter aus einem
Oberhofe zu freien. Dieselben Verwickelungen würden entstehen,
als in dem Falle, wenn ein Kaufmannsdiener zu einer Erbgräfin
emporblickt. Gerade hier — vom Oberhofe — geht eine alte 35
halbverklungene Sage umher, die den schauderhaften Ausgang
einer solchen mißgewandten Neigung meldet. Durch meinen nahen
Verkehr mit diesen Leuten hat sich die Ansicht bei mir festgestellt, daß
der Bauernstand nur einen zweiten ihm ähnlichen hat, den so=

genannten alten oder hohen Adel, wo ein solcher nämlich noch
wahrhaft besteht. Der Mittelstand ist eine von beiden ganz ver=
schiedene Schicht. Bauer aber und hoher Aristokrat stimmen darin
überein, daß ersterer sowohl als letzterer weniger sich, als ihrer
Gattung angehören, zuvörderst Bauer sind und Aristokrat und erst
nachher Mensch.

Der mythische Kavalier, welcher diese unerwartete Parallele
zu hören bekam, schwieg einige Zeit tiefsinnig. Dann versetzte er:
Sie haben, Herr Prediger, dieses mehr aus Büchern. Ich ver=
sichere Sie, daß wir mit der Zeit fortgeschritten sind. Wir heiraten
sogar Jüdinnen.

Excellenz, fuhr der Diakonus mit aller Vergessenheit eines
deutschen Gelehrten heraus, der Adel, den Sie meinen, ist ein
reines Garnichts und kommt mir höchstens vor wie der Schwamm
im Hause.

Hierauf wollte die Excellenz ein Gesicht machen, welches er=
haben aussehen sollte; es ließ sich jedoch nur vornehm an. In
diesem Augenblicke kam sein Privatsekretär und meldete, daß der
Wagen, zur Weiterreise fertig, vor dem Hofe halte. Er ging
hierauf, sehr höflich von dem Hofschulzen und dem Diakonus ge=
leitet, zur Pforte, wo er beide entließ. Gedanken hatte er nicht
über das Vorgefallene, sondern nur die Absicht, auch den Diakonus
als unruhigen Kopf bei Gelegenheit zu denunzieren.

Dieser ging mit dem Hofschulzen still lächelnd zurück, sagte
aber nichts. Im Baumgarten spielten die Musikanten auf und
der Tanz begann. Der Bräutigam, welcher nun endlich auch zu
einem Vergnügen gelangte, führte zuerst die Braut auf, dann
brachte er sie den nächsten Anverwandten, einem nach dem andern
zu, um auch ein Gängelchen mit ihr zu machen. Erst tanzten sie
Menuett, einen munteren darauf, und dann den sogenannten
Schustertanz mit seinen possierlichen Sprüngen. Das Gras im
Baumgarten war bald niedergetanzt und der Boden so glatt ge=
worden wie eine Tenne. Die Köpfe hatten sich erhitzt, die Männer
jauchzten, die Mädchen kreischten und es war viel Lärmens,
Springens und Jubilierens im Oberhofe.

Achtes Kapitel.

Eine Idylle in Feld und Busch.

Indessen liefen der Jäger und sein Wild durch den Eichen=
kamp nach den Kornfeldern, Triften und Hügeln. Das Wild
floh nicht vor dem Schützen, es ließ sich küssen und streicheln; es 5
war ein sehr zahmes Wild geworden. Der Jäger trieb tausend
Possen mit dem Wilde, er ringelte die gelben Locken sich um die
Finger, und dann küßte er sie, er drückte, wenn die weißen Zähne
seines Mädchens zwischen den Lippen zu sehr hervorschienen, die
Lippen sanft zusammen und sagte, das Gesichtchen sei nicht fertig 10
geworden und er müsse es vollenden. Er faßte das feine Ohr=
läppchen, und kniff es etwas, doch nicht allzusehr. Dann zupfte
er sie auch wohl am Kleide und wendete sich um und that, als
habe er es nicht gethan. Solche kindische Possen trieb der er=
wachsene Mensch. — Lisbeth ging still mit freudeschwimmendem 15
Gesicht für sich hin und ihre Hände falteten sich oft unwillkürlich
wie zum Gebet. Zuweilen flüsterte sie: O du! Aber weiter sagte
sie nichts. Trieb der Jäger seine Possen zu arg, so drohte sie
ihm mit dem Finger, dann sah er sie aus seinen dunkelblauen
tiefen Augen so ernst an, als zögen Gedanken der Ewigkeit durch 20
seine Seele. Dann lachte sie und rief: Ich fürchte mich vor dir,
und er schmeichelte: So flüchte dich in Sicherheit! und breitete
die Arme aus. Das that sie denn auch. Sie stürzte mit heftiger
Zärtlichkeit wider seine Brust, daß die Locken schütterten und manche
sich lösete, und dann ruhten sie lange umschlingend umschlungen, 25
er in ihr und sie in ihm, der einige, ganze, vollkommene Mensch.

Er nannte sie sein Herz, sein Mädchen, sein Reh. Sie
nannte ihn nur Oswald, aber immer mit einem andern Ausdrucke,
und alle Töne auf der Laute der Liebe, vom schwärmerischen Ent=
zücken bis zum scherzenden Schmeichelgeflüster klangen und zitterten 30
in dem einen Worte. Sie hatte keine eigentlich schöne Stimme,
es lag darin etwas Bedecktes, Rauhes, aber seit heute quoll etwas
unendlich Süßes aus dieser Umhüllung hervor. Es war, als ob
auch die Psyche ihrer Töne erwacht sei und die Flügel nach Ent=
faltung rängen.   35

Jeder dieser Scherze, alle diese Possen und die kleinsten
Kleinigkeiten hatten einen Engel, der nahm sie und legte sie am
Throne Gottes nieder. Denn es war die erste Liebe, die echte,

die einzige, die in diesen beiden jungen, unschuldigen Herzen
brannte und klopfte! In der Fülle ihrer Vorahnungen, von
gesunder treibender Hoffnung schwanger, hatten sie einander ge=
funden, kein Entsagen, keine Täuschung hatte sie noch um einen
5 Tropfen warmen Blutes gebracht, vollendet, wie Aphrodite aus
dem Schaume des Meeres, erstand ihnen das Glück. Das ist
die Liebe, die wie jene Wunderpflanze aus Osten, vor unseren
sichtlichen Augen wächst.

Diese Liebe kümmert sich nicht um die Landesstege und Wege.
10 Der Jäger und sein Wild hatten nach der schönen Blume gehen
wollen, vergaßen aber diesen Vorsatz, ehe sie noch fünfhundert
Schritte vom Hofe waren. Sie gingen, liefen, schwankten umher,
sie wußten nicht, wo? War der Himmel nicht überall blau, war
die Erde nicht aller Orten grün? — Es gingen Leute vorüber,
15 die sahen sie nicht; zuweilen hatten sie gar keinen Weg unter den
Füßen, des achteten sie nicht. Zufällig kamen sie so Hand in
Hand auf die Höhe am Freistuhl. Ei! rief der Jäger, das ist
schön, wie fromme Pilgrimme sollen wir alle Stationen besuchen.
— Er führte sie zu dem Steine, darauf sie in jener Schmerzens=
20 nacht zusammen gesessen hatten.

Das überreife Korn, welches der Hofschulze noch immer nicht
hatte schneiden lassen, knickte fast unter der Bürde seiner Ähren,
die Sonne schwamm wie ein zerflossenes Gold in diesem Segen,
und doch war die Stelle kühl und frisch, denn aus dem Forste
25 wehte ein gelinder Wind. Die Kronen der Linden über ihnen
schauerten leise. Da saßen sie nun wieder glücklich vereinigt und
schauten über die helle freundliche Gegend hin und freuten sich,
daß sie auf der Welt waren. — Ich will deine Wunden um
Verzeihung bitten, sagte der Jäger, nahm ihr das Tuch ab und
30 küßte die feinen roten Pünktchen zwischen dem Busen und der
glänzenden Schulter. Sie duldete es ohne Sträuben, sie hatte
die kleinen Hände kreuzweis auf ihren Schoß gelegt, so saß sie
da, ein ergebenes Opfer der Liebe, aber sie sah ihn schamhaft
bittend an. Den Blick ertrug er nicht, Thränen stürzten ihm aus
35 den Augen, wie damals, als er mit ihrem Häubchen sein Spiel
trieb, er legte ihr hastig das Tuch um Busen und Schulter, fiel
ihr zu Füßen, drückte ihre Kniee wider sein Herz und lief dann
eine Strecke von ihr weg auf den Rain, um seiner Bewegung
Meister zu werden.

Als er zurückkam, fand er sie nicht mehr auf dem Steine. Bestürzt blickte er umher. Da erscholl ein leises Kichern aus einer der alten Linden. Er sah erstaunt nach dem Baume und machte eine Entdeckung, die er früher übersehen hatte. Der Baum war hohl und bot in seinem Innern geräumigen Platz für ein Versteckens dar. Er zog sein Mädchen scherzend und schäfernd heraus.

Nun stand sie vor ihm, und er maß ihre Größe an der seinen. Sie reichte ihm gerade bis zur Brust, hatte also das rechte Maß, denn der Kopf des Weibes soll nur bis zum Herzen des Mannes reichen, dann giebt es den echten Bund, den rechten Bund. Er faßte sie bei beiden Händen, sah ihr liebevoll in die klugen, treuen Augen, und fragte sie: Sag mir an, meine Lisbeth, wie ist es nur zugegangen, daß du so geworden bist, so eigen, tief und sonderbar?

Wie bin ich denn? fragte sie unschuldig. Ich bin, wie ich bin, wie soll man anders sein? Ich that, was mir oblag, viel verdanke ich auch dem Fräulein und dem alten Herrn Baron, die beide so klug und gebildet sind. Was in den Büchern stand, die ich für mich las, behielt ich, und dann hatte ich jederzeit schon als Kind über alles meine Gedanken, von denen ich gar nicht wußte, woher sie kamen.

Die werden wohl das Beste an dir gethan haben, meine Lisbeth. Wollen wir nun zur schönen Blume gehen? Mich dünkt, sie blüht nahebei.

Sie nahm seinen Arm, bat ihn aber, nun vernünftig zu sein. Sie gingen durch den Forst, kleine grüne Stege hinab. Sein Herz, ihr Herz war ruhiger geworden, sie genossen sich und ihre Seligkeit gesänftiger; eine Sabbathstille hatte sich in ihre Busen gesenkt. Von gleichgültigen Dingen sprachen sie, dazwischen von ihrer Zukunft, die wie ein rosenroter Traum vor ihnen schwebte. Sie sagte ihm, er möge nur alles so einrichten, wie ihn gut dünke, wenn er wolle, sei sie die Seinige; an der Einwilligung ihrer Pfleger zweifle sie nicht.

Ich auch nicht! rief er mit unwillkürlichem, stolzem Jauchzen. Sie sah ihn fragend und erstaunt an. Er erschrak und suchte sich mit einer übel erfundenen Ausrede zu helfen, die nur ein liebendes Mädchen glauben konnte. Von seinen Verhältnissen wußte sie nichts, sie hatte auch eigentlich nie so recht darnach gefragt. War

nicht sein Blick treu, seine Rede ehrlich und verständig, der Druck
seiner Hand sanft und bieder? Hieß er nicht Oswald Waldburg?
Was brauchte sie mehr zu wissen? — Er aber hatte sich einen
Streich heute ausersonnen, einen Streich — bei dem Gedanken
an das Gelingen dieses Streiches schwindelte ihm der Kopf vor
Freude. Er wollte die Wonne genießen, sein Liebstes mit einer
Fülle von Glück zu überraschen.

An der Senkung des Forstes, da wo er in die Wiesen aus=
lief, begegnete ihnen eine Frau mit einem Korbe voll früher
Äpfel. Er kaufte ihr einige ab, denn, sagte er, wir müssen doch
an unsere Wirtschaft denken. Wenn wir noch ein Stückchen Brot
dazu hätten, so könnten wir eine Herrenmahlzeit halten. — Damit
will ich Ihnen dienen, sagte die Frau, ich habe Weißbrot aus der
Stadt mitgenommen, um es in den Kotten umher zu verkaufen,
wenn Sie mir aber etwas abnehmen, brauche ich es nicht weiter zu
tragen. Sie öffnete ein weißes Tuch, welches sie nebst dem Korbe
trug und er nahm zwei Brötchen heraus.

Nun gingen sie quer durch die Wiesen und nicht lange, so
sahen sie ihren lieben Platz, den sie seit dem ersten Zusammen=
treffen noch nicht wieder besucht hatten. Als sie die Büsche er=
blickten, die kleinen Felsen und die schwarzen Baumtrümmer,
freuten sie sich wie die Kinder. Ihr erster Gang war nach der
Blume. Die war aber inzwischen verwelkt und die roten Kelche
hingen blaß und erschöpft vom Stengel herunter. Lisbeth seufzte,
er aber sagt: Die Blume starb, die Liebe lebte auf, geben wir
der Blume ein Grab im Heiligtume der Liebe! Er streifte die
Kelche vom Stengel, pflückte das Blatt einer wilden Lilie, bereitete
daraus ein Röllchen, steckte das Verwelkte hinein und reichte
Lisbeth den kleinen grünen Sarg. Sie sah ihn, eine Thräne im
Auge, an, dann schob sie ihn unter ihr Tuch und bestattete ihn
an ihrem Busen.

Es war zwischen Nachmittag und Abend und das Wasser
unter den kleinen Felsen schickte berauschenden Duft empor. Nun
wollen wir speisen wie die Könige! rief er fröhlich. Bist du
hungrig? — Ei ja, versetzte sie lachend, es ist nicht wahr, daß
die Liebe von der Luft lebt. — Höre, mein Herz, sagte er, da
hast du eine kühne Wahrheit ausgesprochen, wirst es aber mit
allen Romanschreibern zu thun bekommen. Im Vertrauen: Mich
hungert auch! — Es ist doch ein Unterschied, sagte sie lächelnd.

Sie nahm jetzt seinen Ohrzipfel, wie er früher ihren, legte die Lippen an sein Ohr und flüsterte: Man hungert wohl, aber der Hunger thut nicht so weh.

Sie wollte sich auf einen Baumstamm ihm gegenübersetzen, er zog sie auf seinen Schoß. Sie aß aus seiner Hand und er aß aus ihrer, und so vollbrachten sie ihr kleines Mahl von Brot und Äpfeln. Dann setzten sie sich unter einen Haselstrauch am Bache und sahen den klaren Wellchen zu und den Fischlein, die darin hin und her scherzten. Du könntest mir jetzt einen Gefallen thun und mir dein Waldmärchen erzählen, wovon du mir schon öfter sprachest, sagte sie. Ach! rief er, haben wir nichts Besseres zu thun, als erzählen und vorlesen? Er wollte sie umarmen, sie entzog sich ihm aber, legte einen Zweig von der Haselstaude zwischen ihn und sich und sagte: Da bleib jenseits sitzen und er- zähle, zum Küssen haben wir immer noch Zeit genug.

Er zog die Blätter und Blättchen, auf welche er das Märchen geschrieben hatte, und die er zufällig bei sich trug, aus der Tasche, las und erzählte frei, wechselsweise. Wenn er ein Blatt zu Ende gelesen hatte, so warf er es in den Bach, da trugen es die Wellen davon. — Was thust du? fragte Lisbeth. — Es hat seine Be- stimmung erfüllt, wenn du es gehört hast, versetzte er. — Die Wellen ließen es aber nicht verloren gehen, sie trugen es zu mir; ihr sollt es nachher hören.

Anfangs hörte sie achtsam zu und ließ sich manches er- klären, was sie nicht verstand. Späterhin schien sie zerstreut zu werden. Sie flocht ein Krönchen von Blumen und Gras, wie um durch diese Arbeit ihre Gedanken zusammenzuhalten. Auch er eilte zum Ende, seine Fabel gefiel ihm nicht mehr. Dieser Wirklichkeit gegenüber schien ihm sein Ersonnenes matt und schal.

Als er auserzählt hatte und sie nichts sagte, fragte er sie, wie es ihr gefallen habe. — Ja sieh, erwiderte sie schüchtern, es ging mir eigen mit deinen Wundern im Spessart. Ich glaube, ich hätte sie in der Stube hören müssen, da würde ich mir den Wald hinzugedacht haben, aber hier unter den grünen Blättern, bei den wehenden Winden und dem fließenden Wasser kam mir alles so unnatürlich vor, und ich konnte nicht recht daran glauben.

Die Antwort machte ihn froh, als habe er das begeistertste Lob vernommen. — Aber deinen Lohn sollst du dennoch erhalten, denn manches hat mir sehr darin gefallen. Ich hab' dir ein

Krönlein geflochten, damit will ich dich krönen als meinen König und Herrn, sagte sie liebreich.

Er sank vor ihr nieder, drückte sein Gesicht an ihren Leib und empfing die Blumenkrone von ihr auf seinem Haupte. Zu ihr aufschauend mit verklärten Blicken rief er: Weihe meine Lippen, daß sie immer Reines reden! Lege deine Finger auf sie! — Ihre Hände hatten die Eigenheit, daß sie oft plötzlich erkalteten, was freilich auf ein warmes Herz deutete. So war es auch jetzt. Er fühlte die reine Kühle an seinen heißen Lippen, er sog sie ein; sie schauerte ihm wie Tempelschauer bis in das tiefste Herz. Lieblich fühlte sie dagegen ihre Finger von seiner Lippenglut erwärmt.

Das Abendrot glänzte durch die Klippen und Büsche. Trunken gingen sie längs des Baches auf und nieder. Ein Lied fiel ihm ein, er sang:

> Meine Liebe, mein Lieb' ist ein Segelschiff,
> Auf hohem Meer zwischen Bank und Riff;
> Der Kiel so stark und der Wind so gut,
> Und das Schiff fährt weiter und weiter voll Mut.

> Meine Liebe, mein Lieb' o du Segelschiff,
> Und fürchtest dich nicht vor Bank und Riff?
> Ich fürchte mich nicht vor Riff und Bank,
> Mich treibet hindurch guten Windes Drang.

> Meine Liebe, meine Liebe, und weißt du denn,
> Wohin die kühnliche Fahrt soll gehn?
> Weiß nicht, wohin mich führet der Wind.
> Weiß nur, daß die Segel blähet der Wind.

> Der Pilot, der schlief am Steuer ein,
> Träumt von Wundergestaden, vom Palmenhain,
> Statt seiner faßte das Steuer ein Gott,
> Nach Wundern und Palmen der beste Pilot!

Sie hatte dem Liede fast ängstlich zugehört. — Ei, wie bist du darauf gekommen? fragte sie. Das paßt nicht auf unsere Liebe, unsere Liebe ist ein Nachen, der auf dem Spiegel eines klaren Weihers schaukelt. — Es ist auch nicht auf unsere Liebe gemacht, versetzte er, es ist das Lied eines Freundes, meines besten Freundes, an dessen gefährliche Liebe ich in meinem Glücke denken

16 ff. Das Schifflied hatte Immermann für seine Braut gedichtet.

mußte. Sein Liebesschiff fährt dahin durchs wüste Meer, und
möge ein Gott an seinem Steuer stehen, wie er gesungen hat.

Ach, das muß wohl eine verwegene frevelhafte Liebe sein,
die Liebe deines Freundes, deren Schiff so dahin fährt!

O nein, Lisbeth, eine fromme Liebe, eine heilige Liebe, und 5
dennoch starren die Widersprüche rings um sie her, wie Klippen!

Kann denn auch die fromme Liebe ein solches Schicksal haben?
fragte sie. — O Kind! Kind! rief er, von einem seltsamen Schauer
gefaßt, laß uns nicht weiter davon sprechen! Gebe der Himmel,
daß unsere Liebe nicht — Ich will dir etwas sagen. Ich gehe 10
gleich nach dem Schlosse zu deinen Pflegern und bringe unsere
Sache in Ordnung. Noch vor völliger Nacht erreiche ich wohl
den Ort auf der Hälfte Weges, da schlafe ich und bin morgen
in der Frühe am Ziel und am Abend wieder bei dir.

Er wollte sie erst nach dem Oberhofe zurückgeleiten. Nein, 15
sagte sie, laß uns hier auseinander gehen, hier wo wir so froh
waren! — Er gab ihr eine Rolle Gold, die er jetzt immer bei
sich tragen mußte, weil er keinen Verschluß dafür hatte, und bat
sie, ihm sie zu verwahren.

Sie schieden. Als sie eine Strecke auseinander gegangen 20
waren, sahen sie sich um, eilten noch einmal zurück, umschlangen
sich inniglich, ohne zu reden und gingen dann stumm ihre verschiedenen Wege, der Jäger über die Klippen der Gegend zu, wo
das Schloß lag, Lisbeth durch die Wiese nach dem Oberhofe.

Neuntes Kapitel.　　　　　　　　　25

Jäher Sturz.

Nur das Weib weiß, was Liebe ist, in Wonne und Verzweiflung. Bei dem Manne bleibt sie zum Teil Phantasie, Stolz,
Habsucht; das Weib wird durch den Kuß ganz Herz vom Scheitel
bis zur Fußsohle. Da ist keine Fiber, kein Nerv, der nicht 30
jubelte, oder — jammervoll zuckte!

Lisbeth kam nach dem Oberhofe, ohne zu wissen, wie. Ihr
Busen klopfte, ihre Wangen waren heiß, sie drückte die Rolle
Gold zärtlich an ihr Herz, denn er hatte sie ihr ja gegeben.

6. Immermanns Liebe zu Marianne Niemeyer stand im Widerspruche zu seinem alten
Verhältnisse mit der Gräfin Ahlfeldt; vgl. Einl. zum 1. Bd.

Unaufhörlich flüsterte sie: Er ist gar zu gut; und wußte weiter nichts zu sagen. Ach, das Wörterbuch eines liebenden Mädchens enthält nur diese fünf Worte und dann das Wörtlein: du! aber was ist der Reichtum aller Sprachen gegen die selige Armut dieses Wörterbuches?

Im Oberhofe tosete das Tanzgelag. Alles hatte sich nun nach dem Baumgarten gezogen, wo man Lichter und Laternen angezündet hatte, weil die Dämmerung bereits eingebrochen war. Die Gäste, welche nicht tanzten, saßen und standen umher. Lisbeth wurde durch den Lärmen zuerst aus ihren Träumen geweckt, sie schlüpfte von der Seitenpforte, durch welche sie wieder in den Hof eintrat, rasch in das Haus, um nicht bemerkt und dann wohl gar zum Tanze aufgefordert zu werden.

Sie ging nach ihrem Stüblein und zündete arglos das Lämpchen an, obgleich sie sich hätte sagen können, daß der Schein durch das Fenster ihre Anwesenheit verraten müsse. Aber sie hatte zu diesem und allem Ähnlichen keine Überlegung. Ihre Seele wallte, flutete, es war ihr zu Mute, als stehe sie auf einem hohen Berge, rote Wolken zu ihren Füßen, rote Wolken, soweit sie blickte, und in der Ferne ragten goldene Kuppeln aus den roten Wolken hervor. Nun wußte sie, was Glück ist, sie konnte es aber nicht aussprechen.

Sie setzte sich an das Tischchen im Fenster, sah die Blumen an, die dort im Glase blühten, dann hob sie ein Blatt der Lilie auf, welches abgefallen war und vereinigte es wieder sanft mit dem Kelche, dann warf sie durch das Fenster einen Kuß ihrem Wanderer nach und bat die Lüfte, den Kuß ihm zuzubringen.

Sie stand auf und ging hin und her, denn ihr Gemüt war zu sehnsuchtsvoll und unruhig. Sie wollte das grüne Särglein aus ihrem Busen nehmen, da rührte sie mit ihrer Hand an die junge Brust, und es überflog sie bei dieser Berührung ein Schauer der Ehrfurcht vor ihr selbst. Ihr Leib kam ihr geheiligt vor, denn sie war geliebt.

Aber nicht lange blieb sie in dieser erhabenen Stimmung. Scherzender Jubel ergriff sie. Sie faßte ihre Schürze mit beiden Händen und machte zu dem Schrei der Musik da draußen für sich ein Tänzchen rund um das Zimmer. Dann fiel ihr die Geld= rolle wieder ein, welche sie auf das Tischchen gelegt hatte. — Was sein ist, ist mein, ich muß doch sehen, wie viel er geerbt hat! rief sie. Er hatte ihr gesagt, er sei ein Förster aus Schwaben, der nach der hiesigen Gegend gereist sei, um eine Erbschaft zu heben. Als sie die Rolle öffnete, sah das Gold sie mit blitzenden Augen an. Sie zählte und zählte, das wollte für sie kein Ende nehmen. Nimmermehr hätte sie geglaubt, daß so viel Gold auf 5 Erden sei. — Ach, ist er so reich? rief sie fröhlich in die Hände klopfend, als sie die hundert und etlichen Doppelpistolen auf den Tisch gezählt hatte.

Da bauen wir uns ein eigenes Haus mit Milchkämmerchen und einem Brünnlein, klar und kalt! jauchzte sie. Jetzt aber 10 laß sehen, wie sich das Gold in eine Reihe gezählt ausnimmt, so auf dem Haufen sieht man gar nicht, wie viel man hat. Ich will es am Boden in einer langen Reihe aufzählen, und die Lampe stelle ich dazu, so geht mir nichts verloren.

So badete der arme schöne Findling oben in den Wellen 15 der seligsten Lust. Der Hofschulze aber sagte zum alten Schmitz, dem Sammler, der auch, wie er, den ganzen Tag über verdrießlich gewesen war und ihm jetzt eröffnete, daß er ihn notwendig über die Amphora und das Schwert Karls des Großen zu sprechen habe: Nach diesem, Herr Schmitz, jetzt habe ich eine notwendige 20 Verrichtung. — Er hatte den Schein des Lämpchens in Lisbeths Stube wahrgenommen und sich sogleich vorgesetzt, zu ihr zu gehen, um, wie er für sich sagte, Ordnung in dem Handel zwischen ihr und dem Jäger zu stiften. Ich werde dem Kinde sagen — sprach er, indem er, seinen Hut auf dem Haupte und den Stab in der 25 Hand, langsam und bedächtig durch den Flur schritt. Bei seinem Vieh stand er einen Augenblick stille, denn die prächtig geschmückte Bläsie stöhnte ungeachtet ihres Putzes an Stirn und Hörnern erbärmlich und als er hinleuchtete, stand das arme Thier ganz krumm zusammengezogen. Was ist denn das nun wieder? rief 30 der Hofschulze. — Was wird es sein? versetzte der Rothaarige, der aus einer dunkeln Ecke des Stalles hervorkam, trotzig, das Vieh hat seinen Eigensinn, davon ist es krank, ich habe ihm aber schon was eingegeben. — Der Hofschulze beschaute mit zornigem Schmerz die Leiden seines besten Stücks; aber auch dieser An= 35 blick entlockte ihm kein Fluch= oder Scheltwort, sondern er stieß nur sein gewöhnliches: Ei! Ei! Ei! aus und setzte dann dumpf hinzu: Diese Hochzeit, auf welche ich gespart und gehofft habe, nimmt ein übles Ende.

Er stieg die Treppe empor und trat so hart auf, daß die Stufen dröhnten. Dann öffnete er die Thüre von Lisbeths Stube fest und rauh. Sie hatte die Lampe in der Hand und in dem Schürzchen die Goldstücke, mit denen sie ihr kindliches Spiel treiben wollte. Bei seinem plötzlichen Eintritte erschrak sie, faßte sich jedoch und blieb ruhig am Tischchen stehen.

Etwa eine Viertelstunde mochte er mit ihr in einem Gespräche gewesen sein, welches sie anfangs gar nicht verstand, als jemand, der unter dem offenen Fenster vorbeiging, einen Schrei, ein Klingen, wie von fallendem Gelde und ein Geräusch hörte, wie wenn einer zu Boden stürzt und dabei ein Gerät hart berührt. Zugleich erlosch der Schein. Der Mann blieb stehen und gleich darauf kam der Hofschulze aus dem Hause. — Was gab es da droben? fragte ihn jener. — Eben nichts, versetzte der Alte. Junge Frauenzimmer sind schreckhaft, wenn man ihnen die Sache in aller Manier bei dem rechten Namen nennt. Besser Leid tragen, als Schmach tragen. Er ging in den Baumgarten und gab der ersten Brautjungfer den Auftrag, hinaufzugehen.

Das Mädchen verstand ihn in dem Getöse nicht recht und meinte, sie solle Lisbeth zum Tanze herunterholen. Sie sprang rasch hinauf und rief, um sich nicht zu lange von ihrem Vergnügen abzumüßigen, in die dunkele Stube hinein: Sind Sie hier? Sie werden gebeten zum Tanze zu kommen! erschrak aber heftig, als ihr aus der Ecke des Zimmers ein inniges Schluchzen antwortete. Bestürzt rannte sie hinab, fand unten ihre Gefährtin, und beide Mädchen kehrten darauf mit einem Lichte zurück.

Nun hatten sie einen Anblick, der selbst diese rohen Geschöpfe erschütterte. Denn an der Stelle, wo noch vor einer Viertelstunde eine Jubelnde und Frohlockende gestanden, lag nun eine Zerbrochene. Lisbeth war an dem Tische niedergesunken in ihre Kniee, ihre Arme hingen schlaff herab, schlaff ruhte der Leib in den Hüften, die blonden Locken hatten sich gelöst und umflossen das gebeugte und weinende Gesicht. Das Gold war ihrer Schürze entfallen und hatte sich, eine blanke Saat, um sie ausgestreut, nicht weit von ihr lag die ausgelöschte Lampe.

Die Mädchen standen eine Weile verlegen und stumm. Sie wußten mit diesem Bilde des tiefsten Schmerzes nichts anzufangen. Eine erhob die Lampe, zündete sie wieder an, und stellte sie auf den Tisch, die zweite wiederholte schüchtern die Worte: Sie werden gebeten, zum Tanze zu kommen.

Hierauf hob Lisbeth ihr Antlitz gegen sie empor, und nun zogen sich die Mädchen voll Grauen aus der Stube zurück. Denn die Wangen waren leichenblaß geworden und so voll Thränen, daß sie strömenden Quellen glichen. Die Brautjungfern gingen hinunter zum Tanze, tanzten, hatten den Vorfall bald vergessen, und Lisbeth blieb allein. Denn niemand sprach unten von ihr, sonst wäre der Diakonus wohl zu ihr gegangen, da er sie sehr lieb hatte.

Als sie allein war, begann sie ein Werk, so ernst und traurig, als ihre Spiele von vorhin fröhlich und ausgelassen gewesen waren. Mit einem Blicke des Ekels und Abscheus sah sie das Gold am Boden an, dann überwand sie sich dennoch, raffte mit zitternden Fingern die Stücke auf, die nun nur noch ihre Schande wiederspiegeln sollten, und rollte sie wieder ein, indem ein erhabener Hohn ihren Mund umzuckte. Dann warf sie die Rolle verächtlich in einen Kasten und verächtlich warf sie das grüne Särglein dazu, und deckte dann ein Tuch über das Hingeworfene. Sie fand das Blatt mit den Versen Oswalds an sie; da brachen noch einmal heftige Thränenfluten aus ihren Augen; es waren die letzten Zähren, welche sie heute abend weinte. Dann hielt sie das Papier an die Flamme der Lampe, und sah kalt es verlodern. Das Tuch, welches der Jäger ihr geschenkt, zerschnitt sie und ließ die Stücke zu Boden fallen, da, wo die Asche von dem Papiere lag. Nun nahm sie an sich entsühnende Handlungen vor. Sie wusch ihre Finger, die sie auf seinen Mund hatte legen müssen. Dann wusch sie die Lippen, welche seine Küsse geduldet und wiedergegeben hatten.

Alle diese Handlungen verrichtete sie schweigend, nicht einmal einen Seufzer stieß sie aus. Ihr Schmerz war so groß, daß er auch nicht durch ein Selbstgespräch sich erleichtern mochte. — In den Kelch der Rose, den der süßeste Hauch soeben aufgeschmeichelt, war ein ätzendes Gift getropft worden — fühlt ihr, wie die Rose in ihren keuschesten Tiefen zucken mußte? — Fragt ihr mich, ob sie dem glauben konnte, was der alte Bauer ihr gesagt, so antworte ich, daß ich es nicht weiß. Denn alles weiß der Dichter zwischen Himmel und Erden, aber eines weiß er nicht: Das Innerste, Feinste, Heimlichste eines liebenden Mädchens.

Das kann ich sagen: Sie mußte ihre Seele schänden lassen, als diese nackt dalag vor Gott und Oswald, weil sie nichts von ihrer Seele für sich behalten, sondern alles an Gott und den Geliebten ergeben hatte. Nur in Gott und in ihrem Geliebten wollte sie ihre Seele noch besitzen, da hörte sie, daß dieser Wille eine Sünde gewesen sei und eine Thorheit.

5 Sie weinte nicht mehr, ihre Augen waren heiß und trocken geworden. Ihre Gestalt hatte sich gestreckt, sie hielt sich gerader als sonst, ihre Bewegungen waren langsamer geworden, sie sah vornehm aus. Ruhig ordnete sie ihr Haar unter dem Mützchen, welches sie aufsetzte, dann verhing sie das Fenster und entkleidete 10 sich still und züchtig. Sie löschte die Lampe und bestieg ihr Lager, auf dem sie sich gerade ausstreckte, die Hände über der Brust gefaltet. In dieser Lage, worin sie kein Schlummer be=suchte, obgleich sie die Wimpern geschlossen hielt, ließ sie, ohne daß ein Laut von ihr hörbar wurde, wie eine schöne Leiche, die 15 Kräfte in sich wühlen, welche ein neues Leben der Auferstehung in ihr entzünden wollten.

Während die Geliebte so traurige Abend= und Nachtstunden zubrachte, stürmte der Liebende durch das Dunkel fröhlich der Gegend zu, die er am andern Morgen erreichen wollte. Er hatte 20 noch immer sein Blumenkrönchen auf dem Haupte und noch immer sang er das Schifflied seines Freundes, freilich in lyrischer Un=ordnung, oft die letzte Strophe zuerst, und die erste zuletzt, auch wohl Verse der einen Strophe in die andere hinein. Nun wußte er, warum die Frauen ihm stets eine so wonnevolle Ahnung er= 25 weckt hatten, sie waren ihm die Traube gewesen aus dem Kanaan der Liebe, darin Milch und Honig fließt. An meine Mutter werde ich freilich nun weniger denken! rief er — oder noch öfter als sonst — setzte er gleich darauf hinzu. Sein Dasein war ihm voll, ganz, gerundet worden.

30 Er freute sich seines Streichs, seines Schwabenstreichs. Es ist im Grunde sehr gleichgültig, daß sie Gräfin Waldburg=Bergheim wird, sagte er, aber eine Lust wird es doch sein, wenn ich sie aus dem Wagen hebe in die Fähre über den Neckar, und sie nun drüben auf der grünen Höhe das Schloß mit den beiden Seiten= 35 flügeln sieht und mich fragt: Ei, Oswald, wem gehört das prächtige Schloß? — Ich werde dann sprechen: Meine liebe Lisbeth, dem reichsten Kavalier der Gegend, und ich wollte dir eine unverhoffte Freude machen, ich bin sein Förster, wir wohnen auch auf der

schönen Höhe, dort, sieh, in der kleinen Dienstwohnung, die du
neben dem Schieferturmchen schaust. Vorläufig bring' ich dich
aber ehrbar zu meiner Frau Base, die bei der Herrschaft Aus=
geberin ist. — Nun steigen wir aus und gehen den Weg durch
den Park sacht den Schloßberg hinan. Die Leute, die uns be=
gegnen, grüßen gar ehrerbietig, da fragt die Lisbeth: Du mußt
hier gute Freunde haben, Oswald? — O ja, versetze ich, die
Leute halten etwas von mir, haben aber auch gar manches durch
mich. — Nun sind wir am Schloß, gehen durch eine Hinterthüre
ein, daß kein Aufsehen entsteht. Ich bring' sie ins purpurne
Damastzimmer, da wird sie wohl etwas staunen über die Teppiche
und die Vergoldungen und meinen, sie dürfe in dem prächtigen
Raume nicht bleiben. — Bleibe immerhin und mache dir's be=
quem, Lisbeth, sage ich, der gnädige Herr ist gut und dir schon
gewogen, ich habe ihm von wegen deiner geschrieben, werde mir
nur nicht untreu um seinetwillen. — Jetzt habe ich eigentlich vor,
daß ich aus dem Zimmer gehen und nach einiger Zeit wieder=
kehren will, aber ich glaube, daß ich mich nicht werde halten
können, sondern ich werde mich unter der Thüre umwenden und
sprechen: Hör Lisbeth, noch ein Wort. Nimm mir's nicht übel,
ich hab' dich doch betrogen. Ich bin leider nicht der Förster,
sondern nur der Graf so und so. Willst du die Frau Försterin
daran geben und seine gnädige Frau Gräfin werden? — Da
bin ich denn begierig, was für ein Gesicht sie machen wird. Und
meine Hauptfreude ist, daß ich mir denke, sie wird nach dem ersten
Schreck eben gar kein verlegenes oder absonders freudiges machen,
sondern sanft und liebevoll antworten: Du sollst mir so lieb sein,
wie der Förster. — Es ist, wie gesagt, an allem dem wenig ge=
legen, aber es freuet einen doch, wenn man sein Lieb in Sammet
und Seide kleiden kann, und ihm Perlen um den Hals hängen,
und Brillanten in das Haar stecken und den Fuß der Trauten
auf Teppiche von Brüssel setzen darf.

So schwärmte und scherzte sich der Jüngling die Bilder der
lachendsten Zukunft zusammen. Es war hoch Mitternacht ge=
worden und sein Körper denn doch der Ruhe bedürftig. Auf der
Höhe des Gebirges fand er einen einsamen Schoppen. Er ging
hinein und fühlte, daß der Raum voll Heu war. Abgehärtet
durch seine Reisen und in den letzten Wochen nicht verwöhnt,
stellte ihn dieses einfache Lager vollkommen zufrieden. Er beschloß,

die Nacht in dem Schoppen zuzubringen. Als er die Augen schloß, sagte er: Jetzt wird sie träumen und dich auch im Traume mit lieben Namen nennen!

Das sagte er vielleicht in dem Augenblicke, als Lisbeth in ihrem Bette von den wütenden Schmerzen überwältigt, sich krampfhaft krümmte und endlich doch in ein leises und jammervolles Stöhnen ausbrach.

Die Wunder im Spessart.

Waldmärchen.

———

Bist du wohl schon, Lisbeth, an einem klaren Sonnenmorgen durch einen schönen Wald gegangen, zu dem der blaue Himmel durch die grünen Kronen einblickte, wo dich der Odem der Bäume wie ein Hauch Gottes anwehte und dein Fuß von den Spitzen der Gräser tausend blitzende Perlen streifte?

Wohl bin ich das, Oswald, erst noch neulich, als ich durch das Gebirg nach den Zinsen und Gülten ging. Es ist gar herrlich im grünen, frischen Wald; ich könnte tagelang hindurchwandern, ohne einem Menschen zu begegnen, und fürchtete mich nicht. Der Rasen ist der Mantel Gottes, man ist von tausend Englein be- schirmt, man stehe oder sitze darauf. Jetzt ein Hügel und dann eine Ecke; ich lief und lief, weil ich immer dachte, dahinter schwebe der Wundervogel mit blauen und roten Schwingen und dem Gold- krönchen auf dem Haupte. Ich lief mich heiß und rot, und nicht müd'; man wird nicht müde im Walde!

Und sahst du hinter Hügel und Hecke den Wundervogel nicht schweben, so standest du atmend still und hörtest weit, weit aus dem Eichenthal herauf den Schall der Axt, die Uhr des Forstes, die da ansagt, daß auch in solcher lieben Einöde dem Menschen seine Stunde rinne.

———

1 ff. Vgl. Anm. S. 173 der 1. Abt. Am 20. Sept. 1837 kam Immermann auf seiner „fränkischen Reise" durch den Spessart. Aus seiner Schilderung ist für das Märchen be- merkenswert: „Der Wald wird immer dichter und mächtiger. Die herrlichen kronenreichen Eichen und Buchen oder kleine Waldwiesen oder dunkle Plätze, mit breitfächerigen Farn- kräutern bewachsen. Lichte Durchsichten leiten den Blick nur wieder zu fernen Waldhügeln. Man hat recht das Gefühl eines urgermanischen Forstes. Der Morgen war himmlisch klar, die Sonne blickte goldglänzend in den grünen Tempel, ein frischer Wind strich mir entgegen; ich sog mit Entzücken Waldluft ein. Da der Wagen meist langsam fuhr, so schlug ich einen heimlichen Nebenweg ein und kam da so recht in die stille Wirtschaft der Natur .... Endlich gelangt man denn doch von solchen Nebenwegen wieder auf die große Chaussee, und diese lief jetzt die östliche Abdachung des Spessart hinunter."

Oder weiterhin, Oswald, die freie Sicht den Hang hinauf
zwischen dunkeln, runden Buchen und oben doch wieder der Kamm
der Halde von hohen Stämmen beschlossen! Da weideten rote
Kühe und schwangen die Glöcklein, der Tau im Grase gab der
5 Senkung im Sonnenlicht einen silbergrauen Schein, und die
Schatten der Kühe und der Bäume spielten darauf Verstecken§
mit einander.

Au einem solchen sonnenklaren Morgen begegneten vor vielen
hundert Jahren zwei Jünglinge einander im Walde. Es war in
10 dem großen Waldgebirge, der Spessart genannt, welches die Mark=
scheide zwischen den lustigen rheinischen Gauen und dem gesegneten
Frankenlande macht. Das ist dir ein Wald, liebe Lisbeth, der
zehn Stunden in der Breite und zwanzig in der Länge, Ebenen
und Berge, Thäler und Klüfte bedeckt.

15 Auf der großen Heerstraße, die querdurch vom Rheinlande
nach Würzburg und Bamberg läuft, begegneten einander die Jüng=
linge. Der eine kam von Abend, der andere von Morgen. Ihre
Tiere waren so verschieden als ihre Wege. Der vom Morgen
saß auf einem gelben fröhlich tanzenden Rößlein und stolzierte
20 gar stattlich im bunten Wappenrock unter rotem Sammetbarett,
von welchem die Reiherfedern herabwallten; der vom Abend trug
eine schwarze Kappe ohne Abzeichen, einen langen Schülermantel
gleicher Farbe, und ritt auf einem bescheidenen Maultiere.

Als der junge Ritter dem fahrenden Schüler sich auf Rosses=
25 länge genähert hatte, hielt er seinen Gelben an, bot dem andern
freundlich die Zeit und sagte: Guter Gesell, ich wollte soeben ab=
steigen und meinen Morgenimbiß halten. Da nun aber zur
Minne, zum Spiele und zum Mahl zwei gehören, wenn diese
drei lustigen Dinge gehörig von statten gehen sollen, so wollte
30 ich Euch fragen, ob Ihr nicht auch absteigen und mein Partner
sein wollt? Eurem Grauen würde ein Maulvoll Gras nicht
minder schmecken, als meinem Gelben. Der Tag wird heiß
werden, und den Tieren ist einige Rast vonnöten.

Der fahrende Schüler war mit dem Vorschlage zufrieden.
35 Beide stiegen ab und setzten sich an der Straße auf dem wilden
Thymian und Lavendel nieder, von welchem, wie sie sich setzten,
eine ganze Wolke Wohlgeruchs emporstieg, und hundert Bienchen,
die in ihrer Arbeit gestört wurden, sich summend erhoben. Ein
Knapp, der mit einem schwerbeladenen Gaule dem jungen Ritter

gefolgt war, nahm die beiden Tiere in Empfang, reichte seinem Herrn aus dem Schnappsack Flasche und Becher, nebst Brot und Fleisch, fandarte die Tiere ab und ließ sie seitwärts vom Heerwege grasen.

Der fahrende Schüler faßte in die Seitentasche des Mantels, zog die Hand verdrießlich zurück und rief: O über meine ewige 5 Zerstreuung! Hatte ich mir doch heute morgen in der Herberge das Frühstück so sauber zurecht gelegt und eingewickelt, da muß mir etwas anderes eingefallen sein, und über diesen Gedanken habe ich meine Kost vergessen.

Wenn es weiter nichts ist, rief der junge Ritter, hier ist 10 genug für Euch und mich! Er teilte Brot und Fleisch, schenkte den Becher voll und reichte Festes und Flüssiges dem andern hin. Hiebei faßte er ihn schärfer ins Auge, und so that der andere auch, und da entfuhr ihnen beiden ein Ausruf des Erstaunens. Seid Ihr nicht ... Bist du nicht ... riefen sie. Freilich bin ich 15 der Konrad von Auffeß! rief der junge Ritter. Und ich Petrus von Stetten! der andere. Sie umarmten einander und konnten sich vor Freude über dieses unvermutete Wiedersehen kaum fassen.

Es waren Spielkameraden, die sich zufällig im grünen Spessart trafen. Die Väter hatten auch Freundschaft mit einander gehabt, 20 die Söhne hatten zusammen Ball geschlagen, sich hundertmal des Tages gezankt und ebenso oft versöhnt. Der junge Petrus war aber von jeher stiller und nachdenklicher gewesen, als sein Gefährte, dem nichts im Kopfe sitzen blieb, als die Namen der Waffenstücke und des Reitzeugs. Endlich hatte Petrus dem Vater erklärt, er 25 wolle gelahrt werden, und war gen Köln gezogen, zu den Füßen des berühmten Albertus Magnus zu sitzen, der aller bekannten Wissenschaften Meister war, und von dem das Gerücht sagte, er sei auch in geheime Künste tief eingeweiht.

Eine geraume Zeit verfloß seitdem, in welcher keiner etwas 30 von dem anderen hörte. Nachdem der erste Sturm der Freude sich jetzt gelegt hatte, und das Frühstück beseitigt worden war, fragte der Ritter den Schüler, wie es ihm denn gegangen sei.

Darauf, mein Freund, kann ich dir eine sehr kurze und müßte ich dir eine sehr lange Antwort geben, versetzte der Schüler. Eine 35 kurze, wenn ich dir bloß die äußere Figur und Schale meines

3. Kandare, Gebiß und Zügel. — 27. Albertus Magnus, Albert von Bollstädt, Bischof von Regensburg, gebürtig aus Schwaben, zu Köln am 15. Nov. 1280 gest.; als der größte Gelehrte seiner Zeit wurde er von Päpsten und Universitäten gefeiert, von der Menge als Zauberer gefürchtet. 1223 trat er in den Dominikanerorden ein; sein Schüler war Thomas von Aquino.

zeitherigen Lebens vorzeichnen soll: eine lange, o eine unendlich
lange, begehrst du, den inneren Kern aus dieser Schale zu kosten!

Ei, Närrchen, rief der Ritter, was für schwere Reden führst
du da! Gieb mir die Schale und ein Stückchen vom Kern, wenn
5 die ganze Nuß zu groß für eine Mahlzeit ist.

So wisse, erwiderte der andere, daß mein sichtbares Leben
zwischen engen Ufern rann. Ich wohnte in einem kleinen düsteren
Gäßchen bei stillen Leuten im Hinterhause. Mein Fenster ging
auf den Garten hinaus, dessen Bäume und Stauden ihren ernsten
10 Hintergrund von den Mauern des Tempelhauses erhielten. Ich
hielt mich sehr einsam und für mich, knüpfte weder mit den
Bürgern, noch mit den Schülern Umgang an. So ist es ge=
kommen, daß ich von der großen Stadt nichts kennen gelernt habe,
als die Straße von meinem Häuschen nach den Dominikanern,
15 wo mein großer Meister lehrte.

Wenn ich nun in meine Klause zurückgekehrt war und die
Mitternacht bei der Studierlampe herangewacht hatte, so blickte ich
wohl aus dem Fenster, um die erhitzten Augen an dem dunkeln
Sternenhimmel abzufühlen. Dann sah ich nicht selten in dem
20 gegenüberliegenden Tempelhause Licht; bei dem Scheine roter
Fackeln zogen die Ritter in ihren weißen Ordensmänteln wie
Geister durch die Galerien, verschwanden hinter den Pfeilern und
kamen dann wieder zum Vorschein; im äußersten Eck des Flügels
wurden vor den Fenstern Vorhänge niedergelassen, durch deren
25 dünne Stellen aber ein wundersamer Schein drang, und hinter
welchen sich Weisen vernehmen ließen, welche süß und schaurig
wie verbotenes Gelüste durch die Nacht drangen.

So gingen meine Tage hin, unscheinbar von außen, innen
aber ein glänzendes Fest aller Wunder. Albertus zeichnete mich
30 bald vor den übrigen Schülern aus; nicht lange, so merkte ich,
daß er gewisse Worte, die den andern unbeachtet vorüberschlüpften,
gegen mich mit einer besonderen Betonung zu wiederholen pflegte;
Worte, die auf den geheimnisvollen Zusammenhang alles mensch=
lichen Wissens und auf eine tief unten in dunkler Verschwiegen=
35 heit treibende gemeinsame Wurzel des großen Baumes hinwiesen,
welcher da droben am Lichte seine gewaltigen Zweige als Grammatik,
Dialektik, Redekunst, Zahlenlehre, Geometrie, Astronomie und Musik

---

36 f. **Grammatik 2c.**, die sogenannten sieben freien Künste, welche den Gegenstand
der scholastischen Ausbildung in sich faßten.

auseinanderlegte. — Sein Auge ruhte bei solchen Worten durch=
dringend auf mir, und meine Blicke ließen ihn erkennen, daß er
eine tiefe Sehnsucht nach den letzten und größten Schätzen seines
Geistes in mir entzündet hatte.

So kam es denn allgemach, daß ich der Vertraute seiner
heimlichen Werkstatt und der Lehrling wurde, auf den er einen
Teil seines Pfundes als kostbares Vermächtnis vererben wollte.
— Es giebt nur ein Mark der Dinge, welches hier im Metall
lastet und wieget, dort in der schwankenden Pflanze, im leicht=
sinnigen Vogel vom Urkern sich abzulösen ringt. Alles wandelt
und verwandelt sich; Gott wirkt zwar in der Natur, aber die
Natur wirkt auch für sich, und wer der rechten Kräfte Meister
ist, der kann ihr eigenes und selbständiges Leben hervorrufen, daß
ihre sonst in Gott gebundenen Glieder sich zu ganz neuen Regungen
entfalten. — Mein hoher Meister führte mich an sicherer Hand
dem Brunnen zu, wo jenes Mark der Dinge quillt. Ich tauchte
meinen Finger hinein, da wurden alle meine Sinne voll über=
menschlichen Schauens. In der rußigen Schmelzküche saßen wir
seitdem oft zusammen und schauten in die Gluten des Ofens; er
vorn auf niedrigem Schemel, ich hinter ihm kauernd, mich fest an
ihn drückend und ihm die Kohlen oder die Erze darreichend, die
er mit der Linken in den Tiegel warf, denn mit der Rechten hielt
er mich liebreich gefaßt. Da wehrten sich die Metalle, die Salze
und Säuren prasselten, wie in einer festen Burg wollte sich
der hohe König, der alle Welt regiert, inmitten scharfwinklichter
Kryſtalle verteidigen, zornig entbrannten die roten, blauen und
grünen Vasallen und streckten uns die glühenden Speere ab=
wehrend entgegen, aber wir brachen die Werke und kämpften die
Mannen danieder, und über Schlackentrümmer hinüber lieferte sich
uns demütig der glänzende Fürst aus. Das Gold an sich iſt
nichts für den, der sein Herz nicht an Irdisches hängt, aber diese
teuerste und köstlichste Gabe der Natur in allem und jedem, auch
in dem Geringfügigsten und Unscheinbarsten zu erkennen, das gilt
dem Weisen viel. Zu andern Stunden wiesen uns die Sterne
ihre Kreise, die als Geschichte sich ablösten und zur Erde sanken,
oder die innigen Verwandtschaften der Töne und der Zahlen
wurden wach, und zeigten uns die Bündnisse, welche zu schildern
kein Wort genügt, die sich vielmehr nur wieder in Zahl und Ton
offenbaren. In allem diesem geheimen Wesen und Weben aber

schwebte, daß es nicht wieder zu kalter klebriger Gestaltung gerinne,
ewig verbindend und ewig lösend, sich in dem Haber nie ver=
welkender Jugendkraft in sich und an den Dingen entzweiend, das
Große, Unergründliche, der dialektische Gedanke.

O selige, genügliche Zeit des erschlossenen Verstehens, des
Wandelns durch die inneren Säle des Palastes, an dessen metallener
Pforte die andern vergeblich anklopfen! Endlich — —

Der fahrende Schüler, dessen Lippen bei der Erzählung sich
in einem dunkeln Rote immer glühender gefärbt hatten, und dessen
Augen von einem seltsamen Feuer blitzten, hielt hier, wie aus
seiner Begeisterung plötzlich ernüchtert inne. Der Ritter wartete
vergeblich auf die Vollendung der Rede, dann sagte er zu seinem
Freunde: Nun? Endlich —

Endlich, versetzte der Schüler mit einem gezwungen=gleich=
gültigen Tone, mußten wir uns doch trennen, wenn auch nur auf
kurze Zeit. Mein hoher Meister schickt mich jetzt nach Regens=
burg, aus der Sakristei des Domes gewisse Schriften zu erbitten,
die er als Bischof dort zurückgelassen hat. Ich bringe sie ihm und
werde dann freilich meine Tage, wenn es angeht, bei ihm verleben.

Der junge Ritter tröpfelte den Rest des Weins in den
Becher, sah hinein und trank den Wein bedächtiger als er früher
gethan hatte. Du hast mir da wunderbare Sachen vertraut, hob
er nach einigem Schweigen an, Sachen, in die ich mich nicht wohl
zu finden weiß. Gottes Welt scheint mir so schön geputzt zu sein,
daß es mir kein Vergnügen machen würde, diese lieblichen Schleier
abzustreifen, und wie du sagst, in das Innere der Kreatur zu
schauen. Der Himmel blaut, die Sterne leuchten, der Wald
rauscht; die Kräuterlein duften, und ist dieses Blauen, Leuchten,
Rauschen und Duften nicht das Allerschönste, hinter welchem es
kein Schöneres mehr giebt? Verzeihe mir; aber ich bin nicht
neidisch auf deine geheime Wissenschaft. — Du Armer! Rot
macht sie nicht, diese Wissenschaft. Deine Wangen sind ganz bleich
und eingefallen.

Einem jeden werden seine Pfade gewiesen, dem einen dieser,
dem andern jener, versetzte der Schüler. Nicht der Sprung des
Blutes macht das Leben aus; weiß ist der Marmor, und Marmor=
wände pflegen die Räume einzuschließen, in welchen Götterbilder
aufgerichtet stehen. — Doch genug davon, und nun zu dir. Was
hast du denn getrieben, seit wir uns nicht sahen?

Ach, davon, rief der junge Ritter Konrad mit seiner ganzen
Lustigkeit, ist wenig zu vermelden! Ich stieg zu Roß und stieg
wieder herunter, fuhr an manchen guten Fürstenhöfen umher,
verstach manchen Speer, gewann manchen Dank, mißte manchen
Dank, schaute in manches minnigliches Weibes Auge. Meinen 5
Namen kann ich schreiben, meinen Degenknopf drücke ich daneben
in Wachs ab, ein Lied kann ich reimen, wenn auch nicht so gut,
wie Meister Gottfried von Straßburg. Schwertleite und Waffen-
wacht brachte ich hinter mich und empfing den Ritterschlag zu
Forchheim, jetzt reite ich gen Mainz, wo der Kaiser das Turnier 10
halten will, mich baß zu tummeln und des Lebens zu freuen.

Der Schüler sah nach dem Stande der Sonne und sagte:
Es ist traurig, daß wir nach diesem herzlichen Treffen uns so-
bald wieder trennen sollen. Aber doch wird es, wenn wir unser
Ziel heute zu erreichen wünschen, notwendig sein. 15

Komm mit gen Mainz! rief der andere, indem er aufsprang
und den Schüler in einer sonderbar gerührten Stimmung, die
gleichwohl ein Lachen zuließ, ansah. Laß das finstere Regensburg
und den Dom und die Sakristei; erheitere dein Antlitz unter
fröhlichen Gesellen am runden Tisch in der Weinlaube und vor 20
den Blumenfenstern lieblicher Mädchen, laß deine Ohren durch
Flöten- und Schalmeienklang rein baden von den schauerlichen
Vigilien der Tempelherren, die ja in der ganzen Christenheit für
arge Ketzer und Baffometuspriester gelten. Komm mit gen Mainz,
mein Petrus! 25

Die letzten Worte sprach er schon im Sattel. Er streckte
dabei, wie flehend, seine Hand nach dem Freunde aus. Dieser
wandte sich seitwärts ab und zog seinen Arm verweigernd zurück.
Was fällt dir ein? rief er unwillig lächelnd. Ach, mein Konrad,
hätte ich nicht vorher gesagt, daß jedem seine Straße gewiesen 30
sei, so würde ich dir zurufen: Kehre du um, du Leichtsinn, du
Fahrlässiger! Die Jugend vergeht, der Scherz verklingt, das Lachen
will eines Tages plötzlich nicht mehr gelingen, weil das Antlitz

---

8 ff. Gottfried von Straßburg, der Dichter des höfischen Epos von „Tristan und
Isolde", um 1210 gestorben. — Schwertleite, Umgürtung des Ritterschwertes. — Waffen-
wacht, die Nachtwache in der Kirche vor dem Ritterschlage. — 10. Forchheim, Stadt
und kaiserliche Pfalz in Oberfranken. Das große Turnier zu Mainz von 1184, auf welchem
Friedrich Barbarossa seinen Söhnen Heinrich und Friedrich den Ritterschlag erteilte, blieb
lange Zeit hochberühmt. — 24. Baffometuspriester; man gab den Tempelherren die
abgöttische Verehrung eines Idoles Baphomet, wahrscheinlich irrtümlich aus dem Namen
Mahomed entstanden, schuld; 1310 ließ Philipp IV. unter der Angabe dieser Schuld
54 Tempelherren verbrennen.

zu starr geworden ist, oder grinset widerwärtig aus welken Runzeln!
Wehe dem, wessen Scheuern dann nicht voll, wessen Kammern
nicht gerüstet sind! Ach! es muß etwas Trübes um so ein kahles,
verarmtes Alter sein, und das Sprichwort hat wohl recht, welches
sagt: Zu lustig am Morgen, schafft abends Kummer und Sorgen.
Wenn ich dich so ansehe, mein Jugendbruder, kann mir recht
bange um dich werden, o wer weiß, wie verwandelt ich dich
wieder treffe!

Der Ritter schüttelte dem ernsten Schüler herzlich die Hand
und rief: Vielleicht bist du verwandelt, stoßen wir wieder auf
einander, prunkst in Sammet und Seide, und thust's uns allen
zuvor! — Er sprengte davon und aus der Ferne hörte der
Schüler ihn noch ein Lied singen, welches damals von Mund zu
Munde ging und ungefähr so lautete:

> Die schönste Rose, die da blüht,
> Das ist der rosenfarbne Mund
> Von wonniglichen Weiben;
> Sie thut sich erst als Knospe kund,
> In sich geschlossen, und bemüht,
> So recht für sich zu bleiben!
>
> Der Mai küßt alle Rosen wach,
> Auf rosenfarbnen Mund der Kuß:
> Die Lippe kommt zum Blühen;
> Drum keine Lippe ohne Kuß,
> Und jedem Kuß an seinem Tag
> Der schönsten Lippen Glühen!

Ein Schmetterling flog vor dem Schüler auf. Ist das Leben
der meisten Menschen nicht dem Flattern dieses Falters zu vergleichen? sagte er. Bunt und leicht prunkt er dahin und doch
sind seine Freuden so kurz und öde. Mit gewaltigen, großen
Augen blickt er umher, aber die matten Spiegel empfinden nur
eine leere Abwechselung von Licht und Schatten, nicht die volle
Gestalt, die feste Farbe. — Der Wald sah ihn aus seinen grünen
Tiefen mit unwiderstehlichem Blick an. Was thut's, rief er, wenn
mein geduldig Tier auf diesem Rasen eine Weile allein zurück-
bleibt! Es läuft mir nicht davon, ich spüre so eine innige Sehnsucht, ein Stündchen da hinein zu wandern, wie labend muß es
da tief drinnen sein!

Er schritt seitab von der Landstraße auf einem engen Pfade,
der sich nach kurzem Gehen zwischen den hohen Stämmen zu
Thale senkte, in den Wald, und war bald in einer völligen Ein=
samkeit, in der es um ihn her rauschte, flüsterte, schwirrte, und
nur einzelne Sonnenlichter, grünlich gebrochen, wie Irrlichter ihn   5
umspielten. Zuweilen war es ihm, als ob sein Name hinter
ihm aus der Ferne gerufen werde, er wußte selbst nicht, der Ruf
kam ihm widerwärtig und hassenswürdig vor, dann hielt er den
Ton auch wohl wieder für eine Täuschung, aber er mochte dies
oder das denken, fürbaß schritt er nur immer tiefer in den dunkeln   10
Forst. Große knorrige Baumwurzeln lagen wie Schlangen quer
über den Weg hingespannt, daß der Schüler beinahe über sie
gestolpert wäre, Hirschkäfer standen wie Edelwild im Moose. Aus
kleinen Felsgrotten leuchtete der Psittichglanz des Goldmooses.
Der Schweiß stand ihm vor der Stirne, wie er so immer hastiger   15
sich in das Dickicht hineinarbeitete und vor der lichten Sonnen=
welt da draußen floh. Aber es war nicht bloß der Gang,
der ihn heiß machte, auch sein Gemüt arbeitete unter der Last
schwerer Erinnerungen. — Endlich kam er, nachdem ihm der Pfad
längst unter den Füßen geschwunden war, auf einen schönen,   20
glatten, dunkeln Platz unter mächtigen Eichen. Noch immer hörte
er aus der Ferne seinen Namen rufen. Hier wird mich der rohe
Laut von da draußen nicht mehr erreichen, sagte er, hier werde
ich still geborgen sein. Er sank an einem großen moosbedeckten
Steine nieder, seine Brust wogte, er kämpfte mit einem gewaltigen   25
Gelüste. Vergieb mir, hoher Meister, meinen Fürwitz, rief er;
aber es giebt ein Wissen, dem die That folgen muß, sonst erdrückt
es den Sterblichen! Hier, näher dem Herzen der großen Mutter,
wo unter dem Sprießen und Wachsen schon vernehmlicher ihre
Pulse klopfen, hier muß ich es aussprechen, das Zauberwort,   30
welches ich von deinen schlafenden Lippen ablauschte, als du es
im Traume sprachest; das Wort, auf dessen Ertönen die Kreatur
den Schleier hinwegwirft, die Kräfte sichtbar werden, die unter
Rinde und Haut und im Kerne des Felsens arbeiten, und die
Sprache des Vogels dem Ohre verständlich klingt.   35
Seine Lippen zuckten, das Wort zu sprechen, aber noch hielt
er inne, denn vor sein Auge trat der kummervolle Blick, mit dem
ihn sein großer Meister Albertus gebeten hatte, nach seinem Bei=

32 ff. Immermann benutzt hier und im folgenden Züge der Merlinsagen.

spiele von der zufällig erlangten Kunde keinen Gebrauch zu machen,
da schwere Dinge dem Menschen bevorständen, der mit Absicht
das Zauberwort spräche.

Plötzlich jedoch rief er es, wie von dem Verbote und von
5 der Furcht nur um so gewaltiger vorwärts gestoßen, laut in den
Wald, indem er seine Rechte ausreckte.

Alsobald that es in ihm einen Schlag und einen Ruck, daß
er meinte, der Blitzstrahl habe ihn getroffen. Seine Augen er-
blindeten, und es war ihm, als ob ihn ein reißender Wirbelwind
10 im Kreise durch den unermeßlichen Raum schleudere. Als er
entsetzt und schwindlicht mit den Händen umhergriff, fühlte er
zwar den moosigen Stein, an dem er gestanden, und kam dadurch
in seinem Innern wieder zur Erde zurück, aber nun geschah an
ihm ein neues unheimliches Zeichen. Denn wie er vorher gleich
15 einem Sandkorn durch das All geschleudert worden war, so kam
es ihm nun vor, als ob sich sein Leib in das Unendliche aus-
dehne. Unter furchtbaren Schmerzen trieb die neue in ihm auf-
gewachte Kraft seine Gliedmaßen zu ungeheurer Größe, daß er
meinte, er müsse an den Himmel rühren. Die Wände seines
20 Hauptes und seiner Brust wurden tempelweit, in sein Ohr fielen
Töne, fremd, zerreißend, himmlisch, und er sagte zu sich: Das
ist der Gesang der Sterne in ihren goldenen Bahnen. Endlich
machten die Schmerzen einer prickelnden Wollust Raum, in welcher
er seinen Körper wieder zu gewöhnlichem Maße zusammenschrumpfen
25 fühlte, während die Riesengestalt wie eine äußere Schale, oder eine
Art von Atmosphäre in luftigen Umrissen um ihn stehen blieb. Die
Finsternisse wichen von seinen Augen, indem sich große, gelbglänzende
Lichtflächen, wie bei dem Gefühle der Blendung, von den Äpfeln ablösten und in die Augenwinkel zogen, wo sie allmählich verschwanden.
30 Während er so wieder sehend wurde, sang ein feiner, süß-
stimmiger Chor um ihn her — er wußte nicht, waren es die
Vögel allein, oder gaben auch Zweige, Stauden und Gräser ihren
Beitrag — ganz vernehmlich:

Wir dürfen's ihm sagen
35 Er muß es ertragen;
Gehört uns nun eigen,
Wird balde
Im Walde
Erkalten und schweigen.

In dem moosigen Felsblock murrte es leise aber hörbar, es war, als ob der Stein sich regen wollte und könnte es nicht, wie ein Scheintoter. Der Schüler blickte auf die Fläche des Steins, ach! da liefen die grünen und roten Adern zu einem uralten Antlitz zusammen, welches ihn aus müden Augen so weh= 5 mütig und hilfeflehend anschaute, daß er sich erschüttert abwandte und bei den Bäumen, Pflanzen und Vögeln Trost suchte.

Unter denen war auch alles verwandelt. Wenn er auf das kleine braune Moos trat, so ächzte es und schrie über den un= sanften Druck, und er sah, wie es die behaarten Händchen rang 10 und die gelben oder grünen Häuptlein schüttelte. Die Stengel der Pflanzen und die Stämme der Bäume befanden sich in einer immerwährenden schraubenförmigen Bewegung, und zugleich ließ ihn die Rinde oder die äußere Haut in das Innere blicken, worin seine Geisterlein zartglänzende Tröpfchen in die Röhren schütteten. 15 Dann stieg das klare Naß von Röhre zu Röhre, indem sich un= aufhörlich Klappen öffneten und zuschlossen, bis es oben in den Haarröhrchen der Blätter zu einem grünen Dufte wurde. Leichte Verpuffungen und Feuer entzündeten sich nun in dem Geäder der Blätter; ein ätherisches Flammendes spieen unaufhörlich ihre 20 feingeschnittenen Lippen aus, während ebenso unaufhörlich der schwerere Teil jener feurigen Erscheinungen in weichen Dampf= wellen durch die Blätter hin und her schlich. In den blauen Glockenblumen, die auf dem feuchten Waldgrunde standen, war ein Klingen und Singen; sie trösteten mit einem schönen Liede 25 das arme alte Antlitz im Stein und sagten, wenn sie nur vom Boden los könnten, so würden sie ihm herzlich gern die Er= lösung bringen. Aus den Lüften blickten den Schüler sonderbare grüne, gelbe und rote Zeichen an, die immer sich zum Bilde fügen wollten und dann wieder auseinanderbrachen, von allen 30 Seiten kroch und schritt das Gewürm und Gekäfer an ihn heran und trug ihm verworrene Anliegen vor; der eine wollte dies sein, der andere das, der eine begehrte eine neue Flügeldecke, der andere hatte sich den Rüssel abgebrochen; was in den Lüften zu schweben pflegte, bettelte um Sonnenschein, das Kriechende dagegen 35 um die Feuchtigkeit. Dieses ganze Gesindel nannte ihn einen Herrgott, so daß ihm fast wieder die Sinne zu schwanken begannen.

Auch bei den Vögeln war des Zwitscherns, Plapperns und Erzählens kein Ende. Ein Buntspecht kletterte an der Borke

einer großen Eiche auf und nieder, hackte und pickte nach den
Würmern und ward nicht müd' zu schreien: Ich bin der Förster;
ich muß für den Wald sorgen! — Der Zaunkönig sagte zum
Finken: Es ist gar keine Freundschaft mehr unter uns; der Pfau
will nicht leiden, daß auch ich ein Rad schlage, er meint, er habe
allein das Recht dazu, und hat mich verklagt beim höchsten Gericht, und ich kann doch ein so schönes Rädlein schlagen mit
meinem braunen Schwänzlein. — Der Fink versetzte: Laß mich
zufrieden. Ich freß' mein Korn und kümmere mich sonst um
nichts; ich hab' ganz andere Sorgen, zu meinem Waldschlag lern'
ich die eigentlichen kunstmäßigen Weisen nur hinzu, wenn sie mich
blenden; es ist aber schrecklich, daß aus einem erst was Rechtes
wird, wenn man so hart verstümmelt worden ist. — Von Dieb-
stählen plauderten die andern und von Mordthaten, die niemand
gesehen als die Vögel:

> Sie fliegen wohl über den Kreuzweg hin,
> Schaut keiner nach ihnen hin!

Dann setzten sie sich auf den Zweigen straff zurecht, guckten den
Schüler spöttisch an und zwei freche Kohlmeisen riefen: Da steht
der Zauberer und hört uns zu und weiß nicht, was mit ihm
geschieht; nun der wird Augen machen! schrie der ganze Haufen
und flog mit einem Gezwitscher davon, welches wie ein halbes
Lachen klang.

Indem bekam der Schüler einen Wurf in das Gesicht, er
blickte empor, da sah er ein ungeschliffenes Eichhorn, das hatte
ihm die hohle Nuß auf die Stirne geworfen, lag platt auf seinem
Aste auf dem Bauche, stierte ihm ins Gesicht, und rief: Die
hohle für dich, die volle für mich! — Ihr ungezogenes Gesindel,
laßt den fremden Herrn doch zufrieden! rief eine schwarz und
weiße Elster, die wackelnd durch das Gras herzugeschritten kam.
Sie setzte sich dem Schüler auf die Schulter und sagte ihm ins
Ohr: Ihr müßt nicht uns alle nach jenen unhöflichen Bestien

---

24 ff. Immermann in der „Fränkischen Reise": „Mein Fuß, wie er über den wilden
Thymian schritt, weckte lauter Wohlgerüche auf; bunte Schmetterlinge und blaue Käfer
flogen von den Blumen empor; ein kleiner Specht kletterte eine Eiche hinan und sah sich
dann so gewichtig um, als sei er eigentlich der Revierförster hier, der Bäume vor Wurm-
fraß zu behüten habe. Ein ungeschliffenes Eichhorn schmiß mir von seinem Zweige eine
hohle Nuß ins Gesicht, legte sich dann platt auf den Bauch und guckte herunter, ob der
Wurf auch getroffen habe. In tief beschattetem Waldgrunde am Quell stand ein cynischer
Philosoph, ein wildes Schwein, und schmauste Eicheln. Aber es sollte noch besser kommen."

beurteilen, gelahrter Herr, es giebt auch unter uns wohlgezogene
Leute. Da seht einmal durch die Öffnung hindurch jenen weisen
Mann, das Wildschwein, wie es ruhig steht und seine Eicheln
verzehrt, und dabei im stillen seine Gedanken hat. Herzlich
gern will ich Euch Gesellschaft leisten und Euch erzählen, was   5
ich nur weiß, das Reden ist mein Vergnügen, besonders mit
alten Leuten.

Wenn das ist, so wirst du bei mir deine Rechnung nicht
finden, ich bin noch jung, versetzte der Schüler.

Ach Himmel, wie sich die Menschen täuschen können! rief die   10
Elster und sah gedankenvoll vor sich hin.

Indem war es dem Schüler, als höre er aus noch größerer
Tiefe des Waldes ein Seufzen, dessen Ton ihm durch das Herz
drang. Er fragte seine schwarz und weiß gesprenkelte Gesellschafterin
nach der Ursache, die sagte ihm aber, sie wolle zwei Eidechsen darum   15
ausforschen, die dort ihr Morgenbrot äßen. Er ging nun mit
der Elster auf der Schulter nach dem Orte, wo diese Tierchen
sich befinden sollten. Da hatte er eine wunderhübsche Schau.
Die beiden Eidechschen waren gewiß vornehme Fräulein, denn sie
saßen unter einem großen Pilze, der wie ein prachtvolles Schirm=   20
zelt sein goldgelbes Dach über ihnen ausspannte. Dort saßen
sie und schlürften mit den braunen Züngelchen den Tau vom
Grase, dann wischten sie sich die Mäulchen an einem Hälmlein
ab und gingen mit einander im anstoßenden Lusthain von Farren=
kräutern spazieren, welcher vermutlich der einen zugehörte, die ihre   25
Freundin bei sich zum Besuch hatte. Schack! Schack! rief die
Elster; der Herr möchte gern wissen, wer geseufzt hat. Die
Eidechschen hoben die Köpfchen empor, wedelten mit den Schwänzchen
und riefen:

    Prinzessin in der Laub' am Bronnen,   30
    Der Kanker hat sie eingesponnen.

Hm! Hm! sagte die Elster und wackelte mit dem Kopfe, daß man
so vergeßlich sein kann! Ja freilich, in der nahen Hainbuchen=
laube schläft die schöne Prinzessin Doralice, die der böse König

19 ff. Immermann, „Fränkische Reise" (über den Spessart): „Das Allerhübscheste
aber war ein Dejeûner dinatoire zweier Eidechschen. Sie gehörten gewiß auch den
höchsten Ständen an; denn sie saßen unter einem großen Pilze, der wie ein großes
prachtvolles russisches Zelt sein goldgelbes Schirmdach über ihnen ausspannte. Dort saßen
sie und schlürften mit den braunen Züngelchen den Tau vom Grase; dann standen sie
auf und gingen im angrenzenden Park von Farnkräutern spazieren, der vermutlich der
einen gehörte, die die andere zum Besuch bei sich hatte."

Kanker eingesponnen hat. O möchtet Ihr sie erretten, gelahrter Herr!
— Den Schüler trieb das Herz, er fragte die Elster, wo die
Laube sei. Der Vogel flog voran von Zweig zu Zweig, den
Weg zu zeigen; so kamen sie an eine stille Wiese, rings ein=
5 geschlossen, durch welche ein Bächlein, aus einer Felsenspalte
springend, floß, wo gar artige Läublein von Hainbuchen standen.
Die Bäumchen hatten ihre Zweige zur Erde geschlagen, so daß
sie den Boden wie ein Dach überwölbten, durch diese Dächer aber
stachen die Fächerblätter des Farrenkrauts und schufen den Laub=
10 häuslein die Lucken und Giebel. Die Elster sprang auf eins der
Laubhäuslein, schaute durch eine Lucke und flüsterte geheimnisvoll:
Hier schläft die Prinzessin. — Mit klopfendem Herzen trat der
Schüler hinzu, kniete vor der Öffnung der Laube nieder und
blickte hinein — ach! da wurde ihm ein Anblick, der ihm Sinn
15 und Seele in noch gewaltigerem Aufruhr jagte, als da er das
Zauberwort aussprach. Auf dem Moose, welches wie ein Pfühl
die schöne Last umquoll, ruhte die reizendste Jungfrau und
schlummerte. Ihr Haupt lag etwas erhöht, den einen Arm hatte
sie unter den Nacken geschoben, die weißen Finger leuchteten aus
20 dem Goldbraun der Locken, welche in langen weichen Fluten
sich zärtlich um Hals und Busen schmiegten. Mit unsäglicher
Wonne und Wehmut schaute der Schüler in das herrliche Antlitz,
auf den Purpur der Lippen, auf die Blüte der Glieder, von denen
ein verklärender Wiederschein auf das dunkele Mooslager fiel.
25 Daß die Schläferin, wie von einem geheimen Drucke belastet, in
süßer Angst zu atmen schien, machte sie in seinen Augen nur noch
verlockender, er fühlte, daß sein Herz auf immerdar gefangen ge=
nommen sei, und nur an diesem Munde sein Lechzen stillen könne.
Ist es nicht schade, sagte die Elster, die durch die Lucke in die
30 Laube gehüpft war, und sich der Schläferin auf den Arm setzte,
daß eine so schöne Prinzessin sich hat müssen einspinnen lassen?
— Wie? Einspinnen? fragte der Schüler; sie ruht ja, in ihren

7 ff. Immermann in der „Fränkischen Reise" (über den Spessart): „Ich sah kleine
grüne Lauben, durch deren Dächer die Spitzen der Farnkräuter hervorstachen, rechts und
links vom Wege. Wie ich sie näher besah, waren es wirkliche Läubchen, mit kleinen
Öffnungen vorn, zwerghafte Hainbuchen nämlich, deren Zweige sich wieder zur Erde gesenkt
hatten und so eine grüne Wölbung bildeten. In einer dieser Lauben lag auf einem
breiten, weichen Lattichblatt wie auf einer Ottomane ausgestreckt ein grünes Schlängelchen
mit goldenem Krönchen, und hätte ich nur das rechte Wort gewußt, so hätte ich sie wohl
zur allerschönsten Prinzessin umsprechen können und ich wäre vielleicht ihr Herr Gemahl
geworden und ein König des Schlangenreiches und hätte selbst wieder eine Taille gekriegt,
schlank wie eine Schlange."

weißen Schleier gehüllt. O Thorheit! rief die Elster, ich sage, es sind Spinnweben und der König Kanker hat sie eingesponnen. — Wer ist der König Kanker?

Im menschlichen Zustande war er ein reicher Garnspinner=herr, versetzte die Elster, indem sie wohlgefällig mit dem Schwanze wippte. Er hatte seine Garnspinnerei nicht weit von hier, außer dem Walde, am Flüßchen, und an die hundert Arbeiter spannen unter ihm. Das Garn wuschen sie im Flüßchen. Darin wohnt aber der Nix, und der war ihnen schon lange bitterböse, weil sie mit der ekelhaften Wäsche seine klaren Fluten trübten, und weil alle seine Kinder, die Schmerlen und Forellen, von der Beize ab=standen. Er wirrte das Garn unter einander, die Wellen mußten es über den Rand des Ufers schleudern, er trieb es abwärts in die Strudel, um den Spinnerherrn zu warnen, aber alles war ver=geblich. Endlich, am Johannistage, an welchem die Flußgeister Macht haben, zu schrecken und zu schaden, spritzte er der ganzen Garnwäscherzunft und ihrem Haupte, da sie eben wieder ihre Wäscherei recht frech und gewissenlos trieben, Feienwasser in das Antlitz, und, wie wilde und blutdürstige Menschen Werwölfe und Werkater werden können, so sind die Garner und ihr Haupt Werkanker geworden. Sie liefen alle vom Flüßchen zum Walde und hangen mit ihren Geweben überall an Bäumen und Sträuchen umher. Die Spinner sind gewöhnliche kleine Kanker geworden, fangen Fliegen und Mücken; ihr Herr aber hat fast seine frühere Größe behalten und heißt der Kankerkönig. Er stellt den schönen Mädchen nach, umspinnt sie, betäubt sie mit seinem giftigen Dunste und saugt ihnen dann das Blut vom Herzen. Zuletzt hat er diese Prinzessin überwältigt, welche von ihrem Gefolge im Walde abgekommen war. Sieh dort — dort — dort regt er sich zwischen den Büschen.

Wirklich war es dem Schüler, als sehe er durch die Zweige gegenüber einen riesigen Spinnenleib schimmern, zwei haarige Füße, dick wie Menschenarme, arbeiteten sich durch das Laub: eine ent=setzliche Angst um die schöne Schläferin ergriff ihn, er wollte dem Ungeheuer entgegenstürzen. Umsonst! rief die Elster und schlug mit den Flügeln; alle verzauberte Menschen haben furchtbare Kräfte, das Ungetüm würde dich in der Umknotung ersticken, aber streue deiner Schönen Farrensamen auf die Brust, der macht sie unsichtbar vor dem Kankerkönig, und solange nur ein Stäubchen

davon liegt, dauert der Segen aus. Eiligst streifte der Schüler
den braunen Staub von der unteren Fläche eines Farrenblattes
ab und that, wie ihm der Vogel gesagt hatte. Indem er sich
hiebei über die Schläferin beugte, rührte ihr Odem seine Wange.
5 Verzückt rief er: Giebt es kein Mittel, dieses geliebte Bild zu
befreien? Oh! schrie der Vogel und schoß wie toll in Zickzack=
flügeln um den Schüler, wenn Ihr mich um so ein Mittel be=
fragt, das giebt es wohl. Unser weiser Alter in der Kluft hat
den Eibenbaum in Verwahr, wenn Ihr davon einen Zweig bekommt
10 und mit demselben die Stirne der Schönen dreimal berührt, so
weicht alle Fesselung von ihr,

> Denn vor den Eiben
> Die Zauber nicht bleiben;

sie wird in Eure Arme sinken und Euch, als ihrem Retter, an=
15 gehören. In diesem Augenblicke war es, als ob die Schlafende
die Rede des Vogels vernähme. Ihr schönes Gesicht wurde von
einer zarten Röte überzogen, ihre Züge nahmen den Ausdruck einer
unendlichen Sehnsucht an. Führe mich zum weisen Alten! rief
der Schüler halb von Sinnen.

20   Der Vogel sprang in die Büsche, der Schüler eilte ihm nach.
Die Elster flatterte einen engen Felsenweg empor, der bald nur
noch über Morast und wildumhergeworfene Steinblöcke gefährlich
hinanleitete. Von Block zu Block mußte der Schüler klimmen,
wollte er nicht im Sumpfe versinken. Seine Kniee zitterten, seine
25 Brust keuchte, seine Schläfe bedeckte kalter Schweiß. Er rupfte
in der Eile Blumen und Blätter ab und streute sie auf die Steine,
damit er den Weg wiederfinden möchte. Endlich stand er auf be=
deutender Höhe vor einem geräumigen Felsenportal, aus dessen
dunkelem Schlunde ihm eine Eisluft entgegenstrich. Die Natur
30 schien hier noch in der uralten Gärung zu sein, so fürchterlich
und zerrissen starrte das Gestein über, neben, vor der Höhle.

      Hier wohnt unser Weiser! rief die Elster, indem sich ihre
Federn vom Kopf bis zum Schweife sträubten und krausten, so
daß sie ein unheimliches und widerwärtiges Ansehen bekam. Ich
35 will dich bei ihm anmelden und fragen, wie er über deinen Wunsch
gesonnen ist. Mit diesen Worten schlüpfte sie in die Kluft. Sie
kam aber gleich wieder herausgesprungen und rief: Der Alte ist
mürrisch und eigensinnig, er will nicht anders dir den Eibenzweig

geben, als wenn du ihm alle Ritzen der Höhle verstopfest, denn
er sagt, die Zugluft sei ihm empfindlich. Aber ehe du damit fertig
wirst, kann manches Jahr vergehen. — Der Schüler raffte des
Mooses und Krautes zusammen, soviel er fassen konnte, und ging
nicht ohne Schauder in die Höhle. Drinnen sahen ihn von den   5
Wänden Tropfsteinfratzen an, er wußte nicht, wohin er sein Auge
vor den abscheulichen Gestalten retten sollte. Er wollte tiefer in
den Felsgang dringen, da schnarchte es ihm aus der hintersten
Ecke entgegen: Zurück! Störe mich nicht in meinen Forschungen,
treibe da vorne dein Wesen! Er wollte entdecken, wer da spreche, 10
sah aber nichts als ein Paar glühroter Augen, die aus dem Dunkel
leuchteten. Nun gab er sich an seine Arbeit, stopfte überall Moos
und Kraut ein, wo er eine Spalte sah, durch welche ein Schimmer
des Tageslichtes drang, aber das war ein schwieriges und, wie
es schien, unendliches Werk. Denn, glaubte er mit einer Spalte 15
fertig zu sein und sich zu einer anderen wenden zu können, so
fiel das Eingestopfte wieder heraus und er mußte von vorn be=
ginnen. Dazu schnarrte das Schnarchende im Hintergrunde der
Höhle Töne und Laute ohne Sinn ab und ließ nur bisweilen
verständliche Worte ausgehen, die so klangen, als ob es sich seiner 20
tiefen Forschungen berühme.

Die Zeit schien dem Schüler im reißenden Fluge unter seiner
verzweiflungsvollen Arbeit vorüber zu eilen. Tage, Wochen, Monate,
Jahre kamen, so dünkte ihm, und schwanden, und dennoch spürte
er weder Hunger noch Durst. Er glaubte sich dem Wahnwitze 25
nahe und wiederholte sich still, mit einer Art von rasender Leiden=
schaft, die Jahreszahl, und daß er am Tage Peter und Paul zum
Walde gegangen sei, um nicht gar aus aller Zeit zu treten. Wie
aus weiter Ferne sah ihn das Bild seiner geliebten Schlummernden
an, er weinte vor Sehnsucht und Trauer und doch fühlte er keine 30
Thräne über die Wangen rinnen. Auf einmal war es ihm, als
sehe er eine bekannte Gestalt sich der Schläferin nähern, entzückt
sie betrachten und sich dann wie zum Kusse über sie beugen. In
diesem Augenblicke übermannten ihn Schmerz und Eifersucht, alles
um sich her vergessend, stürzte er gegen den dunkeln Hintergrund 35
der Höhle. Den Eibenzweig! rief er heftig. Da wächst er! ant=
wortete das Glühende, Schnarchende, und zugleich fühlte er die
Zweige eines Baumes in der Hand, der aus einer finsteren Spalte
der Grotte emporstand. Er brach an einem Zweige, da that es

ein Winseln um ihn her, das Glühende schnarchte stärker als
jemals, die Höhle schwankte, schütterte, stürzte zusammen, Nacht
wurde es vor den Augen des Schülers, und unwillkürlich rief es
aus ihm hervor:

5   Vor den Eiben
                  Kein Zauber thut bleiben.

Als seine Augen wieder helle wurden, sah er sich um. Ein
dürrer, sonderbar mißfarbiger Stecken lag in seiner Hand. Er stand
zwischen Gestein, welches sich zu einer Kluft wölbte, die aber nicht
10 eben mächtig war. In der Tiefe aber klangen schrillende, pfeifende
Töne, wie sie die großen Eulen von sich zu geben pflegen. Die
Gegend umher war wie verwandelt. Es war eine mäßige Anhöhe,
kahl und ärmlich, mit unbedeutenden Steinen übersäet, zwischen
denen auf der einen Seite nach der Tiefe zu durch feuchtes Erd=
15 reich der Weg hinableitete, den er heraufgekommen war. Von
den großen Felsblöcken war keiner mehr zu erschauen. Ihn fror,
obgleich die Sonne hoch am Himmel schien. Es bedünkte ihn,
als habe sie denselben Stand, wie damals, als er ausgegangen
war, den Zweig zu holen, der nun zum dürren Stecken in seiner
20 Hand geworden war. Er ging den Pfad über die Steine hinab,
das Wandern fiel ihm beschwerlich, er mußte sich auf den Stecken
stützen, das Haupt hing auf die Brust hinab, er hörte seinen
Odem, der mühsam aus ihr hervordrang. An einer schlüpfrichten
Stelle des Pfades glitt er aus und mußte sich am Gebüsch halten.
25 Dabei kam ihm seine Hand dicht vor das Auge, die sah grau
und runzlicht aus. Herr Gott! rief er von einem Schauder ge=
packt, bin ich denn so lange — —? Er wagte seinen eigenen
Gedanken nicht auszusprechen. Nein, sagte er, sich gewaltsam be=
ruhigend, es thut die kühle Waldluft, daß mich so friert, matt
30 bin ich von der Anstrengung geworden, und das gebrochene fahl=
grüne Licht, welches durch die Büsche fällt, giebt den Händen die
seltsame Farbe. Er schritt weiter und sah auf den Steinen die
wilden Blumen und Blätter liegen, welche er bei dem Hinauf=
klimmen dahin gestreut hatte, den Weg zu merken. Sie waren
35 frisch, als seien sie eben hingelegt worden. Damit war ihm ein
neues Rätsel gesetzt. Ein Köhler hockte seitwärts vom Wege im
Gehölz und schnitt Äste ab, den fragte er nach dem Tage. Ei
Vater, versetzte der Köhler, seid Ihr ein so böser Christ, daß Ihr
Aposteltag nicht kennt? Wir haben Peter und Paul, wo der

Hirsch aus dem Wald ins Korn tritt. Ich will meinem Jungen
da aus dem Maserast ein Spielwerk schneiden, sonst arbeit' ich
nicht an dem Tag, aber das ist zur Lust und Ergötzlichkeit, und
die ist erlaubt, sagt der Kaplan.

Ich bitte dich, Gesell, rief der Schüler, den das Grauen   5
immer stärker durchrieselte, sag mir an, welche Jahrzahl schreibt
ihr in der Christenheit? Der Köhler, von dem auch die Feier=
tagswäsche den Ruß nicht hatte bringen mögen, hob sich mit
seinen mächtigen Gliedern schwarz zwischen den grünen Büschen
empor, und sprach nach einigem Besinnen die Jahreszahl aus. —   10
O du mein Heiland! schrie der Schüler und stürzte, von seinem
Stecken nicht gehalten, auf den Steinen zusammen. Dann schleuderte
er den Stecken hinweg und kroch zitternd den Steinpfad hinab.

Verwundert trat der schwarze Köhler, den Maserast in der
Hand, aus den Sträuchen auf die Steine, sah den Stecken liegen,   15
bekreuzte sich und sprach: Der ist von der Eibe, die da droben
wächst im Eulenstein, wo der Schuhu horstet. Sie sagen, sie
schaffe den Zauber, und löse geschaffene Zauber. Gott behüte uns!
der Alte hatte böse Dinge auslaufen lassen. — Dann ging er
in die Büsche zurück, seiner Hütte zu, um das Spielwerk für seinen   20
Knaben zu schnitzen.

––––––

Unten auf der lustigen Waldwiese neben der Hainbuchenlaube,
am klaren Wässerlein, welches dort seine Ränder zu einem breiten
Becken auseinander gespült hatte, saßen der junge Ritter Konrad
und die Schöne, welche er ohne magische Künste aus dem Schlummer   25
geweckt hatte. Lieblich drängten sich rote, blaue und gelbe Kelche
aus den Gräsern um sie her, und das Paar blühte in Jugend
und Schönheit, der Ritter in seinem bunten Schmuck, die Jung=
frau in ihren silberglänzenden Schleiern, als die herrlichste Blume
aus diesem Schmelz empor. Er hatte seinen Arm sanft um ihren   30
Leib gelegt und sagte, ihr treu in das Auge sehend: Bei der Asche
meiner lieben Mutter, und bei dem heiligen Zeichen auf dem
Griffe dieses Schwerts, ich bin, der ich mich dir genannt habe,
Herr meiner Schlösser und meiner Tage, und beschwöre dich nun,
du holdseliges Wunder dieses Forstes, daß deine Lippen das   35
Wort sprechen, welches mich auf ewig dir in den Besitz geben
wird, den der Priester vor dem Altare weihen und segnen soll.

Was für ein Wort begehrst du noch? sagte die Schöne
leise, indem sie züchtig die Wimpern senkte. Hat nicht mein
Auge, meine Wange, mein klopfender Busen alles gesprochen?
Minne ist eine gewaltige Königin; sie fährt daher unversehens
5 und ergreift, den sie mag, ohne Widerstand zu dulden. Bringe
mich, bevor der Tag sinkt, nach dem Kloster am Odenwald zur
frommen Äbtissin, sie wird mich unter Schirm nehmen, dort will
ich zwischen stillen Mauern harren, ob du kommen und mich heim-
führen willst. Sie wollte aufstehen, der junge Ritter hielt sie
10 aber sanft zurück und sagte: Laß uns an diesem Platze, wo meine
Seligkeit wie ein goldenes Märchen emporsproßte, noch einige
Augenblicke verweilen. Fürchte ich doch noch immer, daß du mir,
gleich einer reizenden Waldnymphe, verschwindest! Hilf mir, daß
ich an dich glaube und an deine holde Sterblichkeit. Wie bist
15 du hergekommen? Was war mit dir?

Ich war, versetzte die Schöne, heute morgen zu Walde ge-
flohen vor meinem Vormunde, dem Grafen Archimbald, dessen
Absichten, plötzlich, ich weiß nicht ob auf mich, oder auf meine
Güter, bös und erschreckend hervorgetreten waren. Was hilft der
20 Jugend und dem Weibe reiches Erbe? Es ist immerdar schutzlos
und verlassen. Ich wollte mich zur Äbtissin flüchten, ich wollte
den Kaiser in Mainz antreten, kaum wußte ich selbst, was ich
wollte. So kam ich in diese grünen Baumhallen. Mein Herz
war nicht auf den Helfer gerichtet, meine Gedanken haderten mit
25 dem Himmel.

Auf einmal, wie ich diese Wiese schon vor mir liegen sah,
war mir, als würde da drüben in den Büschen etwas gesprochen,
worauf ich mich und alles um mich her verwandelt fühlte. Ich
kann dir das Wort, oder den Laut nicht beschreiben, mein Geliebter!
30 Der Gesang der Nachtigall klingt heiser gegen seine Süßigkeit und
das Rollen des Donners ist, mit ihm verglichen, nur ein schwaches
Flüstern. Es war gewiß das Geheimste und Zwingendste, was
es zwischen Himmel und Erde geben kann. Auch auf mich übte
es eine unwiderstehliche Gewalt, da es in meinen fassungslosen
35 Geist, in das Getümmel meiner Sinne fiel und kein Gedanke des
Heils ihm in mir entgegentrat. Meine Augen schlossen sich und
doch sah ich den Weg vor meinen Füßen, den die Füße, wie von
unsichtbaren, weichen Händen gelenkt, wandeln mußten. Ich schlief
und schlief doch nicht, es war ein unbeschreiblicher Zustand, in

dem ich endlich unter jener Laube auf weichem Moose niedersank.
Es sprach und sang alles um mich her, in mir fühlte ich den
Wogenschlag der jubelndsten Wonne, jeder Tropfen Blutes leuchtete
und tanzte durch die Adern und doch saß mir im tiefsten Herzen
das alleräußerste Grauen vor dieser Verfassung und die heißeste 5
Bitte um Erweckung aus meinem Schlafe. Aber ich spürte, daß
von dem Grauen nichts in mein Antlitz trat, wunderbarerweise
konnte ich mich selbst schauen und sah, daß meine Wangen von
der Wonne lächelten, als würden mir himmlische Freudenlieder
zugesungen. Immer weiter griff die Wonne in mein Herz, immer 10
weiter drängte sie das Grauen zurück, eine furchtbare Angst befiel
mich, daß dieses Pünktchen ganz aus mir getilgt und ich eitel
Wonne werden würde.

  In dieser Not, und dem Verschwinden alles Bewußtseins
nahe, gelobte ich mich dem, der mich erwecken und befreien werde, 15
zu eigen. Ich sah nun durch meine geschlossenen Augenlider eine
dunkele Gestalt sich über mich beugen. Das Antlitz war edel
und groß, und doch fühlte ich einen tiefen Widerwillen gegen diesen
und es flog wie ein Schatten durch meine Empfindung, daß er
es gewesen sein möchte, der das verdammliche Wort gesprochen 20
habe. Aber immer rief ich stumm in mir und doch laut für
mich: Wenn er dich weckt und befreit, so mußt du ihm für diese
überschwengliche Wohlthat angehören, denn du hast es gelobt. —
Er hat mich nicht geweckt!

  Ich, ich habe dich geweckt, mein teures Lieb, und nicht mit 25
Zauberspruch und Segen, nein, mit heißem Kuß auf deine roten
Lippen! rief der junge Ritter entzückt und hielt die schöne Emma
fest umschlungen. — Das sind wohl rechte Wunder im Spessart
gewesen, die uns zusammengeführt haben. Ich hatte mich draußen
am Heerweg von meinem geliebten Freunde Petrus getrennt nach 30
seltsamen verfänglichen Gesprächen. Als ich einige hundert Schritte
geritten war, überfiel mich noch einmal eine große Sorge um ihn,
ich saß ab und wollte wiederholt ihm ans Herz legen, seine
dunkelen Wege zu lassen und mit mir gen Mainz zu ziehen.
Als ich mich wandte, sah ich ihn in den Wald schlüpfen. Ich 35
rief seinen Namen, er aber hörte mich nicht. Die Sporen ver-
hinderten mich am raschen Gehen; ich konnte ihm nur von weitem
folgen, doch ließ ich nicht ab, hinter ihm her zu rufen, was aber
vergeblich blieb. Endlich verschwand mir sein schwarzer Mantel

zwischen den Bäumen. Auch ich sah die schöne grüne Wiese
schimmern und wollte mir den lichten Blumenschein besehen. So
kam ich her, nachdem ich noch die Kreuz und Quer nach meinem
Freunde gesucht hatte. Auch mich umgab es hier im Walde aus
5 den Lüften wie ein Wühlen und Schwingen, das Gewürm war
in einer Bewegung, die Vögel verführten ein so eigenes Flattern
und Zirpen. — Weil ich aber an die helle gute Straße dachte,
auf die ich den Petrus gern bringen wollte, so hat mir vermut=
lich das Wesen nichts anhaben können. Als ich dich schlummernd
10 fand, drang mir mit der Gewalt der süßesten Liebe ein ungeheures
Mitleid um dich in das Herz, ich frohlockte und weinte doch
Thränen, die heißesten, die je aus meinen munteren Augen ge=
kommen. Ich glaube, daß mir vergönnt war, in den Winkel zu
schauen, wo dir das Grauen wohnte. Schluchzend und lachend
15 rief ich:

> Die schönste Rose, die da blüht,
> Das ist der rosenfarb'ne Mund
> Von wonniglichen Weiben;
> Am Kuß des Mai'n die Ros' erglüht,
20 > Es soll der schönste Rosenmund
> Nicht ungeküsset bleiben!

und da boten meine Lippen in Gottes Namen den deinen ihren
Gruß . . .
Und die Fesseln fielen ab von mir, ich erwachte, und mein
25 erster Blick traf in dein treues weinendes Auge, rief die schöne
Emma. Ich dankte Gott, auf dessen Namen ich mich wieder besann,
daß ich erlöset sei, und dann dankte ich ihm, daß du es gewesen,
der mich befreiet habe und nicht jener Dunkle.
Der junge Ritter war nachdenklich geworden. Ich fürchte,
30 sagte er, alle diese geheimnisvollen Waldwunder stehen mit Petrus
in Zusammenhang. Ich fürchte, daß ich an dem Tage, wo ich
meine Liebe gewann, meinen Freund verloren habe. Wo mag
er nur geblieben sein?
Das Paar fuhr erschreckt auseinander, denn sie sahen in dem
35 Wasser zu ihren Füßen zwischen ihren blühenden Häuptern ein
eisgraues, greises abgespiegelt. Hier ist er, sagte ein zitternder,
gebeugter schneeweißer Alter, der hinter ihnen stand. Er trug
den neuen, schwarzen Mantel des Schülers.
Ja, sagte der Alte mit schwacher, erloschener Stimme; ich

bin dein Freund Petrus von Stetten. Ich stand schon lange
hinter euch und hörte eure Reden, und die Geschicke sind klar
geworden. Es ist noch der Peter= und Paulstag, an dem wir
uns trafen und trennten draußen auf dem Heerwege, der kaum
tausend Schritte weit von hier läuft und seit wir von einander   5
gegangen sind, mag eine Stunde verstrichen sein, denn der Schatten,
den der Strauch da auf den Rasen wirft, ist nur um ein Geringes
gewachsen. Wir waren vierundzwanzig Jahre alt vor dieser
Stunde, du bist darin um sechzig Minuten, ich aber bin derweile
um sechzig Jahre älter geworden. Ich habe vierundachtzig. —   10
So sehen wir uns wieder; ich habe es freilich nicht gedacht.

Konrad und Emma waren aufgestanden. Sie schmiegte sich
scheu an den Geliebten und sagte leise: Es ist ein armer Irr=
sinniger. — Nein, du schöne Emma, sagte der Alte, ich bin nicht
irre. Dich habe ich geliebt, mein Zauber fiel auf dich, und ich   15
hätte dich haben können, wäre es mir vergönnt gewesen, in Gottes
Namen dir den roten Mund zu küssen, was der einzige Segen ist,
womit schöne Minne erweckt wird. Statt dessen mußte ich nach dem
Eibenzweige gehen und dem Schuhu seine Klause vor Wind und
Wetter verwahren helfen. Nun, wie es gekommen ist, so mußte es   20
kommen. Er hat die Braut, und ich habe den Tod davon getragen.

Konrad hatte immerfort starr in das Gesicht des Alten ge=
sehen, um durch die Runzeln und Falten hindurch ein früheres
Lineament des Jugendfreundes zu entdecken. Endlich stammelte
er: Ich beschwöre dich, Mensch, uns zu verkünden, wie diese Ver=   25
wandlung hat zugehen können, damit uns nicht ein Schwindel
faßt und zu schrecklichen Dingen treibt!

Wer Gott versucht und die Natur, über den stürzen Gesichte,
an denen er rasch verwittert, antwortete der Alte. Dabei bleibt
der Mensch, wenn er auch die Pflanzen wachsen sieht und die   30
Reden der Vögel verstehen lernt, so einfältig wie zuvor, läßt sich
von einer albernen Elster Fabeln von der Prinzessin und vom
Kankerkönige aufbinden, und sieht Frauenschleier für Spinnweben
an. Die Natur ist Hülle, kein Zauberwort streift sie von ihr ab,
dich macht es nur zur grauen Fabel.   35

3 ff. Die Erscheinung, daß ein in Zauber Befangener in kürzester Zeitspanne Jahre
durchlebt, findet sich in einer Reihe von Sagen, wenn auch nicht so häufig wie der um=
gekehrte Zug, daß dem Verzauberten Jahrzehnte wie eine Stunde vergehen; dieser letzteren
Fassung hat Immermann selbst in seinem zweimal (1820 und 1834) bearbeiteten Drama
„Die Verschollene" sich bedient. — 34. Anklang an Albrecht v. Hallers berühmte Verse (Nat.=

Er schlich langsam in die Waldgründe. Konrad wagte nicht, ihm zu folgen. Er leitete seine Emma aus dem Schatten der Bäume nach der breiteren Straße, wo das Licht in allen Farben um die Kronen der Stämme spielte.

5 Noch einige Zeit lang hörten die Wanderer im Spessart hinter Felsen und dichten Baumgruppen zuweilen mit einer hohlen und geisterhaften Stimme Reime sprechen, die dem einen wie Unsinn, dem andern wie tiefe Weisheit klangen. Gingen sie dem Schalle nach, so fanden sie den Alten, der noch so wenige Jahre 10 zählte, wie er, erloschenen Auges, die Hände auf die Kniee gestützt, starr in die Weite blickte und die Sprüche vor sich hinsagte, deren keiner aufbehalten geblieben ist. Nicht lange aber, so wurden sie nicht mehr gehört, und auch den Leichnam des Alten fand man nicht.

Konrad freite seine Emma; sie gebar ihm schöne Kinder 15 und er lebte bis zu späten Jahren mit ihr in großer Freude und Lust.

———————•••———————

Litt. 41, II, 56): „Ins Innre der Natur bringt kein erschaffner Geist, Zu glücklich, wann sie noch die äußre Schale weist!"

Sechstes Buch.

Walpurgisnacht bei Tage.

———

Erstes Kapitel.

Wache Träume.

Als der Jäger am Morgen nach seinem schönsten Tage im Heu
erwachte, schmerzte ihn heftig sein Kopf. Denn man sei so
verliebt, als man will, der Duft von frischem Heu nimmt den
Kopf ein, und er hätte den Tod von der unvorsichtig gewählten
Lagerstatt haben können. Anfangs zwar hatten die lieblichsten
Träume von Lisbeth sein Hirn umgaukelt. Ihm träumte, ein
Bauer trete mit einem verschlossenen Korbe zu ihm und sage,
darin sei ein Geschenk, der Herr wisse wohl, von wem. Nun
öffnete er den Korb, und ein weißes Täubchen war darin mit
purpurroten Füßchen und purpurrotem Schnabel. Er erstaunte
über die Weiße und Schönheit des Tierchens und hatte seine
große Freude daran. Wie wurde ihm aber, als das Tierchen
sein rotes Schnäblein öffnete und zu ihm sprach: Lisbeth schickt
mich zu dir und läßt dir sagen — die Taube redete aber nicht
aus; sie wurde ängstlich, flatterte scheu fort, und er bekümmerte
sich im Traume darüber, daß er nicht zu erfahren bekam, was
sein Mädchen ihm durch den zarten Boten hatte sagen lassen
wollen.

Nach diesem hatte er verworrene Gesichter und gegen Morgen
eins, was ihm kaum noch wie ein Traum vorkam, es schien ihm
Wirklichkeit zu sein, die in seine vom Heuduft umwölkten Sinne
fiel. Es war ihm, als ob — oder vielmehr, es war in der
That so. In einer anderen Ecke des Schoppens begann es, sich
zu rühren, und der Jäger sah, wie eine dunkele Gestalt sich reckte,
er hörte, wie sie gähnte und darauf sprach: Mein Treu, ich glaub',
's ist halber sieb'n. Die Stimme war eine ihm ganz bekannte.
Die Gestalt erhob sich, tastete umher und kam an den Ort, wo
der Jäger lag, befangen von dem Dunste des Schoppens und
unfähig ein Glied zu bewegen, ängstlich starr unter der Last des

Alps, der ihn drückte. — Ei, was a wüster G'sell! rief die Gestalt.
Hast nit heime finden können? Bist ins Heu gekrochen? Nun
schlaf aus, ich verstör' dich nit weiter.

Mit diesen Worten entfernte sich die Gestalt. Der Jäger
wollte: Jochem! rufen, konnte aber keinen Laut aus der zusammen- 5
geschnürten Kehle bringen. So lag er noch eine Zeitlang. Endlich setzte sich das stockende Blut doch wieder gewaltsam in Bewegung, er konnte seine Arme und Füße regen. Hastig sprang
er von dem gefährlichen Lager auf und eilte in das Freie, um
Gottes reine Luft einzuatmen.   10

Draußen pfiff ihm ein rauher Nordwind entgegen. Ein
brenzlichter Geruch schwebte in der Luft, und ein Bauer, der
vorbeiging, sagte: Es giebt heut' Haarrauch. Er fragte den Mann
nach dem nächsten Wirtshause, welches ihm in einiger Entfernung
auf einer Höhe gezeigt wurde. Sein Weg lief über ein hohes, 15
braunes Heideland, in geringer Entfernung in der Tiefe sah er
aber grüne Wiesen, durch welche sich der Fluß, der sie speiste, in
zwanzig Windungen schlängelte. Scharen von Landleuten waren
mit dem zweiten Hiebe auf den Wiesen beschäftigt. Auf manchen
Wiesen wurde die Grummet auch schon gewendet.   20

Im Wirtshause heilte sich der Jäger von seinen Kopfschmerzen
durch das kalte Wasser, in welches er sein brennendes Antlitz ein-
tauchte. Aber er blieb nichtsdestoweniger unwohl. In der Brust
fühlte er ein eigenes Drücken und Wühlen, was ihn zwar nicht
ängstlich machte, aber ihn doch an den Blutsturz erinnerte, den 25
er als Achtzehnjähriger gehabt hatte und dem ähnliche Empfindungen
vorhergegangen waren. Sein Arzt auf der Universität hatte ihn
damals nach der Herstellung gewarnt und ihm gesagt, er müsse
sich vor unordentlichem Leben und Gemütsbewegungen in acht
nehmen, denn so vollsaftigen Konstitutionen, wie der seinigen, 30
droheten beständig Rückfälle des Übels, wenn es einmal sich Bahn
gebrochen habe. Nun war seine Lebensweise in den letzten Wochen
freilich nicht die ordentlichste, seine Stimmung aber nur eine
Gemütsbewegung gewesen.

Er nahm Speise und Trank, um dadurch die erregten Lebens- 35
geister zu beruhigen. Wirklich fühlte er sich auch darnach besser.
Er fragte nach dem Schlosse, wo es liege. Da hörte er nun selt-

13. Haarrauch, hochdeutsch Höhenrauch, dicker nebliger Rauch, der durch Moorbrand
entsteht.

same Dinge. — Sie müssen bald fertig sein da droben, der alte
Herr Baron und das gnädige Fräulein und der fremde Herr,
sagte der Wirt. Denn man sieht sie kaum noch außer dem Hause.
Das sieht auch ganz gefährlich aus, und der Landbaumeister, der
5 gestern hier vorsprach, sagte, wenn nicht bald repariert werde, so
müsse die Obrigkeit Einsehen haben und auf Abtragung des Dinges
bringen, welches jeden Tag einstürzen könne.

Der Jäger verwunderte sich über diese Reden, die mit
Lisbeths Beschreibungen in so großem Widerspruch standen. Die
10 Anwesenheit eines Fremden in dem sogenannten Schlosse kam ihm
störend vor; er fragte den Wirt, was für ein Fremder das sei.

O, versetzte der Mann, diesen Menschen kann keine Menschen=
seele beschreiben; ich glaube aber, daß er Gold macht.

Der Jäger schüttelte den Kopf über die närrischen Nachrichten,
15 die er hier empfing und machte sich rasch auf den Weg, denn
ihn drängte es, das Geschäft, was seiner Liebe beigesellt war, zu
Ende zu bringen. An diese dachte er mit aller Freude des Herzens
und dennoch — schlich ein tragischer Hauch über die reinen Wellen,
welche in seinem Busen wallten. Denn so ist es mit der Liebe.
20 Am Tage nach der süßesten Erklärung wirst du, all dein Glück
inniglich durchfühlend, verlegen sein, außer Fassung, in Zwiespalt
mit dir und der Welt. Du wirst es nicht sagen, weder laut noch
leise, aber einen Gedanken wirst du haben und zürnen, daß du
ihn nicht unterdrücken kannst — den Gedanken: Wäre es noch
25 gestern! — Das ist keine Reue, das ist kein Wankelmut, aber
du fühlst, vorbei sei das alte Leben, ein neues beginne. Und
was dieses dir bringen werde, wissen nur die Spinnerinnen, deren
Gesang du hörst, deren Werk aber erst in deiner Todesstunde
offenbar wird.

30 In so unruhiger Bewegung machte der Jäger seinen Weg.
Er glaubte einen Nachtraum seines Traumes zu erleben, als er
auf einmal nicht weit von der Straße drei junge Leute unter
einem Baum sitzen sah, in welchen er, wenn nicht alle Ähnlich=
keiten trogen, die drei Unbefriedigten wiedererkannte, von welchen
35 in dem Briefe an seinen Freund Ernst im Schwarzwalde die Rede
gewesen ist. Sie trugen noch, wie damals in Stuttgart, grüne
Sammetröcke, grüne Sammethosen und große grüne Sammet=Schirm=
kappen, und ihre Gesichter waren im Gegensatz zu dieser hoffnungs=
farbigen Tracht auch noch so bleich und leidend wie damals. Der

7 *

Jäger stand einen Augenblick still und hörte den einen zu den andern sagen: Mut, Brüder, wir sind am Ziele, oder alle Zeichen, die wir eingesammelt haben und die auf unseres Meisters Nähe deuten, trogen. — Der Jäger wollte sich ihnen nahen, denn er hatte hin und wieder mit diesen Unbefriedigten sich in Stuttgart 5 unterhalten. Er wollte sie fragen, was sie so unvermutet in diese Gegend führe. Aber da standen sie alle drei auf und schlugen einen andern Weg ein. Ihnen nachzugehen hatte er aber keine Lust. Vielmehr verfolgte er seine Straße.

Er war jedoch nicht lange gegangen, so sah er einen neuen 10 Bekannten, oder wenigstens einen Landsmann, wie das erste Gruß= wort ihm den Wanderer als solchen zu erkennen gab. Ein unter= setzter Mann, der einen Packen auf dem Rücken trug, kam ihm derben Schrittes entgegen. Da er sich schwäbisch angesprochen hörte, so blieb der Jäger bei dem Landsmanne stehen und fragte 15 ihn nach Herkunft und Gewerbe. Ei, versetzte der Packenträger, ich bin ja der Ehinger Spitzenmann. Ja, die Ehinger wandern überall umher, mußt' einmal auch diese Gegend besuchen. Zudem hab' ich noch ein apartes Geschäft hier, wann ich meine Spitzen bei einigen Bauern herum ausgeboten hab'. Ich such' was oder 20 wen in dem Schloß nah' zu, darf nicht davon reden, denn die Sach' betrifft eine Ehinger Heimlichkeit, aber wie ich mein', ist die Spur nach dem Schloß richtig.

Der Ehinger Spitzenkrämer trennte sich darauf von dem Jäger. Letzterer hatte abenteuerliche Gedanken über den Fremden 25 im Schlosse, der ein Goldmacher sein sollte und den sein Lands= mann suchte, konnte jedoch denselben nicht lange nachhangen, denn bald fesselte ein Anblick der unerwartetsten Art seine Aufmerksam= keit. Der Weg kreuzte die große Heerstraße, welche den Osten Deutschlands mit dem Westen verbindet, und auf dieser sah er 30 ein wundersames Fahrzeug sich langsam heranbewegen. Gezogen wurde es von zwei Ochsen mit Bügeln, woran Schellen klingelten, den Wagen selbst aber hätte man von weitem für einen so= genannten überdeckten Wurstwagen halten können. Er war dieses aber nicht, sondern ebenfalls ein östliches oder wenigstens ostartiges 35 Gefähr. Auf Stützen ruhte ein Dach von rotem Tuch mit gelben

17. Ehingen, das württembergische Städtchen Ehningen an der Donau, bekannt durch seine Uhrenfabrikation; Immermanns Irrtum, Ehingen statt Ehningen zu schreiben, wurde von Dav. Fr. Strauß getadelt; vgl. I, 368.

Troddeln über einem weitläuftigen Kasten, den schmale Borde um=
schlossen. In diesem Kasten lagen orientalische Polster, und auf
den Polstern saß mit gekreuzten Beinen ein Türke und hielt den
Bernsteinkopf seiner Pfeife am Munde. Nicht allein war dieser
5 Türke in dem Kasten, sondern verschiedenes anderes Getier teilte
denselben mit ihm; ein Paar Affen in Kästchen und drei oder
vier Papageien. Neben den Ochsen ging ein junger Neger in
weißen Hosen und roter Jacke, lenkte sie, wo es nötig war, trieb
sie jedoch nicht sonderlich an, so daß das Fuhrwerk sich nur langsam
10 fortschob.

Der Jäger begriff nicht, wie der Orient plötzlich hieher
komme, sein Erstaunen wuchs aber, als der Türke, dessen blasses
und geistreiches Gesicht etwas ungemein Gelangweiltes offenbarte,
ihn in reinem Deutsch nach der Entfernung des Schlosses fragte,
15 dem der junge Liebende ebenfalls zustrebte. Als er den Fremden
bei der Antwort näher ansah, schoß ihm plötzlich eine Erinnerung
durch den Kopf. Ein sehr ähnlicher Kupferstich, den er kurz vor
seiner Abreise aus Schwaben gesehen hatte, fiel ihm ein, und es
wurde ihm klar, daß er so glücklich sei, zwischen den Affen und
20 Papageien den berühmtesten Reisenden der Gegenwart zu er=
blicken, den Liebling aller modernen Damen und Herren.

Als der Jäger bescheiden seine Vermutung aussprach, wurde
ihm die Bestätigung aus dem Munde des deutschen Türken und
Semilasso gab sich sogleich mit dem jungen Grafen in ein geist=
25 reiches Gespräch. Er erzählte ihm, daß er aus dem Morgen=
lande zurückkehre, um den Abend jetzt mit seinen gewonnenen
Erfahrungen aufzuklären. — Die Journale haben verbreitet, sagte
er, daß ich noch eine Zeitlang in Smyrna verweilen werde, ich
pronierte auch dieses Gerücht und reiste in der Stille ab, teils
30 um den Occident zu überraschen, teils um einen Streit unter
den Gelehrten anzufachen über die Frage, wo ich nun eigentlich
sei, ob in Ost oder in West. Die einen werden sich auf Augen=
zeugen berufen, die mich in Smyrna gesehen, die anderen werden
meine Karte abdrucken lassen, die ich ihnen sandte. Es kann,
35 sagte Semilasso mit feierlicher Leichtigkeit und anmutigem Gähnen,

24. Unter dem Namen Semilasso schilderte Fürst Pückler=Muskau (1785—1871) sich
als Reisenden: „Semilassos vorletzter Weltgang“, 3 Bde., 1834; „Semilasso in Afrika“,
5 Bde., 1836; „Reminiscenzen für Semilasso“, 1837; „Jugendwanderungen“, 1835; „Süd=
östlicher Bildersaal“, 3 Bde., 1840. Im 5. Bde. von „Semilasso in Afrika“ befindet sich
die Abbildung „Semilasso im Reisekleid“.

eine interessante Debatte werden, welche das Publikum ein paar
Monate lang beschäftigt, denn das will immer angeregt und
gekitzelt sein. —

Der Jäger befragte ihn über seine Reiseroute, worauf Semi=
lasso versetzte: Ich bestieg in Smyrna ein österreichisches Schiff, 5
fuhr quer durch das Mittelländische Meer an den Säulen des
Herkules vorbei, um Portugal herum durch die Biskayische See,
lenkte in den Kanal ein und debarkierte in Havre. Die gerade
Linie ist so langweilig; es lebe die krumme! Mein Dromedar
und der Hengst von Dongola folgen mir um einen Tagemarsch. 10
Mein Kammerdiener Enserling geht, armenisch gekleidet, als Furier
voraus, und so haben die Leute an jedem Orte, den die Reise
berührt, drei Tage lang von mir zu reden, einen, wo der Furier
ankommt, einen, wo ich ankomme, und einen, wo der Dromedar
und der Hengst ankommen. 15

Der Jäger sah verwundert das Ochsengefährt an. Semilasso
erriet seine Gedanken, lachte und sagte: Meine Ochsen sind Ihnen
auffallend. Ich kaufte sie in der Normandie; im Orient fährt
man fast nur mit diesen Tieren, sie paßten in meine jetzige Lieb=
haberei und in mein System. Denn seit alle Welt sich blitz= 20
schnell fortbewegt, ist es bei mir Prinzip geworden, nur Schritt
zu fahren, habe daher, um mich nicht von der plebejischen Eile
verführen zu lassen, diese Ochsen vorgespannt und mache so täglich
höchstens vier Meilen. Von Havre bin ich drei Wochen unter=
wegs. Theodor Mundt wird — if possible — an dieses Schritt= 25
fahren tiefsinnige Untersuchungen über Weltfragen und wichtige
Probleme der Zivilisation knüpfen. In diesem Theodor erlebe
ich überhaupt mein eigentliches Reflexions= und spekulatives Leben.
Ich kann sagen, daß ich manches aus Laune und in unbewußten
Anstößen gethan habe. Aber Theodor rückt alles welthistorisch 30
und bedeutend zurecht — im Kleinen auf seinem Studierstübchen.
Theodor und ich stellen eine umgekehrte telegraphische Anstalt dar.
Ich mache da droben im Freien wunderbar arbeitende Bewegungen,

1 ff. „In der Zeit, in welcher wir leben, muß man die Meinung mit Peitschenhieben
führen"; „Semilassos vorletzter Weltgang" III, 258. — 8 f. „Der Weg, nicht das Ziel war
sein Genuß"; „Semilassos vorletzter Weltgang" I, 15. — 20 ff. In den Erzählungen „Aus
dem Leben Mischlings" sagt Pückler-Muskau: „Mischling hatte ohnedies einige sonderbare
Gewohnheiten. So pflegte er immer abends eine seltsame hohe Mütze und einen talar=
ähnlichen Schlafrock zu tragen, der ihm das Ansehen eines Armeniers gab." — 25. if
possible, wenn möglich. — 27 f. Gutzkow nennt in seinen „Litterarischen Elfen" Mundt
den „Semilasso junior"; Theodor Mundt (1808—1861), eines der Häupter des „jungen
Deutschland".

welche die Hand Theodors, des Telegraphisten, regieren, so daß
sie unten im Turmgemache ein niedlich Figürchen meiner Winkel
und Charaktere nachzeichnet. Er hat mich sogar zu einem Stil-
muster gemacht. Darüber habe ich doch lachen müssen. Denn
5 an meinen Stil glaube ich nicht. Ich will eher glauben, daß
Theodor eine Komödie machen könne, als daß ich glaube, ich
schreibe einen Stil. Wie käme ich zu Stil? Gehöre ich denn zur
Roture? Meine Wappenvögel fliegen über allen Stil hinaus. —
Aber, passons là dessus, Theodor sagt, ich habe Stil, es mag
10 also drum' sein. — Wenn er mich nur nicht kopierte! Ich habe
ihm ausdrücklich gesagt, als ich ihn bei der ersten Bekanntschaft
zum Handkuß zuließ, daß er sich nicht unterstehen solle, nun
auch offiziell reisen zu wollen. Dennoch hat er sein Wort gebrochen und ist auch ein Spaziergänger und Weltfahrer geworden.
15 Nichts lassen die Leute einem über. Was will so ein Ding
erspaziergängern und erweltfahrern? C'est un singe, qui a fait
ses études.

Der Halbtürke Semilasso hatte sich in einen solchen Ärger
über seinen getreuesten Anhänger hineingeredet, daß ihm die Pfeife
20 ausgegangen war. Er faßte sich jedoch bald wieder und sprach
von dem Zwecke seiner heutigen Reise. Abermals vernahm der
Jäger mit Erstaunen von einem, der mit ihm dasselbe Ziel hatte.
Auch Semilasso wollte auf dem Schlosse seinen Besuch abstatten.

Als der junge Jäger fragte, wen Semilasso dort kenne oder
25 zu finden hoffe, glitt der berühmte Reisende darüber hin und
sprang, wie es schien, von einer plötzlichen Erinnerung überwältigt,
zu Betrachtungen allgemeiner Art ab, die mit seinen vorigen
Äußerungen keinen erkennbaren Zusammenhang hatten. — Ich
habe immer, rief er angenehm lebhaft, im stillen lachen müssen,
30 wenn man sich, wie es jetzt Mode ist, den Kopf darüber zerbricht,
durch welche styptische Mittel der allgemeinen Erschlaffung des
Menschengeschlechtes entgegenzutreten sei. Das Abnüchtern und
Versanden der Jetztlebenden ist ein ziemlich konstatiertes Faktum.
Das will man nun mit Religion, Patriotismus, Philosophie,
35 Naturbetrachtungen, mit, was weiß ich noch, hemmen. Es hilft

---

3 f. Mundt, „Die Kunst der deutschen Prosa", 1837. — 8. Roture, verächtliche Bezeichnung des Bürgerstandes. — 9. passons là dessus, gehen wir darüber hinweg. —
14 ff. Mundt veröffentlichte 1838 „Spaziergänge und Weltfahrten", 1839 „Völkerschau auf
Reisen". — C'est un singe etc., das ist ein Affe, der seine Studien gemacht hat. —
31. styptische Mittel, Styptica, blutstillende Mittel.

nichts, da liegt der Trost nicht, er steckt ganz wo anders, ist mit
Händen zu greifen, und niemand hat ihn gefaßt, es geht damit,
wie mit dem Ei des Kolumbus.

Wie entstehen die Menschen? Wie entstehen sie denn, mein
Bester? Der Schwächling heiratet die kräftige Jungfrau, der 5
kräftige Mann die Bleichsüchtige, häufig kommen auch Hektik und
Hektik zusammen. Was für Kinder muß das geben? Auf das
Physische wird gar nicht mehr gesehen, es ist, als ob wir nichts
als Geist, Rücksicht, Verhältnis, Geld wären. Daher rührt denn
das matte, aschgraue, totlebendige Geschlecht. 10

Sehen wir uns dagegen unter den Tieren um! Gehen wir
in die Stammschäfereien, in die Gestüte, ja, besuchen wir nur
einen tüchtigen Ökonomen, der auf sein reines friesisches Vieh
hält. Wie macht man es denn da? Man hält auf Vollblut.
Und eine edle Rasse folgt der andern. Da sitzt es. There's 15
the rub. Will man wieder ein munteres, geistreiches, poetisches,
lebensfrisches Menschengeschlecht haben, so muß man vor allen
Dingen für Vollblut sorgen, man muß Rasse stiften. Reine
Kreuzungen, reine Kreuzungen, junger Freund, darauf kommt es
an! Daß aber diese nicht möglich sind, wenn wir gewisse ver= 20
altete Meinungen und Formalitäten festhalten, leuchtet ein.

Lange mit diesen Ideen beschäftigt, fand ich in Ägypten das
Genie, welches sie befruchtete. Ich sagte nichts, qui a compagnon,
a maitre, aber unter uns: Haben mich hier meine Vermutungen
nicht getrogen, so werden Sie binnen Jahresfrist von einem In= 25
stitute unter den Kassuben auf meiner Herrschaft hören, gegründet
nach dem Muster von Trakehnen. Suffit! Ich kann sagen, ich
schwärme dafür, mein Dromedar ist mir nicht so lieb, wie dieser
Gedanke, von dessen Ausführung ich mir ungeheure Resultate
verspreche. 30

Semilasso, der diese Gedanken mit großem Feuer vortrug,

11 ff. In „Semilassos vorletztem Weltgange" III, 180—243 spricht Pückler=Muskau
voll Begeisterung von den legitimen Pferden des arabischen Gestüthofs bei Tarbes in den
Pyrenäen. — 15 f. There's the rub, Hamlet III, 1, 65 in dem großen Monolog „Sein
oder Nichtsein" u. s. w. „Ja, da liegt's". — 23 f. qui a compagnon, a maitre,
wer einen Genossen hat, hat einen Herrn. — 26. Kassuben, wendischer Volksstamm im
Regierungsbezirk Danzig. — 27 ff. „Semilasso in Afrika" II, 289 sagt Pückler=Muskau von
den Arabern zwischen Syrien und Ägypten, die er für Urmenschen erklärt, mit ihnen könne
man „durch Hilfe des veränderten Bodens und Klimas alle Rassen des Globus hervor=
bringen; ganz auf dieselbe Weise, wie man von dem gleichen Ausgangspunkt und durch
dieselben Mittel dahin gekommen ist, alle verschiedenen Pferderassen hervorzubringen. Diese
Analogie der Menschen mit meinen Lieblingen, den arabischen Pferden, ist mir sehr will=
kommen."

ließ unerörtert, ob er auch bei seinen Standesgenossen Vollblut
zu schaffen für möglich halte, Vollblut, nicht im aristokratischen,
sondern im physischen Sinne. Aber mit graziösem Lächeln setzte
er hinzu: Ich bedaure nur eins, daß ich nicht mehr in den Jahren
bin, um selbst praktisch die Sache angreifen zu können, ich werde
mich leider auf die Verwaltung beschränken müssen, auf die trockene
Verwaltung.

Zweites Kapitel.
Eine Überraschung eigener Art.

Den jungen Jäger widerten diese Auseinandersetzungen an.
Sobald es die Höflichkeit erlaubte, machte er Selamisson eine
Verbeugung und eilte, dem langsamen türkischen Fahrzeuge voran-
zukommen, was auch seinen raschen Füßen gelang. Der Deutschtürke blieb im Schritte, so daß der Jäger ihn bald weit zurückgelassen hatte. Dieser sah nach einer Stunde das sogenannte
Schloß auf seinem kahlen Hügel liegen. Schon die Straße mit
den ausgerissenen Steinen und den grundlos gewordenen Geleisen
hatte ihn sonderbar überrascht, noch mehr aber setzte ihn das
Ansehen des Gebäudes in Erstaunen. Er zweifelte einen Augenblick, ob er auch an der rechten Stelle sei. Als er aber die
beiden Wappenlöwen sah, den stehenden und den liegenden, so
mußte er sich davon überzeugen. Nun schritt er über den Schloßhof auf das Haus zu. Es war ganz still in demselben und um
dasselbe her; nur die Bachstelzchen liefen an der Pfütze im Hofe
auf und nieder. Er klinkte an der Thüre; sie war nicht verschlossen, aber von innen verrammelt, und Lärmen wollte er doch
nicht gleich zur Eröffnung der Bekanntschaft machen. Er ließ
also von weiteren Versuchen gegen diesen Eingang ab. Das Loch
neben der Thüre war ebenfalls mit Tonnen und Kisten verstellt;
auch hier hätte er nur polternd und ungestüm eindringen können;
er glaubte das gleichfalls unterlassen zu müssen. Selbst die
Fenster des Hauses, nämlich die praktikabeln, nicht die mit Brettern
oder Läden geblendeten Fensterhöhlen, waren sämtlich verschlossen,
nur eins stand offen, und er hörte in dem Zimmer, zu dem es
gehörte, heftig schnarchen, ein Beweis, daß ein Lebendiger im
Zimmer war. Eine Leiter stand in der Nähe, so daß die Möglichkeit vorhanden war, sich mit diesem Lebendigen in Verbindung

zu setzen. Indessen konnte ihm auch dies nicht recht anständig
vorkommen. Er beschloß daher, geduldig in einem Hofe der Nachbarschaft zu warten, bis das verwünschte einsame Kastell zugänglich
werden würde. Vorläufig aber setzte er sich auf einem Stein, der
im Hofe lag, zur kurzen Rast nieder, denn der Weg seit früh 5
morgen — und jetzt ging es schon auf Mittag — hatte ihn er=
müdet. Von diesem Steine überblickte er den Schauplatz. Er
sah den verwilderten, unordentlichen Platz voll Nesseln, Disteln
und Wegerich, die zerstörte Pforte, das elende, klüftige, verfallene
Haus mit dem durchlöcherten Dache. Alles das sah in dem nun 10
schon heranwehenden grauen Haarrauche noch unheimlicher und
jammervoller aus, als gewöhnlich.

Und dennoch ergriff unseren jungen Jäger bei dem Anblicke
dieses bettelhaften Elendes eine fromme Rührung, welche die
zwiespältigen Empfindungen in seiner Brust verwischte, die von 15
den sonderbaren Begegnissen des Morgens hervorgerufen worden
waren. Denn er erinnerte sich an die anmutigen Beschreibungen,
die ihm Lisbeth von dieser Zerstörung gemacht hatte, die er nun
vor Augen sah. — So giebt es denn Gemüter, für welche das
Häßliche nicht da ist, weil sie in allem nur das Schöne erblicken! 20
rief er freudig aus. So blüht eine Unschuld des Geistes, welche
rosengleich auch den ödesten Schutt überwächst und zudeckt. —
Ich las einmal in einem Aufsatze von Ranke, der alte, ehrwürdige
Pius sei ein Charakter gewesen, der in allem nur das Tröstliche
gesehen habe. Ich las das damals, wie man manches liest, 25
ohne mir dabei eben viel zu denken. Nun aber habe ich etwas
Ähnliches erlebt und nicht an einem alten Manne, sondern an
einem jungen Mädchen, und was das Süßeste bei der Sache ist,
an meinem Mädchen.

### Drittes Kapitel.					30
Die drei Unbefriedigten treten mehr in die Handlung ein.

Kaum hatte der Jäger einige Minuten den Hof verlassen,
als derselbe von neuen Wanderern betreten ward. Die drei
Jünglinge in grünem Sammet kamen nämlich aus den Dornen

---

23. L. v. Ranke sagt im 4. Kap. der Studie über Kardinal Consalvi (sämtl. Werke
40. Bd.) von Pius VII.: „Er umgab die Dinge mit der Heiterkeit seiner Stimmung";
diese Studie war zuerst im 1. Bde. der hist.=polit. Zeitschrift 1832 unter dem Titel: „Rom
1815—1823" veröffentlicht.

neben dem Garten und krochen durch eine Öffnung der Hofmauer, weil sie ihre Brillen nicht aufgesetzt hatten und wegen Kurz- sichtigkeit die offene Pforte nicht sahen. Das Haus erblickten sie indessen notdürftig, sie näherten sich demselben, versuchten zu öffnen, aber auch ihnen wollte das nicht gelingen. Sie seufzten und klagten, daß vielleicht nur wenige Schritte sie von ihrem ersehnten Meister trennten, und eine verrammelte Thür ihrem Drange ein Ziel setzte. Traurig gingen sie vor dem Schlosse auf und nieder.

Die Geschichte dieser drei unbefriedigten Jünglinge in grünem Sammet war einfach aber lehrreich. Sie waren Brüder, Söhne eines reichen Banquiers in Hamburg und hießen Karl Emanuel, Karl Nathanael und Karl Gabriel. Ihr Vater hatte ihnen die sorgfältigste Erziehung geben lassen, weil er wünschte, drei aus- gezeichnete Männer erzeugt zu haben. Sie wuchsen in geistreicher Gesellschaft heran, denn in dem Hause des alten Banquiers ver- sammelte sich alles, was auf den Namen eines guten Mannes Anspruch machen konnte.

Die Fähigkeiten der drei Knaben entwickelten sich auch früh in der entschiedensten Weise. Karl Gabriel lief jeden Abend in die Komödie, hatte in seinem vierzehnten Jahre einen kleinen Roman mit der Tänzerin Rosamira, stand in den Zwischenakten am Büffett, aß Eis oder trank Punsch und gab darnach Kritik von sich. — Karl Nathanael ging dagegen auf das Kaffeehaus, las Zeitungen und spekulierte, als er den Cornelius Nepos exponierte, in den Fonds, Karl Emanuel war ein stiller Junge, der am liebsten zu Hause saß, gern Bratäpfel aß und bei allen Dingen nach dem Warum fragte. — Der alte Banquier beobachtete diese Erscheinungen, ließ eines Tages, als er seine Tasse Morgen- schokolade trank, die Söhne vor sich treten und sagte zu Karl Emanuel: In dir steckt ein Philosoph; zu Karl Nathanael: Aus dir wird ein Staatsmann; zu Karl Gabriel: Du bist zum Dichter geboren. Dieser Beruf war ihm nicht ganz erwünscht. Er hätte lieber einen großen Maler in der Familie gehabt, weil die Maler jetzt besser bezahlt werden, als die Dichter. Indessen ließ er sich, da es nun einmal nicht anders sein sollte, auch den Dichter ge- fallen. Die drei Brüder aber hielten sich nach jenem Tage für

2 f. Auch hierin eine Verspottung der Philosophie, die das Nächstliegende zu erkennen nicht vermögend ist, wenn sie es nicht durch ihr System betrachten kann. Das ganze Kapitel ist parodistisch gegen die Hegelsche Philosophie und ihre hervorragenderen Anhänger gerichtet.

das, wozu sie der Vater bestimmt hatte, und wurden in ihrer
Meinung von einigen Schauspielern, Doktoren der Philosophie
und von einem dimittierten Legationssekretär unterstützt, welche
Personen bei ihrem Vater offenes Kuvert hatten.

Karl Gabriel studierte in Berlin, um durch keinen Natur=　5
eindruck von der Poesie abgezogen zu werden, Karl Nathanael in
München, der tiefen politischen Weisheit wegen, welche er da
immer vor Augen haben konnte, Karl Emanuel in Göttingen,
weil er glaubte, daß Mettwurst die Spekulation stärke. — Als
sie in die Jahre gekommen waren, worin der Mensch seine Thaten　10
zu vollbringen anfängt, schrieb ihr Vater an sie drei gleichlautende
Billete des Inhalts, er erwarte jetzt von ihnen Großes. Karl
Emanuel setzte sich darauf hin, um ein neues System zu erfinden,
Karl Nathanael griff zur Feder, um eine nie erhörte politische
Wahrheit zu offenbaren, Karl Gabriel ging im Tiergarten spazieren,　15
um ein Trauerspiel zu ersinnen, welches die Reformation der
Bühne bewirken sollte. Sie gaben sich die größte Mühe, jeder
in seinem Fache, aber sie war umsonst. Nicht einmal den Titel
zu einem Trauerspiele fand Karl Gabriel, trotz seiner vielen Spazier=
gänge im Tiergarten, er begriff nicht, wie einen geborenen Dichter　20
die Musen so im Stich lassen konnten. Karl Nathanael brachte
nach langem Sinnen den Satz heraus: Die Staaten teilen sich
in Monarchieen, Aristokratieen und Demokratieen. Aber ein kundiger
Freund, dem er davon sprach, riet ihm, mit dieser politischen
Wahrheit nicht hervorzutreten, weil sie kaum ganz neu zu nennen　25
sei. Karl Emanuel machte es, wie Karl Gabriel, nämlich, er
machte nichts.

Als sie die Vergeblichkeit ihrer Bestrebungen einsahen, zer=
fielen sie mit dem Leben. Gabriel nannte die Quelle der Dichtung
überhaupt versiegt und knüpfte in diesem Unmute ein kurzes ver=　30
drießliches Verhältnis mit Gervinus an, bis sie sich auch wieder
trennten, weil ein Malkontenter dem anderen bald unausstehlich
wird; Emanuel hatte einen Augenblick Lust, fromm zu werden,
konnte aber dazu nicht recht gelangen, weil sein Gedächtnis schwach
war, und die Frommen viele Redensarten auswendig behalten　35
müssen. Am glücklichsten war noch verhältnismäßig Nathanael,

31. Georg Gottfried Gervinus, gest. 1871, der hervorragendste deutsche Litterar=
historiker, dessen „Geschichte der poetischen Nationallitteratur“ 1835 zu erscheinen begann,
vertrat die Ansicht, daß die Zeit der Dichtung für Deutschland abgeschlossen sei und statt
der Beschäftigung mit Litteratur die mit Politik eintreten müsse.

er resignierte und legte sich in seinem zweiundzwanzigsten Jahre
auf den reinen Papierwucher. Freilich klagte auch er, wie seine
Brüder, daß der Himmel dumm und die Erde abgeschmackt sei,
indessen machte er doch guten Profit.

5 Die drei Brüder hatten sich, als ihre Hoffnungen scheiterten,
zusammengethan. Sie klagten einander vor, wenn ihr Gähnen
es zuließ. Auch darin waren sie unglücklich, daß niemand sonst
ihr Weh mitempfand. Emanuel pflegte zu sagen: Nichtiges Dasein;
Nathanael: Nüchterne Zustände; Gabriel: Kahles, vernutztes Leben.
10 — Viele Leute hielten sie für Narren. Ich aber sage: Es ist
ein großes Mißgeschick, wenn ein Jüngling kein reformatorisches
Trauerspiel machen, kein neues philosophisches System erfinden,
keinen Umschwung in den politischen Ideen des Zeitalters hervorbringen kann.

15 Als sie am tiefsten herunter waren, stand ihnen jedoch die
Hilfe am nächsten. Sie lernten nämlich einen Mann kennen,
einen wunderbaren Mann, einen Mann, der mehr zu sein schien,
als ein Mensch. Nach wenigen Unterredungen, die in geheimnisvollen Worten geführt wurden, hörten sie, daß dieser übermenschliche
20 Mann das Mittel besitze, ein klassisches Trauerspiel zu verfertigen,
dem Philosophen und dem Politiker auch zu helfen.

Die Existenz dieses Mannes war ein Geheimnis und ein
Wunder. Sie erfuhren in einer Stunde der Weihe von ihm,
was sie vor Erstaunen beinahe starr machte. — Der Umgang
25 mit dem Meister übte auf die drei Unbefriedigten den wohl-
thätigsten Einfluß. Damals war es, wo sie grünen Sammet an-
legten, das Kleid der Zukunft und der Erwartung. Karl Gabriel
fand sogar den Titel und die Begeisterung zu einem Trauerspiele, welches „das Trauerspiel" heißen und das Tragische an
30 und für sich ohne Rücksicht auf ein bestimmtes Ereignis behandeln sollte.

Aber die Hilfe blieb nicht nahe, sondern verschwand in die
Ferne. Seit diesem Trauertage liefen die drei Unbefriedigten
umher, wie Frauen mit falschen Wehen. Die falschen Wehen
35 leiteten indessen nach einiger Zeit auf die wahre Spur, die wahre
Spur jedoch leider nur bis zu einer verrammelten Thüre vorderhand. Über dieses symbolische Ereignis ergingen sich die drei

8 f. In den drei Brüdern soll die unzufriedne blasierte deutsche Jugend dargestellt
werden; auch unmittelbare Beziehungen auf das „junge Deutschland" fehlen nicht.

grünen Sammetröcke in Betrachtungen. Karl Gabriel sagte, er
wolle den Helden seines Trauerspiels: Das Trauerspiel, auf eine
erschütternde Weise an einer verrammelten Thüre niederstechen
lassen, in welche er hineingewollt, aber nicht hineingekonnt; Karl
Emanuel behauptete, alle Philosophie bestehe eigentlich darin, zu= 5
gemachte Thüren nicht aufzumachen, wogegen Karl Nathanael ver=
sicherte, die höchste Maxime der Staatsweisheit sei, alte Tonnen
und Kasten von innen vorzuschieben, wenn Schloß und Riegel
nicht mehr halten wollten.

Als sie, ich weiß nicht zum wievielsten Male, vor dem Schlosse 10
und vor der Fronte seiner Baufälligkeit auf und nieder gegangen
waren, stieß der Dichter mit seiner Nase an die gegengelehnte
Leiter und entdeckte dadurch dieses Motiv. Der Philosoph setzte
die Brille auf und sah das oben offenstehende Fenster, der Staats=
mann aber, der von dieser doppelten Entdeckung hörte, schlug 15
vor, auf der Leiter emporzuklimmen und zum Fenster einzublicken.
Denn auch sie hörten oben schnarchen und zogen daraus den Schluß,
daß dort jemand sein müsse, der schnarche. Vielleicht ließ er sich
erwecken und möglich, daß man dann mit ihm über die Eröffnung
des Schlosses unterhandeln konnte. 20

Diese Idee war wohl eine glückliche zu nennen und sie wurde
sogleich ausgeführt. Karl Gabriel stieg zuerst die Leiter hinauf,
die andern Brüder folgten und alle drei reckten sich oben so hoch
empor, daß sie in das Zimmer sehen konnten. Als dieser Moment
gekommen war, ließ sich ein dreifaches: Ach! des Entzückens von 25
ihnen hören. Mit sanfter Stimme riefen sie nun einen großen
Namen vergebens, darnach riefen sie lauter, jedoch umsonst; endlich
schrieen sie, es war indessen fruchtlos. Dieser Schlaf schien ein
Totenschlaf zu sein.

Karl Gabriel, der kühne Dichter, schlug darauf vor, den 30
Schlummernden mit einigem Kalk zu bewerfen, wogegen sich aber
Karl Emanuel und Karl Nathanael erklärten, indem sie sagten,
daß man einen solchen Mann nicht mit Kalk werfen dürfte. —
Bisweilen kommt es mir vor, sagte Gabriel, als blinzle er.
Optische Täuschung, mein Bruder, versetzte Nathanael, warum 35
sollte er sich gegen uns, seine treuesten Anhänger, verstellen?

Als Nathanael das gesagt hatte, knackte es unter ihnen.
Die alte Leiter, welche über die Jahre hinaus war, das Gewicht
von drei Unbefriedigten tragen zu können, bekam einen gefährlichen

Sprung und eiligst stiegen sie und erschrocken hinab, nicht gewillt von der Höhe ihres Standpunktes zu stürzen. Sie gingen in den verwilderten französischen Garten, um dort das Weitere zu erharren.

5 ## Viertes Kapitel.

Ein chronischer Schläfer und ein seltenes Beispiel von Bediententreue.

Während dieser Begebenheiten saß der alte Baron, unwissend noch über die Verrammelung des Schlosses, etwa eine Viertelstunde von diesem in einem krausen durch einander gewirrten Busche von 10 Hagdornen, Eschen und Birken, der auf einem kleinen Hügel wuchs. Er hatte den Ort in seinen wohlhabenden Tagen zum Vogel= herde benutzt; es stand aber von der früheren Vorrichtung nichts mehr, als der Pfahl für den Lockvogel, nebst den vier Pfosten, zwischen welchen die Hütte erbaut gewesen war. Das Dach und 15 Bretterwerk war längst verfault, oder von armen Leuten gestohlen. An diesem stillen und wüsten Platze saß der Schloßherr und lauerte gleichsam auf einen Vogel, aber nicht auf einen Finken, Hänfling oder Kreuzschnabel, sondern auf den Bedienten Karl Buttervogel.

20 Die Straße nach der Stadt zog sich nämlich unter dem Hügel durch. Karln hatte er vor kurzem auf ihr fortwandern sehen, und sogleich war von ihm beschlossen worden, dem Bedienten bei der Heimkehr, die mittags zu erwarten stand, den Weg zu verlegen, ihn auf den Vogelherd zu rufen, mit ihm dort, begünstigt 25 von der Einsamkeit des Ortes, ein scharfes Verhör anzustellen und dadurch wo möglich hinter die Geheimnisse Münchhausens zu kommen.

Der alte Herr hatte lange über diesen Entschluß mit seinem Zartsinne gefochten, endlich aber war er doch zu dem Resultate 30 gediehen, daß er ihn, unbeschadet seines Gewissens, ausführen dürfe, weil ein so dankvergessener Gast, wie der Freiherr von Münchhausen, durchaus keine Rücksicht verdiene.

Die Verhältnisse im Inneren des Schlosses hatten sich nämlich folgendermaßen gestellt:

35 Durch den Abzug des Schulmeisters waren die Akademiker von Schnick=Schnack=Schnurr desjenigen Individuums quitt ge=

worden, welches einer jeden menschlichen Gemeinschaft not thut, nämlich des Sündenbockes. Irgend einer muß in jedem Hause vorhanden sein, an welchem die übeln Launen, die Zornmütigkeiten und die verdrießlichen Stimmungen ausgelassen werden dürfen. Ohne einen solchen Abzugskanal läßt sich ein dauerhafter häuslicher Friede gar nicht denken. Ich habe ein Hauswesen gekannt, in welchem so lange zwischen der Herrschaft und den übrigen Haupt= personen eine vortreffliche Einigkeit bestand, als ein dummes und ungeschicktes Mädchen, eine entfernte Verwandte, tagtäglich aus= zuschmälen war. Herr und Frau begingen aber den Thorenstreich, dieses Mädchen fortzuschicken aus dem Grunde, weil der Ärger und Lärmen mit ihr ihm Hause zu groß sei. Und von Stund an hörte alle Verträglichkeit auf; es war, als ob in der Dummen und Ungeschickten der Schutzgeist des Herdes verscheucht worden sei, der Mann zankte mit der Frau, die Frau schmollte mit dem Manne, der erwachsene Sohn und die mannbare Tochter hatten ein beständiges Schrauben und unangenehmes Reiben mit einander; selbst die Hausfreunde bekamen Augen für die Schwächen ihrer Wirte und erkalteten, kein Gesinde wollte mehr bleiben, weil es die erschwerte Last der übeln Behandlung nicht zu tragen vermochte — kurz, es war eben mit allem Komfort zwischen jenen vier Pfählen vorbei, als man rechten Komfort darin stiften wollte. So können sich die Menschen über ihre nächsten Verhältnisse und Umgebungen täuschen. Und in der großen Welthistorie geht es mitunter nicht anders zu. Einem Volke thut ein tüchtiger Feind not, nur solange es ihn besitzt, ist es in Flor. Solange Rom sich mit Karthago herumbiß, setzte es alles böse Wesen draußen ab, als aber die Nebenbuhlerin in Trümmern rauchte, ging die innerliche böse Wirtschaft an; von Napoleon hat nicht einer bloß gesagt, er sei für uns viel zu früh gefallen.

Doch um von Rom und Karthago und Napoleon und uns zum Schlosse Schnick=Schnack=Schnurr zurückzugelangen — solange der Schulmeister auf dem Gebirge Taygetus saß, wußten der alte Baron und seine Tochter, wohin mit ihren verdrießlichen Stimmungen, und als er abzog, wurde es buchstäblich wahr, was der Schloßherr gesagt hatte: Es kam eine Lücke in den schönen Kreis. Das Glück war bekanntlich nicht die Göttin des dortigen Herdes, es gab also viel Anlaß zu Verstimmungen, an wem sollten sie nun ausgelassen werden? Hätte das Fräulein Lisbeth gehabt,

so wäre wenigstens ihr geholfen gewesen, so aber wie die Sachen
standen, gab es durchaus keinen Rat. Vater und Tochter waren
zu sehr an einander gewöhnt, um mit einander hadern zu können.
Der Bediente Karl Buttervogel war für Emerentien Karlos, der
5 geliebte und verehrte Schmetterling, für den alten Baron ein zu
geringfügiges Individuum. In dieser Not und Verlegenheit sank der
Freiherr von Münchhausen von einem langweiligen Erzähler, der er
für den alten Baron bereits geworden war, zum Sündenbock herab.

Ja, es ist richtig, wenn auch betrübt; dieser große und
10 wunderbare Charakter war bald dahin gediehen, wo der verachtete
Schulmeister Agesel gestanden hatte; er wurde wechselweise von
dem alten Baron und seiner Tochter über die Achsel angeschaut.
Das war nämlich so zugegangen.

Der Baron Schnuck-Muckelig in der Boccage zum Warzen-
15 trost verbrachte einige unmutige Tage nach dem Abzuge des Schulmeisters und suchte sich durch wiederholtes Besichtigen des freien
Platzes, wo die Luftverdichtungsfabrik zu stehen kommen sollte,
leidlich hinzuhalten. Er dachte, Münchhausen werde rücksichtsvoll
genug sein, auch ohne Erinnerung ihm das Geheimnis der Be-
20 reitung kund zu thun. Münchhausen schwieg. Hiernächst spielte
er von ferne auf Pflichten der Gastfreundschaft an, welche nicht
versäumt werden dürften. Münchhausen schwieg. Darauf gab
er die Sache näher und sagte, es sei nicht gleichviel, jemandem
etwas in den Kopf zu setzen, man müsse auch Wort halten können.
25 Münchhausen schwieg. Endlich wurde er klar und rief: Wenn
du mir nicht die Luftfabrik machst, so bist du kein ehrlicher Mann!
Münchhausen seufzte und schwieg.

Emerentien war die Zeit ebenso lang geworden, wie ihrem
Vater. Der Prätendent von Hechelkram aß Wurst, Eier und
30 Rindfleisch, soviel ihm von diesen Dingen die Hand der Liebe
reichte, blieb aber nach wie vor Bedienter, die Gemeinheit seiner
Maske täuschend in Worten und Werken festhaltend. Unglaublich war es, bis zu welchem Grade sich dieser maskierte Fürst
verstellen konnte, besonders seitdem er fern von den vornehmeren
35 Personen dieser Geschichte in dem Gartenhause auf dem Taygetus
wohnte und bis auf die zu leistenden Dienste sein eigener Herr
geworden war. Emerentia begann zu zittern, wenn sie, die Wurst
unter der Schürze, das Stiftskreuz im Herzen, nach dem ver-
fallenen Schneckenberge ging, und war eines Tages bei einem

unbeschreiblichen Anblicke genötigt gewesen, zu Karln zu sagen:
Fürst, spielen Sie nicht zu natürlich. — Bei dieser Gelegenheit
hatte Karl Buttervogel erwidert: Immer und ewig sich genieren
müssen, thut keinem Menschen gut. Wofür bin ich hieher in des
Schulmeisters seine alte Kabache gezogen, wenn ich meine Freiheit 5
nicht haben soll? Ich verlange und bestehe darauf, daß wofern
ich es platterdings sein soll, mir meine fernerweite Verköstigung
draußen hingesetzt wird, stillschweigend, ohne Ansprache und Be=
kümmernis um mich.

Emerentia wurde hochrot vor Zorn, denn diese Antwort war 10
zu grob, um sie selbst einem Fürsten hingehen zu lassen. Sie
rief: Und ich bestehe darauf, daß Ew. Durchlaucht nunmehr bald
aus Ihrem Infognito hervortreten, denn meine Lage wird Ihnen
gegenüber von Tage zu Tage zärter und peinlicher. — Gnädiger
Herr, erwacht denn nicht Ihr Mitleid mit einem armen Mädchen, 15
dessen Lebenshoffnung Sie sind? setzte sie weicher werdend hinzu,
und einige Thränen liefen über ihre Wangen. Karl aß schon
die Wurst, die ihm Emerentia gebracht hatte, und da sein Herz
der Rührung am offensten war, wenn er Wurst aß, so that ihm
die Weinende leid, er trat daher, das letzte Stück in der Hand, 20
zu ihr und sagte: Ich bin ja, weiß Gott, kein schlechter Kerl und
Frauenspersonen muß man alles zu Gefallen thun, was nur
menschenmöglich ist. Wenn ich also nur wüßt', wie ich's anfangen
sollte, so geschäh's ja alsobald. Wofern aber mit meinem Herrn
Rücksprach' genommen würde, so könnt' es sein, daß ich's würde, 25
denn er weiß für alles Rat und hat mehr Grütz' im kleinen
Finger, als wir beide im ganzen Leib, sonst wär' er nicht ver=
möglich, so schreckbar zu lügen, wie er lügen thut. — Ich verstehe
Ihren Wink, versetzte das Fräulein, wischte sich die Thränen ab
und ging getröstet vom Taygetus. 30

Dieser Vorfall ereignete sich an dem Tage, an welchem der
alte Baron gegen den Freiherrn klar geworden war. Emerentia
hatte sich seit der Stunde, wo sie Münchhausen zum erstenmale
nicht verstanden, in einer stillen Entfernung von ihm gehalten,
welche jedoch die Fortdauer achtungsvoller Empfindungen noch 35
nicht ganz ausschloß. Jetzt war es ihr sogar lieb, eine Gelegen=
heit zu finden, mit ihm wieder anknüpfen zu dürfen. Sie setzte
sich daher nieder und schrieb folgenden Brief an ihn:

5. Kabache, westfälisch für altes baufälliges Haus.

Münchhausen!

Ich nenne Sie nicht mehr Du, denn schmerzlich habe ich
einsehen lernen, daß wir einander doch nicht ganz so nahe standen,
als schöne Träume mir sagen wollten. Denken Sie an den
5 Augenblick, da ich die Bohnenschüssel fallen ließ, weil Sie mich
nicht begriffen. Indessen ist mir ein hohes Gefühl von Ihnen
geblieben, und das Schicksal lehrt uns wohl uns begnügen, wo
uns die volle Befriedigung versagt wird.

Münchhausen, Karl hofft auf Sie. Sie haben, wenn Sie
10 wollen, alles in der Hand; einem Manne, gleich Ihnen, ist nichts
unmöglich. Erinnern Sie sich Ihrer Verpflichtungen gegen ihn,
helfen Sie ihm zu dem Seinigen. Ich sage nichts weiter.

Emerentia.

Münchhausen rieb sich die Augen, als er diesen Brief über-
15 lesen hatte. Er las ihn zweimal, bevor er einen Sinn finden
konnte, endlich glaubte er doch einen solchen gefunden zu haben
und rief: Die Bestie hat mich also endlich auch noch bei meiner
Anbeterin wegen des rückständigen Lohnes verklagt. Schlimm,
schlimm, schlimm! Aber man muß schon in den sauren Apfel
20 beißen, denn es giebt nichts Gefährlicheres für die weibliche Verehrung, als wenn der Verehrte seinem Bedienten etwas schuldig
bleibt.

Er hatte eben eine kleine dünne Einnahme von fernher
empfangen. Traurig riß er das Kuvert mit den fünf Siegeln
25 auf, zählte, was er notdürftig entbehren konnte, wehmütig ab,
rief den Schmetterling und gab ihm das Geld mit einer Flut
harter Reden. Karl hörte nicht auf die Beschimpfungen hin.
Wenn er Geld bekam, so war er gegen alles andere gleichgültig,
er dankte dem Himmel, der ihm abermals so unerwartet half.
30 Freudetrunken lief er in den verwilderten französischen Garten und
zählte sein Geld auf dem Postamente des Schäfers ohne Flöte über.

Münchhausen schrieb an Emerentien:

Diotima!

Denn das bleibst Du mir. Nenne Dich Emerentia, mir
35 bleibst Du Diotima. Karl ist bezahlt. Ich war ihm allerdings
seit Lichtmeß Lohn schuldig. Vielfache Gedanken, und unter diesen
hauptsächlich die tiefe Seelenbewegung, in welche mich Dein Umgang und Geist versetzt hatten, bewirkten, daß mir die Kleinigkeit
aus dem Sinne gekommen war.

8*

Dank für Deine Erinnerung. Wie ich nie, oder nur ein einziges Mal in meinem Leben log, so bezahlte ich auch stets meine Schulden; denn Ausnahmen von dieser Regel befestigten sie eben. Deine Wünsche sind Befehle

Deinem Münchhausen.

Emerentia wurde starr, als sie diesen Brief empfing. Sie hatte darauf gerechnet, daß der Freiherr durch seine großen diplomatischen Verbindungen die Restauration des Fürstentums Hechelkram bewirken solle, und — er gab dem Prätendenten Lohn! — Zerstört ging sie in den Garten. Karl sprang ihr vom Schäfer entgegen, schüttelte in einem ledernen Beutelchen den klingenden Inhalt und rief jauchzend: Ich hab' mei' Geld, ich hab' mei' Geld! O was für ein glückseliger Tausendsassa bin ich! Ich möcht' den ganzen Markt von Kanstatt auskaufen. — Emerentia versetzte nichts; sie stand bleich und entsetzt da. — So ist es denn also wahr, sagte sie, nachdem Karl fort und auf seinen Schneckenberg gesprungen war, daß ein fortwährendes Rollespielen mit der Rolle identifiziert. Dieser Fürst wird mir noch innerlich zum Bedienten, wenn ich nicht bald die Entscheidung herbeiführe.- Fürs erste aber soll das gekränkte Weib zu jenem Verderblichen reden, über den ich mich so hart enttäuscht sehe.

Sie ging nach ihrem Zimmer und schrieb an Münchhausen:

Mein Herr!

Ich bin fortan für Sie weder Diotima, noch Emerentia, sondern das Fräulein von Schnuck. Die Linie, der ich angehöre, ist die Linie Muckelig. Verstehen Sie mich? Nein, Sie verstehen mich nicht. Ich aber durchschaue Sie. Sie wollen mich erniedrigen. Sie wollen, daß mir der Bediente Bedienter bleibt. Armer Spötter! In dem vollen Gefühle meiner Würde, erhaben über Ihre Possen

Emerentia, Freiin von Schnuck-Muckelig in der Boccage zum Warzentrost.

Münchhausen verwünschte sein Los, als er diesen Zettel erhielt. Das Geld an den Schlingel weggeworfen und nun das noch! rief er. Was will denn dieses verrückte Fräulein, die mir wahrhaftig so unleidlich zu werden anfängt, als — Pst! Still, Münchhausen — Der Alte läßt mir keine Ruhe, ich weiß mir nicht Rat gegen seine verdammten Luftgedanken, und nun büße

ich auch diesen letzten Stützpunkt ein. — O Münchhausen, Münch=
hausen, könntest du doch nur — —

Er wollte sagen: Von deinen Renten leben — vollendete
aber nicht, sondern schrieb gleich ein zweites Billet, welches nichts
als das Wort enthielt:

Diotima?!

Aber er fand es nach einiger Zeit uneröffnet vor seiner Thür
wieder.

Der alte Baron und Emerentia begegneten einander draußen
in der Gegend zwischen dem Schlosse und dem Platze, wo die
Luftsteinfabrik stehen sollte. Der Vater sah verdrießlich und zer=
stört, die Tochter kalt und stolz aus. — Ich fürchte Renzel, sagte
der Alte, wir haben einen Phantasten im Quartier. Noch hängt
meine Hoffnung an einem dünnen Faden, Gott gebe, daß der
nicht reißt! — Meine Hoffnung ist bei den Toten, versetzte das
Fräulein erhaben. Edle Seelen werden leicht betrogen, ich schäme
mich nicht, daß mich ein dürftiger Witzling täuschen konnte. Die
Schuppen fallen mir von den Augen, nur Gemeines sehe ich noch,
wo ich sonst gutmütig bewunderte. — Ich verachte ihn auch
bereits recht herzlich, sagte der alte Baron, es ist nur der Punkt
hier in Erwägung zu ziehen, daß auch solche Haselanten im Be=
sitze wichtiger Fabrikgeheimnisse sein können, und wenn denn das
doch der Fall wäre und man hätte ihn, ohne die Sache zu er=
fahren, aus dem Hause getrieben, so wäre es außerordentlich schlimm.

Wir wollen ihm daher unsere Gesinnungen fühlbar machen,
Renzel, aber so, daß ihm noch eine Hinterthür offen bleibt, damit
wo möglich seine Ambition erweckt wird, und mir das Syndikat
nicht entgeht. Nur wenn alle Aussicht verschwindet, wollen wir
ihm sagen, daß er sich packen könne.

Nach diesem Tage gaben der alte Baron und das Fräulein
dem Freiherrn ihre Gesinnungen zu erkennen, d. h. sie behandelten
ihn schlecht. Münchhausen, welcher fühlte, wie sehr er durch seine
politischen Fehler sich die Stellung im Schlosse Schnick=Schnack=
Schnurr verdorben hatte, machte verzweifelte Anstrengungen, sie
herzustellen und ließ das glänzendste Brillantfeuer seines Witzes
in tausend Einfällen, wunderbaren Kapriccios und Mären spielen.
Das Fräulein aber zeigte sich um so gelangweilter, je brillanter

21. Haselant, derjenige, der sich als Narr, Geck, Prahlhans gebärdet.

Münchhausen wurde. Sie wandte ihm bei den Kolloquiis im
Garten den Rücken, fiel ihm häufig mit einer Bemerkung über
schlechtes Wetter in die Rede, oder sagte, wenn sie ihn hatte aussprechen lassen, weiter nichts, als: Späße für den Volkskalender. —
Ihr Verhalten drückte unbedingte Geringschätzung aus. Der
Schloßherr knüpfte dagegen die seinige noch an Bedingungen.
Die Summe seiner Reden ging dahin, daß er an den Erzählungen
des Gastes, ehe und bevor die Fabrikangelegenheit in Ordnung
gebracht sei, wenig Geschmack zu finden vermöge. Zuweilen hörten
beide Schloßbewohner gar nicht zu, sondern sprachen mit einander
von Wirtschaftsangelegenheiten, während der Freiherr die buntesten
Wunder vortrug.

So gingen mehrere Tage hin. Die Situation war für den
Helden immer peinlicher geworden. Doch die Kräfte seines Geistes
waren unerschöpflich und gerade in Verlegenheiten entfaltete sich
erst deren ganzer Reichtum. Eines Abends, wo das Fräulein
auf ihrem Zimmer an ihrem Tagebuche schrieb, der alte Baron
und er aber stumm lange Zeit neben einander im Versammlungs-
gemache auf und nieder gegangen waren, brauchte er die Rührung
als großes, heroisches Mittel. Er fing nämlich plötzlich an heftig
zu schluchzen, und da der alte Baron sich erstaunt umwandte, so
stellte er sich mit den strömenden doppelfarbigen Augen vor seinen
Wirt, nahm dessen beide Hände, sah ihm bewegt in das Antlitz
und rief mit einer von Weinen gehemmten Stimme: Könnt ihr
es über das Herz bringen, du und deine göttliche Tochter, euren
Freund so zu mißhandeln, wie ihr es thut? Nennen wir uns
nicht du? Bin ich nicht dein Bruder in des Worts verwegenster
Bedeutung?

Eben darum, weil wir uns du nennen, muß Offenheit
herrschen, versetzte trocken und ungerührt der alte Schloßherr.
Ich merke schon, was diese Krokodilsthränen bezwecken sollen.
Du bist ein Krokodil — ein Chamäleon will ich sagen. Ich lasse
mich nicht länger foppen, nicht länger lasse ich mich an der Nase
herumführen. Von deinen Ziegen und deinen Holländern und
deinen Poltergeistern habe ich den Pfifferling gehabt. Darum ein
Wort für tausend: Kannst du Luft versteinern?

Bruder, sei nicht so hart — —

Hart bin ich, hart will ich sein, steinhart wie Luftstein.
Wisch dir die Thränen von der Nase, sie erweichen mich nicht.

Du hast mir den Geheimen Rat verleidet und die tröstlichen Ge=
danken an das höchste Gericht durch dein Luftprojekt, du Luftspringer!
Die Ruhe meines Alters hast du vergiftet. Nun sind zwei Fälle
möglich. Entweder kannst du Luft versteinern, oder du hast mir's
5 vorgelogen. Im ersten Falle soll dir alles vergeben sein, ich werde
Syndikus, kriege für sechstausend Thaler Fabrikat jährlich und damit
basta. Hast du mir's aber vorgelogen, so wollte ich dich ersuchen,
dich an deine vielfachen anderweitigen Verbindungen in der Welt
zu erinnern, die sich gewiß schon lange nach dir sehnen und dir es
10 übel nehmen würden, wenn du länger dein Pfund in diesem ab=
gelegenen Schlosse vergraben wolltest. — Hierüber sehe ich morgen
deiner bestimmten Erklärung ohne alle Einkleidungen, Geschichten
und Karmina entgegen.

Mit diesen unzweideutigen Worten trennte sich der Wirt
15 von seinem Gaste. Letzterer blieb im Zimmer stehen, legte die
Hand an seine Stirn und sagte nach tiefem Besinnen: Behaupten
muß ich mich noch eine Zeitlang hier, es geht nicht ohne dieses.
Ich muß ihn erwarten hier, ihn, meinen Freund, meinen Kurator.
Kann ich mich nicht durch Worte und Thränen halten, so muß
20 ich es durch den Zustand des Epimenides versuchen. — Er ging
auf sein Zimmer und legte sich augenblicklich nieder.

Am folgenden Vormittage um eilf Uhr fragte der alte Baron
Karl Buttervogeln, der von des Freiherrn Gemache herabkam:
Ist Sein Herr noch nicht aufgestanden? Nein, versetzte Karl, er
25 schnarcht, daß es nur so eine Art hat, wenn das so fortgeht,
kann es lange dauern. — Der Schloßherr stellte sich vor das
Zimmer seines Gastes und hörte wirklich ein ungemein kräftiges
Schnarrwerk dadrinnen.

Um ein Uhr bei Tische, wo sich nur Vater und Tochter
30 zusammenfanden, warf Emerentia nachlässig die Worte hin: Dieser
Mensch scheint uns heute zu verschmähen. — Karl wurde berufen,
hinaufgesandt und brachte den Bescheid, der gnädige Herr habe
sich eben so weit ermuntert, um allenfalls etwas Suppe und
Gemüse zu sich nehmen zu können, wenn man die Güte haben
35 wollte, ihm davon zu senden. — Emerentia gab dem Bedienten
das Verlangte, der alte Baron ließ hinaufbestellen, er bitte, daß

20. Der kretensische Priester und Seher Epimenides soll 50 Jahre in der diktäischen
Höhle geschlafen haben. Goethe knüpfte in seinem Berliner Festspiele „Des Epimenides
Erwachen" an die Sage an; vgl. Düntzer, „Goethes politische Dichtungen" 1885 im
2. Bde. der „Abhandlungen zu Goethes Leben und Werken".

der Freiherr aufstehe. Nach einiger Zeit kam Karl mit den leeren
Tellern zurück und sagte: Mit dem letzten Bissen im Munde
wieder auf die linke Seite gefallen und weiter geschnarcht. — Zum
Henker, was bedeutet das? rief der Schloßherr. — Um vier Uhr
nachmittags ging er, da kein Münchhausen sichtbar wurde, selbst 5
hinauf. Münchhausen schlief. Der alte Baron rief ihn an, rüttelte
ihn, schüttelte ihn, Münchhausen richtete sich etwas auf, sah ihn
schlaftrunken an, lallte mit schwerer Zunge: Warum weckst du
mich? und fiel auf den Rücken. Um sechs Uhr, um acht Uhr
abends hatten gleiche Weckversuche die gleichen Erfolge, oder viel= 10
mehr Nichterfolge. Münchhausen schlief.

Der erste Tag war sonach verschlafen. Am andern nahm
der alte Baron allerhand lärmende Geschäfte vor, er brachte z. B.
schweres Gerät und Möbelwerk von der Gerichtsstube herab und
hatte dessen kein sonderlich Arg, wenn ein Stück donnernd gegen 15
Münchhausens Stubenthür flog. Denn, brummte er ingrimmig,
ich will diesen verruchten Kerl denn doch wohl wach kriegen!
Alles vergebens. Münchhausen schlief auch den zweiten Tag hindurch, mit Ausnahme kurzer Eßpausen. Karl Buttervogel be=
richtete, sein Herr sei zwar aufgestanden und habe sich angekleidet, 20
aber immer mit halb geschlossenen Augen und mit Gähnen.
Sobald er das letzte Stück angezogen gehabt, sei er wieder in
einen Stuhl gesunken und sitzend eingeschlafen.

Am dritten Tage schnarchte Münchhausen stärker, als je
zuvor. Der alte Baron, der die ganze Nacht schlummerlos zu= 25
gebracht hatte, saß bekümmert auf der Gerichtsstube. Emerentia
sang unten im Hause auf Befehl ihres Vaters. Denn dieser
meinte, was sein Rütteln und Rumoren nicht zuwege gebracht,
werde der helle und durchdringende Gesang der Tochter bewirken.
Als sie ihre besten Gänge und Kadenzen von sich gegeben hatte 30
und eine Pause entstand, stellte sich der Schloßherr an die Söller=
treppe und rief hinunter: Karl! — Karl Buttervogel trat aus des
Freiherrn Dormitorium. Ist er wach? fragte der alte Baron. —
Ich hab' mir die Ohren zugehalten, denn ich bin kitzlich gegen
Musik, versetzte der Bediente, mein gnädiger Herr aber legten 35
sich auf die andere Seite und lächelten im Schlaf wie ein Engel.
Jetzt eben verlangen sie mit zugemachten Augen Waschwasser,
werden also wohl aufstehen wollen, um sich dann zum Schlummer

33. Dormitorium, Schlafgemach.

niederzuſetzen. Glauben mir der Herr Baron, Sie treiben es
mit meinem Herrn nicht durch, was der ſich vornimmt, das führt
er aus, wachend oder ſchlafend.

Zornig lief der alte Baron in die Gerichtsſtube zurück,
ranute mit großen Schritten auf ihr hin und her, ſtieß an den
Tiſch, daß ein Teil der aufgeſtellten juriſtiſchen Handbibliothek
herabfiel und polterte: Da habe ich mir einen ſchönen Stören-
fried und eine wackere Rute Gottes in das Haus geladen! Das
iſt nun der Gipfel des Unglücks! Ich ſehe es kommen! Ich ſehe
es kommen! Dieſer Menſch ſchläft uns allen Schlaf weg in und
um Schnick-Schnack-Schnurr! Wie ein ſtarker Freſſer eine ganze
Wirtſchaft auszehren kann, ſo wird uns der Schnarcher an
Schlummer bankerott machen. Schon thue ich die Nacht kein
Auge zu. — Der Henker hole die Stunde, in welcher der Sünder
in unſere Mitte geſchleudert wurde!

Er ſtieg die Treppe hinab und fand unten auf dem Vor-
ſaale Emerentien, welche wieder beginnen wollte zu ſingen. —
Laß nur das Geplärr! fuhr ſie der Vater an, Sankt Urſel mit
den eilftauſend Jungfrauen ſänge den nicht auf. — Verachten
wir ihn, mein Vater, erwiderte Emerentia, und laſſen wir ihn
ſich der Vergeſſenheit entgegenſchlummern! — Ich kann doch den
Schlummerbalg nicht immer im Hauſe behalten und ihn unnütz
füttern! fuhr der alte Baron auf.

Wenn er nur wenigſtens die Eßſtunden auch verſchlummerte!
Aber zum Frühſtück, Mittags- und Nachtmahl iſt er regelmäßig
wach! Folglich darf ich ihn nicht verachten. Verachten kann man
nur den, der einen nicht inkommodiert. Und Münchhauſen iſt
mir jetzt zur größten Beſchwer und ich würde den für meinen
beſten Freund halten, der mir dieſen Gaſt vom Halſe ſchaffte.

Er ging in das Zimmer des Freiherrn. Dieſer ſaß auf
ſeinem Stuhle und das Haupt hing ihm auf die Bruſt hinab.
Er ſchlief feſt und tief. Der alte Baron nahm eine Feder, ſetzte
ſich vor ihn hin, kitzelte ihn mit der Feder um den Mund und
rief: Münchhauſen, wach auf!

Einer kitzelnden Feder mußte ſelbſt der beharrliche Schlummer
des Freiherrn weichen. Er kratzte ſich an der gekitzelten Stelle,
riß die Augen weit auf, ſah ſeinen Wirt wüſt an und fragte
dann matt und verdroſſen: Was willſt du, Schnuck? Warum
läſſeſt du mich nicht in Ruhe?

Ich wünschte von dir zu erfahren, wie lange du hier noch zu schlafen gedenkst? sagte der alte Baron sehr ernst.

Ich wünschte, daß du mich lieber fragtest, woher dieser chronische Schlummer rührt, versetzte in gedehntem Tone der Freiherr.

Ich wünschte allerdings, daß du auch darüber mir eine Auf= klärung geben möchtest, sprach der alte Baron.

Ich wünschte, daß du dich an meine Jugendbildungsgeschichte erinnertest, die ich dir einst vortrug, versetzte der Freiherr, schon wieder lallend und nur noch das braune Auge offen haltend, denn das blaue war ihm bereits von neuem zugefallen. — Habe ich dir nicht erzählt, daß mein sogenannter Vater mich in so vielen Sprachen und Wissenschaften unterrichtete, daß an gewöhnlichen, ausreichenden Schlummer damals nicht zu denken war? Es blieb also in meiner Jugend aller Schlaf, welchen andere Menschen zu der Zeit abmachen und entwickeln, in mir unabgemacht und unentwickelt stecken. Dieser versetzte und zurückgehaltene Schlaf bricht nun jetzt in meinen Mannesjahren aus, er entfaltet sich unaufhaltsam und wird nicht eher zu Ende sein, als bis ich nach= geholt habe, was ich in der Jugend versäumte. Dieses ist die natürliche Erklärung meines gegenwärtigen Zustandes, über den mich ein Traum inspirierte.

Wohl. Wer mit dir verkehrt, muß sich immer auf Wunder= dinge gefaßt halten. Kalt will ich also bei dieser inspirierten Ankündigung bleiben, ganz kalt, und dich nur in aller Seelenruhe fragen: Wie lange dauerte jener anstrengende Jugendunterricht, und wie viel weniger als andere Menschen schliefest du während desselben?

Drei Jahre. Mäßig angeschlagen, büßte ich Nacht für Nacht sechs Stunden Schlummer ein, erwiderte der Freiherr kaum hörbar und träumerisch das Haupt hin und her wiegend.

Der alte Baron schob seinen Stuhl an den Tisch, nahm ein Stück Kreide, welches dort lag, und rechnete auf dem Tische. Nachdem er den Strich unter den Zahlen gezogen hatte, sagte er: Vorausgesetzt, daß unter jenen drei Jahren kein Schaltjahr war, so hast du während derselben sechstausend fünfhundert und siebzig Stunden Schlafdefizit gehabt, und würdest folglich neun Monate, drei Tage und achtzehn Stunden jetzt bei mir nach= schlummern müssen. Wie?

Er wendete sich um, da er keine Antwort bekam, und sah,
daß der chronische Zustand seines Gastes schon wieder eingetreten
war. — Stolz erhob er sich und rief: Keine Rücksicht der Gast=
freundschaft und Höflichkeit kann mich verpflichten, einen Menschen
neun Monate, drei Tage und achtzehn Stunden bei mir schlafen
zu lassen. Ich habe an dir gehandelt, wie ein Kavalier sich
gegen den andern benehmen soll, die Geduld ist aber nun er=
schöpft, und — höre es, oder höre es nicht — ich kündige dir
hiemit Krieg und Fehde an. Darunter verstehe ich, daß ich dich
aus dem Schlosse zu bringen wissen werde, in dem du nichts als
Unheil und Verwirrung gestiftet hast

Nach dem Abgange des Schloßherrn öffnete Münchhausen
die Augen und sagte zu Karl Buttervogel, der ein stummer Zeuge
dieser Szene gewesen war: Karl, willst du mir treu bleiben? —
O, mein gnädiger Herr, rief Karl Buttervogel, wie könnte ich es
wohl über das Herz bringen, Ihnen untreu zu werden, da Sie
mir soeben noch vor kurzem meinen vollen Lohn gegeben haben,
zwölf Gulden vierundzwanzig Kreuzer. Nein, wenn der Mensch
Geld kriegt, so muß er treu sein, wie ein Hund, und Häuser
muß man auf ihn bauen können, und solange wie der letzte
Kreuzer vorhält, muß er an seinem Herrn halten, denn dafür ist
er Bedienter, und ein Bedienter, der seinen Herrn verrät, der ihn
ordentlich bezahlt, ist kein Bedienter nicht, sondern ein Schuft.

Schweige! rief Münchhausen. Rede nicht, sondern handle,
Buttervogel. Es liegt mir jetzt alles daran, allein im Schlosse
zu sein, aus dem mich der Alte forttreiben will. Locke daher das
Fräulein ins Freie —

Das wird nicht nötig sein, fiel Karl Buttervogel ein, denn
sie hat sich selber schon, ganz blümerant aufgetakelt, ins Freie ge=
lockt, ich habe sie eben mit einem großen Dinge unter der Schürze
nach meinem Schneckenberge gehen sehen.

Gut, das halbe Werk ist sonach gethan. Locke denn also
noch den Alten ins Freie.

Ich will so thun, als ginge ich nach der Stadt in die
Apotheke für Sie, um wieder Spezies zu holen fürs chemische
Schmieren, und wenn ich an ihm im Hause vorbeigehe, so will
ich munkeln: Ja, wenn ich sprechen dürfte — so wird er mir
nachgegangen kommen, um mich auszufragen.

Thue das, Karl, mache mir das Schloß rein von allem

läftigen Perſonal, ich will daraus eine Feſtung für mich ſchaffen,
ſprach der Freiherr von Münchhauſen mit ſeiner ganzen ihm ſo
eigentümlichen Würde.

———

Auf dem Vogelherde ſaß alſo, verlockt von dem ſcheinbaren
Stadtgange des Bedienten, der alte Baron, während Emerentia
dieſes nämlichen Bedienten, der für ſie kein Bedienter war, mit
einem leckeren Gerichte am Schneckenberge harrte. Der Schloßherr hatte ſeinen Plan entworfen. So geradezu jemand aus dem
Schloſſe zu bringen, der ſich darauf verſteift zu haben ſchien, bei
ihm neun Monate, drei Tage und achtzehn Stunden mit den
Wachpauſen für Eſſen und Trinken abzuſchlafen, konnte mißlich
erſcheinen. Der alte Baron wünſchte daher nichts mehr, als
irgend einen Umſtand zu erkunden, welcher ihn allenfalls berechtigte, die öffentliche Macht gegen den Propheten anzurufen,
der ihm nun wie ein Tagedieb vorkam. Einen ſolchen Umſtand
hoffte er von dem Bedienten Karl Buttervogel herauszubringen,
denn das Wort „Munkel“ und die beſtändige Erwähnung von
ungeheuren Geheimniſſen, welche um die Perſönlichkeit des Freiherrn nebelten, deutete nach ſeiner Meinung offenbar auf Ver-
ſchuldungen, oder wenigſtens auf Verwickelungen hin, die ihm den
Arm der Polizei, ſo hoffte er, wider den chroniſchen Schläfer willfährig machen ſollten.

Er hatte ſich mit dieſen Gedanken unter eine Vogelbeer-
ſtaude geſetzt und überlegte die Mittel, mit denen er Karl Buttervogeln plaudern machen wollte Der Menſch hatte ihn immer
ſo freundlich und gerührt, wir wiſſen weshalb, ſeither angeſehen,
daß er hoffte, auf ſein Gefühl wirken und ſeinen Mund durch
Liebe und Dankbarkeit aufſchließen zu können. Er nahm ſich daher
vor, ihn auf bewegliche Weiſe zu bewegen.

Karl ſaß indeſſen, um ſeinen Stadtgang glaublich zu machen,
eine halbe Stunde vom Vogelherde in einem Kruge und vertrank
einen Teil des Lohnes, den ihm die diplomatiſchen Mißverſtändniſſe
zwiſchen dem Fräulein und ſeinem Herrn geſpendet hatten. Dem
alten Baron wurde darüber die Zeit lang und da er an ſeiner
Kriegsliſt nichts mehr zu denken fand, ſo nahmen ſeine Vor-
ſtellungen eine andere Richtung, welche folgendes Selbſtgeſpräch
offenbarte.

Ich habe mich resigniert, sagte er. Der heutige Tag zeigt mir meine Lage im wahren Lichte. Münchhausen erscheint mir als das, was er ist, als ein großer Frevler. Vielleicht ist er der Vater von Kaspar Hauser. Möglich auch, daß er ein berüchtigter Giftmischer ist, wegen der beständigen chemischen Experimente. Auf jeden Fall ein Mann, dem zu vertrauen bedenklich sein muß. Ein unnatürlicher Charakter, abnorm in jeder Beziehung. Welcher Mensch außer ihm, sammelt Schlaf von seiner Jugendzeit auf für neun Monate, drei Tage, achtzehn Stunden? Es ist zwar eine Klage manches Schulmanns, wie ich gelesen habe, daß auch die jetzt gar zu sehr angestrengte Jugend nachher schläfrig werde, aber dann schlafen sie mit offenen Augen, die Jungens werden rein dumm vom vielen Lernen, natürlichen Nachschlaf kriegen sie aber deshalb nicht. Dieser Nachschlaf ist folglich wieder ganz eine Veranstaltung à la Münchhausen.

Ich traue ihm nicht mehr. Seit heute verlasse ich mich auf meine gesunden Sinne und nicht auf Flirren und Flausen. Luft ist Luft und wird mein Tag nicht Stein. Das ganze Projekt ist Windbeutelei und die Luftverdichtungsaktienkompagnie nicht so viel wert.

Der alte Baron blies bei den letzten Worten über seine flache Hand hin, senkte dann tiefsinnig das Haupt und sprach nach einer Pause: Wunderbar! — Wie demjenigen, der eine große Wahrheit entdeckt, zugleich viele andere Wahrheiten mit einem Schlage aufzugehen pflegen, so zerstört die Zerstörung eines großen Irrtums auch seine Nachbarn. Seit ich nicht mehr an versteinerte Luft glaube, bin ich auch mißtrauisch geworden über die Rückkehr der alten Verhältnisse und meinen Eintritt in das höchste Gericht als geborener Geheimerat. Es ist zu viel Gras darüber hingewachsen, meine Tage sind gezählt; ich erlebe es nicht mehr, das fühle ich wohl.

Und so wäre ich denn ein armer, alter, zerbrochener, abgebrauchter Mann? — Nein! Mit nichten. Schon regen sich neue Gedanken in mir, die jugendliche Kräfte aufwecken. Das ist eben der wunderbare Segen der Gegenwart, daß niemand untergehen kann, der sich mit rüstigem Arm und beherzter Brust

4. Kaspar Hauser, der rätselhafte Nürnberger Findling, 1833 in Ansbach ermordet; die bis heute unaufgeklärte Persönlichkeit Hausers erregte in den dreißiger Jahren überall leidenschaftlichstes Interesse.

in ihre Fluten wirft. Erlischt hier ein Licht, so flammt es da
wieder auf, die unendliche Mannigfaltigkeit der Mittel, Gedanken
und Anregungen macht jede welkende Hoffnung zu einem Phönix,
der sich zwar bestattet, aber aus dem Feuergrabe immer wieder
auflebt.　　　　　　　　　　　　　　　　　　　　　　　　　　5

　Ich habe schon wieder Aussicht, Mut, eine Zukunft. Ich
glaube nicht mehr an den geborenen Geheimenrat, ich glaube nicht
mehr an die Luftverdichtungskompagnie; abe Syndikat! Abe ihr
sechsmalhunderttausend Luftsteine,. mit denen ich salariert werden
sollte — Fahret wohl, ihr nichtigen Träume und Schäume und 10
macht einem soliden Geschäfte Platz. — Das religiöse Bedürfnis
ist mächtig erwacht in der Zeit und schmachtet nach der Herstellung
der Hierarchie. Diesem Bedürfnisse zu genügen muß ein groß=
artiges Institut in das Leben gerufen werden. Ich werde Jesuiten
auf Aktien kommen lassen. Schon morgen reise ich, um die nötige 15
Protektion und Förderung mir zu verschaffen, wenn ich inzwischen
Münchhausen los werden kann, nach —

　Der alte Baron gab nicht an, wohin er reisen wollte, denn
es unterbrach ihn ein Geräusch unten auf der Straße. Er sah
den Bedienten kommen und rief ihn an. Karl Buttervogel 20
murmelte für sich, indem er dem Rufe auf den Vogelherd folgte:
Treu bin ich meinem Herrn bis fünf Thaler, wenn er aber mehr
geben will, da kann der Mensch nicht widerstehen.

　So kamen beide auf dem Vogelherde zusammen; der Be=
diente mit der Absicht, sich um mehr als fünf Thaler bestechen 25
zu lassen, der Schloßherr in der Meinung, ihn durch Güte zu
rühren, denn außer Güte hatte er nichts bei sich.

　Er hat wohl auch von dem Wege viel Mühe gehabt bei der
Wärme, mein Freund? Setze Er sich mir da gegenüber unter die
Rüster — sagte der Schloßherr im gütigsten Tone. — Ich kann 30
schon stehen, versetzte der Bediente, ich würde unter der Rüster
sitzen wie auf Kohlen und mir, mit Respekt zu melden, das Ge=
säß verbrennen, wenn ich in Gegenwart von einem so gnädigen
Herrn sitzen thun sollte. Jeder an seinem Platz und an seinem
Ort, das ist so das Beste, der Herr Baron sitzend und ich hier 35
stehend in alle Ewigkeit.

　Es kommt mir so vor, als halte Er etwas auf mich, sagte
der alte Baron nach einer Pause, während welcher er vergeblich
nach einem schicklichen Anknüpfungspunkte suchte.

O gnädiger Herr, rief Karl Buttervogel erregt, beugte sich
zu dem Schloßherrn nieder und küßte dessen Rock, wie ich Sie
liebe, das kann keine Menschenzunge aussprechen. Denn warum
sollte ich Sie denn auch nicht lieben, da Wurst und Eier bis jetzt
5 nicht gemangelt haben, und da ich gewiß fernerweite gute Ver=
köstigung kriege, und der gnädige Herr so ein ehrwürdiges An=
sehen haben, und die ganze Positur so etwas Martialisches und
da die nähere Verbindung bevorsteht, und Schwiegersöhne Schwieger=
väter schon aus Pflicht lieben müssen, und da —

10 Nun wohl, Buttervogel, rief der alte Baron, laß' Er die
vielen Gründe, die mir auch zum Teil dunkel sind, denn ich weiß
nicht, was Er mit der Wurst und mit den Eiern und den Ver=
bindungen und den Schwiegervätern und Schwiegersöhnen sagen
will. Wenn Er wirklich auf mich etwas hält, so kann Er mir einen
15 Gefallen thun, und ich ersuche Ihn darum.

Tausend Gefallen für einen, gnädiger Herr! rief Karl Butter=
vogel. Soll ich Ihnen den grünen Rock ausbürsten, oder an
dem Schlafrock mit den Weinranken das Loch im Ärmel zunähen,
oder —

20 Nichts von allem dem. Sondern mich interessiert Sein Herr
bis in die kleinsten Umstände seines Lebens und über manches
möchte ich Aufschluß haben. Erinnere Er sich nun, wie gut ich
an euch gehandelt habe, sei Er dankbar für so viele Gastfreundschaft,
erwäge Er, was Er mir für meine Güte schuldig · ist, und wenn
25 dadurch in Ihm ein richtiges Gefühl entstand, so sage Er mir,
warum Sein Herr Seine Grobheiten vermischt mit geheimen An=
spielungen duldet? denn dahinter muß notwendig etwas stecken.

Dahinter steckt auch etwas, sagte Karl Buttervogel ernsthaft.
Und ich wollte mich wohl verführen lassen aus Liebe und Er=
30 kenntlichkeit zu dem gnädigen Herrn Baron und zum Delinquenten
an meinem Herrn von Münchhausen werden, wenn nur ... Er
sah starr nach der Hosentasche des alten Barons.

Was, Karl? Spreche Er sich deutlich aus, mein Sohn.

Karl Buttervogel machte eine krumme Hand und sah den
35 Schloßherrn dabei gerührt an. Sie haben als Vater an uns ge=
handelt, und wer so ist, wie Sie, der macht mich weichherzig und
da kenne ich gar keine Pflichten und laß' meinen eigenen Bruder
im Stich, aber insofern ...

Aber insofern? — Stocke Er doch nicht so oft. Heraus

mit der Sprache! Was versteht Er unter dem Munkel, wie Er
Seinen Herrn nennt, und unter den Geheimnissen der Erzeugung?

Karl Buttervogel spuckte vor sich nieder, sah dann wieder nach
der Hosentasche des alten Barons, machte den Gestus des Geldzählens und fuhr darauf plötzlich, als der Schloßherr diesen Ge- 5
bärden stumm und verwundert und ohne auf den Sinn ihrer
Forderung einzugehen, zusah, mit der Frage heraus: Haben Sie
wohl über fünf Thaler bei sich?

Nein, versetzte der alte Baron etwas verlegen. Ich trage
kein Geld bei mir.   10

So bleibt auch das Geheimnis bei mir, sagte Karl Buttervogel.

Der alte Baron rief entrüstet: Also aus Liebe zu mir will
Er mir nichts sagen, aber für Geld würde Er Seinen Herrn verraten!   15

Ja, rief der Bediente, für Geld kann man alles kriegen, denn
die Zeiten sind teuer und ohne Nebenverdienst geht es einmal
nicht in der Welt, und weil es in der Freundschaft bliebe, so wäre
es auch kein Verrat, und die Liebe zu Ihnen ist zu groß, und
Sie könnten es mir gewissermaßen befehlen von wegen der kindlichen 20
Ehrfurcht, die ich gegen Sie haben thun muß, und warum fängt
mein Herr solche Sachen an und ich würde es auch nicht für ein
paar Groschen thun, denn das wäre schimpflich, aber fünf Thaler
machen einen Unterschied, und das Hembe ist mir näher als der
Rock, und Bestechung ist nur ein Vorurteil, aber ohne Geld und 25
Gaben bin ich meinem Herrn so treu wie Gold, und keine Menschen-
macht soll mich von meiner Schuldigkeit abwendig machen, und
das können Sie mir auch gar nicht verdenken, denn Sie würden
sich auch so einen ehrlichen Kerl zum Bedienten wünschen, der alles
mit sich in die Sterbegrube nähme, wenn Sie sich chemisch schmieren 30
müßten, weil nämlich —

Schweige Er! rief der alte Baron, welcher befürchtete, daß
Karl Buttervogel sich in ein neues Meer von Gründen stürzen
würde. Verdrießlich riß er Blätter von den Stauden, zwischen
denen er saß, und zerpflückte sie. Karl Buttervogel entfernte sich 35
gleichfalls verstimmt über die unverletzte Treue, die er seinen
Grundsätzen gemäß dem Herrn bewahrt hatte, von dem Vogelherde.

Fünftes Kapitel.

Wofür Semilasso von dem Ehinger Spitzenkrämer angesehen wird. —
Der alte Baron rennt nach einem Bürgermeister und a public character
im braunen Oberrock tritt auf, dessen Erscheinung die wenigsten Leser
5   vermuten mögen.

Das türkische Fahrzeug war langsam bis an den Fuß des
Schloßberges oder Hügels gediehen, konnte jedoch dort nicht weiter
auf der holprichten Straße vordringen. Semilasso sah sich daher
genötigt, abzusteigen und zu Fuß bergan zu gehen. Der Ehinger
10 Spitzenkrämer holte ihn ein und gab sich mit ihm in ein vertrauliches
Gespräch, weil er ihn wegen der fremdartigen Kleidung, worin
der berühmte Reisende sich zeigte, für seinesgleichen oder viel=
mehr für etwas noch Geringeres, als er selbst war, hielt, nämlich
für einen Kunstreiter, oder für den Inhaber einer Tierbude. Denn
15 zwischen diesen beiden Vermutungen schwankte der Ehinger in seinen
Gedanken.

Semilasso hielt es bei seinem freien Weltblicke nicht unter
sich, mit den verschiedenartigsten Leuten ohne Zwang zu verkehren.
Er gab daher der Ansprache des Ehingers leichte und natürliche
20 Erwiderung, redete mit ihm über die Spitzenklöppeleien in dem
Distrikte, woher der Ehinger gebürtig war und die er auf seinen
Reisen besucht hatte. Denn Standesunterschied bewahrte er nur
insofern, daß er nicht auf der Seite des Weges gehen mochte,
den die Füße des Spitzenkrämers traten. Vielmehr wollte er gern
25 die ganze Breite der Straße zwischen sich und dem Ehinger sehen.
Kam daher dieser zu ihm hinüber, so kreuzte Semilasso die Straße
nach der anderen Seite zu. Da aber der Ehinger die geheime
Absicht dieser ausweichenden Bewegungen nicht kannte und am
liebsten dicht neben seinen Reisebegleitern gehen mochte, so folgte
30 er dem vornehmen Türken überallhin und beide waren daher die
Schloßstraße hinauf in einer beständigen Zickzack= und Schlängel=
wanderung begriffen.

Oben stand Semilasso still und wischte sich mit einem Taschen=
tuche von seinem Battist den Schweiß von der Stirn. Der Ehinger
35 zog eine Branntweinflasche aus dem Ränzel, nahm einen derben
Schluck und bot seinem Genossen, dessen Eigenschaften ihm so
unbekannt waren, die Flasche gleichfalls dar. Semilasso wies
aber mit einem Zuge des innigsten Widerwillens in dem seinen

blassen Gesichte den Schnaps zurück und schien überhaupt nach=
gerade den Chinger lästig zu finden. Seine Neigung zu dem
Manne stieg nicht, als dieser mit der Frage sich an ihn wandte:
Sagt mir, Landsmann, wo Ihr Eure Bude stehen habt? und als
er durch verwunderungsvolle Erkundigung von ihm herausbrachte,
wofür er angesehen wurde. Voilà ce qui est bien drôle! sagte
er mit einer süßsäuerlichen Mischung im Tone der Stimme und
suchte dem Chinger zu entkommen, der ihn aber mit wiederholent=
lichen Fragen nach der Bude bis vor die Thüre des Schlosses
verfolgte. Denn er hatte viel Geld gelöst und wollte sich nun
auch in der Tier= oder Bereiterbude ein Vergnügen machen.

An der Schloßthüre nahm jedoch die Verrammelung derselben
die Aufmerksamkeit beider Wanderer statt alles anderen in Anspruch.
Sie riefen, sie pochten, sie rüttelten, aber im Innern des verein=
samten Schlosses antwortete niemand, niemand kam von innen an
die Thüre, sondern es schnarchte da drinnen nur taub und gefühllos
weiter. Zuletzt mußten sie sich wie die übrigen an der Thüre
Gewesenen auch von der Notwendigkeit des Wartens überzeugen.
Zufällig hatten sie einander von dem Zwecke ihrer Wanderung
nichts mitgeteilt, sie gingen auch jetzt ohne nähere Erklärung nach
verschiedenen Seiten ab. Semilasso schlug, da der Chinger mit
ihm wieder die Schloßstraße hinunterwandern wollte, einen Neben=
weg in das Gebüsch ein, um nur von diesem Plebejer sich los=
zumachen. Er brauchte dabei einen wahrscheinlichen Vorwand;
die Geschichte hat ihn aber vergessen, oder Scheu getragen, ihn
aufzuzeichnen. Der Chinger stellte sich dagegen unten am Fuße
des Hügels zu dem türkischen Fahrzeuge und suchte sich die Zeit,
so gut es gehen wollte, mit den Affen und Papageien zu vertreiben.
Auch mit dem jungen Neger sprach er. Dieser redete gebrochen
deutsch und antwortete auf die Frage, wo sein Herr die Bude
stehen habe, nachdem er ihren Sinn gefaßt hatte: Kein Herr mein
Bud' halten — wollt' sagen — Mein Herr kein Bud' halten —
Fürst sein — heißen — nicht aussprechen kann den Namen
schwierig.

Über diese Auskunft wollte sich der Chinger des Todes ver=
wundern, lachte aus vollem Halse und rief: O, was für ein An=
sehen sich so ein Volk geben kann! Der Junge lügt wahrhaftig

6. Voilà ce qui est bien drôle! Ah, das ist einmal höchst sonderbar!

schon wie gedruckt und wenn ich den Herrn nach seinem Stand
frag', ist er ein König wenigstens.

In diesem Augenblicke ging der alte Baron rasch an dem
Gefährt vorüber. Er war so verdrießlich, daß ihm selbst der
5 fremdartige Anblick des Fahrzeuges keinen Blick abnötigte, er stieg
vielmehr, ohne sich umzusehen, die Schloßstraße empor. — Lands=
mann, rief der Ehinger, der alle Völker der Erde für seine Kom=
patrioten hielt, dem Alten nach, Euer Laufen hilft Euch nit, Ihr
kommt oben nit ein, die Zugäng' sind verbollwerkt. — Der
10 Baron wandte sich um, fragte, was das bedeuten sollte, und
erfuhr zu seinem größten Ärger, was wir schon wissen.

Nein! rief der alte Baron knirschend vor Zorn, was zu arg
ist, ist zu arg! Ich füttere den Hasenfuß, er verrückt uns allen
die Köpfe und zum Beschluß und zur Krönung der Schandthaten
15 treibt er die rechtmäßigen Eigentümer aus dem Hause und setzt
sich darin fest. Das ist offenbare Gewalt, Friedensbruch und
Beschädigung mit gemeiner Gefahr, und auf der Stelle laufe ich
zum Bürgermeister, denn jetzt, jetzt thut Polizeihilfe not. — Mit
einer Schnelligkeit, die man seinem Alter nicht hätte zutrauen
20 sollen, lief der Schloßherr zurück und bog in den Weg, der nach
dem Dorfe führte, worin der Bürgermeister wohnte.

Als er aber rasch um eine Hecke schwenkte und nichts im
Sinn und Auge hatte, als den ihm nun so verhaßt gewordenen
Dutzbruder, rannte er heftig mit einem andern zusammen. Dieser
25 andere war ein Mann, der in entgegengesetzter Richtung daher=
geschritten kam und wegen seiner Kurzsichtigkeit oder aus Zer=
streuung auf den alten Baron nicht geachtet hatte. Da er auch
sehr rasch ging, so war das Zusammenprallen, wie gesagt, ein
heftiges, der Schloßherr verlor seine Seehundskappe vom Haupte,
30 der Mann im braunen Oberrock, — denn einen solchen trug der
zweite — den Strohhut. Nachdem beide ihre Kopfbedeckungen
aufgerafft hatten, machten sie einander gegenseitige Entschuldigungen,
denen der im braunen Oberrock die ironische Bemerkung hinzufügte,
daß diese Art Bekanntschaften zu knüpfen die glücklichste sei, weil
35 sie mit dem Gefühle beginne, daß einer dem anderen etwas
nachzusehen habe, der erste Moment derselben daher sich von aller
Überspannung in den Erwartungen fern halte.

Mit wem habe ich die Ehre? ... fragte der alte Baron.

Ach, versetzte der im braunen Oberrock, lassen wir meinen

9*

Namen unausgesprochen! — Durch eine seltsame Laune des
Schicksals, deren es mehrere an mir übte, ist mir auch ein Name
zu teil geworden, der mehr versprach, als meine geringe Persön=
lichkeit zu halten imstande gewesen ist. Aber vergönnen Sie
mir dagegen eine Frage: Wissen Sie nicht, ob sich ein gewisser ⁵
Freiherr von Münchhausen hier herum in der Nähe aufhält?

Der alte Baron sah den Fremden groß an. Haben Sie auch
durch ihn gelitten? Können Sie mir irgend einen haltbaren Ver=
dacht wider ihn liefern, mittelst welches ich ihn vor die Gerichte
bringe? fragte er darauf mit Eifer. ¹⁰

Mein Herr, versetzte der andere, was denken Sie von mir?
ich habe mit diesem Freiherrn von Münchhausen ganz eigene und
zarte Beziehungen, die mir die Lippen über ihn versiegeln würden,
selbst wenn ich etwas Schlechtes von ihm wüßte. — Sonach kann
ich nur meine Frage wiederholen: Hält sich dieser Mann hier in ¹⁵
der Nähe auf?

In meinem Schlosse sitzt der Spitzbube und hat sich ver=
barrikadiert! rief der alte Baron. Dort geht die Straße hinauf
und ich bin in diesem Augenblicke auf dem Wege, die Polizei
wider ihn zu Hilfe zu rufen. — Er lief eilig seine Straße nach ²⁰
dem Dorfe weiter.

Halten Sie an! rief der Fremde mit starker Stimme dem
Davoneilenden nach. Der Freiherr ist zwar ein großer Schalk,
gehört aber doch nicht in die Kategorie der Spitzbuben und ist
über die Angriffe der Polizei erhaben. — Der alte Baron hörte ²⁵
aber nicht auf ihn, sondern rannte spornstreichs seinen Weg. —
O der Unselige, in welche Verwickelungen hat er sich gebracht!
sagte der Fremde. — Ich muß sehen, wie ich ihn rette, setzte er
murmelnd hinzu und lief die Schloßstraße hinauf.

Denn auch er lief mehr als er ging, was einen ziemlichen ³⁰
Kontrast mit seiner Figur abgab, die man schon zu den korpulenten
zählen konnte. Es war ein breitschulteriger untersetzter Mann,
dieser Fremde im braunen Oberrock, der seinen Wanderstock bei
jedem Schritte mit Energie auf die Erde stieß. Er besaß eine
große Nase, eine markierte Stirn, deren Protuberanzen jedoch mehr ³⁵
Charakter als Talent anzeigten und einen feingespaltenen Mund,

2 ff. Wortspiel mit seinem eignen Namen Immer=Mann; Platen machte daraus
„Nimmermann". — 32 ff. Selbstschilderung Immermanns; vgl. sein Bild im 1. Bde.
dieser Ausgabe. — 35. Protuberanzen, eigentlich von den hervorbrechenden Sonnen=
eruptionen gebrauchter Ausdruck, hier im Sinne von „vorstehende Wölbung".

um den sich ironische Falten wie junge spielende Schlangen ge-
lagert hatten, die jedoch nicht zu den giftigen gehörten. Seine
Augen wurden in den Reisepässen gewöhnlich als graue bezeichnet.
Sie lagen auch wirklich wie hellgraue Perlhühner in ihren Höhlen
unter Brauen eingewühlt, die trockenem gelbbräunlichem Reisig
glichen. Mehrere Damen seiner Bekanntschaft aber, die ihm wohl-
wollten, behaupteten, diese Augen hätten einen angenehmen blauen
Ausdruck, und seit der Zeit glaubte er selbst an ihre Bläue.
Nicht allein in dem Antlitze dieses Mannes, der nach seinem
Habitus ein Vierziger zu sein schien, sondern überhaupt in seinem
gesamten Wesen war eine eigene Mischung von Stärke, selbst
Schroffheit, mit Weichheit, die hin und wieder in das Weichliche
überging, sichtbar.

Es wäre ja traurig, wenn dieser merkwürdige Charakter in
einem elenden Abenteuer umkäme, man muß sehen, man muß
sehen ... flüsterte der braune korpulente Laufende, als er die
beiden Wappenlöwen erreicht hatte.

Da die Absicht der gegenwärtigen Geschichten nicht sein kann,
den Leser beizeiten über jenen Fremden zu unterrichten ...

Brief des Herausgebers an den Buchbinder.

Hiebei, lieber Herr Buchbinder, Manuskript des Münchhausen,
soweit ich geschrieben habe. Nicht wahr, hier wäre wieder so
ein Ort, über den Braunen eine ungemeine Spannung zu stiften?
Geheimnisvoll ... dunkel ... Andeutungen u. s. w. Sie verstehen
mich. Ich wollte doch aber nicht ohne Ihren Rat verfahren.
Der ich mit aller Achtung u. s. w.

Antwort des Buchbinders.

Ew. Wohlgeboren!

Beileibe jetzt keine Spannung mehr. Spannung genug durch
Semilasso, den Jäger, die drei Unbefriedigten, den Ehinger Spitzenmann und den alten Herrn Baron, der zum Bürgermeister läuft.
Zu viel Spannung überspannt; die Leser möchten Ihnen am Ende
gar abgespannt werden. Nein, jetzt durch eine tüchtige Entdeckung
Effekt gemacht, je unerwarteter, desto besser. Mit besonderer Hoch-
achtung u. s. w.

Fortsetzung der Erzählung.

Da die Absicht der gegenwärtigen Geschichten nur sein kann, den Leser beizeiten über jenen Fremden zu unterrichten, indem die Folter längst abgeschafft ist und nur noch in englischen Romanen durch dreibändelange Spannung mißbräuchlicherweise angewendet wird, so ist hier zu sagen, daß der korpulente Mann im braunen Oberrock niemand anders als der bekannte Schriftsteller Immermann war.

Er befand sich auf einer seiner jährlichen Ferienreisen, während welcher die eine Hälfte seiner Düsseldorfer Freunde ihn da, die andere dort versorgt. Er kommt aber immer wieder nach Düsseldorf zurück, weil — — — —

So kommt er denn immer wieder von diesen Kreuz- und Querzügen durch Deutschland zurück, nachdem er durch Berge, Thäler, Höhlen und Klüfte, Hütten, Paläste, Kirchen und Gräber geschweift ist, ein weltdurstiger und weltfroher Odysseus, den keine Kalypso zurückzuhalten für gut fand.

Gegenwärtig befand er sich auf einer Wanderung nach den Exstersteinen, die er noch nicht gesehen hatte. In der Nähe der Stadt, worin der Diakonus wohnt, bog er jedoch von der geraden Straße ab, um den Helden dieser Geschichten aufzusuchen, mit welchem er wirklich Beziehungen der eigensten Art hatte, und dem er wichtige Mitteilungen machen wollte, entscheidende Mitteilungen für seines Schützlings Geschick. Denn in diesem Verhältnisse stand Münchhausen zu Immermann. Immermann übte eine Art von Kuratel über den Freiherrn aus.

Sechstes Kapitel.

Der bekannte Schriftsteller Immermann führt eine sehr ernste Unterredung mit dem Freiherrn von Münchhausen. Karlos der Schmetterling entschließt sich, bewogen durch den Anblick eines Sauerbratens und die Zuredungen seiner Geliebten, endlich die Maske abzuwerfen.

Der Schriftsteller lief, als er den Schloßhof erreicht hatte, gerade auf das Haus zu, indem er fortwährend für sich murmelte: Hätte ich ihn nur erst aus dieser Klemme! Sich so zu verfahren

---

18 f. Die Exstersteine sind eine merkwürdige Gruppe von Sandsteinfelsen bei Horn im Teutoburger Walde.

und zu versteigen, gerade in dem Augenblicke, wo ich ihm ein
anständiges und sicheres Brot verschaffen kann! Wenn sie mein
Wort nur gelten lassen! — Er drückte an der Klinke der Thüre.
Da sie sich aber so nicht öffnen lassen wollte, so stemmte er sich
mit der ganzen Gewalt seiner Schultern gegen sie, und da ihn
die Natur mit einer ziemlichen Leibeskraft ausgestattet hatte, gelang ihm, was Semilasso und den drei Unbefriedigten so wenig,
als dem Jäger möglich gewesen war. Die morsche Thüre wich
nämlich aus den Angeln, einige innen vorgesetzte Tonnen und
Kisten fielen um, die Thüre fiel auf sie und in das Innere des
Flurs, der Schriftsteller fiel auf die Thüre, wenigstens halb, und
solchergestalt, fast mit der Thüre in das Haus fallend, eröffnete
er gewaltsam den Zugang zu dem Schlosse Schnick-Schnack-Schnurr,
dessen Inneres ohne seine Dazwischenkunft vielleicht lange unzu-
gänglich geblieben wäre. Einen Augenblick sich erholend und im
Flure stehenbleibend, hörte auch er oben das heftige Schnarchen.
— Der Schäker! Was hat er nun da vor! rief der Schriftsteller
lachend und eilte die Treppe hinauf. In Münchhausens Zimmer
standen mehrere Fläschchen und Gläserchen mit den seltsam schillern-
den Feuchtigkeiten, deren schon einmal Erwähnung geschehen ist,
gefüllt, auf dem Tische. Der Inhalt war hin und wieder ver-
schüttet und ein scharfer mineralischer Dunst würzte die Luft.
Nahe bei dem Tische schlief aber der Freiherr auf einem Stuhle,
das Haupt zur Seite hängend, den festesten und gesundesten
Schlaf, obgleich der Apparat auf dem Tische anzudeuten schien,
daß er noch wenige Minuten zuvor gewacht haben müsse. Ganz
überaus schnarchte er und lächelte wirklich, wie Karl Buttervogel
gesagt hatte, gleich einem Engel in seinem Schlummer. Der
Schriftsteller überblickte einige Augenblicke schweigend und ironisch
schmunzelnd den Schläfer und die chemischen Zurüstungen, dann
setzte er seine Brille auf, wie er immer vor wichtigen Momenten
zu thun pflegt, schlich sich auf den Zehen zu dem Freiherrn, schlug
ihm auf die Schulter und flüsterte ihm in das Ohr: Keine Verstellung gegen mich, alter Freund!

Das hangende Haupt des Freiherrn fuhr rasch empor, so daß er
gegen die Nase des Schriftstellers anstieß und die Brille aus ihrer
richtigen Stellung brachte, die Augen Münchhausens öffneten sich
weit, starrten mit dem Ausdrucke eines unglaublich freudigen Erstaunens den Besuch an und schienen zu sagen: Nun, das muß wahr

sein, wenn die Not am höchsten, ist die Hilfe am nächsten. Er blieb aber sprachlos.

Der Schriftsteller nahm die Brille ab, wischte die Gläser mit seinem Taschentuche rein und rief dann mit der Brille in der Hand lebhaft gestikulierend, dem Freiherrn zu: Nun sagt mir, 5 Erzkauz und Herzog der Phantasterei, Marquis von Traumland und König aller modernen Zigeuner und Bettelstudenten — ... ge= fürsteter Abt in qualitate qua, Herr zu Irrlicht, Nebeltau und Wildfeuer, Baron des unheiligen Reichs der Motten, Ziegenmelker und Karpfenschwänze, Grand aller böhmischen Dörfer, Erb= 10 belehnter in sämtlichen künftigen neuen Entdeckungen, Großpensionär von Lirum Larum 2c. 2c. 2c. fiel der Freiherr seinem Kurator in die Rede. Ihr seid im Zuge mit Euren gewöhnlichen unaufhalt= samen Bezeichnungen, und ich will Euch darin helfen, setzte er hinzu.

Nein, Herr von Münchhausen, erwiderte der Schriftsteller, 15 der plötzlich ernst geworden war, kalt. Vergeuden wir die edle Zeit nicht mit müßigen Spielen des Witzes! Ich bin mit Ihnen sehr unzufrieden. Immer noch sah ich Sie auf der Höhe der Wogen, jetzt aber scheinen Sie gänzlich unter der Flut zu sein. Was soll dieses Schlafen? Was soll das Verrammeln in einem 20 Hause, welches nicht Ihnen gehört? Fühlen Sie denn nicht, daß Sie durch solche Eulenspiegeleien sich fallen lassen?

Herr Immermann, Sie irren, versetzte Münchhausen. Ich schlief ein, als ich mir gegen den alten Narren, meinen Wirt, durchaus nicht anders mehr zu helfen wußte. Darin ahmte ich 25 nur das Stratagem erfinderischer Köpfe nach. Ich versichere Sie, man wird vielleicht bald von dem chronischen Schlummer mehrerer Projektenmacher hören, wenn ihr Latein erschöpft ist.

Und das Thürverrammeln?

Konnte ich denn wissen, daß Ihre gewichtige Kraft mir so 30 nahe sei? Ich wollte Zeit gewinnen, eine halbe Stunde ent= scheidet oft alles, in einer halben Stunde kann der Himmel ein= fallen und dann sind wir durch jegliche Erdennot hindurch und wirklich habe ich recht gehabt. Sie sind da, der alte Baron nicht, der sonst vielleicht schon hier wäre und alle ruhige Besprechung 35 unmöglich machte.

---

6. Mephistopheles I, 1162: „Der Herr der Ratten und der Mäuse" u. s. w. — 9 f. Motten, Ziegenmelker, Karpfenschwänze, vermutlich sind hier die rastlos schwirrenden grauen Nachtfalter mit dem fischschweifartigen Hinterleibe gemeint. Anm. I's.

Mein Herr, lassen Sie diese possenhafte Betrachtung einer intrikaten Lage! fuhr der Schriftsteller seinen Klienten barsch an. Der alte Baron läuft nach dem Bürgermeister, um Polizeihilfe herbeizuschaffen. Begreifen Sie nun Ihre Position? Sorge ich darum väterlich für Sie, schicke ich deshalb gewissenhaft die Fläsch= chen der von Ihnen bereiteten Tinktur an den Oberkammerherrn, schreibe ich mir, um Ihnen endlich ein sicheres Brot bei dem geist= reichen Erbprinzen von Dünkelblasenheim zu verschaffen, beinahe die Finger lahm, damit Sie nun schmachvoll in dem Protokolle irgend eines obskuren Polizeibeamten endigen? Nein, Münchhausen, ich kann Sie fast nicht mehr achten, Sie sind doch ein gar zu verlogener Schelm.

Der Freiherr hatte während dieser harten Anrede sacht unter seinen Kleidungsstücken gewühlt. Jetzt zog er daraus einen schwarzen Frack hervor und einen kleinen zusammengelegten Klapphut. Was sehen Sie? fragte er seinen rauhen Beschützer in einem ruhigen, man möchte sagen, überlegenen Tone.

Einen Frack und einen Klack! rief der Schriftsteller noch immer zornig, obgleich diese harmlosen Gegenstände keine Ent= rüstung verdienten.

Münchhausen zog an dem kleinen Klapphute, da wurde er größer, er griff dehnend in die Öffnung, da wurde er dreieckicht, er nahm aus den Seitenwänden einen weißen Federbusch und steckte ihn auf, da war es ein Offizierhut, wie er nur sein mußte. Dann krämpelte er den Frack um, häkelte das seidene Unterfutter los, da kam überall rotes Tuch zum Vorschein und am Kragen und an den Aufschlägen weißes mit Goldstickerei. Er warf seinen Rock ab, zog diese phantasievolle Uniform an, setzte den Hut auf und ein Offizier in fremden Diensten stand vor dem Schriftsteller.

Dieser betrachtete die neue Gestalt, welche sich wie durch Zauberei vor ihm gebildet hatte, mit Erstaunen. So sind Sie denn also wirklich — was ich noch immer nicht glauben wollte — Sie sind ...

St! mein lieber — rief der Freiherr plötzlich ängstlich werdend. Sprechen Sie ein gewisses Wort nicht aus; es ist das einzige, was mir Schrecken erregt! Ich wollte Ihnen nur zeigen, daß meine Mittel nicht erschöpft sind. Aus jenen Westen, Jacken

36 ff. In den „Epigonen" V, 3 erzählt der Polizeidiener von einem Hameler Juden: „Der Kerl führt alle möglichen Perücken im Sad: Struppkopf, Bonvivant, Pastor, Zopf, Strohbach. Aus dem Rocke macht er auch, was er will, Frack, Mantel, Uniform; es ist unglaublich, was für Streiche er ausführt."

und Tüchern, die Sie da liegen sehen, kann ich auf Verlangen
Neugriechen, Matrosen, Jockeys herstellen mittelst Knöpfens,
Wendens, Stickens — ein ziemlich gewandter Proteus. Und so
möge der alte Baron und ein Bürgermeister, der Teufel und seine
Großmutter gegen dieses Schloß heranrücken, mir soll das Herz   5
nicht abwärts sinken. — Sie haben mich in Ihrer rauhen Manier
angefahren, Sie haben einen hohen Ton gegen mich angestimmt,
als seien Sie wunder wie weit über mir und ich nur eine mediokre
Figur. Ich bin gegen solche Beleidigungen empfindlich. Deshalb
frage ich Sie jetzt, womit habe ich sie verdient? Wissen Sie 10
einen einzigen schlechten Streich von mir, mein Herr?

Der Schriftsteller versetzte nach einigem Besinnen: Nein.
Wahrheit muß Wahrheit bleiben. Einen eigentlich schlechten Streich
weiß ich allerdings nicht von Ihnen. Wie hätte ich mich auch
mit einem Eskrok so weit einlassen mögen?   15

Nun denn! rief Münchhausen, und seine Gestalt, von der
roten Uniform gehoben, nahm eine Art komischer Erhabenheit an.
Ich habe phantasiert, ja! Ich habe tolle Streiche ausgehen lassen,
ja! Ich habe es mit der Wahrheit ziemlich oder vielmehr un-
ziemlich leicht genommen, ja! Ich war überall und nirgends, 20
mein Name war mir stets so gleichgültig, wie der Rock, den ich
gerade zufällig trug — aber mein Ehrenwort hatte ich mir darauf gegeben, alles dieses Schwärmen, Phantasieren, Fabulieren,
Vagabondieren uneigennützig zu treiben, und obgleich ich der Freiherr von Münchhausen heiße, dieses Ehrenwort habe ich gehalten. 25
Die Kasse manches Narren stand mir zu Gebote und blieb unberührt von mir; höchstens erlog ich mir hin und wieder Obdach
und freie Beköstigung, wenn ich sonst nicht wußte, wohin mein
Haupt legen und was beißen oder brechen.

Waren Sie stets so uneigennützig? fragte der Schriftsteller 30
mit scharfem Accent.

Nein, rief Münchhausen plötzlich wieder kleinlaut, ich will
mich gegen Sie nicht besser machen, als ich bin. Einmal habe
ich einer einfältigen Gans Liebe vorgelogen, um zu ihres Vaters
Geld und Gut zu gelangen, und da mußte ich zuletzt erfahren, 35
daß kein Geld und Gut vorhanden sei. Diese eigennützige Lüge
ohne Erfolg brachte nun eine ganz greuliche und ekelhafte Nachwirkung in mir hervor. Denn es giebt kein abscheulicheres Gefühl

15. Escroc, Gauner.

für einen Charakter, wie ich bin, als Witz und Phantasie umsonst ausgespendet zu haben. Und da gab ich mir eben das Ehrenwort, fortan in der reinen unselbstischen Erfindung zu schwelgen.

Doch im Grunde eine traurige Schwelgerei! sagte der Schrift=
steller.

Die lieblichste und üppigste! rief der Freiherr begeistert. Seine Züge nahmen ein Gepräge an, wie es noch niemals in ihnen gesehen worden war. Seine Augen leuchteten wunderlich und schrecklich, durch die Irrgänge seiner Lineamente schlichen Schelmerei, Spott, trunkenes Behagen, wie schöne Mädchen, die in einem vernachlässigten Park spazieren gehen. Mit den Fingern griff er in die Lüfte, als wollte er da tausend lustige Erinnerungen sich greifen, er sah wie der Geist Kapriccio aus. — Was ist das süße Feuer, welches die Traube in unsere Adern gießt, was sind die veratmenden Ohnmachten des höchsten Liebesrausches gegen das selige Behagen, mit allen stolzen Thorheiten der Zeit zu tändeln, zu scherzen, zu spielen und des Witzes urkräftige Blitze in alle Spelunken hinableuchten zu lassen! Man fühlt sich wahrhaft als Schöpfer; eine neue Welt ersteht, durch welche man als König und Wohlthäter hinzieht, denn hinter den Rädern des Siegeswagens blühen in den Geleisen phantastische Blumen auf, welche dem Gefolge lieblicher duften als Rosen und Jasminen. Ich habe viele Narren glücklich gemacht und da die Welt aus Narren besteht, so habe ich die Welt beglückt, soweit mein streifender Fuß sie betrat.

Was soll ein gescheiter Kerl jetzt anders thun als lügen, die Prahlhänse zum besten haben, umherlaufen, sich wandeln und verwandeln? In Kriegsdienste gehen? — Napoleon hat das Heldentum ausgebeutet, wie er selbst ungefähr mit den nämlichen Worten auf Sankt Helena sagte, für fünfzig und mehrere Jahre, es ist heutzutage, als sähe man bleierne Soldaten aufgestellt, darunter ist auch immer noch einer als General und mehrere sind als Hauptleute lackiert, aber bleierne Soldaten sind sie alle. In der Staatskunst sich versuchen? Auch da verlangt man nach einem Chef, der's ist, der nicht bloß so heißt. Zeigt mir einen Richelieu, oder nur einen schlauen, geschminkten Mazarin und ich werde Legationsrat. In Papier spekulieren? Pfui! Ich bin ja kein Jude. Den Tiefdenker machen, das Original, den Sonderling, den Unglücklichen? Abgebraucht. Was bleibt übrig? Lügen, Flirren, Flausen produzieren. Ein Lügner war ich, ein Lügner

bin ich), ein Lügner will ich sein! Ich habe auf Tollheiten speku-
liert, das ist das höchste und nobelste Hazardspiel, was es giebt.
Lucian ist mein Evangelium und Ebu Seid von Serug mein Herr
und Meister!

Und da ich ein solcher bin, wie können Sie, mein Herr, sich
herausnehmen, mir so unhöflich zu begegnen?

Was! rief der Schriftsteller Immermann, du empörst dich,
Geschöpf, wider deinen Schöpfer?

Alter Freund, versetzte der Freiherr mit ruhiger Hoheit, Ihr
seid nicht der Mann, einen Mann wie mich zu schaffen. Ihr
habt einige meiner Abenteuer aufgeschrieben und demnach ein Stück
meiner Biographie geliefert, das ist das Ganze, und wer weiß
noch, ob mir und meinem Rufe damit sehr gedient gewesen ist,
denn Ihr habt wenig Kredit in der Litteratur. Ihr besorgt mir
die Flaschen mit der Hühneraugenessenz an den Oberkammerherrn,
und wollt mir durch dieses und andere Mittel mein sicheres Brot
bei dem Erbprinzen von Dünkelblasenheim verschaffen. Ob ich
Euch dafür zu danken habe, weiß ich erstlich noch gar nicht, denn
vielleicht sagt mir die gebundene Lage nicht zu. Wäre das aber
auch, so sind jene Dienste kleine Gefälligkeiten, die ich Euch dadurch reichlich vergütet habe, daß ich Euch erlaubte, aus mir ein
Buch zu machen.

Sie behaupten also im vollen Ernste, ein selbständiger Charakter
zu sein? fragte der Schriftsteller befremdet.

Freilich. Ich weiß gar nicht, wie Sie mir vorkommen.
Nehmen Sie sich nur in acht, daß Sie nicht ganz gegen mich
verschwinden, daß Sie nicht für eine Erfindung von mir gelten.
Was hätten Sie mir geben oder leihen können? — Sie sind
kein Genie —

Nein, versetzte der andere, ohne alle Ironie oder Empfindlichkeit.

Sie sind höchstens ein Talent, doch sind Sie auch das
nicht, sondern nur ein Nachahmer. Sie ahmten immer nach, erst
Shakespeare, dann Schiller, zuletzt Goethe. In Ihren Arbeiten
ist mehr Witz, Phantasie, Reichtum, als in denen der andern, die

3. Lucian, Lukianos von Samosata, um 125 n. Chr. geboren, erfindungsreicher
Satiriker, seine Werke hat Wieland meisterhaft übersetzt. — Von den „Verwandlungen des
Abu Seid von Serug oder den Makamen des Hariri" gab Fr. Rückert 1837 die zweite
Auflage seiner Übersetzung (im 11. Bde. der gesammelten poetischen Werke) heraus; das
Buch hat auf die ganze Gestaltung der Person Münchhausens Einfluß geübt; vgl. Ein-
leitung. — 10. Mephistopheles zu Faust 1, 1155: „Du bist noch nicht der Mann, den
Teufel festzuhalten."

Ideen strömen Ihnen aus ergiebigeren Quellen zu, als den andern, aber Sie sind ein mittelmäßiger Kopf und ein seichter Geist. Adel und Hoheit der Weltanschauung kann man Ihnen nicht absprechen, wenn Sie nur nicht so trivial wären. Sie haben einige
5 Figuren in vollendeter Wahrheit geschaffen, könnten Sie sich an eine Erscheinung hingeben, so wäre Ihnen vielleicht geholfen. Sie waren stets ein Dichter von Gesinnung, leider aber ohne alles Gefühl und ohne Liebe.

Der Schriftsteller schüttelte dem Freiherrn die Hand, lachte
10 und sagte: Ich hatte schon gemeint, daß Ihr ernsthaft mit mir anbinden wolltet, nun sehe ich aber, daß Ihr Spaß macht, alter Spötter. Ihr habt den Ton meiner öffentlichen Beurteiler ziemlich lustig kopiert. Jetzt bestehen allerhand Leute hauptsächlich darauf, daß ich mehr Liebe haben solle. Sie fordern es aber so ent-
15 setzlich grob, daß die Liebe, welche ein scheues, feines Kind ist, sich weinend versteckt, oder schleicht, sie ahnen nicht, wohin?

In diesem Augenblicke sah er durch das Fenster und erschrak. Denn er erblickte den alten Baron in der Ferne, der mit dem Bürgermeister herbeikam. Wir schwatzen hier Allotria! rief er
20 hastig, und da naht schon das Korps Ihrer Angreifer! Rasch einen Plan der Verteidigung und des Rückzuges aus diesem Kastelle ersonnen. Wie wäre es —

Wenn wir improvisierten! fiel Münchhausen ein und warf die rote Uniform ab benebst dem Hute. — So gelingt alles am
25 besten. Das ganze Leben ist ein Impromptu. Er verwandelte das militärische Kleid in den Frack und den dreieckichten Hut in den Klack zurück, forderte auch, daß sein Biograph sich entferne, denn er wolle, sagte er, allein seinen Mann stehen. Dieser aber schwor, daß er seinen Helden nicht verlassen werde, und so mußte
30 er sich die Waffenbrüderschaft gefallen lassen, wohl die ungewöhnlichste, die seit langer Zeit vorgekommen ist. Freilich aber hatte der Schriftsteller noch außer seinem zärtlichen auch ein großes egoistisches Interesse dabei, daß der Freiherr von Münchhausen in diesem Kampfe nicht umkam. Denn um von tausend Gründen
35 nur einen anzuführen: Er hatte Herrn Schaub in Düsseldorf die Fortsetzung der Münchhausenschen Abenteuer versprochen, und wo blieben die Abenteuer, wenn Münchhausen unterging?

Schriftsteller und Held verabredeten in der Eile doch einige

35. J. E. Schaub, Immermanns Verleger.

allgemeine Maßregeln. Wir aber überlassen vor der Hand die
Ereignisse im Schlosse ihrer Entwickelung und verfügen uns nach
dem Schneckenberge. Auf diesem Gebirge Taygetus saß das
Fräulein mit feierlicher Miene und im ungewöhnlichsten Putze,
der aus einem ehemals rosenfarbenen Seidenkleide, einem weißen 5
Flortuche, einer Schärpe, worauf der Tempel der Liebe gestickt
war, und grünen Atlasschuhen bestand. In der Hand hielt sie
einen elfenbeinernen Fächer mit der Geschichte Amors und Psychens,
und ihr Haar zierte ein Paradiesvogel, dem nur vor Alter die
Schwungfedern ausgefallen waren. Einen Ridicule von sogenannten 10
Freundschaftsläppchen zusammengefügt, trug sie an einem Arme
und eine Tändelschürze von schwarzem Taffent mit Phantasieblumen
eingefaßt, hatte sie vorgebunden.

In diesem Aufzuge stellte sie die verschollene Freiin von
Schnurrenburg-Mixpickel aus den Bädern zu Nizza dar. So 15
kostümiert war sie dort mit Nucciopuccio gelustwandelt und den
Juden in die Arme gefallen, als die verhängnisvolle Stunde der
Trennung schlug. In frommer Erinnerung an die süßeste und
schwerste Zeit ihres Lebens, hatte sie den ganzen Staat aufbewahrt
und er war durch alle Stürme der Zeiten, durch das ganze Elend 20
der Verarmung hindurch gerettet worden. Heute hatte sie ihn
mit erhabenem Lächeln aus dem Koffer hervorgeholt, und ihn,
nachdem sie ihr Werk in der Küche besorgt, angelegt, denn ihre
Seele brütete einen großen Entschluß und sie wollte mit starken
Mitteln auf den maskierten Fürsten wirken. Sie saß vor einem 25
kleinen Tischchen, welches der Schulmeister aus einem alten Brette
und mehreren abgestumpften Zaunstacken da droben zusammengefügt hatte, um, wenn das Wetter schön war, seine schwarze Suppe
im Freien genießen zu können. Auf dieses Tischchen hatte sie
einen Korb gestellt, der mit einer weißen Serviette zugedeckt war. 30
Gänzlich in die Welt ihrer Träume verloren, achtete sie der drei
unbefriedigten Jünglinge nicht, welche nach ihr in den Garten
gekommen waren. Diese achteten ihrerseits wieder nicht auf Emerentia, und so nahm keiner von dem anderen Notiz, was bei
idealistischen Naturen öfter vorzukommen pflegt, auch wenn sie im 35
engsten Raume zusammen sind. Die Unbefriedigten saßen alle
drei um das trockene Wasserbecken und sahen den kupfernen
Delphin ohne Strahl tiefsinnig an. Emerentia dagegen wiegte
sinnend ihr Haupt, daß der nicht recht fest eingesteckte Paradies-

vogel zuweilen nach der Wange zu eine trunkene Bewegung machte,
und faltete spielend den elfenbeinernen Fächer auf und zu.

In diesem Sinnen, Wiegen und Spielen hatte ihre Seele
die reizendsten und glänzendsten Bilder der Vergangenheit hervor=
gezaubert, als sie plötzlich durch den Ruf: Alle Donnerwetter!
aus ihren Phantasieen erweckt wurde. Karl Buttervogel stand vor
ihr. Er war auf seinem Rückwege vom Vogelherde durch ein
Loch in der Hecke unter dem Schneckenberge gekrochen, denn er
ging, wie alle Bedienten, nicht gern auf dem geraden Wege nach
Hause, sondern pflegte sich, wo es nur möglich war, einen heim=
lichen Katzensteig zu bahnen.

Nichts in der Welt hätte ihn mehr überraschen können, als
was er jetzt vor seiner Wohnung zu sehen bekam. Er stand, eine
starre Bildsäule vor Emerentien, musterte mit rollenden Augen
ihre Gestalt und ihren bunten Putz, der Mund lief ihm voll
Wasser und: Alle Donnerwetter! waren die einzigen Worte, die
er von Zeit zu Zeit hervorbringen konnte.

Emerentia sah, wie sie auf den Prätendenten von Hechelkram
wirkte. Ihre Brust schwoll von dem süßen Triumphe, den sie
erlebte. Nach einer Pause, während welcher sie sich an seinem
Entzücken geweidet hatte, lispelte sie, ihr Antlitz hinter dem Fächer
verbergend: Nun? O Nizza!

Nitze! Nitze! schrie Karl Buttervogel berauscht. O meine
vierzehn Berliner Herrn! Was würden meine vierzehn Berliner
Herrn sagen, wenn sie mich jetzt sähen, mich glückseligen Esel
und Kerl.

Karl Buttervogel war nicht gefühllos. Rieke in Stuttgart
hatte wirklich sein ganzes Herz besessen, und wenn er ihr auch
um die bessere Verköstigung im Schlosse untreu geworden war,
so wissen wir aus seinem Tagebuche, welche Kämpfe ihn dieser
Wandel gekostet hatte. Emerentiens Neigung war nun, die
Wahrheit zu sagen, bisher mehr seiner Eitelkeit und seines Appe=
tites Schmeichlerin gewesen, erwidert hatte er sie bis heute nicht.
Aber als er das Fräulein so wunderbar geschmückt sah, ging in
seinem Busen eine Umwälzung vor. Ganz richtig hatte sie ihn
geschätzt; es bedurfte starker Reize, um diesen Schmetterling zu
vermögen, seine Flügel zum Fluge der Liebe zu entfalten. Das
rote Kleid, die grünen Schuhe, die gelbe Schärpe, der Paradies=
vogel, der ganze bunte Putz — --- alles das machte ihn wirklich

und er schwor bei der Asche seiner Väter, daß er noch nie eine
so prachtvolle Person, wie sein stummes Wort über sie lautete,
gesehen habe. Nach langem Staunen, Mustern und Seufzen
schleuderte er seinen lackierten Hut weit hinter sich, wischte sich
das Maul und that einen Schritt gegen Emerentien, unfehlbar in 5
der Absicht, ihr den Handschuh zu küssen, denn bis zu ihren Lippen
verstiegen sich seine kühnsten Gedanken nicht.

Emerentia streckte den Fächer streng und zurückweisend ihm
entgegen. Er blieb bestürzt stehen, sah sie verlegen an und wußte
nicht, was diese Sprödigkeit bedeuten sollte. Auch sie schwieg, 10
denn sie hatte beschlossen, die Größe dieses Momentes nicht durch
rohe Worte herabzuziehen, sie wollte nur durch Zeichen mit ihrem
Verehrer reden. — Gnädiges Fräulein, rief Karl Buttervogel
endlich mit klagender Stimme, dieses ist sehr unrecht, und heißt
einen armen Schuft auf den Geruch von einem Braten einladen. 15
— Doch wie ist mir denn? Alle Donnerwetter! Wenn man
den Teufel an die Wand malt, so kommt der Kujon! Auch ein
Braten muß hier in der Nähe sein, denn meine Nase trügt mich
nicht und es steigt ein Düftlein auf und in dem Korbe — hol'
mich dieser und jener — 20

Emerentia gab mit dem Fächer ein Zeichen, welches Karln
berechtigte, die Serviette von dem Korb zu erheben. Er that es
und nun ereignete sich etwas, was erfunden in einem Gedichte
zu den größten Fehlern gezählt werden würde; zwei Motive wurden
nämlich für die Handlung gleichzeitig in Bewegung gesetzt. — 25
Sauerbraten! rief Karl Buttervogel und ließ die Serviette fallen.
— Sauerbraten! wiederholte er jubelnd. In der That lag ein
lecker zubereiteter Sauerbraten, Karls Lieblingsessen, auf der Schüssel
in dem Korbe. Seine Augen gingen wie trunkene Wanderer
zwischen dem Fräulein und dem Sauerbraten hin und her, seine 30
Seele spaltete sich in zwei Hälften und in jeder schlug sein Herz,
endlich überwog die eine Hälfte, er riß ein Messer aus der Tasche
und wollte damit dem Sauerbraten eins versetzen. Da schlug
ihm aber Emerentia mit dem Fächer auf die Hand und zwar
nicht sanft, sondern empfindlich, ihm zugleich mit dem Zeigefinger 35
der anderen Hand drohend.

Der zurückgeschreckte Prätendent geriet in eine Art von Wut.
Alle Hagel! schrie er, erbost mit dem Messer nach dem Braten
stechend, was soll das bedeuten? Denn sich so aufzudonnern, daß

es einem rot und grün und gelb vor den Augen wird, und man
gar nicht weiß, wo man vor Angst und Herzeleid bleiben soll,
und einem Sauerbraten dazu aufzusetzen, und noch dazu mit
Zwiebeln, und dann das Zurückweisen und Fächergeschlage ist nicht
5　auszuhalten. Denn entweder, oder. Alle Geschichten und Siebensachen in der Welt haben ihren Grund, oder sie haben ihren
Grund nicht. Und also entweder soll ich den Sauerbraten fressen,
oder ich soll ihn nicht fressen. Und entweder wollen das gnädige
Fräulein nunmehr recht liebreich gegen mich sein, oder sie wollen
10　es bleiben lassen. Und für die Langeweile stehe ich hier nicht
mit meinem Herzeleid und mit dem erbärmlichen Hunger im Leibe,
sondern wissen muß der Mensch, woran er ist, und was er thun
soll, und das will ich auch thun wie ein rechtschaffener Kerl, wenn
ich nur erst weiß, was.

15　Emerentia warf auf die Maske dieser Gemeinheit einen ihrer
leidendsten und zugleich verächtlichsten Blicke. Dann beschrieb sie
mit dem Fächer eine stolze schwungvolle Linie in der Luft, hierauf
deutete sie mit demselben nach dem Schlosse und endlich gab sie
das Zeichen, womit eine Dame andeutet, daß jemand sich entfernen
20　könne.

Karl Buttervogel folgte mit gespannter Aufmerksamkeit allen
diesen Zeichen. Seine Seelenkräfte waren durch die Extase des
Augenblicks geschärft; er verstand den Sinn seiner Herrin. — Ich
hab's! Ich hab's! rief er und drehte sich auf den Absätzen um.
25　Denn daß ich mich immer so gemein gemacht habe und so niederträchtig, das gefällt gnädigem Fräulein nicht, und ich soll's jetzo
sein, Fürst und Hechelkram und so weiter, wofern fernerweite
gute Verköstigung ausgemacht wird, und nach dem Schlosse soll
ich gehen und es dem gnädigen Herrn Baron ansagen, denn der
30　muß es doch vor allen Dingen wissen und die Heimlichkeit und
das Gepuschele unter der Hand gefällt gnädigem Fräulein nicht
mehr, und wenn ich das gethan habe, dann machen wir uns frei
öffentlich über den Sauerbraten her, und gnädiges Fräulein läßt
mich die Hand küssen und die ganze Sache wird, wie gnädiges
35　Fräulein wollen und befehlen, mit mir nichtsnutzigem Tausend-
sappermenter in Ordnung gebracht.

Karlos! rief Emerentia, vor Freuden, sich so ohne Worte
verstanden zu sehen, ihr Gelübde brechend, endlich lassen Sie also
die Maske fallen! Also fühlen Sie doch nun selbst, daß dieses

geheime Verhältnis, welches zwischen uns bestand, für ein zartes Mädchen länger nicht tragbar war, daß wenigstens der Vater Sie kennen und in der Sache klar sehen muß! Ja, Sie haben begriffen, was ich meinte. Gehen Sie, Fürst, zu meinem Vater, entdecken Sie sich ihm; ich will Ihrer hier mit der Speise warten, welche Sie so lieben und die ich Ihnen lieber als uns gönnen mochte.

Den Augenblick gehe ich zu ihm, und wenn er mit Güte nicht will, so werde ich sackgrob sein, denn ich bin in einer ausnehmenden Rage, denn wenn man sich so rausstaffiert, wie gnädiges Fräulein, und den fremden Kuckuck da ins Haar steckt, so muß das einen Menschen ganz toll machen und die Natur in Unordnung bringen und der Braten thut freilich auch das Seinige dazu! rief Karl Buttervogel. — Bleiben gnädiges Fräulein nur hier oben bei dem Braten, damit ihn die Katze nicht holt, und ich will mich unten am Schmerlenbach ein wenig renovieren, damit alles mit der Sauberkeit geschieht, und der gnädige Herr Baron gleich sehen, wenn ich auftrete, daß mit mir nicht zu spaßen ist. Das Gesicht wasch' ich mir unten am Schmerlenbach, und mit meinem Kamm, den ich bei mir hab', kämm' ich mir das Haar glatt, und den Rock stäub' ich aus, und — —

Genug, Fürst! rief Emerentia. Ich brauche Ihre Toilette nicht näher kennen zu lernen. Gehen Sie, Ruhe meinen Tagen und Schlummer meinen Nächten zurückzubringen!

Der Prätendent und Schmetterling raffte seinen lackierten Hut auf, sprang den Schneckenberg hinunter und kroch wieder unten durch die Hecke in das Freie. Emerentia lächelte wohlgefällig und flüsterte: Erste Liebe, einzige Liebe! Dann deckte sie den Korb mit der Serviette zu, denn die Fliegen waren, weil man August schrieb, etwas zahlreich und zudringlich. Hierauf wiegte sie wieder sinnend das Haupt und spielte abermals mit dem Fächer, ihn auf- und zufaltend. Sie begleitete diese Gebärden mit der Abschiedsode von Nizza, nämlich mit den ersten beiden Zeilen derselben, denn die folgenden hatte sie vergessen. Anfangs summte sie dieselben leise, nach und nach fing sie an, lauter zu singen.

---

23 f. In Schillers „Don Karlos" IV, 12, 3919 König Philipp zu Posa:

„Geht,
Geht, lieber Marquis — Ruhe meinem Herzen
Und meinen Nächten Schlaf zurückzubringen."

Siebentes Kapitel.

Der Mann im braunen Oberrock beginnt sein allgemeines
Vermittelungsgeschäft.

So wollen wir also die Sache angreifen! mit diesen Worten
5 schloß die eilige Unterredung zwischen dem Freiherrn von Münch=
hausen und dem Schriftsteller Immermann.

Und Sie haben mein Patent in der Tasche? fragte Münch=
hausen.

Den eigenhändigen Brief des Erbprinzen, versetzte der Schrift=
10 steller. Thun Sie mir jetzt den Gefallen und schlafen Sie wieder
ein, derweile ich für Sie wirke. — Münchhausen wollte Einwendungen
machen. — Lieber, kein Wort weiter! rief sein Bundesgenoß.
Die Garde wird aufgespart für die Höhe und den Gipfel des
Gefechtes, zu früh die Kerntruppen verbrauchen, heißt die Nieder=
15 lage mutwillig herbeiführen. Mich also lassen Sie ja die ersten
Schwärmfeuer, Choks und Chargen für Sie machen, es kommt
vielleicht der Augenblick auch, wo Sie ins Feuer müssen. — Er
ging eilig die Treppe hinunter und Münchhausen warf sich halb
unwillig in seinen Kleidern auf das Bette.

20 Rasch, um Terrain zu gewinnen, machte der Schriftsteller
unten eine Bewegung über den Hof und trat dem alten Baron
und dem Bürgermeister schon in der Nähe der Wappenlöwen
entgegen. Dem Bürgermeister folgte ein Polizeisoldat von ziem=
lich grimmigem Ansehen. Der Schloßherr erstaunte über den
25 fremden Mann in seinem Hofe, noch mehr aber über die Bresche,
welche in den Umschließungen der Burg entstanden war. Er
wollte auf den Schriftsteller zürnen, als dieser sich zu der ge=
waltsamen Eröffnung bekannte, wurde aber durch dessen Auseinander=
setzung besänftigt, daß manche Hindernisse nicht zart zu behandeln
30 seien und man hin und wieder, um nur vorwärts zu kommen,
die Thüre einrennen müsse.

Indessen winkte er dem Bürgermeister, ihm in das Schloß
zu folgen. Der Bürgermeister winkte seinerseits dem Polizeisoldaten,
der bloß ein Bandelier, aber keinen Säbel trug, denn diesen hatte
35 er während der letzten Prügelei unter den Bauern, wobei er ein=
hauen müssen, verloren. Der Polizeisoldat griff ingrimmig nach
der Stelle, wo der Säbel sitzen sollte, zog aber nichts hervor
und empor, als seine eigene leere, jedoch zusammengeballte Faust,

die er dräuend nach vorwärts in die Luft schlenkerte. Hierauf rückte die feindliche Kolonne gegen das Schloß vor und der Beschützer Münchhausens wich, Schritt vor Schritt ihr Raum gebend, gegen die Bresche zurück.

Während dieses Rückzuges suchte er alle Mittel hervor, die entschlossenen Gegner von ihrem Vorhaben abzubringen. — Was wollen Sie eigentlich? rief er den alten Baron an. — Den schlummerköpfigen Haselanten, den Hanswurst von Thürenverrammler einstecken lassen! versetzte der Schloßherr. — Einstecken lassen, wiederholte der Bürgermeister. — Lassen, sagte der Polizeisoldat und schob seine Dienstmütze verwegen auf das linke Ohr. Der Bürgermeister wendete sich mit Ansehen zu seinem Untergebenen um und sagte: Es ist wohl gut, Marzeters, daß Ihr die Worte Eures Vorgesetzten aufhebt, aber immer hübsch mit Umsicht verfahren! Ihr laßt ihn nicht einstecken, sondern Ihr steckt ihn ein. — Ein. Ganz wohl, Herr Bürgermeister, sagte Marzeters.

Schloßherr und Behörden drangen weiter vor. Münchhausen schnarchte oben, daß die Luft unten zitterte. — Schnarch du nur! rief der alte Baron hinauf zum Fenster. Lebendig oder tot, wachend oder schlafend mußt du fort. Könnt Ihr wohl einen schlafenden Menschen tragen, Marzeters? Marzeters sagte: Wenn er nicht gar zu fest schläft, denn dann wird die Kreatur so schwer, wie ein Bleiklumpen, so trage ich ihn hinweg und wäre er drei Mann hoch da. — Der Schriftsteller befand sich in der höchsten Verlegenheit. Gerade in diesem Augenblicke, wo seinem Kuranden ein glänzendes Glück bevorstand, mußte ihm alles daran liegen, daß dessen Name von keinem öffentlichen Skandal unangenehm berührt werde. Er hatte in der Tasche, was die Feinde, wenn sie es erblickten, augenblicklich zurückschrecken mußte, und dennoch wagte er nicht, davon Gebrauch zu machen, weil ja die neue Stellung Münchhausens keinen ostensibeln Charakter haben sollte. Wahrlich diplomatische Verwickelungen der eigensten Art! — Er war unter denselben bis an die eingebrochene Thüre zurückgewichen. — Können Sie es denn vor Ihrem Gefühle verantworten, so redete er in dieser letzten Not den Schloßherrn an, einen Mann, der, wie ich vernommen, von Ihnen so hochgeschätzt worden ist, in dieser harten Manier zu behandeln? — Eben darum, weil ich ihn ganz überaus verehrt habe, soll er nun sitzen, erwiderte der alte Baron. Der Schriftsteller fand diese Entschließung natürlich, nur nicht trostreich. — Kennen Sie mich, Herr Bürgermeister? fragte er den Beamten. O ja, Herr — versetzte dieser und gab ihm seinen vollen Titel und Namen. Wir waren ja noch kürzlich in — dings — da — zusammen. — Nun denn, ich verbürge mich für den Freiherrn von Münchhausen und verspreche, Ihnen denselben in jeder anständigen Art zu gestellen; lassen Sie nur jetzt von ihm ab!

Ihre Bürgschaft in Ehren für jeden sicheren Mann, von dem man weiß, woher, und wohin, erwiderte der Bürgermeister, aber der Münchhausen da hat, wie ich höre, weder Paß noch sonstiges Legitimationspapier, deshalb kann ich Sie nicht für ihn gut sprechen lassen, denn er ist Vagabonde im rechtlichen Sinne des Worts. — Worts, sagte der Polizeisoldat Marzeters.

Nun denn! rief der Schriftsteller, der bereits in die Thür= öffnung selbst zurückgedrängt war und in diesem Extreme seine ganze Entschlossenheit wiederfand — alle menschlichen Mittel sind erschöpft — treibt mich nicht zum Äußersten! Ehe ich den Frei= herrn verhaften und beschimpfen lasse, mit dem ich es mir habe so sauer werden lassen, eher breche das Verderben über uns alle herein! Ihr seht, unbarmherzige Verfolger meines Schützlings, ich habe ziemlich starke Arme, zwar bin ich kein Simson, aber dieses Schloß ist auch nicht das philistervolle Haus zu Gasa; sondern geborsten, zerspalten und kaum noch in seinen Wänden stehend. Ich fasse diese Pfosten an und neige mich vorwärts, wenn ihr beharret, und die Sprünge und Wandrisse hier herum müßten mich sehr täuschen, oder es gelingt mir, einen Teil des Mauerwerks auf mich und euch zu stürzen, und möge Münch= hausen dann mit herabfallen, immerhin! Denn es ist besser, daß er ehrlich von Freundes Hand sterbe, als daß er schmählich in die Fesseln der Polizei gerate!

Er faßte die Thürpfeiler an. Der Bürgermeister rief ängstlich: Um Gotteswillen, Herr Baron, zurück! Er macht Ernst; man kennt ihn darin. Er pflegt zu seinen Bekannten zu sagen, daß er bis auf einen gewissen Punkt Geduld habe wie ein Lamm, aber über den Punkt hinaus sei es mit dem Lamme für ewige Zeiten vorbei.

Was wollen Sie denn? fragte der alte Baron zitternd vor ohnmächtigem Grimme. Marzeters war über die mutmaßliche

29. Wallensteins Tod V, 2, 3385. Tercerou: Er soll als Feldherr enden, Und ehrlich fallen von Soldatenhänden.

Fallweite des Schlosses zurückgesprungen, und wiederholte zum
erstenmale in seinem Leben Entsetzens halber nicht das letzte
Wort des Vorgesetzten. Der Schriftsteller begehrte kalt einen
Waffenstillstand von einer Stunde, während welcher ihm, wie er
sagte, hoffentlich etwas einfallen werde, wodurch sich alle Teile 5
zufrieden stellen lassen möchten. Widrigenfalls sollten die Feind=
seligkeiten dann aufs neue beginnen. Dieser Vorschlag wurde
angenommen. Dem Schloßherrn gestattete der Verteidiger, zu der
Burg seiner Väter einzugehen, doch mußte er sich auf Ehrenwort
verpflichten, innerhalb seiner vier Wände nichts Feindliches wider 10
den Freiherrn vorzunehmen und mit Ablauf des Waffenstillstandes
sich wieder hinauszubegeben. Dem Bürgermeister und dem Polizei=
soldaten wurde ihr Standquartier auf dem Hofe angewiesen.

Der Schriftsteller ging stirnreibend in das Schloß. Das
war ein großer Fehler. Er büßte damit den besten strategischen 15
Vorteil ein. Vor dem Schlosse beherrschte er den Kampf, nun
aber wurden Ereignisse möglich, welche dem ganzen Gange der
Operationen eine von seinem Willen unabhängige Wendung gaben.

Immer heftiger war der Wind geworden. Er hatte den un=
heimlichen Nebel herangeweht, Haarrauch geheißen. Man konnte 20
nicht vierzig Schritte weit sehen. Unter dem Schutze dieses Dunstes
rückten, als kaum der tapfere Kommandant von Schnick=Schnack=
Schnurr das Zimmer seines Kuranden betreten hatte, von allen
Seiten, geführt durch den blinden Zufall, Massen gegen das Schloß
vor, welche den Waffenstillstand nicht mit abgeschlossen hatten und 25
folglich den Burgfrieden keineswegs zu achten brauchten.

Achtes Kapitel.
Entdeckungen über Entdeckungen.

Es war ein Uhr mittags. Der alte Baron hatte heute noch
nicht einen Bissen genossen. Ihn hungerte trotz alles Ärgers. 30
Er suchte Emerentien, sie war aber freilich weder im Wohnzimmer,
noch in ihrem Schlafgemache zu finden. In der Küche sah er
ein verglimmendes Feuer. Mich dünkt, wir sollten heute Sauer=
braten bekommen, sagte er, vielleicht ist er gar und ich kann mir
immer schon ein Stückchen abschneiden für den ersten Angriff. — 35
Es roch recht lieblich und nahrhaft da zwischen den Brandmauern,
aber ach, die Töpfe und Schüsseln auf dem Herde waren leer.

Auf dem Schemel lag die Hauskatze, eine von den schwarz= und gelbgestreiften, ruhig und harmlos, mit zugekniffenen Augen spinnend. Der alte Baron sah grimmig von den leeren Schüsseln nach der Katze, von dieser nach jenen. Er hielt sich nicht länger und mit
5 dem Rufe: Ich will dir Bestie denn doch endlich das Fressen wohl verleiden! gab er der armen Unschuldigen einen so heftigen Schlag, daß das treue Haustier schreiend aufsprang und winselnd forthinkte, denn eine Pfote war ihm von dem Stockschlage gelähmt worden.

Der Blick des zornigen Hausherrn fiel auf ein Buch, welches
10 neben dem Herde lag. Er erkannte Emerentias Handschrift, wurde neugierig und begann darin zu lesen, nur die letzten Blätter, so daß er nicht den ganzen Zusammenhang von seiner Tochter Ge= danken und Gefühlen daraus entnehmen konnte, aber leider erfuhr er schon durch das, was er las, ein neues, nur zu großes Unheil.

15 Es war Emerentias Tagebuch. Sie pflegte, was sie am Abend geschrieben, am Morgen darauf in der Küche zu ihrer Er= holung sich vorzulesen. Nun hatte sie in den letzten Wochen, da sich der Schatz ihrer anderweitigen Vorstellungen und Erinnerungen ausgeleert haben mochte, nur eingezeichnet, was sie an Lebens=
20 mitteln dem maskierten Fürsten zugesteckt hatte, den sie aus einer zärtlichen Grille gerade auf diesen Blättern nur Karlos nannte, also mit dem Namen, der ihrem Vater entzifferbar war. Zu seinem Entsetzen las er demnach, daß der Bediente Karl Buttervogel die Katze gewesen war, welche das Schloß in Hungers=
25 not versetzt, daß sein eigenes Fleisch und Blut dieses häusliche Elend gestiftet habe.

Ohne ein Wort zu sagen, ließ er das Tagebuch fallen. Heimlich murmelnd ging er die Treppe nach dem Söller hinauf in seine Gerichtsstube, als müsse ihm da irgend ein Gedanke
30 kommen, der ihm Luft in der Brust schaffen könne. Münchhausen hatte er fast vergessen. Karlos den Schmetterling, oder die Katze, wie man ihn nun nennen will, abzustrafen, nicht mit Worten, sondern mit Werken, dahin zielten alle seine Gedanken. Oben musterte er irren Blickes die abgelegte Garderobe seiner Gemahlin,
35 die an den Pflöcken umherhing. Man hätte sehen können, daß seine Vorstellungen nicht bei diesen Roben, Spenzern und Taffent= mänteln waren, die Augen suchten nur mechanisch Gegenstände, um sich anzuheften. Er riß, ohne zu wissen, was er that, ein altes Kleid vom Pflocke, dahinter wurde ihm ein Paar Pistolen,

an Nägeln aufgehängt, sichtbar, und neben den Pistolen hing ein
Pulverhorn. Die Pistolen von den Nägeln nehmend, versuchte
er ihre Schlösser. Sie waren gut eingeölt gewesen, die Hähne
knackten und die Steine gaben lustig Feuer. Er schüttelte das
Pulverhorn, es war nicht leer. Er lud die eine Pistole, und
würde zum Verhängnis vielleicht auch noch eine Kugel gefunden
haben, wenn er nicht in seinem gefährlichen Werke von jemand
unterbrochen worden wäre, und zwar von dem, den er in seinem
erbitterten Sinne trug.

Karl Buttervogel betrat nämlich, gerade als der alte Baron
die Pistole mit Pulver geladen hatte, ohne vorher anzupochen,
die Gerichtsstube, um die Gebote seiner Dame auszuführen. Er
betrat die Stube mit den Empfindungen eines Fürsten, eines
Liebenden und eines Eßlustigen. Hechelkram schwebte zwar seiner
Seele immer nur noch in unbestimmten Umrissen vor, desto fester
zeichneten sich die Gefühle des Liebenden und Eßlustigen in ihm.
Stolz und keck trug er sich, hatte Stiefeln und Rock rein ab=
gebürstet, den lackierten Hut in der Hand, und das rot= und weiß=
geblümte Halstuch von Zitz vorn in einer übermäßig großen Schleife
zusammengebunden. Zum Zierat war von ihm in dem Knopf=
loche ein Tannenreis und eine gelbe Malve befestigt worden.

So trat er höchst mutvoll und sicher, denn ihn stärkte die
Erinnerung an Emerentias rotes Kleid, zu dem Manne ein, dessen
Schwiegersohn zu heißen jetzt sein heißestes Verlangen war.

Die Züge des alten Barons nahmen bei Karls Erscheinen
den Ausdruck einer giftigen Süßigkeit an. Er setzte sich in seinen
Lehnstuhl, legte die Pistolen vor sich auf den Tisch, holte tief Atem
und sagte dann: Er kommt mir gerade recht, mein Sohn.

Allerdings Sohn, nichts als Sohn, und so weiter Sohn,
versetzte Karl sich räuspernd.

Trete Er doch etwas näher hieher zu mir, sagte der alte
Baron, indem die Finger seiner rechten Hand unruhig auf dem
Tische spielten.

Niemals vor jetzt, erwiderte Karl Buttervogel und setzte
seinen lackierten Hut auf, denn er glaubte als Fürst und glücklich
Liebender sich diese Rücksicht schuldig zu sein. — Sondern hier
stehen bleiben und der Tisch zwischen uns, während die Anhaltung
geschieht und Maske fallen gelassen wird. Denn alles muß seine
Ordnung haben, und wenn keine Ordnung mehr in der Welt ist

in Fürsten= und Heiratssachen, so wäre der Mensch ein Dummer=
jan und ein rechter Flegel. Also hier stehen bleiben aus der
Entfernung, in dieser Distanz und Augenmaß von zehn Fuß wird
Rede gehalten und nachher noch Zeit genug zum Hingehen und
Niederfallen und Handküssen, wenn Rührung ausbricht, geschluchzt
wird, und Schwiegervater Schwiegersohn umarmt; insofern nämlich
nichts weiter als dieses außer allem dem Sonstigen platterdings
unmöglich wenngleich schwierig und wirklich effektiv.

Der alte Baron sah den Bedienten, der in diesen fremden
Zungen redete, sprachlos an.

Da man nämlich Fürst ist —

Der Schloßherr faßte seinen Kopf mit beiden Händen. Karl
fuhr, ohne sich stören zu lassen, die Hände in die Hosentaschen
steckend — denn er hielt dies für vornehm —, und sich auf den
Füßen hin und her wiegend — das kam ihm nämlich erhaben
vor —, fort: Da man nämlich Fürst ist, so wird Hechelkram sich
finden, wenn auch verborgen vor jetzt und in Zukunft. Maske
wäre hiemit fallen gelassen, hier oben wie unten im Garten.
Nach diesem Schwiegersohnsangelegenheit sehr nötig und fast schon
zu spät. Nichtsdestoweniger, weil nämlich überhaupt und dennoch
gnädiges Fräulein sehr von mir angegriffen gewesen, und durch=
aus gewollt, ich soll's sein, zugesagt, darauf immer Wurst und
Eier und Rindfleisch gegeben, und jetzt sich meisterhaft angezogen,
Sauerbraten gekocht, so wird Widerstand unmöglich und wofern
fernerweite gute Verköstigung ausgemacht wird, muß sich Rieke in
Stuttgart das Maul wischen und obgleich keine Bestechung erfolgt
ist, was schmerzlich war und unrecht, einen Bedienten für nichts
und wieder nichts verführen zu wollen, so wird hiemit um die
Hand gebeten und gänzlich entschlossen ist man, Fräulein unten
im Garten zu heiraten.

Er will sich mit meiner Tochter verbinden? stammelte der
alte Baron.

Dieses wäre die Absicht und das Kontentement, wofern Heirat
zur Verbindung gehört, sagte Karl.

Komme Er jetzt wenigstens, mein Söhnchen, schmeichelte der
Schloßherr in einem keuchenden Tone. Komme Er jetzt wenigstens
zu mir.

Ganz wohl, versetzte Karl Buttervogel. — Man sieht, daß
Rührung im Gang ist und Thränen nicht ohne sein werden. —

Er ging zu seinem Schwiegervater, der die Zeit kaum erwarten
zu können schien, um sich an dem Schwiegersohne zu letzen. Den
Hut auf dem Kopfe behaltend, kniete er vor dem alten Baron
nieder und sagte: Folglich bäte man hiedurch um Ihren Segen!

Da hast du den Segen, du Racker, du Spitzbube! schrie der
Alte und reichte dem Liebenden eine der schwersten, klatschendsten
und schmerzhaftesten Ohrfeigen, welche wohl jemals in Deutschland
geschlagen worden sind. Der Hut fiel dem Geohrfeigten vom
Kopfe, er sprang heulend auf, hielt die blutige feuernde Wange
mit beiden Händen und stürzte nach der Thüre. Der grimmig-
gereizte alte Mann aber stürzte ihm, die eine Pistole ergreifend,
nach zur Treppe, überlaut rufend: Tot schieß' ich den Halunken!
den Hund! die Katze, die ganz Schnick=Schnack=Schnurr kahl gefressen hat!

Der Bediente voran auf der Treppe, der alte Baron hinter-
her — —

Hier verrichtet unsere Erzählung das Mirakel, welches einst
jenem Wunderthäter, dessen Name mir entfallen ist, gelang. Er
war in ein Sterbehaus berufen, um einen Toten aufzuerwecken,
unterweges sah er einen Schneider aus dem Fenster stürzen, den
ließ er, weil er keine Zeit für ihn übrig hatte, so lange in der Luft
schweben, bis er vom Toten zurück wäre, that hierauf im Sterbe=
hause, was seines Amtes war, kehrte darnach zu dem schwebenden
Schneider zurück und ließ ihn sänftlich zur Erde nieder kommen.

Unsere Erzählung hat dringende Geschäfte in Münchhausens
Zimmer, sie fixiert daher den Bedienten Karl Buttervogel und
den alten Baron Schnuck im Herabstürzen von der Treppe und
läuft zum Freiherrn, wo sie in dem engen Stübchen vor den
vielen Menschen, die es inzwischen erfüllt haben, kaum noch ein
Unterkommen finden kann. Denn unter dem Mantel des Haar=
rauches waren die drei Unbefriedigten, der Ehinger Spitzenkrämer
und Semilasso in das Schloß eingedrungen. Froh über die Öff=
nung, die nach ihrem Abzuge entstanden war, hatten sie nicht auf
einander geachtet, waren, vom Instinkt geleitet, die Treppe hinauf
und in das Zimmer gegangen, worin sich nun große und merk=
würdige Entdeckungen zutragen sollten.

Ja, er ist es! riefen die drei Unbefriedigten.

C'est lui, sagte Semilasso.

33. C'est lui, dies ist er.

'S ist der Nämliche, sprach der Ehinger Spitzenkrämer.

Diese Personen umstanden in verschiedener Stellung das Bette des Freiherrn. Der Ehinger klopfte nämlich mit seinem Stocke den Schläfer sanft unter den Fußsohlen, um ihn zu erwecken, Semilasso sah ihn mehr von weitem durch seine Gläser an, die drei Unbefriedigten hatten die Hände des Schlafenden inbrünstig gefaßt und Karl Gabriel der Dichter war neben dem Bette auf die Kniee gesunken. Münchhausen ließ sich von dem klopfenden Stocke des Ehingers nicht erwecken, sondern behielt sein Engels= lächeln bei. Der Schriftsteller, welcher sich so hatte überrumpeln lassen, saß mit einem verlegenen Gesichte hinter dem Tische und zeichnete mit der Feder allerhand seltsame und inkorrekte Arabesken auf einen Bogen Papier, welcher vor ihm lag. Die Fremden aber ergingen sich in freudigen Ausrufungen über das Glück, ihre Vermutungen bestätigt zu finden, Karl Gabriel sprach von der poetischen Divination, die ihm Schnick=Schnack=Schnurr als das leuchtende Grab gezeigt habe, worin dieser Merlin des neunzehnten Jahrhunderts ruhe und Orakel spende, Karl Emanuel sagte, er habe sich, als der Meister ihnen in Schwaben jammervoll abhanden gekommen sei, a priori konstruiert, daß er in Westfalen sein müsse, Karl Nathanael sprach von einem glücklichen politischen aperçu, welches ihm den Weg gewiesen, der Ehinger schwatzte von seinem Vetter Bestelmeier, der hausierend hier durchgekommen und ihm in Aschaffenburg auf der Schloßterrasse erzählt habe, so ein grüngelber Teufelskerl, wie damals einer bei ihnen zu Ehingen gewesen, sei ihm allhier zu Pferd sichtbar geworden, der vornehme Deutschtürke wollte durch Korrespondenten in Bonn die Nachricht erhalten haben, welche ihn gleichzeitig mit den anderen nach diesem Schlosse gezogen hatte.

Nach so freudigen Reden schien aber die Szene ernster werden zu wollen. Denn der Ehinger, welcher die drei Unbefriedigten wie die Kletten an dem Freiherrn hangen sah, und ihn mit seinem Stocke nicht erwecken konnte, meinte vermutlich, dies durch ein herzhaftes Schütteln bei den Händen sicherer bewerkstelligen zu können, rief ihnen daher zu: Marsch, ihr Grünröck'! Was thut ihr so nahe bei meinem Kap'tän, laßt mich hinzu, denn das Hemd ist ihm näher als der Rock! und wollte Karl Gabriel weg= ziehen. Karl Gabriel stieß aber mit der anderen verwandten Hand

17. Über Merlin vgl. die Einleitung zu Immermanns Drama „Merlin" im 1. Bde.

den Ehinger zurück, der Ehinger wollte Gewalt brauchen, Karl Nathanael und Karl Emanuel schützten den Bruder, der Ehinger tobte und schimpfte, die drei Brüder riefen: Was will der Mensch bei unserm Meister? und alles schien sich zu einer Zänkerei, oder gar Schlägerei anzulassen. Semilasso litt während dieser lauten Vorgänge sehr. Auch er hatte die schmerzlichste Sehnsucht nach dem Freiherrn und wußte ja, daß er nur ihm angehöre. Dennoch verbot ihm, ungeachtet seiner Genialität, das angestammte Wappengefühl sich zwischen so niedere Persönlichkeiten zu drängen, von denen er leicht einen Stoß oder Schlag erhalten konnte. Er sah sich daher ängstlich nach dem Schriftsteller um und sagte zu diesem, während die anderen um den Freiherrn, wie um den Leichnam des Patroklus sich stritten: Mein Herr, Sie scheinen hier der einzige Unparteiische zu sein, ich ersuche Sie, das Richteramt zu übernehmen und jene Franken und Ungläubigen dort von meinem Doktor durch die Kraft vernünftiger Zuredungen zu entfernen, denn mein ist er und mir gehört er an!

Meine Herren! rief hier der Schriftsteller, froh, wieder zu der Leitung der Angelegenheiten berufen zu werden, mit seiner Stentorstimme. Die Streitenden ließen ab und horchten auf. Meine Herren, dieser wunderbare Mann, der trotz des Lärmens, welchen Sie zu erregen so gefällig sind, seinen Schlummer fortsetzt, scheint eine alte Bekanntschaft von Ihnen zu sein. — Nun freilich! versetzten alle.

Gleichwohl will es mir vorkommen, als walteten noch etliche und zwar nicht geringe Mißverständnisse in betreff der Persönlichkeit ob, fuhr der Schriftsteller fort.

Kein Mißverständnis nit, nit das mindeste Mißverständnis, kein Gedank' von einem Mißverständnis, eiferte der Ehinger Spitzenmann. Er ist kein Mißverständnis nit, sondern der Kap'tän Gooseberry, wie er sich selbst genannt hat, in Diensten der Königin der Koralleninseln im Stillen Weltmeer, welcher letzthin bei uns auf der Schwäbischen Alb war und uns das große, profitliche Auswanderungsprojekt vorlegte, mir und meinen fünfzig Freunden zu Ehingen.

Je proteste hautement contre toute atteinte, qu'on voudrait porter à mes droits, lispelte Semilasso. Der Mann täuscht

13. Der Kampf um die Leiche des Patroklus im 23. Gesange der Ilias. — 17. Jungfrau von Orleans, Prolog B. 192: „Mein ist der Helm, und mir gehört er zu." — 35 f. Je proteste hautement etc., ich erhebe laut Einspruch gegen jedweden Anspruch, durch den man meine Rechte beeinträchtigen wollte.

sich auf eine eklatante Weise. Ich versichere bei meiner Ehre, daß
ich das Vergnügen habe, in diesem Schläfer den Doktor Reisen=
schläger wiederzuerkennen, den großen produktiven Kopf, dessen
Bekanntschaft ich vor kaum einem Jahre in Ägypten machte. Er
war es, der meine Ideen von Rasseveredelung unter den Menschen
durch reine Kreuzungen gesunder Exemplare ohne weitere Forma=
litäten, ausbildete und in vierundzwanzig Stunden den Plan
zu einem Vollblutsinstitute — vorläufig unter den Kassuben —
entwarf. Ich verlor ihn zufällig bei der Pyramide des Cheops
aus den Augen und nachmals hörte ich, er habe sich in Alexandrien
eingeschifft, von wo mir denn aber späterhin eine Zeitlang alle
Spuren ausgingen.

Grenzenlose Irrtümer! riefen die drei Unbefriedigten. —
Laßt mich reden, Brüder, sagte Karl Emanuel, denn als Philosoph
werde ich die Fassung behalten, welche hier not thut. —
Schlummernder vergieb, daß ich vor solchen Ohren es entweihe!
Nein, Packenmann Ihr und Morgenländer Ihr, der Mann da,
der mehr als Mensch ist, dieser heilig Ruhende ist weder ein
elender Kap'tän Gooseberry von den Korallenriffen, noch der Voll=
blutsdoktor Reisenschläger bei der Pyramide des Cheops, sondern
kein anderer als — — Er hielt atmend inne.

Wer? fragten alle voll der höchsten Spannung.

… der größte Mann der Zeit, kein Mann eigentlich mehr,
sondern der Begriff des Mannes, oder der männliche Begriff,
vielleicht noch zu konkret ist dieses gefaßt, abstrakter gegriffen muß
es von ihm heißen, der Begriff ….

Münchhausen niesete im Schlummer. — Zur Gesundheit!
riefen die Anwesenden.

…. griff, riff, iff, ff, fuhr Karl Emanuel fort. O, könnte
ich ihn doch nur abstrakt genug nennen! Der reine Begriff, riff,
iff, ff; scheinbar nur gestorben am vierzehnten November 1831
an den Folgen der Cholera, scheinbar begraben auf dem Kirchhofe
draußen vor dem Thore, wo in dem Sarge statt seiner das Nichts
liegt, welches wieder das Etwas ist, in der That fortlebend, Tabak
schnupfend und Whist spielend, also nicht bloß mit dem subjektiven
Fühlen, Meinen und Wähnen gefaßt, sondern wirklich und folglich

---

8. Kassuben, Wendenstamm an der untern Weichsel; der Name ist dann auch auf
eine Pferderasse übergegangen. — 31. 14. November 1831; Hegel starb an diesem Tage
zu Berlin an der Cholera.

vernünftig — mit einem Worte: Der große, unsterbliche, ewige
Hegel, welcher ist der Paraklet, das heißt der Geist, zur Vollendung
der Zeiten versprochen, mit dem anhebt das tausendjährige Reich,
in welchem herrschen sollen die Hegelianer.

Erlauben Sie, sagte der Schriftsteller, dieses wird mir selbst 5
etwas zu transzendental. Wie verstehen Sie das eigentlich, mein
Allerwertester?

Rede du in Bildern, Gabriel, zu der Menge, sprach Karl
Emanuel. Die Ausdrücke des Systems klingen unbeschnittenen
Ohren dunkel. 10

Karl Gabriel, der Dichter, sagte: Der große Mann fühlte
nämlich, daß sein Werk vollendet sei auf Erden für den großen
Haufen. Er fühlte, daß es Zeit sei, sich in die heilige Unsichtbar=
keit zurückzuziehen und in dieser für wenige Eingeweihte durch die
letzten und höchsten Wunder des Geistes zu wirken. Er that daher 15
mit Hilfe einer grandiosen Intrigue, welche die Redner am Grabe
spielten, so, als sterbe er und werde begraben, wurde aber auf=
gehoben von seinen Jüngern, nahm bei Nacht Extrapost nach Zehlen=
dorf und weiter, und geht nun umher in der Verborgenheit, sich
einzelnen Erwählten offenbarend und diesen die innersten Arkana 20
der Weisheit enthüllend.

Uns drei Brüdern manifestierte er sich auf einem Spaziergange
bei Stuttgart, stillte alle unsere Schmerzen, befriedigte unser
Sehnen und spielte mit uns Whist. Dann verschwand er uns,
und endlich nach Jammer und Leid sehen wir ihn hier wieder, 25
zwar schlafend, aber auch im Schlafe als Gott.

Neuntes Kapitel.
Der Schriftsteller Immermann eröffnet das Protokoll über die Frage
Münchhausen.

Die Eröffnungen Karl Emanuels und Karl Gabriels würden 30
bei nur einigermaßen ruhigen Menschen die größte Sensation
hervorgebracht haben. Aber in dem erregten Kreise, welcher sich
um das Bette des schlafenden Freiherrn gebildet hatte, verhallten
sie fast wirkungslos. Alle drängten auf den Schriftsteller ein
und verlangten, ein jeder an seinem Teile, er solle die andern 35
aus dem Zimmer entfernen, wobei jedoch, wie sich von selbst ver=

steht, die drei Unbefriedigten nur für einen Mann standen. Keiner
kannte den erwählten Schiedsrichter; das that aber nichts; denn
es kam ihnen nur auf einen Richterspruch an. So geschah hier,
was allenthalben unter ähnlichen Umständen geschieht. Wenn ein
paar Menschen sich tüchtig zanken, so rufen sie einen zufällig
Vorübergehenden zur Entscheidung auf, weil jeder meint, daß
diese unmöglich wider ihn ausfallen könne.

Der Schriftsteller sah auf seine Uhr und erschrak, weil nur
noch fünfzehn Minuten vom Waffenstillstande übrig waren. Er
sagte den Interessenten an Münchhausen in fliegender Hast, der
Gegenstand ihrer Liebe und Verehrung liege gewissermaßen da
wie Polen vor der ersten Teilung, oder heutzutage Luxemburg
und Limburg. Er wolle daher über die allseitigen Behauptungen,
Ansprüche und Befugnisse Protokoll eröffnen, bitte aber, sie deutlich
und vor allen Dingen kurz zu fassen.

Damit waren alle einverstanden. Semilasso bat nur mit
einem feinen Lächeln, einige Arrièrepensées haben zu dürfen. —
Immermann faltete den Bogen, auf den er die Arabesken ge=
kritzelt hatte, schrieb an den Kopf des Bogens: Aktum dann und
dann, und verzeichnete zwischen den Schnörkeln, Ranken, Vogel=
köpfen und Fratzen, womit das Papier bedeckt war, folgende
Erklärungen der Anwesenden.

Semilasso giebt historisch zu erkennen, daß Schlummernder,
welcher kein anderer sei, als der Doktor Reifenschläger von der
Pyramide des Cheops, ihm versprochen habe, das Vollbluts= und
Menschenveredelungsinstitut auf seinen Gütern in der Lausitz ein=
zurichten. Verlangt daher, daß Schlummerer, sobald er erwache,
mit ihm im Schritt ab= und nach der Lausitz fahre, wo die
Fonds für das Institut schon bereit gestellt seien.

Ehinger Spitzenkrämer: Kap'tän Gooseberry, der da
schläft, hat ihm und seinen fünfzig Ehinger Freunden im Auf=
trage der Königin der Koralleninseln Land auf dem Stillen Welt=
meere zugesagt. Wer dreißig Morgen nimmt, bekommt vierzig
Gulden Belohnung. Geld braucht keiner mitzubringen, denn es

12 f. Ist nun auch schon veraltet. — Doch wer weiß? Anm. J's. — 22. Unbegreifliches
Verfahren! Warum setzte er die Interessenten nicht von der ihrem Meister und Freunde
drohenden Gefahr in Kenntnis? Sie würden sich mit ihm gegen die Feinde verbündet
haben und nachher hätten sich die allseitigen Ansprüche ordnen lassen. Statt dessen ver=
liert er die Zeit mit unnützem Protokollieren! Es ist offenbar, daß sein erster Fehltritt
ihm das klare Bewußtsein von der Lage der Sache getrübt hatte. Anm. J's.

ist alles an Ort und Stelle umsonst zu haben. Man lebt dort meistens von Pasteten, die der große Pastetenbaum trägt, die Landespflanze. Er kommt wild fort, trägt dann aber warme Pasteten, die geringere Frucht. Wird einige Kultur an den Baum gewandt, so trägt er die wohlschmeckenderen kalten Pasteten, und, jenachdem der Dünger ist, mit Rebhühner= oder Hasengefüllsel. Die Königin der Koralleninseln wird die Kolonisten Reihe herum heiraten; nach der Hochzeitnacht erhält der jedesmalige Gatte ein Paar baumwollener Strümpfe, eine schwarzseidene Nachtmütze, einen Rock von Zwillich, und heißt Prinz von Geblüt. Die Kolonistinnen kriegen Minister und heißen dann bürgerliche Ma= damen. Verlangt, daß Kap'tän Gooseberry sich baldigst nach Bremen begebe, ihm und seinen fünfzig Ehinger Freunden das Schiff anzeige, mit welchem sie absegeln können, ihnen zugleich Reisegeld und Landscheine überschicke.

Die drei Unbefriedigten durch den Mund. Karl Gabriels: Bitten wörtlich ihre Erklärungen zu Protokoll zu nehmen. „Wir waren bodenlos unglücklich, das Leben sah uns dürr an wie die Wüste Sahara und trieb uns Staubwirbel in die Augen. Wir lechzten wie trockene Eimer in der Sonnenglut, denn ich Karl Gabriel konnte kein Trauerspiel machen, Karl Nathanael keine nie erhörte politische Wahrheit, Karl Emanuel kein neues System. Da erschien uns jener schlummernde Gott= mensch, vernahm unsere Nöte, entdeckte sich uns und die Geschichte seiner wunderbaren Entrückung in die Unsichtbarkeit, erlöste uns von der Pein der Nichtbefriedigung. Er offenbarte uns nämlich, daß seine Philosophie da draußen in der Welt nur die Hülle einiger geheimabgezogener Formeln sei, mit Hilfe welcher man alles zustande bringen könne, selbst Butter und Käse. Mir, dem Dichter, gelobte er die Formel für das reine und abstrakte Trauerspiel, welches ich das Trauerspiel nennen solle, dem Staats= manne verhieß er die Formel für die nie erhörte politische Wahr= heit, dem Philosophen machte er kund, daß zwar über sein eigenes System hinaus, wie für sich klar sei, nichts liege, daß er ihm aber die Formel geben wolle, wonach es verständlich werde. Wir beiden andern spürten einen stillen Neid auf Karl Emanuel, denn offenbar war diesem das größte Geschenk verheißen worden.

Inmitten der vorbereiteten Weihen verschwand er, entschwand er, schwand. — Wir verlangen, daß man uns allein lasse bei ihm,

zu küssen seine leuchtenden Füße, zu fassen den Zipfel seines
Mantels, zu harren, bis er aufwacht und uns die drei abstrakten
Formeln mitteilt."

Es waren nur noch zehn Minuten vom Waffenstillstande
5 übrig. Der Schriftsteller befand sich in der sichtlichsten Verlegen=
heit, denn sämtliche Interessenten an Münchhausen riefen ihn
jetzt zur Entscheidung auf, die, das sah er vorher, sie mochte
ausfallen, wie sie wollte, ihm die Interessenten nicht vom Halse
schaffen, sondern sie ihm erst recht auf den Hals bringen würde.
10 Immer dichter zog sich der Knäuel der Anwesenden um ihn zu=
sammen, da rief er in einem Anstoße von Verzweiflung: Ich
setze hiemit ein Provisorium fest, denn nur die Zeit kann die
Schlichtung so verschiedenartiger Forderungen bringen. Jener große
Mann und angebliche Reifenschläger=Gooseberry=Hegel bleibt auf
15 gemeinschaftliche Kosten liegen, sämtliche Herren, welche ihn für
sich reklamieren, ziehen sich vor das Schloß zurück und auch ich
halte mir Protokoll offen für die Ansprüche des Hofes, in dessen
geheimen Diensten ich zu stehen die Ehre habe. Dieser wunder=
bare Schläfer ist nämlich weder der Doktor Reifenschläger, noch
20 der Kap'tän Gooseberry, noch der in die Unsichtbarkeit aufgehobene
unsterbliche Hegel, sondern — --

Zehntes Kapitel.

Ein Munkel! Ein Munkel!

Ein Munkel, ein Munkel! schrie Karl Buttervogel, entsetzt
25 hereinstürzend und den Kopf mit beiden Händen haltend. Ein
Schuß fiel dicht vor der Thüre, alle Anwesende erschraken und
zogen sich in eine Fensterecke zurück, der alte Baron aber trat
wütend mit der abgeschossenen Pistole in der Hand zur Thüre
herein.

30 Karl Buttervogel war auf den Schuß gegen den Tisch ge=
stürzt, hatte diesen umgerannt, die Gläser zerbrochen, die chemischen
Flüssigkeiten rauchten am Boden umher, oder ätzten Löcher in
das Arabeskenprotokoll — bei dem Eintritte seines Verfolgers

1 ff. Sacharja VIII, 23: „Zu der Zeit werden zehn Männer aus allerlei Sprachen
der Heiden einen jüdischen Mann bei dem Zipfel ergreifen und sagen: Wir wollen mit
euch gehen, denn wir hören, daß Gott mit euch ist."

aber taumelte er aufheulend hinter das Bette des Freiherrn,
kauerte sich dort nieder und ergoß sich in einer unhemmbaren
Flut von Gründen, Bitten und Geständnissen, denn die Todes-
furcht hatte seine Zunge zu wundersamer Geläufigkeit entbunden,
und er schwatzte unaufhaltsam vermutlich deshalb, weil er glaubte, 5
so lange als er rede, noch nicht totgeschossen zu sein.

Der Schriftsteller, der in diesem Dunst, Dampf, Knall, Getümmel kaum sich selbst vor dem Umgeranntwerden zu bewahren
vermocht hatte, trat über den umgestürzten Tisch, das teilweise
durchlöcherte Konferenzprotokoll und die rauchenden Flüssigkeiten 10
hinweg heftig auf den alten Baron zu und rief, die Uhr ihm
vor die Augen haltend: Diesen gröblichen Bruch der Verträge
möge Ihnen das Völkerrecht verzeihen, Herr Baron, ich kann es
nicht. Sie haben die Feindseligkeiten dreißig Sekunden vor Ablauf des Waffenstillstandes begonnen. 15

Mein Herr, polterte der alte Baron, der Sie sich hier einmischen, ohne daß ich begreife, mit welchem Rechte, ich habe es
nicht mit Ihrem albernen Waffenstillstande, noch mit jenem verruchten Nachschläfer von neun Monaten, drei Tagen und achtzehn
Stunden zu thun, sondern ich verfolge mein Recht wider den Kerl 20
von Bedienten, der mich noch gröblicher beleidigt hat, als der Herr,
der Thürenverrammler! Erst mich abgefressen und kahlgefressen;
die Katze, das unschuldige Tier, in schändlichen Verdacht und
Prügel gebracht, und dann zu guter Letzt mich und meine Tochter
noch durch freche Reden beschimpft — der Gaudieb — — 25

... in Rührung gewesen, ganz aufgelöst fast vor Thränen,
nichts als Schwiegersohn vom Kopf zum Fuß, hingekrochen wie
ein Hund zum gnädigen Herrn, um den Segen gebeten, und
dann statt des Segens Ohrfeigen gekriegt, oh, oh, oh, das schmerzt,
das thut weh ... wimmerte Karl Buttervogel dazwischen. 30

Also hinweg, mein Herr, und hindern Sie mich nicht in
meinem Hausrechte! rief der alte Baron. Diese Pistole war nur
blind geladen und ich schoß ab, weil Donner und Knall das Herz
des Mannes erfrischt, aber den Schuft da will ich hinter dem
Bette seines Schelms von Gebieter hervorholen und ihm mit dem 35
Kolben der Pistole so lange den Rücken dreschen, bis er genug
hat, und das soll kein leerer Lärmen sein.

Nun dann in Gottes Namen! rief der Schriftsteller. Ich
sehe, die Gegenwart ist zu einer planmäßigen Behandlung großer

Angelegenheiten nicht geeignet. Vergebens, daß man über eine
Frage der Zeit den Bogen zum Protokolle bricht und alles in
den schönsten Gang bringt — in der Nachbarschaft fangen ein
paar Narren mit einander Spektakel an, blind wird geknallt, der
5 eine Narr flüchtet sich auf ein neutrales Gebiet, der andere
hinterdrein und umgeschmissen ist Protokoll, Konferenz, Tisch, und
die Sache steht auf dem Kopfe, die eben noch auf den Füßen
stand. So walte denn du weiter, Macht der Umstände! Ich
ergebe mich in deine Fügungen. — Er trat zur Seite, einen weh=
10 mütigen Blick auf den Schlummernden werfend.

Der alte Baron näherte sich mit starken Schritten dem
Bette und rief Karl Buttervogeln mit donnernder Stimme zu:
Will Er wohl gleich dahinter hervorkommen?

Nein, niemals dahinter hervor! rief Karl, der inzwischen
15 unaufhörlich fortgesprochen hatte, ohne daß auf ihn gehört worden
war, zitternd. — Niemals dahinter hervor, denn so ein Pistolen=
kolben sieht nicht, wohin er schlägt, aber alles andere dem gnädigen
Herrn zu Gefallen thun, wie gerne! Denn durch so eine Ohr=
feige wird das Menschenkind schon klug gemacht und alle schlechten
20 Gedanken gehen ihm aus dem Kopfe von Fürst und Hechelkram
und vornehmer Lieb' und es sein Wollen, wenn fernerweitig gute
Verföstigung zugesagt wird, und Rief' in Stuttgart ist vor mich
gut genug und keine andere, und auf diesen Herrn da, der schläft,
ganz und gar keine Rücksicht zu nehmen nötig, denn wer so seinen
25 Bedienten in der Not verläßt und einschlummert, wenn man
blind geladen totgeschossen worden ist, der ist gar kein Herr
nicht, sondern nur ein schlechter Munkel.

Was? Der Doktor Reifenschläger? Der Kap'tän Gooseberry?
Der unsterbliche Hegel? riefen die Interessenten an Münchhausen
30 dazwischen.

Munkel! Munkel! Munkel! Nichts als Munkel, so hat er
sich selbst genannt, wenn er mir von seiner Erzeugung die ver=
fluchten und ganz unmenschlichen Geschichten erzählte! schrie Karl
Buttervogel lauter.

35 Der Mensch will vermutlich Homunkulus sagen, sprach der
Schriftsteller.

Und ich weiß doch, was der gnädige Herr Baron da mit

---

35. Natürlich Anspielung auf Goethes Homunkulus im II. Teile des „Faust".

der Pistole bedeuten wollen und wonach ihr Sinn steht, und
Not bricht Eisen und für nichts und wieder nichts verrate ich
meinen Herrn nicht, aber für fünf Thaler hätte ich's schon heut
morgen gethan und sein Leben muß der Mensch retten und wenn
einem das Wasser bis an den Kragen geht, so schreit die Kreatur, 5
und niederträchtig ist es dabei hergegangen, wie mein Herr ent=
standen ist, und wenn der Mensch nicht mehr von Vater und
Mutter abstammt, so hört aller Verlaß auf; denn bloß so zu=
sammengekocht zu werden, wie mein Herr, das ist nichts und kann
ein jeder.   Und weil meines gnädigen Herrn sein gnädiger Herr 10
Vater mit seiner gnädigen Frau Gemahlin keine Kinder zuwege
bringen konnte, weil die gnädige Frau den gnädigen Herrn nur
aus Achtung für den alten Lügenmünchhausen, den gnädigen
Herrn Großvater von meinem gnädigen Herrn, geheiratet hatte,
was eine trockene Ehe giebt, und der gnädige Herr Vater doch 15
so gern einen Herrn Sohn gehabt hätten ganz vor sich apart
und ohne schönen Dank an die gnädige Frau und so viel
verstanden haben von Apothekerwissenschaften und unnatürlichen
Schnurralien, so haben sie da meinen Herrn einstmals aus ver=
schiedenem Jux und Siebensachen, Gassen, Kochsalz, Salpeter und 20
was weiß ich sonst noch alles vom Teufelskram zusammengebraten,
geschmort, gekocht, geschmolzen, geröstet, abfiltriert, worüber sie
eine überaus ausnehmende Freude gehabt, aber in schrecklichen
Verdruß mit der gnädigen Frau gekommen, die den sogenannten
Herrn Sohn aus dem Schmelztiegel und der Bratpfanne gar 25
nicht vor Augen haben leiden mögen, denn das können die Weibs=
leute nicht vertragen, so etwas, und alles muß seinen regulären
Gang gehen bei ihnen, und deshalb auch immer nachmals mein
gnädiger Herr sich chemisch geschmiert, mit den Sachen, die ich
aus der Apotheke geholt, um sich wieder aufzufüllen und her= 30
zustellen, und mir dieses vor Jahren schon entdeckt aus Bedürfnis
nach einem liebenden Freunde, weil sie auch sehr betrübt gewesen
sind über diese Geheimnisse und nur mit Schmerzen an ihren
Herrn Vater gedacht, und da fließt sie ja noch heute am Boden
umher die chemische Schmierung und also ist es nun heraus und 35
am Tage, was mein gnädiger Herr eigentlich sind, und weil ich
doch nun meinen ehemaligen Herrn Schwiegervater ganz umsonst
einen so schönen Gefallen gethan habe, so bitte ich gehorsamst,
daß sie die Absicht aufgeben mit dem Pistolenkolben, denn ich

bin unglücklich genug, und von Wurst und Eiern und Rindfleisch
wird wohl nichts weiter gebrummt werden, weshalb mir noch der
technische Mitdirektor bleibt und das ist gewiß und wahrhaftig,
daß er kein natürlich entstandener Menschenchrist ist, wie wir alle,
5 sondern ein von seinem chemischen Säurenvater, wie er ihn auch
unterweilen nannte, zusammenpräparierter Munkel, dieser Herr
von Münchhausen.

Münchhausen? riefen die Interessenten erstaunt.

Münchhausen heißt der Mann, der Ihnen das Menschenrasse=
10 veredelungsinstitut organisieren, Ihnen Land auf den Koralleninseln
verschaffen, Ihnen die drei magischen abstrakten Formeln mitteilen
wollte, sagte der Schriftsteller. — Es dürften noch mehrere Plane
und Projekte von ihm an das Tageslicht kommen, die er unter
verschiedenen Gestalten zum Wohle der Menschheit ersonnen, wenn
15 einmal sein Leben vollständig beschrieben werden wird.

Aber wer ist er denn eigentlich? fragten alle.

Sein eigener Vater und Großvater, der nie gestorbene nimmer
verwelkte ehemalige Jagd= und Pferdegeschichtenerzähler Freiherr
von Münchhausen auf und zu Bodenwerder, sagte der Freiherr,
20 der sich hier zum Erstaunen der Versammlung starr und steif von
seinem Bette emporrichtete, mit hohlem Ton und weitgeöffneten
gläsernen Augen. — Im Besitz eines Lebens= und Verjüngungs=
elixiers; dadurch erhalten, restauriert und nach Maßgabe der Zeiten
metamorphosiert schon seit nunmehro zwei Menschenaltern, was
25 jener Tropf von Bedienten mißverständlich aufgefaßt hat, wie denn
überhaupt der Freiherr von Münchhausen oft so unglücklich gewesen
ist, mißverstanden zu werden.

Nach dieser neuen Erklärung schloß Reifenschläger=Gooseberry=
Hegel=Homunkulus=Münchhausen die Augen und fiel abermals zu
30 dem Schlummer des Gerechten nieder. Unter den Anwesenden
aber zeigten sich Symptome, daß ihr Verstand solchen Vorfällen
nicht gewachsen sei.

Der alte Baron stand abseitig und stieß mit der Fußspitze
an die Scherben der Gläser, als wollte er deren Inhalt unter=
35 suchen. Er hatte, sobald Karl Buttervogel seiner wundersamen
Entdeckungen quitt geworden war, die Pistole sinken lassen und
seine Augen nahmen allgemach einen seltsam=irren Ausdruck an.
Zuweilen warf er dem Schläfer einen scheuen Blick von der Seite
zu und murmelte dabei: Nicht einmal ein Mensch, nur ein Munkel,

o pfui, und ihn du genannt — pfui — pfui! — Die Interessenten
rieben mit sonderbaren Gebärden die Stirnen, Semilasso recitierte
französische Verse, der Ehinger hieb mit dem Stocke auf den
Boden, die drei Unbefriedigten kehrten ihre Sammetkappen um,
so daß die Schirme hinten zu sitzen kamen. Draußen pfiff der 5
Wind, das alte Schloß bewegte sich in seinen Grundfesten und
die Sonne sah durch den weißen Dunst, in ihrem Strahlenlichte
geschwächt und entstellt, wie ein riesiger gelber Eidotter zum Fenster
herein. Alle fühlten, daß ihre Vernunft im Schwanken war, und
nur Karl Buttervogel war mit seinem Lose zufrieden. Er saß 10
hinter dem Bette und dankte Gott, daß er durch einen Verrat
zur rechten Zeit dem drohenden Pistolenkolben entgangen war.

　　In dieser allgemeinen Not und Bedrängnis erschien der
Schriftsteller wieder als der einzige noch übrige Halt; und alle
wiederholten ihre Frage an ihn: Wer ist er denn eigentlich? 15

　　Meine Herren, versetzte der Schriftsteller, ich weiß es nicht.
Wie?

　　Mir ist vielleicht mehr von seinen Lebensumständen bekannt,
als Ihnen, sagte Immermann, wer er aber eigentlich ist, das
weiß ich so wenig, als Sie. 20

Eilftes Kapitel.

Der Brief eines Erbprinzen rettet den Helden vor der Polizei.

　　Wenn er nur erst sitzt, so wollen wir es bald herauskriegen
— mit diesen Worten betrat der Bürgermeister, den kein Waffenstillstand mehr hemmte, gefolgt von seinem Untergebenen, die Stube. 25
— Denn solche Angaben, wie ich zum Teil unten vor dem Fenster
gehört habe, streiten gegen alle Wahrscheinlichkeit und dadurch lasse
ich mich nicht irre machen, setzte der entschlossene Mann hinzu
und gab dem Polizeisoldaten Marzeters den Befehl, Münchhausen,
wenn er nicht erwachen wollte, aufzuheben und fortzutragen. 30
Marzeters näherte sich dem Bette. In diesem Augenblicke aber
erwachte der ganze Enthusiasmus der Anhänger. Ohne an ihre
Spaltungen zu denken, die unheimlichen Entdeckungen über des
Freiherrn Persönlichkeit vergessend, scharten sich die Unbefriedigten
und der Ehinger um das Lager, entschlossen zum äußersten Wider- 35
stande gegen die öffentliche Macht, welche ihnen den Helden ihrer

Hoffnungen und Aussichten rauben wollte. Selbst Semilasso ver=
gaß seinen Stand und stellte sich als Kamerad dicht neben den
Ehinger, denn er dachte nur an sein Institut. nach dem Muster
von Trakehnen und an weiter nichts sonst. Vergebens war es,
5 daß der Bürgermeister Gehorsam dem Gesetze forderte, die Inter=
essenten riefen, dieser Mann sei über dem Gesetze. Der Bürger=
meister aber, der in seinem Amte nicht mit sich scherzen ließ, sagte
zu Marzeters: Der Kerls sind zu viele und wir stehen gegen die
Übermacht, also lauft und holt Bauernhilfe, Landsturm aus der
10 nächsten Nachbarschaft! Haben müssen wir ihn! — Ihn, wieder=
holte Marzeters und lief fort. Auch die Drohung schreckte indessen
die Anhänger nicht, ihre Mienen wurden nur noch entschlossener.
Die Unbefriedigten krämpelten ihre Rockärmel auf, der Ehinger
schwang seinen schweren Prügel, Semilasso zog sogar einen türkischen
15 Dolch, von dem er behauptete, er sei an der Spitze vergiftet.
Alles redete durch einander und die Szene schien sich zu einem
Blutvergießen anzulassen, wenn die aufgebotene Hilfe wirklich
herbeikam. In diesem Gewirre hatte sich der Schriftsteller dem
Kopfende des Bettes genähert und der Freiherr flüsterte ihm aus
20 seinem Schlummer unhörbar für die anderen zu: Es hilft nicht,
das letzte Mittel muß gebraucht werden, brauchen Sie es! —
Als nun das Getöse am heftigsten tobte und der Bürgermeister
schon rief: Da kommen ja die Bauern! zog der Schriftsteller rasch
einen Brief mit großem Siegel aus der Tasche und sprach mit
25 lauter Stimme: Im Namen des Hofes, in dessen geheimen Diensten
ich zu stehen die Ehre habe, bitte ich um Ruhe und Gehör.

Der Lärmen verstummte, das Siegel wurde besehen, von
Semilasso und von dem Bürgermeister in seiner bedeutenden Eigen=
schaft anerkannt, von den andern nicht bezweifelt. Der Bürger=
30 meister rief den Bauern, die inzwischen vor dem Schlosse an=
gekommen waren, zu, sie sollten unten warten, der Schriftsteller
aber eröffnete der ganzen Versammlung, daß dieser Mann, an
den sich so viele Forderungen und Erwartungen knüpften, fernerhin
nicht mehr dem Privatleben angehören könne, am allerwenigsten
35 ein Gegenstand polizeilicher Verfolgung sei, sondern zu hohen Dingen,
zu einer öffentlichen Stellung berufen, nunmehr in eine ganz
andere Sphäre übergehe. Der geistreiche Erbprinz von Dünkel=
blasenheim wähle ihn nämlich zu seinem Gesellschafter und Ver=
trauten.

Obgleich nun das Gebiet, auf dem sich unsere Geschichte er=
eignete, nicht zu Dünkelblasenheim gehörte und obgleich die An=
wesenden, außer Semilasso, kaum früher von dem Lande Dünkel=
blasenheim gehört hatten, so wirkte doch die bloße Erwähnung
eines Hofes mit magischer Kraft auf die Loyalität sämtlicher Ver=   5
sammelten. Kein Wort wurde laut, in den Mienen sprach sich
Hingebung und Unterwürfigkeit unter die Beschlüsse irgendwelches
Erbprinzen aus; der Bürgermeister nahm seine Mütze ab.

Der Schriftsteller erbrach den Brief und las folgendes
Berufungsschreiben vor: 10

„Ich erwarte Sie mit Ungeduld. Nie habe ich mich auf
jemand so gefreut, wie auf Sie. Seitdem ich Sie im Bade zu
* sah, nahmen Sie mir Kopf und Herz, wie eine Geliebte ein.
Sie kennen die schwierigen Verhältnisse, unter denen Sie hier
vorderhand auftreten müssen, der Oberkammerherr wird aber Ihre   15
Schritte leiten, er beherrscht das Terrain und Sie dürfen ihm
vertrauen. Ich mag nicht gern versprechen, hoffe aber, daß Sie
mit mir zufrieden sein sollen, wenn die Toten ihre Toten be=
graben haben werden und das Leben an das Tageslicht kommt.

Münchhausen, hören Sie das Wort eines Mannes, dessen   20
Hände leider noch gebunden sind: Ihnen wird er die Zukunft des
Landes anbefehlen. — Inzwischen wollen wir über den alten
Sauerteig lachen, schöne Pläne bilden, einander von Tage zu Tage
mehr werden. Sehen Sie in mir nicht den Herrn; ich bin stolz
darauf, den geistreichsten und liebenswürdigsten Mann unserer   25
Zeit meinen Freund nennen zu dürfen. Unser Unterhändler hat
sich die Bürgerkrone damit verdient, daß er Sie hieher zu bringen
wußte.“

Empfindungen verschiedener Art erregte dieses Schreiben. Er=
staunen, Verehrung und Schmerz machten sich durch halbe Reden,   30
Ausrufungen, Seufzer Luft. Am kürzesten faßte sich der Bürger=
meister, denn nachdem er noch einmal das Siegel angesehen hatte,
machte er vor dem Schläfer eine tiefe Verbeugung, bat den Schrift=
steller, er möge, wenn der Freund des ihm unbekannten Erbprinzen
aufwache, ein gutes Wort für ihn einlegen und ihm sagen, wie   35
zart er sich benommen habe, denn Gunst am Hofe, liege dieser,
wo er wolle, könne nicht und niemals schaden. Dann ging er
hinunter, sagte zu den Bauern und zu Marzeters, sie möchten nach
Hause gehen, es sei ein Irrtum vorgefallen, der Fremde sei kein

Vagabonde, sondern ein angesehener Mann und eine große Kreatur, und begab sich dann selbst nach Hause.

Aber die drei Unbefriedigten und der Ehinger Spitzenkrämer wehklagten, daß ihre Freude so kurz gedauert habe. Sie fragten auch mit niedergeschlagenen Blicken, ob denn alle Hoffnung ver= schwunden sei, daß der Wiedergefundene nicht dennoch der Kap'tän Gooseberry von den Koralleninseln, oder der unsterbliche Hegel sein könne, und der Name Münchhausen nur eine Larve sei, worauf der Schriftsteller ihnen erwiderte, daß ihm zwar jene Charaktere problematisch zu sein schienen, daß aber dadurch der wunderbare Gehalt des außerordentlichen Mannes durchaus nicht geschmälert werde, daß man vielmehr fest glauben müsse, er werde halten, was er versprochen. Der Schriftsteller fügte tröstend hinzu, sie möchten demnach nur mit Vertrauen der Anweisungen auf Land in den Koralleninseln, wo die warmen und kalten Pasteten= bäume wüchsen, sowie der abstrakten drei Formeln harren, er werde bei seinem großen Freunde die Sache in Anregung bringen, sobald dieser die ersten Wochen am Hofe überwunden habe. Münchhausen werde nach wie vor der Heiland der nach dem Un= erhörten verlangenden Menschheit bleiben.

Damit mußten sich die abgewiesenen Interessenten nun freilich zufrieden geben, aber das Scheiden that ihnen doch weh. Die drei Unbefriedigten waren noch bleicher geworden, als sie ge= wöhnlich aussahen; sie küßten dem schlummernden Meister die Hände. Karl Gabriel hauchte einen leisen Kuß auf seine Lippen, und flüsterte: O sei dennoch Hegel und gieb uns die drei Formeln! und dann gingen sie aus der Stube und hätten gern geweint, wenn sie vor Trockenheit dazu vermögend gewesen wären. Der Ehinger schlug mit seinem Stocke abermals sanft gegen die Fuß= sohlen des Freiherrn und sagte: Adieu! — Ei, was werden die Ehinger fünfzig Freunde sagen! und ging dann auch.

Semilasso war zurückgeblieben. — Reifenschläger oder Nicht= reifenschläger, sagte er; das Institut richtet er mir ein, das weiß ich, denn mag er den andern Leuten etwas vorgeflunkert haben, mit mir meinte er es wahr, die Idee von der Veredelung der Menschenrasse hatte ihn wahrhaft ergriffen.

He took a french leave d. h. er wollte abziehen, wie die Katz' vom Taubenschlag, doch unter der Thüre wandte er sich um:

37. He took a french leave, er empfahl sich auf französisch.

Er näherte sich dem Schriftsteller und sagte: Apropos, die An=
stellung an dem Hofe, in dessen geheimen Diensten Sie zu stehen
die Ehre haben, hat noch ein dessous des cartes, bekennen Sie
das nur. Mir sind die Verhältnisse jenes Hofes so ziemlich klar,
ich weiß, wie abhängig der Erbprinz ist, niemals hätte er gewagt, 5
sich selbständig einen Gesellschafter anzuschaffen, also muß der alte
Herr seinen Konsens gegeben haben; wie aber paßt unser Held
für den?

Nun freilich, versetzte der Schriftsteller, die Sache hat aller=
dings noch ihren Haken. Mit Ew. Gnaden kann man schon frei 10
reden, Sie verstehen sich auf solche Feinheiten. Vor den geringen
Leuten mochte ich nicht davon sprechen. Münchhausen wird nur
anonymer Gesellschafter des Erbprinzen, eigentlich geheimer Hühner=
augenessenzbereiter bei dem alten regierenden Herrn ohne offiziellen
Charakter wegen der Rücksichten, die auf den Obersanitätsrat zu 15
nehmen sind.

Zwölftes Kapitel.
Eine wundersam verwickelte Hofgeschichte.

Geheimer Hühneraugenessenzbereiter? fragte Semilasso mit
einem feinen Lächeln.
20

Geheimer Hühneraugenessenzbereiter, sagte der Schriftsteller.
Wenn Sie die Verhältnisse des Hofes, in dessen geheimen Diensten
ich zu stehen die Ehre habe, kennen, so werden Sie wissen, daß
der alte Herzog in dem Spleen seiner vorgerückten Jahre nur noch
ein Interesse an seinen Hühneraugen nimmt, die ihn in der That 25
auch arg plagen. Ohne diese Pein aber würde dennoch die ganze
Existenz des alten Herrn zusammenbrechen, denn der Verdruß ge=
hört ihm zum Leben notwendig hinzu; er ist einer von den
Charakteren, die aus Liebhaberei verdrießlich sind. Diese maussade
Laune erleichtert übrigens die Staatsverwaltung außerordentlich. 30
Die Regierungsgeschäfte werden in Dünkelblasenheim auf eine
höchst einfache Art getrieben; nämlich wenn den alten Herrn die
Hühneraugen zu heftig schmerzen, so schlägt er etwas ab, und
wenn es leidlich damit steht, so genehmigt er, auf solche Weise
motivieren sich die unerwartetsten Entschließungen ganz natürlich. 35

29. maussade, widerwärtig.

Das Schneiden der Hühneraugen war daher auch von jeher eines
der wichtigsten Geschäfte am Hofe; der Obersanitätsrat war damit
begnadiget, nun ist der Mann auch alt geworden, hat blöde
Augen bekommen und in den letzten Jahren den Herzog mehr=
5 mals in das Fleisch geschnitten, woraus denn strenge Regierungs=
maßregeln entsprangen. Der alte Herr verlangte daher schon seit
einiger Zeit nach einer Abhilfe dieses Übelstandes.

Semilasso lächelte noch feiner, und der Erzähler fuhr fort:
Dem Vater gegenüber steht nun der Erbe, ein von jenem
10 durchaus verschiedener Charakter, witzig, phantasievoll, ein geist=
reicher Herr, gleichsam ein Genie, oder — kurz — ja — hm . . .

Semilasso lächelte immer feiner, und der Erzähler fuhr fort:
Er langweilt sich auch, denn er möchte gern regieren. Seine
gewöhnliche Gesellschaft war ihm etwas abschmeckend geworden und
15 es mochte dies ungefähr zu derselben Zeit sich ereignet haben, als
der Obersanitätsrat den Vater am häufigsten in das Fleisch ge=
schnitten hatte. Er begann daher sich nach einem anregenden Um=
gange zu sehnen, nach einem Universalkopfe, der ihn beständig
beschäftige, gerade als der Vater nach einer sanfteren Behandlung
20 seiner Hühneraugen verlangte.

Semilasso lächelte nun so fein, daß keine Feder die Feinheit
dieses Lächelns mehr beschreiben kann. Der Erzähler kam dadurch
beinahe aus der Fassung, die jedem Erzähler not thut, fuhr in=
dessen doch fort:

25 Der Oberkammerherr hatte die Wünsche des regierenden und
zukünftigen Herrn, welche ihm Befehle sein mußten, zu vernehmen.
Der Oberkammerherr hat eine sehr zarte Stellung zwischen Gegen=
wart und Zukunft. Der Oberkammerherr hatte mit den größten
Schwierigkeiten nach allen Seiten hin zu kämpfen. Die offenbarste
30 war, dem Erben zu genügen. Niemals, wie Sie sehr richtig
ahnten, würde der regierende Herr zugelassen haben, daß der Erbe
sich ein Genie zum Ideenaustausche halte, denn von Ideen und
Genie mag er überhaupt nichts wissen.

In dieser Verlegenheit konnte ich dem Oberkammerherrn
35 helfen. Daß Münchhausen der Mann für den Erbprinzen sei,
darüber waren wir bald einig, es wäre aber hiemit noch nichts
gewonnen gewesen, wenn dieser seltene Charakter, der nichts unter
seiner Würde hält, nicht zufällig einer neuen Hühneraugenessenz
auf der Spur gewesen wäre und sie wirklich endlich entdeckt hätte,

ein probates Mittel, welches das Übel zwar nicht zu heben ver=
mag, da es überhaupt unheilbar ist, aber es doch bedeutend lindert,
so daß der alte Herr, der schon mehrere Flaschen derselben ver=
braucht hat, sich seitdem nur in dem Zustande einer fortwährenden
Semi=Verdrießlichkeit befindet.　Durch diesen glücklichen Zufall 5
war der Ausweg gebahnt.　Münchhausen geht nämlich an den
Hof von Dünkelblasenheim und der alte Herr weiß nicht anders,
als daß er bloß seiner Hühneraugen wegen komme.　Nur unter
der Hand wird er das Gesellschaftsgenie des jungen Herrn, der
an ihm, wie an einer verbotenen Frucht, naschen will.　Man fühlt 10
aber wohl, daß eben wegen dieser Heimlichkeit sein Einfluß un=
berechenbar werden muß, und daß er recht eigentlich dazu bestimmt
ist, künftig eine große Rolle im Herzogtume zu spielen.　Ich habe
mir daher auch schon ein Heft weißen Papieres einbinden lassen
und den Titel darauf gesetzt: Münchhausen am Hofe, denn 15
meine Feder soll seinen Schritten auch in dieser hohen Sphäre
mit der Zeit folgen.

Sie sagten aber, wenn ich nicht irre, daß auch seine An=
stellung bei dem regierenden Herrn keinen offiziellen Charakter
haben werde?

20

Ja, das ist eben das Schönste.　Der Umstand, den ich nun
zu berichten habe, bot die zweite interessante Schwierigkeit dar.
Der alte Herr hängt nämlich an dem Obersanitätsrat, nicht aus
Liebe, sondern aus Gewohnheit, wie an einem alten Stück Möbel,
weil der Mann denn doch seine vierundzwanzig Jahre hindurch 25
das Amt versehen hat.　Er befahl daher ausdrücklich, daß der
Obersanitätsrat von dem Substituten und dessen Mittel nichts er=
fahren dürfe.　Dieses Geheiß war nun in der That schwer aus=
zuführen.　Endlich fanden wir dennoch Rat, der Oberkammerherr
und ich.　Der Obersanitätsrat bekommt nämlich alle Sonnabende, 30
welche von jeher die gewöhnlichen Schneidetage waren, ein stumpfes
Messer in die Hand geschoben, womit er dem Herzoge weder helfen,
noch schaden kann und damit bildet er sich denn ein sein Amt
zu verrichten.　Wir hatten für diese List Antecedentien, denn es
giebt ihrer mehrere in Dünkelblasenheim, welche sich die Illusion 35
machen, mit stumpfen Messern ihre Pflicht zu thun.

Der alte Herr ist aber ganz glücklich darüber, daß er zum
erstenmale in seinem Leben ein Geheimnis vor Hof und Staat
hat, da bisher Hof und Staat nur Geheimnisse vor ihm hatten.

So ist diese Intrigue in mehreren Gängen und Stockwerken, einem über dem anderen, gleich den Stollen in dem Salzbergwerke von Wieliczka oder den Totenkammern in den Katakomben, ausgehöhlt und ausgetieft, und man wird immer recht den Kopf zusammen-
5 nehmen müssen, um die Beziehungen, in welchen Münchhausen nur geheimer Hühneraugenessenzbereiter und in welchen er ge-heimster Gesellschafter des Erbprinzen ist, klar auseinander zu halten.

Aber irgend einen öffentlichen und anerkannten Charakter muß
10 er doch haben, um Figur in Dünkelblasenheim machen zu können, sagte Semilasso. Car sans titre vous n'y êtes rien du tout.

Der Herzog hat ihm den Schatz übertragen, versetzte der Schriftsteller. So hat er Ehre, und kann doch keinen Schaden thun, denn im Schatze von Dünkelblasenheim ist nie etwas.

15 Ew. Gnaden sehen nun zugleich, fuhr der Schriftsteller fort, indem er einen bedeutenden Blick auf die Glasscherben und auf die Flecken, welche die inzwischen verdampften chemischen Flüssig-keiten in das Arabeskenprotokoll eingefressen hatten, warf, wie für uns Eingeweihte das Homunkuluswunder, welches dieser seltene
20 Schwärmer seinen nächsten Umgebungen vorgeredet hatte, oder seine Umgebungen sich hatten einbilden lassen, natürlich ausgeht. — Hühneraugenessenzbereitungsversuche! Nichts als Hühneraugen-essenzbereitungsversuche!

Schade! rief Semilasso und seufzte. Ich hatte. mir schon
25 gedacht ... Er vollendete nicht, sondern ging nach einem zweiten Seufzer und einem Blicke auf Münchhausen, in dem sich eine ge-mischte Empfindung spiegelte, von dannen. — In seiner Seele war durch den Wunderbericht Karl Buttervogels eine große Be-wegung entstanden; er war der einzige in dem Kreise der Inter-
30 essenten gewesen, der ihm eine gewisse Sympathie, wenigstens eine Hinneigung zur Sympathie gewidmet und schon im stillen er-wogen hatte, ob nicht statt des Menschenrasseveredelungsinstitutes eine chemische Menschenfabrik zu gründen sein möchte. Denn Semilasso hielt so wenig als irgend ein Kavalier auf die Wunder
35 des Evangeliums, um desto mehr aber auf die modernen Wunder. Nun an der Quelle unterrichtet, daß Münchhausen kein sich mit Gas und Säuren anfüllender Homunkulus, sondern nur ein

---

3. Bei Wieliczka in Galizien befinden sich die berühmten großen Steinsalzbergwerke — 11. Car sans titre etc., denn ohne Titel sind Sie dort rein gar nichts.

wirklicher geheimer Hühneraugenessenzbereiter war, fühlte er sich
etwas enttäuscht, ging in dieser Stimmung die Schloßstraße hin=
unter, setzte sich verstimmt zu seinen Affen und Papageien in die
türkische Ochsenkarre, fuhr im Schritt durch Sturm und Nebel
davon, fror und hätte heute gern im Dampfwagen auf der Eisen=   5
bahn oder auch nur in der Schnellpost gesessen, denn er begriff,
daß es Lagen des Lebens giebt, in welchen man am liebsten
warm sitzt und wie andere gewöhnliche Menschen rasch vom Flecke
kommt.

Dreizehntes Kapitel.   10

Der einzige praktische Charakter dieses Buches erreicht seinen Zweck.

Die letzten Verhandlungen zwischen dem Schriftsteller und
Semilasson waren ohne einen anderen Zeugen als den schlafenden
Helden, um dessen Ruhestatt die Ereignisse sich in so stürmischem
Wirbel drehten, vor sich gegangen. Der alte Baron war nämlich   15
noch vor dem Scheiden der Interessenten stillschwärmend aus der
Stube gewankt, mit den Fingern vor sich hin gestikulierend, die
Söllertreppe hinauf. Sein altes Gehirn stand dem vereinten An=
griffe so vieler Abenteuer nicht länger, es wich und gab der Zer=
störung nach. Oben auf der Gerichtsstube begann er ein gefährliches   20
Werk, unbemerkt, denn in dem Schlosse achtete jetzt keiner auf den
anderen.

Karl Buttervogel hatte sich dagegen, als die Interessenten
an Münchhausen und der Bürgermeister sich zum Kampfe rüsteten,
in dieser Aufregung und Verwirrung leise hinter dem Bette empor   25
und in das Fenster geschwungen, wo die Leiter von den drei Un=
befriedigten her noch angelehnt stand. Katzengeschwinde setzte er
seine Füße auf dieses erwünschte Fluchtmittel und klomm darauf
mit ungemeiner Schnelligkeit draußen hinunter, festen Willens,
das Schloß, in welchem er so trübe Erfahrungen gemacht hatte,   30
nie wieder zu betreten. Auch in ihm war während der voran=
gegangenen drangvollen Momente eine große Veränderung ge=
schehen. Die Ohrfeige, welche er zum Segen empfangen, und
dann der angedrohte Pistolenkolben hatten ihn gänzlich hergestellt
und in die ihm gewiesenen Schranken zurückgeführt. Karl Butter=   35
vogel war ein durchaus praktischer Charakter; die Täuschungen des

Gefühls und der Einbildungskraft konnten ihn auch wohl eine Zeitlang mitnehmen, aber die Wirklichkeit blieb seine Lehrerin und Freundin.

Sein Streben ging jetzt nach dem Gartenhause auf dem Schneckenberge, aber die größte Furcht hatte er, dem Fräulein zu begegnen. Denn alle Gedanken an eine Verbindung mit ihr, an seine Fürstenwürde und an Hechelkram waren aus ihm herausgeohrfeigt worden und selbst auf fernerweite gute Verköstigung wollte er lieber verzichten, als immer einem Manne gegenüber stehen, der auf eine so schmerzliche Art sich weigerte, ihm Vater zu werden.

Der Himmel hilft dem, der mit Ernst sich vorsetzt, ein neues Leben zu beginnen. — Als er von der Seite in den Garten lugte, sah er den Schneckenberg von seiner Geliebten unbesetzt. Sie war in ihrer ungeduldigen Erwartung auf die Entscheidungen aus dem Schlosse aufgestanden, hatte den Berg verlassen und ging unten im Garten zwischen den ausgewachsenen Taxuswänden mit großen Schritten hin und her, immerdar die ersten beiden Verse ihres Schicksalsliedes singend.

Karl Buttervogel schlich, um ganz sicher zu verfahren, entlängst der Hecke außen durch die Dornen, kroch abermals durch das Loch in der Hecke, rutschte, um nicht gesehen zu werden, auf dem Bauche den Schneckenberg hinan, fand zu seiner größten Freude oben den Sauerbraten unversehrt, nahm ihn eiligst und schlüpfte damit schleunigst in sein Gartenhäuslein. Dort geborgen dankte er zuvörderst Gott, daß ihm in dem Schiffbruche seiner Hoffnungen wenigstens dieser Tröster geblieben sei. Dann aber faßte er den Entschluß, der ihm wie durch eine Erleuchtung von oben kam. Er beschloß nämlich, die Verbindung mit dem Freiherrn, die zu seinem Naturell und Wesen ihm immer unpassender zu werden schien, zu lösen, mit anderen Worten, unverweilt und auf der Stelle ganz und gar fortzulaufen. Es giebt Orte, an welchen die Leute, wie in der Höhle des Trophonius, erhabenen Wahnsinn zu sprechen anfangen, wenn sie dieselben betreten; dieses Gartenhaus schien dagegen bestimmt zu sein, die Insassen zur gesunden Vernunft zurückzubringen. Der Schulmeister Agesel hatte darin einst sich und seinen Verstand gefunden, Karl war der

---

33. Die Orakelhöhle des Trophonius bei Lebadia in Böotien.

zweite, dem zwischen diesen Wänden ein Licht über seine eigentliche
Lage aufging.

Er entsagte der Aussicht auf die technische Mitdirektorschaft
und fühlte bloß, daß er ein Bedienter sei, dem sein Herr vor
wenigen Tagen den Lohn voll ausbezahlt habe, und der ein Paar 5
Stiefeln von jenem in Verwahrung führe, die ihm für das seit=
dem Verfallene Bezahlung seien. Rasch seine Siebensachen zusammen=
packend, den Tornister auf den Rücken hängend, die Stiefeln Münch=
hausens darüber geschnallt, den Sauerbraten nicht vergessend, sondern
ihn in die Serviette stürzend, erspähte er den Augenblick, wo 10
Emerentia zwischen den Taxuswänden dem Gebirge Taygetus den
Rücken wendete. Jetzt sprang er mit Tornister, Stiefeln und
Sauerbraten zum Gartenhause hinaus, das Gebirge hinunter, kroch
wiederum, nun aber zum letztenmale, durch das Heckenloch, fühlte
sich im Freien und frei, hielt sich aber nicht auf, sondern lief 15
was er laufen konnte durch Dornen, Disteln und Gesträuch, bis
er atmend eine freie Anhöhe erreichte, auf der er stillstehend sich
umblickte. Er sah niemand in der Nähe und beschloß daher, die
Wanderung nun gemütlicher fortzusetzen, vorher aber sich durch
eine Mahlzeit zu stärken. 20

Es war die Anhöhe, auf welcher die weiland Luftfabrik zu
stehen kommen sollte. Jetzt setzte sich Karl Buttervogel darauf
nieder und aß dort seinen Sauerbraten, der keine Luftgestalt war.
So hatte dieser praktische Mensch einen wahren und reellen Vor=
teil aus dem Schlosse Schnick=Schnack=Schnurr davongetragen, an 25
dem Tage, an welchem den übrigen, die mit großen Erwartungen
in dasselbe eingezogen, dort nur Verfehlung, Enttäuschung, Schmerz
über den großen Mann, der vor ihren Augen zwar nicht zum
Himmel, aber doch zu Hofe emporgehoben wurde, aufging. —
Nachdem er den Sauerbraten verzehrt hatte, dankte er abermals 30
Gott und ging dann, sich der ersten Herrschaft, die er auf seinem
Wege finden möchte, als einen treuen und geschickten Menschen,
der auch mit Pferden umzugehen wisse, anzubieten. Unterweges
trug er sich nach seiner Manier wohl an die hundert Gründe vor,
warum er weggelaufen; genügend erschien schon der einzige, daß 35
er sich vor ferneren Prügeln im Schlosse fürchtete.

Vierzehntes Kapitel.

Eine furchtbare Laune des Geschicks.

Triumph! rief der Schriftsteller, als Münchhausens Zimmer rein geworden war.

Triumph! rief der Freiherr und sprang vom Lager auf. Das war eine Schlacht, wie die an der Moskwa, und schlafend habe ich sie gewonnen, bloß durch meinen General habe ich gesiegt.

Lassen wir die sinistern Erinnerungen ruhen! versetzte der Schriftsteller. Sie wollten Euch zerreißen, wie die Bacchantinnen den Orpheus, und jeder wollte sich seinen Teil zueignen; aber ich habe Euch ganz, unzerteilt, unzerstückelt erhalten, Reifenschläger, Gooseberry u. s. w. u. s. w.

... Professor Pips, Lord Drum, Mr. Raquette, Legationsrat von Sachtleben, Duka di ... di ...

... u. s. w. u. s. w. Vertieft Euch nicht in die Vergangenheit. Fort aus dem verwünschten Schlosse! Wenn noch jemand käme — Münchhausen schrak etwas zusammen, dann aber faßte er sich und sagte: Dieser Jemand wird nicht kommen. Es wäre ja die albernste Laune, eine Laune, die ich selbst dem Schicksale nicht zutraue, wenn ein junger, plumper, unerfahrener Mensch mich ausfindig machte; zudem ist das Schloß in diesem verruchten Nebel auf zwanzig Schritte Entfernung nicht zu sehen.

Ein Hacken, wie mit einem Beile, ließ sich über ihren Köpfen vernehmen, zugleich sang Emerentia unten lauter, ohne daß die Worte verständlich waren. Der Wind schnob, pfiff, die Wände schütterten. Der Schriftsteller machte ein ängstliches Gesicht. Er verlangte, daß Münchhausen augenblicklich mit ihm das Schloß verlassen solle. — Nein! rief der Freiherr, dort im Schlafe ist mir ein allerliebstes spirituelles Billet an den Erbprinzen eingefallen, worin ich ihm den Plan unserer künftigen geheimen genialen Lebensweise vorzeichnen will, und zugleich ein submisses Danksagungsschreiben an den regierenden Herrn für meine semioffizielle Anstellung in den angemessensten Ausdrücken; solche Ideen, Penseen, Attrappen und Kalembourgs müssen aber improvisiert und nicht destilliert werden, nur aus dem Stegreif geraten sie.

Toller Mensch! rief der Schriftsteller und bezeichnete ihm den Ort, wo er seiner mit den Wechseln zur Reise nach Dünkelblasenheim warten wollte. Es war ein Dorf ganz in der Nähe, wo

sich eine für Altertumsfreunde merkwürdige Kirche mit einer sonder=
bar geformten Krypte befand. — Bestellt ein gutes Abendessen,
sprengt einen Burschen für doppeltes Trinkgeld nach der Stadt,
um uns Champagner zu verschaffen; wir wollen einen lustigen
Abend haben und uns des Lebens freuen, das wie Champagner 5
zu brausen beginnt! rief der Freiherr seinem Kurator nach.

Er ging trällernd ein paarmal in der Stube auf und nieder,
richtete den umgestürzten Tisch auf, legte sich zwei Bogen Post=
papier zurecht, und schrieb nun, während das Schloß schütterte,
der Wind heulte und das Lied Emerentias unten wie das Lied 10
der Parzen immer schrillender klang, gleichzeitig die beiden Briefe,
den spirituellen und den submissen, erst eine Zeile Geist an den Erb=
prinzen und dann eine Zeile Angemessenes an den regierenden Herrn.

Dazwischen schnitt er lustige Grimassen, pfiff die Anfänge
von Opernarien, oder deklamierte große Rauscheworte aus Tragödien. 15
Sein buntes, abenteuerliches, wildes Leben war ihm während des
Schlafens in der Schlacht vor der Seele vorübergegangen, er
fühlte sich von sich begeistert, er war in einer komischen Extase.
Das Leben bei Hofe, seine wunderbare Doppelstellung zwischen
den Hühneraugen des alten und dem geistigen Bedürfnisse des 20
jungen Herrn sah ihn aristophanisch schillernd an, er blickte in eine
ganze Welt von Schnurren und diplomatischen Faxen hinein.

In diesem Rausche vernahm er nicht, daß jemand mit ent=
schiedenem Schritte die Treppe heraufkam, die Thüre öffnete und
sich hinter ihn stellte. Er saß, das Haupt tief auf die Brief= 25
bogen gebückt, so daß ihm der Fremde nicht in das Gesicht sehen
konnte. Nachdem dieser einige Augenblicke so stillschweigend ge=
standen hatte, während Münchhausen immer emsig fortschrieb, sagte
der Fremde: Verzeihen Sie meine Dreistigkeit, ich suche den Herrn
Baron — 30

Münchhausen fuhr empor, unwillkürlich fiel sein Blick in den
gegenüberhangenden Spiegel; er sah das Antlitz des Fremden
darin, die Feder entsank seiner Hand, sein gelbes Gesicht wurde
nicht grünlich, sondern weißgrau, seine Züge, die eben sich sar=
kastisch geformt hatten, blieben wie gefroren in diesem Ausdrucke 35
stehen, sein Mund öffnete sich; er glich einer komischen Maske aus
Stein. Der Fremde seinerseits stand gleichfalls vor Überraschung
regungs= und sprachlos. So bildeten die beiden, welche sich hier
so wunderbar fanden, einige Sekunden lang die seltsamste Gruppe.

Was!? rief endlich Münchhausen, als er die Sprache wiederfand.

Was!? rief der Fremde.

Habe ich so unerwartet die Ehre, den Herrn Grafen von
5 Waldburg — stammelte Münchhausen.

Zu dienen, Herr Schrimbs oder Peppel, versetzte der Jäger.

Ei, das ist ja heute ein an plötzlichen Renkontres überaus
gesegneter Tag, sagte der Freiherr, dessen Züge jetzt wieder flüssig
wurden, um in ein unverhehlbares Beben überzugehen. — Der
10 Teufel hole den Teufel! fügte er ingrimmig murmelnd hinzu.
Er hat mich mit den Possenspielen des Morgens und mit dem
Lobgesange des Erbprinzen eingelullt, um mich nun unter die
Fäuste dieses Schwaben zu werfen.

In der That, ich erwartete Sie nicht hier, sagte der Jäger.
15 Da es sich indessen wider alles Vermuten so fügt —

So will ich den Herrn vom Hause rufen, nach dem Sie,
wenn ich nicht irre, verlangten, rief Münchhausen, sprang auf und
wollte zur Thüre hinausrennen. — Der Jäger vertrat ihm aber
den Weg, sah auf die Pistole, die am Boden lag, und sagte kalt:
20 Ich danke Ihnen, Herr Schrimbs oder Peppel. Den Herrn Baron
will ich mir schon selbst aufsuchen zu seiner Zeit, erst aber mit
Ihnen ein altes Geschäft in Ordnung bringen.

Wenn ich Sie nur verstände! versetzte Münchhausen.

Der Jäger erhob die Pistole vom Boden und sagte: Ich
25 werde mich gleich ganz deutlich machen, Herr Schrimbs oder
Peppel.

Freiherr von Münchhausen, wenn ich bitten darf, rief der
Held, sich selbst vergessend.

Desto besser. So sind Sie also von Adel und ich kann Sie
30 bei dieser Qualität für mein Vorhaben um so fester halten.

Fünfzehntes Kapitel.

Wie der Freiherr von Münchhausen plötzlich Mut bekommt und überhaupt ein ganz anderer Mann ist, als mancher sich denken mag.

Münchhausen machte Schritte nach dem Fenster zu. Der
35 Jäger aber, welcher allen seinen Bewegungen mit dem Scharfblicke
eines Falken folgte, sprang ihm vor und warf die von außen

12*

angelehnte Leiter in den Hof. — Sie scheinen mich verhindern
zu wollen, frische Luft zu schöpfen, sagte Münchhausen, gezwungen
lächelnd.

Mein Herr, fuhr der Jäger mit seiner tiefen Stimme, die
in diesem Raume wie ein Donner klang, auf, ich will im Gegen= 5
teile mit Ihnen einen Gang in die freie Luft machen. Zu dieser
Pistole wird sich eine zweite hier irgendwo herum finden, denn
ein Paar gehört immer zusammen, und sonach ersuche ich Sie,
mir anzuzeigen, wo diese zweite liegt und etwas Pulver und
Blei, denn so wahr ich der bin, dessen Namen Sie genannt haben, 10
heute werden Sie mir nicht verschwinden, sondern mir für das
anmutige Märlein vom Gänserich und Gänschen Rede stehen.
Obgleich ich Sie beinahe vergessen hatte, in ganz andere Em=
pfindungen verloren, so lebt doch bei Ihrem Anblicke bei mir das
Gedächtnis an das auf, was ich mir und hauptsächlich meiner 15
Anverwandten schuldig bin.

Wenn ich mich über den Sinn Ihrer Reden nicht täusche,
so wollen Sie sich mit mir schießen? sagte der Freiherr, mit den
Nasenflügeln zitternd. — Sein Gegner machte eine unruhige Be=
wegung. — Nun noch eine Frage: War das Märchen von Gän= 20
serich und Gänschen witzig? — Der Jäger schlug die Augen nieder.
— Nun denn — Ihr Schweigen ist auch eine Antwort — was
beweiset dann Ihr Pistolenschuß gegen den Witz? Sie schießen
das sterbliche Individuum Münchhausen nieder, der Witz bleibt
von Ihrer Kugel ungetroffen und lebt unsterblich fort. 25

Es ist noch sehr die Frage, ob ich Sie treffe; Sie können
ebensowohl mich erschießen! rief der Jäger.

Nein, sagte Münchhausen auf einmal ganz ruhig, indem er
den Jäger von oben bis unten mit seinen Blicken musterte, Sie
werden mich tot schießen, wenn ich mich Ihrem Pistolenlaufe 30
gegenüber stelle. Ich weiß das sicherlich. Der verrückte Zufall,
der die Verspätung meiner Person an diesem Orte zuließ, der Sie
nicht einige Minuten später kommen machte, wo Sie in das leere
Nest getreten wären, beweiset mir, daß das Schicksal gegenwärtig
betrunken ist und hin und her torkelt. Mich ergreift die heiße, 35
dicke, blinde Faust! Gerade so ein junger Herr und Graf, der
ein junger Herr und Graf ist, wird berufen, einem Manne, wie
ich bin, das Lebenslicht auszublasen. Ich weiß, daß Sie noch
nie etwas getroffen haben, mich würden Sie treffen, wenn ich so

toll wäre, Ihnen zur Scheibe zu dienen. Um also Ihnen ein
großes Verbrechen an den Erwartungen der Welt und der Welt
einen großen Verlust zu ersparen —

Refüsieren Sie das Duell? fragte der Jäger zornfunkelnd.

5 Ja, versetzte der Freiherr ruhig. — Das Duell ist für Narren
und junge Landjunker, die weiter nichts als Blut in sich haben.
Wissen Sie, was in mir steckt? Geist! Geist! Geist! Wenn ich
sterbe, stirbt ein ganzes Göttergeschlecht von Einfällen, Phantasieen,
unvergleichlichen Sprüngen der Laune und Erfindung. Können
10 Sie meinen über das ganze Erdenrund verbreiteten Anhängern
Ersatz schaffen? Nein. Sind Sie imstande, den Erbprinzen über
mich zu trösten? Nein. Und also sage ich Ihnen, wie Mirabeau
seinen Herausforderern, die ihn mit dem Munde nicht widerlegen
konnten, sagte: Wartet, bis die Konstitution fertig sein wird —
15 warten Sie, bis ich alle meine Erzählungen, die dieses Rund
wie ungeborene Embryonen bevölkern, vorgetragen haben werde.
— Er schlug bei den letzten Worten an seinen Kopf.

Des Jägers Züge begannen, die äußerste Verachtung auszu-
drücken. Seine Gestalt erhob sich stolz, er stand wie ein Löwe
20 da, der, seine Beute zu verschlingen eben im Begriff, plötzlich
von ihrem Zittern zu einer geringschätzigen Großmut hingerissen,
die aufgehobene Tatze sinken läßt.

Münchhausens Glieder flogen, er faßte irr mit der Hand in
sein Haar, welches sich gesträubt hatte. Es war ein erbarmens-
25 würdiger Anblick. — Ja, rief er dumpf und keuchend, indem er
die Worte mühsam hervorstieß, ich fürchte mich vor dem Tode!
Der gedankenloseste Narr, der sich nicht vor ihm fürchtet! Da
wird mein Leib liegen, und da herum verspritzt mein Gehirn, die
Werkstatt prächtiger Gebilde. Um den Mund noch ein Spott,
30 der nicht sterben kann, und den die bleichen Lippen doch verschweigen müssen. Und dann die erstickende Erde über einem —
eingepackt wie ein Hering, nur leider nicht eingesalzen — dieses
allgemeine Burken der Menschengeschlechter — und endlich gar die
Würmer — o pfui! pfui! Aus — aus mit dem letzten Atemzuge!

35 Woher kommen wir, als aus dem Nichts? — Wohin werden
wir gehen anders als ins Nichts? Wir entstehen, also werden

33. William Burke in Edinburg ermordete Menschen, um ihre Leichname zu anatomischen
Untersuchungen zu verkaufen; er wurde 1828 hingerichtet; nach seinem Namen der Ausdruck
„burken“ für heimlich ermorden und in den Sad stecken.

wir auch vergehen. Leugnet die Konsequenz, wenn Ihr's wagt!
Ich sagte es mir oft, wenn ich um Mitternacht bei meiner Kerze
eingeschlafen war, dann auffuhr in Gedanken der Vernichtung
und mein entsetztes Gesicht gegenüber im Spiegel sah . . .

Aber das Leben ist auch nur ein Fieber, ein Fieber des
Nichts, mithin ein krankes Nichts! — schüttelt's ab, ihr meine
Nerven, laßt euch nicht unterkriegen, ihr meine tapferen Muskeln
und Sehnen — die Knochen bleiben ja doch eine Zeitlang nachher
übrig — nichts in der Welt geht über ein schönes, reinliches
Skelett — so — so — so — ah! ah! Luft! Wärme! Immer
besser! besser! Dieu merci, es ist überstanden —

Der Jäger hatte während dieser verworrenen Reden dem
Freiherrn den Rücken gewendet und das Pistol an einen Nagel
gehängt. Jetzt wollte er, ohne dem von ihm verachteten Feinde
einen Blick zu gönnen, aus der Thüre gehen. Münchhausen aber
rief ihm mit fester Stimme zu: Herr Graf, ich ersuche Sie, zu
bleiben! — Der Jäger drehte sich um und sah erstaunt einen
verwandelten Menschen. Münchhausens Glieder hatten Ruhe ge=
wonnen, er stand, wie ein Mann stehen muß, sein Gesicht sah
gleichmütig und zuversichtlich aus.

Im gesetztesten Tone sprach er: Wenn Sie sich zu dem alten
Herrn Baron hinauf bemühen wollen, der sich da oben mit Holz=
hacken ein Vergnügen zu machen scheint, so werden Sie vermutlich
von ihm eine zweite Pistole nebst Pulver und Kugeln erhalten
können. Ich nehme diese da an der Wand und bin bereit, mit
Ihnen draußen die begehrte Schießübung anzustellen.

Die Reihe, in Verwirrung zu geraten, war jetzt an dem
Jäger, der sich in diese plötzliche Umwandelungen einer · Memme
nicht zu finden wußte. — Gehen Sie, mein Herr, sagte Münch=
hausen, warum staunen Sie? Der Mut ist ein Paroxysmus, die
Feigheit ist auch ein Paroxysmus. Ich habe diesen Paroxysmus, an
dem manche Menschen zeitlebens leiden, in einem akuten Anfalle
überstanden. Fortan werde ich sein, was freilich bis jetzt zu dem
vollen Blütenkranze meiner Eigenschaften noch mangelte, ein tod=
verachtender Held.

Der junge Jäger, der sich diesem urplötzlich entstandenen
Heroismus gegenüber mit Worten nicht zu helfen wußte, fuhr in
seiner Unbehilflichkeit heraus: Ich fürchte, Sie sind auch darin nur
wieder ein Lügner.

Lügner! rief Münchhausen stolz. — Jetzt haben Sie mich
beleidigt, stärker, als ich Sie beleidigt hatte. Ich könnte jetzt den
ersten Schuß verlangen; der Lügner verzichtet aber auf dieses Recht.
— Lügner! wiederholte er mit Hoheit. Es kann sein, daß mir
5 der Mund über dieses Kapitel bald versiegelt werden wird. Des=
halb fühle ich mich veranlaßt, Ihnen in aller Kürze ein Kollegium
von Lüge und Wahrheit zu lesen.

Herr Graf, alle Menschen sind Lügner, nur mehr oder
weniger entwickelte. Die sogenannten tugendhaften und edeln
10 Charaktere haben nur nicht den Verstand zur echten und voll=
kommenen Lüge: ihre Lüge bleibt ihnen im Blute, zwischen dem
massigen Fleische, oder den dicken Stirnhäuten stecken, sie bringen
es höchstens zur Halblüge, zu der egoistischen Lüge. Lügen Sie
nicht, Herr Graf, wenn Sie sich so zornig, so nach meinem Blute
15 lüstern darstellen, oder thun, als liege Ihnen die Ehre Ihrer
Muhme Clelia am Herzen? Das Duell mit mir ist Ihnen im
Grunde ganz gleichgültig, aber Sie haben Ihren schwäbischen
Vettern gesagt: Wo ich den Schelm treffe, da geht es ihm übel,
und nun halten Sie Ihr Wort, wie wenn Sie gesagt hätten:
20 Heute nachmittag wollen wir zusammen spazieren gehen. — Hinz
lügt, wenn er zu Kunzen sagt: Ich freue mich, Sie wohl zu
sehen, denn er weiß gar nicht, ob Kunzen wohl ist, und von
Freude ist sein Herz weit entfernt; Kunz lügt, wenn er an Hinzen
schreibt: Der Ihrige, denn er gehörte niemals Hinzen. Der
25 Familienvater lügt, wenn er von Pflichten gegen Frau und Kinder
redet; nein, sein Haus ist seine Bequemlichkeit, und die muß er
sich natürlich seinerseits auch zu erhalten wissen; der Offizier, der
seine Leute mit einer Rede vom Vaterlande in das Feuer führt,
lügt; denn an das Vaterland denkt er nicht, sondern ans Avance=
30 ment, wenn die Bursche ihm mutig folgen; der Prediger auf der
Kanzel lügt, der Richter im Richterstuhle lügt, der Fürst auf dem
Throne lügt — sie lügen alle, alle, nur haben sie nicht die
Virtuosität darin, sie bringen ungeschickte, phantasielose, entkräftete
Lügen hervor, und ihr schweres Blut, ihr massiges Fleisch, ihre
35 dicken Stirnhäute nennen die Halblügner Tugend.

Wie anders bei uns begünstigten Sonntagskindern, deren
es freilich immer nur wenige giebt, ich aber bin ihr Chef! Gleich
schönen, nackten, schlafenden Mädchen liegen die Dinge um uns
her, der Empfängnis gewärtig! wir heiraten sie nicht in plumper

Ehe, wir zeugen nicht mit ihnen schläfrig=legitime Kinder, nein,
Don Juans der Erfindung, gehen wir zwischen diesen wollüstig
geöffneten Lippen, zwischen diesen Busen und Hüften auf und
nieder und scherzen hier und küssen dort, und erwacht fühlen
sie sich Mütter, worüber die alten Vettern und Basen sich des 5
Todes verwundern wollen; den gesegneten Schoßen aber entspringen
kleine mutige Kobolde, tolle Kinder der Liebe, an denen freilich
kein gutes Haar und kein wahres Wort ist. — Sie sind ein
durchaus rechtschaffener Mann, Herr Graf, und unfähig solches
Leichtsinnes, danken Sie Gott für Ihre Tugend, aber richten Sie 10
nicht über unsereinen. Ich bin der Cäsar der Lügen; ich kann
von mir sagen, wie „der krummnasige Kerl von Rom“: Ich kam,
sah und — log!

Jetzt hole ich das Pistol! rief der Jäger.

Das wäre nun eine Antwort! — Aber halt, noch einen 15
Augenblick! sagte Münchhausen, zog aus seinem Busen eine goldene
Kapsel von ziemlicher Größe, drückte am Charnier, daß sie aufsprang,
und ließ den Jäger hineinsehen. Es lag ein Päckchen Staatspapiere,
fest zusammengefaltet, darin, und am inneren Rande waren Namen
eingraviert, die der Jäger auf das Geheiß seines wunderlichen 20
Feindes lesen mußte. — Was soll das? fragte er.

Ein Vermächtnis an Ihre Ehre, wenn ich bleiben sollte,
sagte Münchhausen. In Fällen, wie der unsrige, wo man sich
ohne Sekundanten schießt, ist der Überlebende zu solchen Ritter=
diensten verpflichtet. Ich habe eine Tochter — 25

Sie?

Ich; hab' sie, weil sie mein ist, könnte ich mit Polonius
sagen, wollte ich scherzen, ich will aber über diese Tochter nicht
scherzen. — Mein Herr, ich werde Ihnen jetzt nichts vorseufzen,
mein Herr, ich werde Ihnen nichts vorweinen, überhaupt, mein 30
Herr, nicht den Sentimentalen vor Ihnen spielen; ich werde Ihnen
nur sagen, daß, auch wenn man viel gelogen und manches Aben=
teuer gehabt hat, es immer ein eigenes Gefühl bleibt, eine Tochter
zu besitzen, von der man nicht weiß, wo sie ist. Ich zeugte sie
vor nunmehr zwanzig Jahren fern von hier mit einer einfältigen, 35
aber ziemlich hübschen Gans. Sie lasen die Namen der Mutter,

12 f. Ich kam, sah und — log! Das berühmte veni, vidi, vici (siegte) schrieb
Julius Cäsar nach seinem Siege bei Ziela über Pharnakes 2. Aug. 707 (47 v. Chr.). —
27. „Hamlet“ II, 2, 106 sagt Polonius: „Ich hab' 'ne Tochter; hab' sie, weil sie mein.“

des Orts, auch wie ich damals hieß. Wenige Wochen nach ihrer
Geburt ſah ich ſie zufällig bei einem alten Weibe, der ſie über-
geben worden war, und — da nahm ich mir einen Augenblick
vor, zu werden, was man einen ordentlichen, geſetzten Mann nennt.
5 Ich gab der Alten meine Barſchaft für das Kind, weil es aber
nicht viel war, ſo ſuchte ich ihren Eigennutz durch Hoffnungen zu
födern, imaginierte eine höchſt ſeltſame Vorrichtung von Inſtrument,
welches, wenn es richtig gebraucht wurde, die Herkunft des Kindes
offenbarte, und bildete der Vettel ein, dadurch werde einmal ein
10 hoher Stand ihres Pfleglings an das Tageslicht kommen. —
So glaubte ich vorläufig für mein Fleiſch und Blut geſorgt zu
haben. Aber ich täuſchte mich, denn als ich nach einiger Zeit in
beſſeren Umſtänden mich wieder nach dem Kinde erkundigte, war
das alte Weib durchgegangen, hatte vermutlich mein Geld ſich zu
15 nutze gemacht und den Säugling vor eine fremde Pforte gelegt.
Wenn man Ihnen nur glauben dürfte —
Hier aber geriet der Freiherr in einen erhabenen Zorn, daß
er ſelbſt ſeinem jungen Feinde imponierte. Er ballte die Fäuſte,
knirſchte mit den Zähnen, rollte die Augen, ſtampfte mit den
20 Füßen und rannte wie raſend einigemale auf und nieder. — Bei
Himmel und Hölle! rief er, wenn man ein Genie iſt, muß man
darum ein Gaudieb ſein? — Bin ich ein zuſammengeronnener
Homunkulus, wie der Spitzbube Karl mir nachplauderte, oder
bin ich nicht ein Fabrikat, in derſelben Retorte ausgebacken, worin
25 ihr anderen alle ausgebacken wurdet? — Sackerlot! Wenn ich
von dem Kinde rede, ſo meine ich's ernſthaft, obgleich durchaus
nicht empfindelnd — ich bitte mir Glauben für dieſe Verſicherung
aus. — Aber ich denke ſie mir ſo reizend, ſo ſchön, ſo gut —
ſo — ſo ... ich kann's nicht ausſprechen, wie ich ſie mir denke.
30 An etwas muß der Menſch ſeine Gedanken hängen, wenn er auch
kein Herz hat.
Er ſchlug wütend an ſeine Bruſt und ſchrie faſt: Nein!
Nein! Hier iſt kein Herz drinnen, ich weiß es! Alles leer, nüchtern,
dumpf — oh! hu! 's iſt, als wenn man an einen hohlen Topf
35 ſchlägt. — Was kann ich dafür? Warum hat er mir keins
hineingeſchaffen? Anderen giebt er keinen Verſtand, die werden
von jedermann entſchuldigt; mir gab er kein Herz, und die Ent-
ſchuldigung ſoll nicht gelten? — Aber Gedanken habe ich und
die hangen an der Tochter. Immer ſuchte ich ſie, nimmer fand

ich sie. Indessen habe ich einen Freund bei Ihnen in Stuttgart, der hat mir vor kurzem Hoffnung gemacht, es sei vielleicht möglich, dem Dasein des Kindes noch auf die Spur zu kommen. Ich schreibe seine Adresse auf, derweil Sie hinaufgehen. Schießen Sie mich tot, so besorgen Sie die Kapsel an die Adresse. Der Inhalt gehört dem Kinde, wenn es entdeckt wird, es ist von Geschenken erspart, die ich hin und wieder bekam, und ich habe lieber gehungert, als berührt, was ich einmal in der Kapsel zurückgelegt hatte.

Jetzt gehen Sie, und holen Sie die zweite Pistole!

Sechzehntes Kapitel.
Walpurgisnacht bei Tage.

Der junge Jäger, welchem in diesem tollen Schlosse so unerwartete Dinge begegnen sollten, ging wie träumend die Söllertreppe hinauf, dem Schalle der Beilschläge nach, welche mit kurzen Zwischenpausen immer von neuem zu tönen begannen. Er öffnete die Thüre der Bodenkammer, welche die Gerichtsstube des Schloßherrn bedeuten mußte, aber da hatte er einen Anblick, der ihm Grauen und Schreck erregte. Der alte Baron wirtschaftete nämlich in dem verwirrtesten Aufzuge dort umher. Er hatte sich eine Pferdedecke wie einen Mantel um die Schultern geworfen, auf den Kopf einen alten Damenhut mit verblichenen Blumen gesetzt, einen Strick wie eine Kette sich um den Hals geknüpft. Die weißen Haare sahen struppicht unter dem Hute in einzelnen Flocken hervor, die Augen starrten wild und gläsern — so trieb er, ein komischer Lear, die Werke des Wahnsinns, welchen Nachtwachen, Erwartungen, Grübeln, Zorn und zuletzt die aberwitzigsten Phantastereien in ihm ausgebrütet hatten. Er fuhr mit großen Schritten auf der Bodenkammer hin und her, ein Beil in der Hand; der Tisch war zur Seite geschleudert, der alte Lehnstuhl lag in Trümmern, um diese Trümmer hatte er Kleidungsstücke, Flaschen, Geröll und Gerümpel aller Art, welches die Bodenkammer verwahrte, aufgehäuft. Jetzt lief er mit dem Beile an das Giebelfenster, bog sich hinaus, hackte an der Stütze, welche gegen die Giebelwand gelehnt war, dann kehrte er zu dem Gerümpel zurück, nahm was er fassen konnte und warf Kleider, Flaschen, zerbrochenes Gerät

zum Fenster hinaus. So wechselte er in seinen verrückten Be=
schäftigungen von Sekunde zu Sekunde ab und trieb dieselben mit
solcher Anstrengung, daß ihm der Schweiß vom Haupte floß.
Dazwischen rief er mit voller und tönender Stimme unverständliche
5 Worte wie: Fort mit euch! Fort mit euch Eindringlingen, er=
kennt euren Herrn, der in Frankfurt gekrönt wurde, dem ihr
Treue auf die Wahlkapitulation gesprochen habt!

Der Jäger hatte sich bei seinem Eintreten in eine Ecke ge=
drückt und sah dem unheimlichen Schauspiele einige Minuten lang
10 entsetzt zu. Dann faßte er sich ein Herz, schritt mutig vor, ging
zu dem Wahnwitzigen, der eben wieder am Hacken war, und sagte
festen Tones: Herr Baron, was treiben Sie?

Der Alte fuhr hastig herum, sah den Jäger mit seinen
starren Augen groß an, schwang das Beil und rief: Sie müssen
15 sehr unwissend sein, daß Sie mich so fragen. Kennen Sie den
letzten deutschen Kaiser nicht? Mein Bruder ist geborener Geheimer=
rat im höchsten Gericht. Ich ward in Frankfurt gesalbt und ge=
krönt. — Nun legte er die Hand an seine Stirn, wie wenn er
nachsänne, und sprach dann leiser, wie ein Mensch, der im Schlaf
20 redet: Ich war lange abwesend — lange — lange — gefangen
genommen vom Reichsfeinde, von Münchhausen — o pfui! nannte
mich du mit einem Munkel — Luftversteinerung — Aktien auf
Jesuiten — und dann — dann —

Aber — hier richtete er sich majestätisch auf und seine Stimme
25 donnerte — das heilige römische Reich ist ewig, die alten Ver=
hältnisse kehren immer wieder und der Kaiser stirbt nicht. — Ich
komme zurück, jedoch da ist alles in Unordnung, da hat sich Genist
aller Orten eingehängt, da muß ich Ordnung stiften und reine
Bahn machen.

30 Er warf die Trümmer des Lehnstuhls hinaus und ein Paar
leerer Flaschen. — Das sind die Fürsten! rief er. Wie haben
sie sich mausig gemacht! Aber ich leide keine Hoheit neben meiner,
denn ich bin der Kaiser. — Er hackte draußen vor dem Giebel=
fenster. — Den Bundestag habe ich bald durchgehackt, diese Stütze
35 ist ohnehin sehr morsch! rief er erhaben lachend.

Bei diesen grauenvoll lächerlichen Dingen faßte sich der Jäger
in den gesunden Tiefen seines schwäbischen Herzens und sprach
zu sich: Der unglückliche Alte hat den Verstand verloren und du
kannst ihn in diesem Zustande nicht um die Lisbeth bitten. Sie

ist dein, das Mädchen, du wirst ihr den traurigen Zustand mit
Schonung beibringen und ihr dann für den armen Pflegevater
sorgen helfen. Jetzt hast du weiter nichts hier zu thun, als dich
mit dem verruchten Schrimbs oder Peppel oder Freiherrn von
Münchhausen zu schießen. — Er konnte nicht wissen, in welche 5
Gefahr der Alte sich und ihn durch das Hacken setzte, sonst würde
er ihm mit Gewalt das Beil entwunden haben.

Walpurgisnacht bei Tage! setzte er, sich dennoch schüttelnd
vor Grauen, seinen Worten hinzu. Er sah die zweite Pistole
auf dem Tische liegen, die nahm er und das Pulverhorn dazu; 10
beides steckte er zu sich. Sein scharfes Auge spähte nach Kugeln;
es entdeckte sich ihm ein lederner Beutel, der von einem Brette
herabhing, welches der Alte durch das Hinwegräumen des Gerülls
von seiner Verhüllung entblößt hatte. Er ging nach dem Brette,
seine Vermutung täuschte ihn nicht, es war ein Kugelbeutel, der 15
da herabhing.

Er nahm ihn, da rollte etwas nach, was auch auf dem
Brette vergessen gelegen hatte, es fiel auf den Boden. Mechanisch
hob er es auf; es war ein Cylinder mit dickem Staube überzogen,
viele Jahre mochte der dort gelegen haben. Ein Papier war um 20
den Cylinder gewunden.

Der alte Baron schoß wie ein Pfeil herbei und faßte beide
Arme des jungen Mannes. Halt Räuber! rief er, du darfst die
Mitgift der kaiserlichen Prinzessin nicht entwenden. — Ja! Ja! —
sagte er, den Cylinder tiefsinnig betrachtend und das Papier von 25
demselben loswickelnd; das ist die Mitgift der kaiserlichen Prinzessin, meiner lieben Tochter. — Der Jäger mochte mit diesem
neuen Ausbruche des Unsinns nichts weiter zu schaffen haben, er
ließ daher dem Alten, was diesem so wichtig zu sein schien, und
wollte gehen. Der Alte hatte das Papier, auf welchem, wie dem 30
Jäger ein flüchtiger Blick gezeigt hatte, in den Ecken allerhand
Buchstaben und Charaktere standen, glatt und gerade gestrichen,
die Gläser des Cylinders abgewischt und hindurch gesehen. —
Ach Lisbeth! Lisbeth! seufzte er.

Dieses Zauberwort fesselte den Jäger an die Stätte. Zu 35
seiner Verwunderung sah er, daß der Alte sich platt auf den
Boden setzte und bitterlich zu weinen anfing, wie ein Kind. Ach,
sagte er und sah wieder durch den Cylinder in die leere Luft,
indem er dabei das Blatt Papier steif in der anderen Hand hielt,

ich sehe mein Kind Lisbeth noch immer nicht dadurch. O wie
gern legte ich meinen Kopf auf ihren Schoß und ließe ihn
streicheln von ihren sanften Händen, denn die Regierungssorgen
machen müde und ein Kaiser bleibt auch ein Mensch!

Vergebens bemühte sich der Jäger, Aufschlüsse von dem Alten
zu erlangen. Dieser faselte nur durch einander von Lisbeth und
von der kaiserlichen Prinzessin, welche einst die Mitgift in das
Haus gebracht habe, aber durch die Gläser nicht zu entdecken sei.

Hm! rief der Jäger, der vor Ungeduld brannte, irgend
etwas zu entdecken, was die unsichtbaren Keime der Dinge, die
um ihn her zu sprossen schienen, an das Tageslicht bringen
möchte; das Ding da muß doch eine Beziehung auf die Lisbeth
haben. Was ist es denn eigentlich? — Er nahm es dem Alten
aus der Hand, der nun ganz weich und nachgiebig geworden
war, seine Thränen abgetrocknet hatte und selig lächelte, weil
dem zerstörten Geiste die Gestalt der lieblichen Pflegetochter vorschwebte. Es bedurfte keiner langen Untersuchung, um ihn ins
klare zu setzen. Der Cylinder war eine jener optischen Spiele-
reien mit einem Okularglase und einem konzentrierenden Objektiv-
glase, welches verschiedene Figuren oder einzelne Buchstaben, die
auf einer Fläche umher zerstreut sind, zum Bilde oder zum les-
baren Satze versammelt. Man fertigt zu diesen Gläsern Blätter,
die in der Mitte, wenn der Scherz vollkommen sein soll, ein
kleines Bild oder ein Wort tragen, in den Ecken und Winkeln
umher aber nur ein sinnloses Gemisch zeigen. Sieht man nun
auf ein solches Blatt durch das Glas, so verschwindet, was in
der Mitte steht und es fügt sich aus den Ecken und Winkeln
eine andere Gestaltung zusammen.

Der Jäger nahm auch das Blatt dem Alten aus der Hand.
In der Mitte stand das Wort: Nizza und kein Komma oder
Punktum dahinter. Er stellte sich an den Tisch, legte das Blatt
zurecht und richtete das Glas darauf, um zu sehen, was ihm dasselbe aus den Ecken und Winkeln zusammenführen würde.

Das Auge des Dichters gleicht einem solchen Glase. Es
versammelt zum Bilde, was weit umher zerstreut ist und keine
Gestalt annehmen zu können scheint, und oft verschwindet ihm
das, was ihm zunächst vorschwebt.

Münchhausen schrieb unten hastig seinen Kreuz= und Quer=
brief an den Erbprinzen und dessen Vater zu Ende, siegelte
beide, setzte die Adresse an den Freund in Stuttgart auf, that
sie in die goldene Kapsel und sagte: Es ist nicht wahr, daß ich
mich nicht vor dem Tode fürchte, aber ich habe Ehre zwischen mich 5
und meine Feigheit geschoben, getrieben, gekeilt; Ehre steckt wie
ein Pflock vor der Feigheit und läßt sie nicht zum Herzen
dringen, Ehre ist etwas Großes und mehr wert als Tugend,
denn zur Ehre gehört kein Herz, ohne welches Tugend sich nicht
zu behelfen weiß. 10

Brav will ich sterben, wie ein Bräutigam! rief er. — Als
Offizier sieht man selbst noch im Tode besser aus, darum rasch
meine Uniform angelegt, meine rote Phantasieuniform und hinweg
ihr unangenehmen Erinnerungen, die ihr euch an den Rock hängt!
Sie ist tot! tot! tot! die Gans, oder eingesperrt, oder verheiratet. 15
O du, meines Lebens einzige Lüge, deren ich mich schäme und
die mir selbst diese Abschiedsstunde vergiften will, hinweg!

Er legte die rote Uniform an, setzte den Offizierhut auf,
der aus dem kleinen Klack entstanden war, sah sich mit einer
Art von schmerzlichem Wohlgefallen im Spiegel und philosophierte, 20
vermutlich um den Pflock vor seinem Herzen festzuhalten, so
weiter: Ein Edelmann zu sein, unermeßlicher Vorteil, unschätz=
bares Glück, selbst wenn man, wie ich, nicht die Ehre hat, der
Freiherr von Münchhausen zu sein, sondern nur der — doch still!
Selbst die Lüfte sollen nicht erfahren, wer ich bin — Karl! — 25
Als Schrimbs, Peppel, Reifenschläger liefe ich jetzt fort, wahr=
haftig, so thäte ich, als Freiherr von Münchhausen halte ich Stich.
Karl! — Wo bleibt der Schlingel? Ich will ihn noch abstrafen
vor meinem Ende, das soll meine letzte gute Handlung auf
Erden sein. — Thut der Name schon so viel, wie viel mehr erst 30
die Sache. Ja, der Adel ist eine Magie; Bourgeoisie und Philo=
sophie mögen sagen, was sie wollen. Adel ist eine Schrift mit
sympathetischer Tinte; tausendmal verschwunden kommt sie immer
wieder zum Vorschein. Selbst, wenn man sich in eigener Person
zum Ritter schlägt, kriegt man Ehre, und Ehre ist wieder eine 35
Magie, ein Bann, eine Zauberformel. Hätten die Hasen Ehre,

34 f. Im zweiten Teile von Shakespeares „König Heinrich VI." schlägt der Pöbelführer
John Kade sich selbst zum Ritter (IV, 2, 127), um Sir Humfried Stafford ebenbürtig
gegenübertreten zu können.

sie ständen wie die Löwen. Wohl hatte Heine recht, wenn er
sagte, Mirabeau würde den Thron zu erschüttern nicht den Mut
gehabt haben, wäre er nicht Graf gewesen, und ich sage, der
Artillerielieutenant Bonaparte wäre nicht Kaiser der Franzosen
5 geworden, hätten seine Vorfahren nicht im goldenen Buche von
Bologna gestanden. Hundert bürgerliche Stimmen in mir rufen:
Reiß aus, denn du kannst es, reiß aus vor diesem mörderischen
Schwaben! Aber Münchhausen steht, Münchhausen steht wie ein
Held, Münchhausen wird als Held zu fallen wissen. Karl! Karl!
10 Ich muß den Esel mir selbst herbeiholen.

Münchhausen schoß in seiner roten Uniform gleich einer
Feuerflamme des Herrn durch den Vorsaal, die Treppe hinunter,
aus dem Hause in den Garten, um den Schneckenberg zu er=
klimmen, in dessen Häuslein er den Diener vermutete.

———————

15 In diesem Augenblicke kam der junge Jäger vom Söller.
Seine Schritte waren schwankend, er hielt sich, was er wohl noch
nie gethan hatte, am Treppengeländer fest, wie ein Siecher. Es
mußte ihm etwas ganz Unerhörtes begegnet sein, denn man
würde umsonst versuchen, den Ausdruck seines Antlitzes zu
20 schildern. Ein halbes Lächeln wurde von Zügen des äußersten
Schmerzes und einer zornigen Verachtung durchschnitten, Über=
raschung, Spott, herber Unwille, dieser vielleicht nicht auf einen
einzelnen Menschen, sondern auf ein unbarmherzig neckendes Ge=
schick, kämpften auf diesen reinen Wangen, auf dieser edeln Stirn,
25 wie Sonnenblitze, Regenschauer, fahle Lichter und tückische Wolken=
schatten an manchem Tage kämpfen, den die Natur ausersehen
zu haben scheint, geheime Prozesse unter den Lamien, Empusen
und Lemuren zur Entscheidung zu führen.

Seine Pistole brachte er nicht mit. An dem Zimmer Münch=
30 hausens schlich er vorbei, scheu wie ein Verbrecher. Er hielt die
Hand den Augen vor, als fürchte er jemand zu begegnen. Es
war ein Knarren und Knacken in dem alten wurmfräßigen Schlosse,
als wolle der Baugeist, der es zusammengefügt, ausziehen.

In dem Nebel draußen standen die Gegenstände unheimlich

17. Immermann vergaß, daß er im 8. Kapitel des II. Buches erzählt, dies Treppen=
geländer sei vorlängst zu Brennholz verwendet worden. — 27 f. Empusen und Lamien,
vampyrartige Gespenster, deren die griechische Mythologie gedenkt; Lemuren aus Goethes
Faust II. bekannt.

zu Schemen verschattet. Er wollte eben den Weg nach der
Schloßstraße einschlagen, als ein wilder Lärmen im Garten seine
Schritte einen Augenblick lang hemmte. Auf den Gesang des
Fräuleins, welchen er schon früher von weitem gehört hatte, war
seine Aufmerksamkeit nicht gerichtet gewesen; plötzlich aber ward 5
Münchhausens Stimme vernehmbar, welcher überlaut rief: Was!
Hölle, Teufel und alle Furien und Parzen —

„Jetzt holet das Schicksal, der Racker" —

Das Fräulein kreischte:

„Erst den Nußknacker, dann holt es mich!"   10

Gütiger Himmel, diese kaiserlich birmanische Uniform —

Dieser Anzug, — das rote Kleid, der Paradiesvogel — o
Tod und Elend! —

Das Gartenthor rasselte. Eine Gestalt kam herbeigesprungen.
Es war Münchhausen. Er hatte den Hut verloren. Sein Haar 15
flatterte im Winde. Als er den Jäger erblickte, rief er keuchend:
Bei meiner Ehre, ich wollte nicht ausreißen, aber —

Ich — kann mich nicht mit Ihnen schießen! rief der Jäger
und lachte zerstört.

... Der böse Feind ist hinter mir ... Sassa! Adieu! — 20
Er sprang fort und über die Mauer.

Das Fräulein kam gelaufen, auch flatternden Haares. Ruccio=
puccio! Wo hatte ich meine Augen? — rief sie und verschwand
nach wenigen Schritten im Nebel.

Walpurgisnacht bei Tage! murmelte der Jäger abermals. — 25
Als er den Thalgrund erreicht hatte, hörte er hinter sich oben
ein Krachen und dann ein donnerartiges Getöse, wie wenn ein
Gebäude zusammenstürzt

Siebenzehntes Kapitel.

Gedanken in einer Krypte.   30

Der Schriftsteller, welcher seinen Namen zu dieser Arabesken=
geschichte hergegeben hat, weil eben kein anderer zu finden war,
sah sich achtsam in der Krypte um. Dergleichen Krypten oder
Klüfte finden sich unter vielen katholischen Kirchen.

20. Edgar im „König Lear" III, 4, 46: „Fort! der böse Feind verfolgt mich   Hu!"

Die Kirche, von welcher hier die Rede ist, gehörte sonst zu einer alten, reichen, nachmals aufgehobenen und endlich bis auf die Fundamente abgebrochenen Abtei. Sie ist daher alt, reich= verziert, nur etwas in Verfall geraten. Neben dem Hochaltare und zu beiden Seiten desselben führen die unter einem Überbau befindlichen Stufen in die unterirdische Kirche. Durch Geräumigkeit und überallhin verteilte Zieraten entspricht sie dem oberen Tempel. Eine vierfache Reihe von kurzen, dicken Säulen trägt das Gewölbe, an den Kapitälern der Säulen sind bizarre Vogel=, Schlangen= und Menschenköpfe angebracht; hinter dem Altare, der sich in der Austiefung nach Morgen befindet, erhebt sich das Kreuz und der Gekreuzigte hängt daran, Maria und Johannes stehen unten am Stamme des Kreuzes und diese ganze Gruppe ist von derber Faust mit grellen Zügen der Trauer und des Schmerzes in Sandstein ausgehauen, den man, in der Absicht zu verschönern, mit glänzend weißer Ölfarbe überstrichen hat. Ringsumher sind Seitennischen, in welchen die Passionsgeschichte in kleineren Darstellungen aus Holz oder Stein erscheint, unter= mischt mit Grabmonumenten der Äbte, deren einige diesen unter= irdischen Ort zu ihrer Bestattung wählten. Die Steine, welche von einem Teile weggebrochenen Mauerwerks herrühren, liegen in einigen unordentlichen Haufen in dem düstersten Teile der Krypte umher, dazwischen liegen auch Pfeiler, welche schadhaft geworden waren und deshalb hölzernen Stützbäumen haben Platz machen müssen, und einer ist schief gegen die Wand gelehnt.

Auch hier verbreitete die ewige Lampe ein dämmerndes Licht, welches mit dem durch die kleinen Fensteröffnungen von außen einfallenden Tagesscheine verbunden, die wunderbarsten Schattenspiele um die Gruppe am Kreuz, um die Kriegsknechte, die den Heiland begleiten, um Simon von Cyrene, an den Gräbern, an den Pfeilern und ihren Kapitälern umher schuf, und selbst zwischen den Schutthaufen und den umgewandten Pfeilern dunkle geisterhafte Winkel errichtete. Die Züge des Schmerzes sahen in diesem Lichte noch schärfer und entsetzlicher aus, ein fürchterlicher Hohn schien von den Fratzen an den Kapitälern in sie hineinzuschreien; Schutt und Trümmer erschienen größer als sie waren.

Solche Krypten wurden als Grabeskirchen um die Gebeine der Märtyrer ausgetieft, über welchen sich die Kirchen der alten

Zeit erhoben. Denn wie das Heidentum die Erfindungen des
Lebens verewigte und die Stätten festlich bezeichnete, wo das Roß
entsprang und der erste Ölbaum gepflanzt wurde, so hat das
Christentum mit seiner Erfindung Besitz von der Erde genommen,
mit dem Grabe. Erst das Christentum hat das Grab erfunden 5
und seine süßen Zauber. Die morschen Knochen der Enthaupteten,
Gepfählten und Gesteinigten machten, wo sie lagen, das Land in
der Runde umher zinsbar und über dem Erdreiche, welches das
Blut der Zeugen gedüngt hatte, blühten die Riesenblumen, die
Dome, auf, in welchen Andacht, Askese, Pracht des Kultus und die 10
Magie der Künste wie ein berauschender Duft wallte und wehte. —

Geadelt wurden die Grabeskirchen durch den Gedanken an
die Katakomben und Höhlen, in welchen die ersten Geschlechter
der Bekenner den Auferstandenen feierten durch den Gedanken an
das Grab der Gräber, welches den Auferstandenen zu fesseln un= 15
vermögend gewesen war

Der Wanderer erlebte an diesem einsamen Orte, wo alles
Gespenstische, Schattenartige, Sonnenabgewandte der Religion sich
zu einer Leichenorgie zusammengefunden hatte, eine jener Stunden,
die er seine mystischen nennt, von denen er aber nachmals nur 20
stammelnd Rechenschaft zu geben weiß. In diesen Stunden malt
ihm seine Phantasie keine glänzenden Bilder vor, noch erlegt ihm
der Verstand, der scharfe Schütz, einen haltbaren Satz, noch treibt
ihm das Gefühl Thränen in das Auge, sondern er ist in den
Dingen und sie sind in ihm. Ihr wesenhaftes Leben ist der 25
Pulsschlag seines Blutes — Indem er auf einem der umgestürzten
Pfeiler saß, den Kopf auf den Arm gestützt, umspielt von den
Schatten und Lichtern dieser Grabeskluft, war er in den frühen,
buntgemischten Ursprungszeiten des Christentums und sah die
Götter im Streite mit dem Lamme. Lamm und Olymp kämpften 30
um die Seelen der gottverworrenen Menschen, die mit der einen
Hand sich an dem geheiligten Zeichen der äußersten Schmach,
mit der andern an den Hörnern des Altars anklammern. Sie
essen das Fleisch und trinken das Blut des Gottes, um den
neuen Bund in sich zu stärken; bis in die Grüfte der Toten 35
wird der verwandelte Wein gespendet, um die Abgeschiedenen von
Hades und Tartarus fern zu halten und im Himmelreiche zu
konsignieren, aber das hilft alles nichts, die Götter sind schlau
und schleichen sich unter mancherlei Verkleidungen in das feind=

liche Lager, dort neckenden Mißverstand, Irren und Wirren an=
zurichten. Der Vogel der Juno spreizt sein Rad an den Wänden
der Katakomben aus und schreit von Unsterblichkeit, Bacchus der
Gott schickt seine Tiger, schleudert den Wurfspieß in den Wein=
berg des Herrn, Apoll erinnert sich, wie er bei Admeten die
Schafe gehütet, und maskiert sich als guter Hirte, frech zeigt sich
sogar der Phallus in der Welt, welche Entsagung buchstabierend
einlernt, das allerschwerste Wort, das Wort immer wieder von
der armen Menschenlippe vergessen.

Eigentümliches Kampfgewimmel, schwärmendes Larvenspiel
der Vorstellungen! Wunder auf Wunder müssen geschehen, um
die Macht des drängenden Paganismus abzuwehren; diese Zeiten,
die man zu den einfachsten, geistigsten des Christentums hat um=
prägen wollen, sind die sinnlichsten, materiellsten; man will es
mit Händen greifen, das Heilige, der Glaube hat sich in seinen
eigenen Tiefen anstatt der Wolken, die Zeus versammelt, und der
Furche, in welche Demeter das Korn sät, einen neuen Stoff er=
zeugt. Dieser Stoff ist die Thräne, das Leiden, das Geheimnis,
die Entzückung. Er schwelgt an dem Stoffe, er genießt ihn.

Und nun? — Wer mag die Strömung nennen, in welcher
das Schiff unserer Tage fährt? Wer das Wort des Rätsels aus=
sprechen, an dem die Geschlechter der Erde nagen? So viel ist
richtig; der Tod und der Himmel sind zurückgewichen in den
Hintergrund der Gedanken, und auf der Erde will der Mensch
wieder menschlich heimisch werden. Heißt das: Er will das Fleisch
bei Champagner und Austern emanzipieren? Nein. Heißt's: Die
Erde soll ihm nur das Mistbeet sein, in dem er sich sein Gemüse
zieht? Nein. — Sondern mit den Blitzen seines Geistes will er
die Erde durchdringen, daß sie geistschwanger werde, er will sich
an ihr eine Freundin seiner besten Stunden, eine ernste und doch
heitere Gefährtin seiner reifsten und männlichsten Jahre gewinnen.

Und da wird wieder die Religion in das Mittel treten müssen.
Denn die Weltgeschichte ist immer nur das Gewand der Gottes=
geschichte. Aber wie? Der Atem der Zeit sauset, und wen er
berührt, der weiß nicht, wie er gestern dachte, noch, wie er morgen
denken wird. Abgethan liegt das Mittelalter hinter uns mit
seinen zwei Entdeckungen, der Hierarchie und der christlichen Kunst.

26. Emanzipation des Fleisches lautete das besonders von Gutzkow ausgegebene Stich=
wort des „jungen Deutschland".

Die Kunst büßt, wo sie sich jetzt gegen den Himmel wenden will,
ihre Naivetät ein und mit der Naivetät hat eine Kunst ihre Jung=
frauschaft verloren und mit ihrer Jungfrauschaft alles. Denn
die Kunst wird nie ehrbare Hausfrau und Mutter; sie ist ent=
weder Jungfrau oder Metze. — Rom kann noch donnern und 5
blitzen, es kann von mancher säuerlichen Stimmung ausgebeutet
werden, es kann sogar noch großen Nutzen stiften durch Verbindung
mit tüchtigen Welfen allzu tölpelhaften Ghibellinen gegenüber, aber
sein Regiment ist vorbei, seitdem selbst mancher Bauer weiß, daß
man der Sonne nicht gebieten dürfe, um die Erde zu laufen. 10

Also eine neue Entdeckung thut der Religion not, wenn
das dritte Weltalter anbrechen soll. Wie, wenn es abermals
etwas von einem heiteren Paganismus annähme? — Wenn das
Formeln= und Dogmenwesen aufhörte, und die Satzungen des
tridentinischen Konzils und die Sätze der symbolischen Bücher sich 15
völlig und ehrlich antiquierten, anstatt die gegenwärtige fiktive
Herrschaft noch so fortzuschleppen? Wenn die Sprüche des Evan=
geliums nicht mehr gebraucht würden, die Menschen und die Ver=
hältnisse zu verwirren? Wenn jeder sich rechtschaffen überzeugte,
das Christentum sei eine von Ewigkeit beschlossene und in Ewig= 20
keit fortzeugende Thatsache, erhaben über die kleinliche Diplomatie,
die sich in der Folgerung offenbart: Das darf nicht zugegeben
werden; denn sonst fällt auch das und das über den Haufen?

Der Geist der Geschichte muß allgemeiner die Geister durch=
dringen, als bisher geschehen ist. Die Kirchengeschichte muß die 25
Menschen mehr belehren als der Katechismus und das Kredo und
das Symbolum. Sich inniglich und haltbedürftig als eines der
letzten Glieder der großen Kette zu empfinden, die aus unzähligen
Ringen besteht, unter denen auch die Sekten, die Ketzereien, der
Krieg gegen die Waldenser und die Weihnacht zu Canossa so 30
wenig fehlen dürfen, als die Konzilien, die Gedanken der Kirchen=
väter und die Glaubensthaten der Reformatoren — das wird
das neue Christentum sein, welches mit der Krippe zu Bethlehem,
im Busen des Gläubigen beginnt und in dessen letzten andächtigen
Minuten die jüngste Offenbarung feiert. Die Erleber dieser neuen 35
Konfession — denn Lippen werden nicht oft sie zu bekennen ver=

---

1 ff. Polemik gegen die von den Romantikern ausgehende einseitig religiöse Richtung
der neueren deutschen Kunst, gegen welche Immermann sich auch in den „Epigonen" aus=
gesprochen hatte.

mögend sein, weil dieses Dogma über das Wort hinausgeht —
werden zugleich Katholiken sein und Protestanten und Quäker und
Ketzer. Anfangs wird die Gemeine klein sein und verachtet, oder
des abscheulichsten · Indifferentismus bezichtiget, nach und nach
5 wird sie sich ausbreiten und zuletzt die allgemeine Kirche werden.

Die Stiftung dieser Kirche wird nicht von dem Willen der
Einzelnen abhängen. Unbewußt, durch schwere, vielleicht furchtbare
Ereignisse wird der Geist Gottes sein unwiderstehliches Nötigungs=
recht ausüben. — Aber so ausgeweitet, in diesem erschlossenen
10 Bewußtsein, wird der Mensch erst würdig sein, von der Erde auf
neue Weise Besitz zu nehmen. Dann wird sie ihm Kränze bieten,
deren Duft und Glanz noch niemand ahnet. In dem Sinne
werden der Enkel Enkel wieder Heiden werden, daß sie es für
Gewinn achten, wenn sie einen Gott mehr bekommen.

---

15   Intermezzo.

Während der Schriftsteller sich in der Krypte seinen zur
Zeit noch verbotenen Gedanken ergab, trug sich in der nahen
Schenke eine derbe Szene des Lebens zu. In der Stube nämlich
fuhr durch einen Kreis gaffender Bauern eine Gestalt, deren auf=
20 fallender Anzug durch die Eile, womit sie ihr Ziel verfolgt hatte,
in Unordnung geraten war. Sie hatte eine Erkundigung an=
gestellt, welche ihr von den Bauern nicht hatte gegeben werden
können, und war darauf rasch zur Thüre hinaus wieder dem Ziele
ihrer Verfolgung nachgeeilt. Obgleich diese Gestalt die wunder=
25 lichste und lächerlichste Figur bildete, so lachten die Bauern dennoch
nicht, sondern standen in stummen, nachdenklichen und zum Teil
verlegenen Gruppen umher. Einige strichen sich das Haar glatt,
andere sagten: Hm! und zwei legten den Finger an die Nase. In
der Mitte aber stand ein Mann, dessen Anzug eine etwas höhere
30 Beschäftigung anzeigte, denn er trug einen abgeschabten grauen
Frack und eine gelbe Nankingmütze mit einer Trobbel. Dieser
hatte eine besonders nachdenkliche Miene angelegt, er öffnete endlich
seinen Mund und sprach: Hab' ich's euch nicht hundertmal gesagt,
Leute, die Natur steckt voller Wunder, hab' ich's nicht? Chor,
35 Gegenchor, das ist ein großes Geheimnis.

Die Bauern gaben ihm teils mit Worten, teils durch Ge=
bärden recht, denn er erfreute sich unter ihnen einer großen

Autorität. Er war der Chirurgus, welcher Lisbeth verbunden
hatte, und erklärte alle Übel, welche den Menschen treffen können,
aus dem Choc und Gegenchoc, wie er sich in seiner Terminologie
ausdrückte.

Zum Beispiel fuhr der Chirurgus fort, indem er ein Glas
Wachholderbranntwein gegen den bösen Nebel trank; die Natur
draußen wird im Herbst, oder so gegen das Frühjahr rheumatisch,
das thut ein Geschnaube von Winden hin und her, in diesem
Augenblicke warm, im nächstfolgenden kalt, Regnen und Graupeln
vom Himmel, Feuchtigkeit — mit einem Worte: Katarrh draußen
— Choc — Gleich die Natur inwendig auch zu schnauben angefangen — Hitze, Kälte, Augen thränend und fließend — Katarrh
inwendig — Gegenchoc! Verstanden, Leute?

Die Bauern bejaheten und gaben dem Chirurgus vollkommen
recht, denn sie hatten seine Theorie an Feier= und Werkeltagen
oftmals vortragen hören, und sie mit ihrem Spruche: Wie du
mir, so ich dir, vollkommen übereinstimmend gefunden. Aber wie
die Anwendung derselben auf die Person zu machen sei, welche
soeben das Zimmer verlassen hatte, darüber waren sie weniger
im klaren. Sie erwogen in ihren Gesprächen, wie das Fräulein,
worüber sie immer, wo sie sich gezeigt, wegen ihrer „gecken" Reden
gelacht, nun auf einmal so gefaßt und ganz bei sich unter sie
getreten sei, sie gefragt habe, ob sie keinen Mann in roter Uniform
vorbeikommen gesehen, wie das Fräulein sie beschworen habe, ihr
die Wahrheit zu sagen und zu glauben, daß sie wohl wisse, was
sie thue, denn sie habe zwar früher viel an einen Fürsten gedacht
und an ein Stiftskreuz, aber es könne sein, daß dergleichen nur
Lüge von einem anderen, oder eine Einbildung von ihr gewesen
sei, den Mann jedoch habe sie plötzlich an seiner roten Uniform
und an einem Liede wirklich und wahrhaftig wiedererkannt, und
diesen Mann müsse sie ausforschen, denn er habe ihr einst großes
Unrecht zugefügt, und dafür müsse er ihr Genugthuung leisten,
sollte sie ihn auch bis an das Ende der Welt verfolgen. — Sie
brachte das alles so erbärmlich und anzüglich und so recht adrett
heraus, daß man ihr glauben mußte, und daß wir ihr gern den
Roten entdeckt hätten, wäre er uns nur bekannt gewesen, sagte
der alte Bauer, der sich am gesprächigsten in jenen Erläuterungen
gezeigt hatte. — Aber wo liegt hier der Choc? setzte er fragend
hinzu.

Ja, und absonderlich der Gegenchoc? fragte ein jüngerer Bauer.

Der Chirurgus ließ sich noch ein Glas Wachholderbrannt= wein geben, um seine Darstellungskräfte zu schärfen, so thaten auch die Bauern, um ihre Fassungsgaben zu stärken. Nachdem die Gläser geleert und dem Wirte zurückgegeben worden waren, erhob der Chirurgus wieder seine Stimme und sprach: Das wißt ihr doch alle, Leute, daß es sich bei den Frauenspersonen lediglich und ganz allein um den Punkt dreht, ob sie einen Mann kriegen, oder ob sie keinen Mann kriegen?

Versteht sich! riefen die Bauern, ohne den mindesten Zweifel.

Nun also. Ein Frauenzimmer, wie à propos das Fräulein, hat keinen Mann, aber vor alters einen Liebhaber gehabt. Der Liebhaber ist weg — Einsamkeit — lauter Einbildungen, Geckereien — pure Verrücktheit — Fürst — Stiftskreuz. — Plötzlich von draußen der alte Liebhaber wieder da — Choc —

Freudig riefen die Bauern: Aha! Inwendig im Frauen= zimmer auch nichts als der simple Liebhaber — schlechtweg — Frauenzimmer wieder klug — Gegenchoc!

Der Chirurgus sah mit großer Genugthuung umher und empfand ein außerordentliches Behagen, daß seine Lehren in diesem Kreise schon so tiefe Wurzeln geschlagen hatten und daß die Bauern mit einer leichten Nachhilfe von seiner Seite fertig zu argumen= tieren wußten. Das Gespräch zwischen ihm und den Bauern setzte sich nun über denselben Gegenstand, nämlich über die Verwand= lung des Fräuleins, fort, und mancher Wunsch wurde laut, daß es ihr gelingen möge, ihren roten Liebhaber einzuholen, obgleich es, wie einige bemerkten, verwunderlich sei, daß eine so alte Person hinter einem Manne her durch die Welt laufe. — Sie sah aber auch heute im Gesicht ganz anders und jünger aus, bemerkte einer. Das kam von der kalten Luft, versetzte ein anderer. Nein, vom Gegenchoc, sprach der Chirurgus mit Ansehen und schloß durch dieses Wort die Debatte.

Während der Gespräche, deren Inhalt soeben notdürftig an= geführt worden ist, fütterten vier Pferde vor dem Eingange zur Schenke aus Krippen, die ihnen untergestellt worden waren und in welche der Postillon Brot einschnitt, in der Wirtsstube aber saß ein ernster Mann hinter dem Tische in der Ecke. Die Pferde gehörten zu einer glänzenden Reiseequipage, welche an den Schlägen ein adeliges Wappen zeigte, unten und oben Magazine und hinten einen Sitz hatte, in welchem eine schlafende Kammerjungfer saß, während der Kammerdiener, der mit ihr sonst den Sitz teilte, neben dem Schlage stand und in dieser vom Dienst freien Pause eine Zigarre rauchte. Denn die Herrschaft war, ungeachtet des dichten Nebels, nach einer nahen romantisch gelegenen Klippe ge= 5 hüpft, um so viel zu sehen, als eben zu sehen war. Gehüpft — muß es heißen, denn sie gingen nicht, sondern sie hüpften, wann sie aus dem Wagen stiegen. Es waren junge vornehme Gatten, die unmittelbar nach der Vermählung ihr frisches Glück durch die Welt spazieren führten. 10

Der Mann in der Stube saß dagegen sehr ernsthaft hinter einem Buche und las. Er war ein alter Bekannter, sogar ein Stück von einem ehemaligen Nebenvormunde der jungen Dame. Zufällig hatte sie ihn einen Tag nach ihrer Vermählung mit dem Kavalier aus den österreichischen Erblanden getroffen, von ihm 15 erfahren, daß auch er eine Rheinreise anzustellen im Begriff stehe und ihm sogleich einen Platz in ihrem Wagen angeboten. Der junge Ehemann machte zwar über diesen Zeugen seiner Flitter= wochen ein etwas verdrießliches Gesicht, die junge Dame spürte einen Augenblick später aus gleichem Grunde eine leichte Reue, 20 aber Verdrießlichkeit und Reue kamen zu spät, denn der ernste Mann hatte das liebenswürdige Erbieten schon angenommen. Man mußte sich also zusammen auf den Weg begeben und in einander zu schicken suchen, wie es gehen wollte. Nicht wenig lachte die junge Dame, als sie erfuhr, welches der eigentliche 25 Reisezweck ihres Begleiters sei. Sie meinte, es sei wunderseltsam, daß die Vernunft hinter der Thorheit her jage, das Einholen sei zweifelhaft, denn die Vernunft habe Elefantenfüße und die Thor= heit federnde Sohlen. Und als er über diese leichten Reden ein verstimmtes Gesicht machen wollte, so hatte sie mutwillig gerufen: 30 Was gilt die Wette, daß Sie der einzige von uns allen sind, welcher auf dieser Reise Schwabenstreiche begeht?

Nie war eine verschiedenartigere Gesellschaft zusammen auf Reisen gewesen. Die jungen Gatten wollten immer weiter, in Mainz sprachen sie von Rotterdam, in Koblenz von Amsterdam, 35 in Köln sprach der junge Kavalier von England, was besucht werden solle, seine Dame rief: Nein, Schottland muß ich wenigstens sehen! — Der ernste Begleiter sehnte sich dagegen schon nach den ersten zwanzig Meilen in seine Amtsstube zurück. Den jungen

Gatten war kein Turm zu hoch und kein Felsen zu steil, sie mußten ihn erklimmen; er blieb dagegen meistenteils unten, und suchte sich so leidlich als möglich im Thale auf seine eigene Hand zu unterhalten. Wenn die Dame nun davon hörte, so kannte ihre Munterkeit keine Schranken. Doch waren ihr und dem Gemahle die besonderen Neigungen, denen ihr Gefährte unterweges nachging, nicht gerade unlieb, denn er störte sie deshalb weniger, als sie anfangs befürchtet hatten.

Dieser Mann besaß ein sehr ehrliches, wohlgebildetes, aber etwas aschgräuliches Gesicht, und zwischen Nase, Wangen und Kinn die Runzel, welche man die Aktenrunzel nennen kann. Er mochte in der Mitte der Dreißig stehen, sah jedoch viel älter aus. Er gehörte zu einer Klasse von Reisenden, die Yorik nicht in der Vorrede im Desobligeant aufzählt, und die immer mehr ausstirbt; er war der Geschäftsmann auf Reisen.

Der Oberamtmann Ernst vom Schwarzwalde — denn so wird er wohl heißen — hatte unterwegs nur Gedanken an sein Amt, an seinen alten Aktuarius und an die gelb angestrichenen Schränke seines Archives. Ihn verließ der Ärger darüber nicht, daß er es bei seiner Oberbehörde nicht hatte durchsetzen können, die Formulare zu den gewöhnlichen Expeditionen lithographieren lassen zu dürfen, wodurch nach seiner innigsten und pflichtmäßigsten Überzeugung nicht allein Zeit, sondern selbst Aufwand an Kosten erspart werde; ein Punkt, der ihm beinahe das Herz abstieß, denn, pflegte er für sich zu sagen, wenn der Unverstand zu breit regiert, so wird er dem ruhigsten Staatsbürger unerträglich. — Gern wäre er schon bei Frankfurt wieder umgekehrt, und nur die Vorstellung, daß diese Reise ein Geschäft sei, hielt ihn bei ihr fest. Ihr Ende wünschte er jedoch mit Sehnsucht heran.

Indessen sollte sein Beharren doch auch einen Lohn empfangen, der ihn einigermaßen schadlos hielt für die Felsen, Burgen, Kirchen, Sammlungen, die er, wie er vielleicht nicht ganz unrichtig be=

13. Yorik, der Held von Laurence Sternes „Sentimental journey" (empfindsame Reise), 1765, unterscheidet von Reisenden: einfache, müßige, forschungsbegierige, lügende, hochmütige, eitle, hypochondrische, Reisende aus Zwang, verbrecherische und treulose Reisende, unglückliche und unschuldige und endlich empfindsame Reisende. — 14. Désobligeante, enger, zweisitziger Wagen. — 15. Immermann am 8. Febr. 1824 an Gräfin Ahlefeldt: „Ein schönes Leben zu führen gelingt nun einmal in Norddeutschland nicht, der Fleiß ist unser Apollo, und die Mühe unsere Muse. Nichts ist lächerlicher als ein norddeutscher Geschäftsmann, der zu seiner Erholung des Sommers vier Wochen ins Bad geht, und nun durchaus nichts mit Zeit und Natur zu beginnen weiß. Ein solcher Mann ist eine echt komische Figur, und ich muß sie mir für meinen Roman ausbilden."

merkte, daheim schon ebenso gut gesehen hatte. In der Nähe
des Rheins und den Strom entlängst begannen nämlich die Reste
der französischen Verwaltung und die öffentliche Gerichtspflege,
welche ihm neu war, seine Aufmerksamkeit zu fesseln und nahmen
bald sein ganzes Interesse in Anspruch. Nun gab es kein Re= 5
gierungs= und kein Justizhaus, was er nicht besuchte, ja seine
Wißbegierde erstreckte sich bis zu den Friedensrichtern und Polizei=
büreaus hinunter. Er stellte sich überall selbst als den Oberamt=
mann Ernst vom Schwarzwalde vor und in diesem dienstlichen
Charakter gelang es ihm, mit Geschäftsleuten mannigfaltige Ver= 10
bindungen anzuknüpfen, die ihm bisweilen auf Spaziergängen am
Strome unter Klippen und Trümmern, oder byzantinischen Portalen
und Weinhügeln vorbei zu schönen Aufschlüssen über Stempelsachen
verhalfen, oder ihn mit dem Mechanismus der Sicherheitspolizei
bekannt machten. Dann und wann hatte er selbst den Trost, 15
seinen Gram über die nicht zu erlangen gewesene Lithographierung
der Formulare in den vertrauten Busen eines Friedensrichters
auszuschütten, der ähnliche Gebrechen über die Kurzsichtigkeit seiner
Vorgesetzten ihm verstohlen entdeckt und ihm dadurch eine Zuversicht
aufgeregt hatte. So konnte er denn eher die Beschwerden dieser 20
Reise ertragen. Er ließ das junge Ehepaar, wie er sich aus=
drückte, umherrasen nach Belieben, und fing an, sich in der Fremde
mehr zu Hause zu fühlen. War er auf sein eigenes Selbst an=
gewiesen, so las er in dem Buche, welches er mitgenommen hatte,
nämlich im württembergischen Gesetzbuche. Er war, nachdem er 25
sich so eingerichtet hatte, jetzt zuweilen recht munter. Nur darüber
empfand er Kummer, daß in keiner der Rheinstädte, welche die
Reise berührte, gerade Assisen gehalten wurden. Denn einer solchen
Verhandlung beizuwohnen, wäre seine höchste Freude gewesen, weil
er nicht zu begreifen vermochte, wie man einen armen Sünder 30
bloß so mündlich und ohne wenigstens hundert Protokolle zum
Schafott befördern könne. Von Köln war er, wie er dem Jäger
früher angekündigt hatte, rechts abgegangen nach Westfalen.
Gerne wäre er allein gereiset, aber die junge Dame Clelia be=
kam plötzlich die Laune, ihren Vetter, den sie sehr lieb hatte, auch 35
sehen zu wollen, und so mußte er sich mit einem sauersüßen
Gesichte unendlich glücklich schätzen, noch länger die Ehre des
Zusammenseins mit ihr zu haben.

   Nach der Klippe, die in der Nähe dieser Schenke über einem

rauschenden Waldbache hing, mitzugehen, hatte er natürlich auf
das entschiedenste und höflichste abgelehnt, sich vielmehr während
des Aufenthalts zu seiner Lektüre niedergesetzt. Diese brachte in
ihm stets eine Art von Rausch hervor. Er fühlte sich immer, so=
5 lange er in dem württembergischen Gesetzbuche las, oder unmittel=
bar nach der Lesung, der Gegenwart und Umgebung entrückt.
Dadurch hätte er heute fast eine unangenehme Szene haben können.

Die Erscheinung des Fräuleins zog ihn nämlich eine Zeit=
lang von dem Buche ab. Er betrachtete ihren Anzug, er hörte
10 ihre Reden und seine Meinung hatte sich bald festgestellt. Nach=
her vernahm er von den Gesprächen der Bauern und des Chirurgen
wenig oder nichts, denn er wünschte die Materie zu Ende zu
lesen, bei deren Erwägung ihn jener sonderbare Auftritt gestört
hatte. Als dieses geschehen war, stand er auf, ging zu dem
15 Haufen und fragte mit Würde, indem sein Auge den Chirurgen
als einen Nichtlandmann herausgefunden hatte: Ist hier niemand
unter euch, der eine Art von Amt bekleidet?

Die Bauern, die bisher nicht auf ihn geachtet hatten, be=
trachteten ihn jetzt aufmerksam und neugierig. Schon seine Be=
20 kleidung mußte ihre Verwunderung erregen, denn eine dergleichen
war in dieser Gegend noch nicht gesehen worden. Er trug nämlich
gegen Regen und Staub einen sogenannten Mackintosh, welcher,
offenstehend, dem Manne das Ansehen einer Vogelscheuche, zu=
geknöpft aber die Gestalt einer Wurst giebt. Der Oberamtmann
25 hatte ihn zugeknöpft und sah daher aus wie eine Wurst. Dieser
Rock und die plötzliche Frage machte die Bauern stutzen; sie stießen
einander an, flüsterten, aber niemand gab eine Antwort.

Ist hier niemand unter euch, der eine Art von Amt bekleidet?
wiederholte der Oberamtmann, schärfer betonend.

30 Der Chirurgus trat vor, denn seine Ehre erlaubte ihm nicht,
auf eine so bestimmte Frage anonym zu bleiben. Er war sich
zwar bewußt, keinerlei Staatsexamen gemacht zu haben und mit=
unter in Notfällen auch zu rasieren; das schadete aber dem Gefühle
seiner Würde nicht und trotzig, das Chemisett aus der Weste
35 zerrend, sagte er: Allerdings habe ich ein Amt in dieser Gemeine,
nicht eine Art von Amt, sondern ein Amt.

So geht, Freund, jener Person nach und bringt sie zum
Vorsteher, damit sie nach ihren Papieren befragt werde, denn
ihr Anzug und ihr ganzes Betragen war höchst auffallend, und

das Paßreglement schreibt vor, auf solche Verdacht erregende
Individuen überall Augenmerk zu haben.

Freundschaft, versetzte der Chirurgus mit dem landüblichen
Ausdrucke, ich verstehe Euch nicht.

Der Oberamtmann, welcher sich weit aus Westfalen entrückt 5
wähnte, rief zornig: Ich sage Euch, Ihr sollt mit jener Person
zum Gemeinevorsteher gehen.

Freundschaft, erwiderte der Chirurgus, wenn Ihr etwas
beim Vorsteher zu suchen habt, so geht selbst zu ihm. — Die
Bauern murrten und drängten sich halb lachend und halb ergrimmt 10
näher.

Der Oberamtmann, der vom Schwarzwalde her die Mittel
kannte, widerspenstige Eingesessene zum Gehorsam zu bringen,
warf rollende Blicke im Kreise umher und rief mit starker Stimme:
Wißt Ihr wer ich bin?   15

Ihr seid nicht recht klug, Freundschaft, fuhr der Chirurgus
heraus, der in so starker Gesellschaft einen ausnehmenden Mut
besaß. — Sich vergessend, trat der Oberamtmann auf ihn zu,
die Hand erhoben, die Bauern aber drängten sich tumultuarisch
zwischen beide, der Chirurgus sah in solcher Verschanzung sehr 20
giftig und tollkühn aus, ein Bauer fing die aufgehobene Hand
des Oberamtmannes, zwei andere zerrten hinten an dem Mackintosh,
so daß die Figur des Oberamtmanns dem Schmetterlinge zu
gleichen begann, welcher der Trauermantel heißt, die anderen
ließen bedrohliche Gebärden sehen, und die wildeste Unbill stand 25
bevor, wenn nicht in diesem verhängnisvollen Augenblicke das
junge Paar die Stube betreten hätte.

Clelia hatte auf einen Augenblick ihre Laune eingebüßt und
sich schüchtern hinter den Gemahl gestellt. Dieser rief den Bauern
einige freundlich begütigende Worte zu, und da sie schon wußten, 30
daß er ein Vornehmer war, so ließen sich die Leute auch sogleich
beschwichtigen. Die Hand des Oberamtmannes wurde ihrer Haft
entlassen. Der Mackintosh bekam ebenfalls seine Freiheit wieder,
die Bauern setzten sich still in eine Ecke. Nur der Chirurgus
drohte noch einigemale von fern mit der Faust.   35

Clelia saß bei dem Buche und sah lächelnd nach dem Oberamtmanne, der verlegen und verdrießlich im Zimmer auf und
nieder ging. Um des Himmels willen, was hatten Sie denn hier
vor? fragte ihn der junge Kavalier leise.

Diese Schelme versagten mir den Gehorsam, als ich einen zu dem Gemeindevorsteher schicken wollte, polterte der Oberamtmann.

Aber, mein Gott, Freund, wir sind ja nicht im Schwarz= walde, sagte sein Reisegefährte lächelnd.

5 Hier schien der eifrige Beamte erst wieder ganz zu sich selbst zu kommen. Er warf einen bestürzten Blick auf sein Buch, wurde etwas rot und stotterte: Man kann sich wohl einmal vergessen, wenn man sich in eine Materie vertieft hat. — Er wollte das Buch nehmen, der Kavalier kam ihm aber zuvor, las den Titel 10 und rief verwundert: Wie? Sie studieren gar auf der Reise in Ihrem Gesetzbuche? — Ich habe es allerdings mitgenommen, versetzte der Oberamtmann, um in müßigen Stunden, deren es auf Reisen manche giebt, einige schwierige Punkte darin reiflicher zu überdenken, als dieses bei der Geschäftslast zu Hause möglich ist.

15 Clelia summte halb singend zwischen den Lippen:

Niemals ward ein edler Bote
So bedient von Damen süß,
Als der große Don Quixote,
Da er das Kastell verließ.

20 Ihr Gemahl biß sich auf die Lippen und alles sah dem Ausbruche eines Gelächters über den armen Oberamtmann ähnlich, als dieser sich mit großem Ernste zu der jungen mutwilligen Dame wandte und sagte: Gnädigste Frau, wenn Sie mich für eine Art von Akten=Don Quixote halten, dem das württembergische 25 Landrecht überall seinen Oberamtsbezirk phantasmagorisch zeigt, so erlaube ich mir, Ihnen zu erwidern, daß der Ritter von La Mancha in seinem Wahne von einer Zeit der Großmut, Tapferkeit und Courtoisie in einer nüchternen Gegenwart durchaus nicht gering zu schätzen war, und daß daher, wer jetzt in dieser zerfahrenen, 30 reisenden, umherrennenden Zeit nur in einem Dinge, und sei es auch nur das württembergische Landrecht und ein Oberamtsbezirk,

16 ff. In Cervantes' „Don Quixote" I, 2 wird eine alte Romanze, die vom Ritter Lanzelot vom See handelt, parodiert in den Versen:

„Niemals ward annoch ein Ritter
So wie jetzo Don Quixote
Wohl bedient von holden Damen,
Da er kam aus seinem Dorfe."

— 24 f. Dav. Fr. Strauß bemerkt hierzu: „Daß es ein württembergisches Landrecht als geschlossenes Gesetzbuch gebe, beruht lediglich auf einem Schluß aus der Existenz des preußischen. Seinen Oberamtmann Ernst vom Schwarzwald hat Immermann lediglich in seiner Eigenschaft als Schwaben auf eine Weise karikiert, die selbst für die Ökonomie des Romans störend wird."

zu Hause sein mag, keineswegs zu den schlechtesten Staatsbürgern
gehören dürfte.

Auf diese komisch-feierliche Anrede streifte die junge Dame
den Handschuh von ihrer weißen Hand, hielt diese zum Kusse
dem Geschäftsmanne hin und sagte: Ich vergebe Ihnen, denn
eigentlich blutet Ihnen doch das Herz, Ernst, wenn Sie sich so
rauh gegen mich anstellen, was Sie freilich meines Gemahles
wegen thun müssen, um ihn nicht eifersüchtig zu machen, da man
ja weiß, daß ich immer Ihre stille Liebe war.

Solchen plötzlichen Wendungen war er nicht gewachsen und
mußte ihnen um so weniger zu stehen, als es ihm immer besonders wohl that, wenn man ihn für eine zärtliche Natur hielt.
Er beugte sich daher auf Clelias Hand, küßte sie nicht ohne
Ausdruck, sah ihr gedankenvoll in das schöne, blühende Antlitz,
seufzte und lachte dann plötzlich, wie in tiefer Zerstreuung, auf.
In dieses Lachen waren nunmehr die jungen Gatten einzustimmen
berechtigt und so endete der ganze Einhergang lustig.

Der Kammerdiener meldete, daß der Oberhof nur wenige
Stunden entfernt sei. Clelia aber, die noch bis vor kurzem ihr
Vergnügen geäußert hätte, den Vetter mitten aus den Bauern
herauszuholen, änderte jetzt plötzlich, was ihr täglich zu öfterem
begegnete, ihre Meinung, hielt es für schicklich, nach der Stadt
zu fahren und Oswald dahin bestellen zu lassen. Wie hätte der
junge Gemahl, der nichts als Glut und Zärtlichkeit war, wie
hätte der geheime zärtliche alte Anbeter widerstehen können? So
schwebte denn die kleine volle Gestalt, die ein braunseidener
Überrock knapp umschloß, am Arme des Gemahls graziös zur
Thüre hinaus und zeigte, als die Männer ihr die Hand zum
Einsteigen boten, das zierlichste Bein über dem feinen Fuße.
Der Oberamtmann erklärte, als er einsteigen sollte, daß er nach
der Stadt gehen wolle, weil er um diese Stunde daheim sich
seine Motion zu machen pflege. Der junge Kavalier konnte kaum
einen Ausruf des Entzückens bei dieser Nachricht, die ihm den
Wagen ungeteilt mit seiner Dame versprach, unterdrücken. Sie
sah errötend mit halbgeöffneten Lippen vor sich hin, er stieg zu ihr
ein, legte ihr aufmerksam die Boa, welche herunter gefallen war,
um Schulter und Leib, und die beiden Glücklichen, deren ganzes
Wesen in süßer, süddeutscher Sinnlichkeit schwamm, rollten davon.

Auch der Oberamtmann kehrte in erhöhter Stimmung nach

der Schenkstube zurück, um sein Buch zu holen. Er pfiff sogar für sich ein Stückchen aus der Zauberflöte, worüber er jedoch erschrak, als er es hörte. Inzwischen war der Mann im braunen Oberrock aus der Krypte wieder nach der Schenke gekommen und erkundigte sich in der Stube ungeduldig bei dem Wirte, ob noch kein Freiherr von Münchhausen dagewesen sei und nach ihm ge=fragt habe. Auf die verneinende Antwort des Wirtes, der sehr einfältig zu sein schien, gab ihm der Schriftsteller, der nicht gern in der Schenke warten, sondern sich durch einen abermaligen Gang die Zeit vertreiben wollte, seine Karte, damit kein Miß=verständnis und keine Namenverwechselung vorfallen möge. Der einfältige Wirt, der nicht lesen gelernt hatte und vermutlich glaubte, daß ein dritter unparteiischer Zeuge in dieser dunkelen Angelegenheit das beste Licht verbreiten könne, reichte die Karte dem Oberamt=manne mit der Bitte, sie ihm zu entziffern. Dieser las was darauf gedruckt stand, und musterte dann den Fremden, zu dem ihn schon bei dem ersten Sehen eine gewisse Sympathie hingezogen, mit glänzenden Blicken. Der Blitz von Galanterie, der bei dem Kusse auf Clelias Hand sich in seinem Herzen entbunden hatte, fachte die geschäftliche Begeisterung nur noch mehr bei ihm an. Er fragte den anderen rasch und leidenschaftlich: Wissen Sie viel=leicht, ob in einem der Orte weiter abwärts von Köln gegenwärtig Assisen gehalten werden?

Der Gefragte stutzte, besann sich und versetzte: Assisen? Gegen=wärtig? Weiter abwärts? Ich weiß nicht — doch ja — wenn mir recht ist — ich erinnere mich — in Elberfeld können sie bald im Gang sein.

Elberfeld? Wie weit von hier?

Acht bis neun Meilen.

Der Oberamtmann schnippte wie ein Knabe, der unvermutet erfährt, daß keine Schule heute sei, mit den Fingern und rief fröhlich: So kann ich ja wahrhaftig doch noch so glückselig sein, einer Assise beizuwohnen.

Der im braunen Oberrock setzte jetzt abermals seine Brille auf, legte die Hände auf den Rücken, trat dem Oberamtmanne dicht unter die Augen, zog seine Brauen zusammen, sah ihn scharf an und sagte darauf: Glückselig, mein Herr? — Sonderbarer Schwärmer! — Er ging.

37 f. König Philipp zu Posa in „Don Karlos" III, 10, 3276: „Sonderbarer Schwärmer!"

Der Oberamtmann blickte ihm nach. — Wäre doch kein Mann
für mich, sagte er nach einer Pause. Auch er ging, sein Buch in
der Tasche, die Galanterie für Clelia und die Elberfelder Assise
im Herzen.

Auch die Bauern erhoben sich und wollten gehen, desgleichen
der Chirurgus. Da kam aber der Ehinger Spitzenkrämer in das
Zimmer gestürzt und rief überlaut: Wißts was Neues? Wißts
was Neues? Ja, wann die Ehinger nit wären, ihr erführt euer
Lebtag' nichts Neues.

Was ist denn vorgefallen? fragten die Bauern.

Vorgefallen? Nichts vorgefallen, eingefallen ist was. Das
alte Schloß da droben, eine halbe Stund' von hier, ist eingefallen
in eurem wüsten Wind und Wetter hier zu Land. Ein Mann,
der am Dorf vorbeilief, sagt' es mir soeben! O, wenn mein
Kap'tän Gooseberry nur nicht noch darin verweilt hat!

Zum Henker! riefen die Bauern, das ist ja ein vertrackter
Streich. Wenn nur der alte Herr Baron nicht darunter zu Schaden
gekommen ist! Kommt alle hin! — Sie brachen stürmisch auf,
die einen um zu helfen, die anderen aus Neugier.

Der Chirurgus war tiefsinnig in der Mitte der Stube stehen
geblieben, den Finger an die Nase gelegt. — Wollt Ihr nicht
mit? fragte der Ehinger, der noch einmal zurückkam. Ihr könnt
vielleicht Hilf' schaffen.

Allerdings, versetzte der Chirurgus, und brachte den noch von
früherer Zeit heraushangenden Busenstreifen in Ordnung. Trepa=
nieren, oder zum wenigsten secieren. — Aber, Freundschaft, laßt
uns langsam nachgehen, denn der Schutt muß doch erst hinweg=
geräumt werden, bevor die Lebendigen, oder zum wenigsten die
Toten herauskommen. — Übrigens kann dieses anscheinliche große
Unglück eine sehr nützliche allgemeine Hauptveränderung bei dem
alten Herrn Baron hervorbringen.

Wie das? fragte der Ehinger.

Freundschaft, paßt auf. Sturz — Fall auf einen harten
Körper — Choc! Pia Mater — Revolution im Cerebellululo —
Lebensgeister in Aufruhr — Befreiung — Gegenchoc! — Ich
sage nichts weiter.

————

Womit soll ich dich vergleichen, alte närrische Erde? Bist
du ein Käse, auf dem Milben umher krabbeln? Bist du ein Schach=

brett, auf welches eine unsichtbare Hand die Figuren nach einer
gewissen Ordnung und Regel stellt, und wo dann der große
Spieler sie planvoll Zug und Gegenzug machen läßt, weil er mit
sich selber die geheimnisvolle Partie spielt? Oder bist du ein
5 Mittelding von beiden, ein schönes, getäfeltes, blankgebohntes
Parkett, auf dem bei dem Schalle der Flöten und Geigen reizende
Mädchen und hübsche Jünglinge den Kotillon tanzen, den reichen,
tourenunerschöpflichen Tanz, und alte Herren umherstehen, und
zärtliche verwelkte Mütter umhersitzen? Niemand weiß, ob ihn
10 nicht eine Schöne in einer artigen Kaprice, wie das launenvolle
Glück, holt, auf daß er mit dem holdatmenden Glücke noch eine
unerwartete Runde durch den Saal mache; und andere, welche
meinen, ihnen könne es nicht entgehen, bleiben ungeholt. —
Plötzlich zerstört ein ungeschickter und übersehener Stuhl die künst=
15 lichsten Reigen und manche zärtliche Mutter wird unversehens auf
den Fuß getreten, und die alten Herren wissen nicht, wohin sie
sich vor einer improvisierten wilden Promenade der Jugend retten
sollen. Mänadisch raset der Schwarm bis in die fernsten Seiten=
zimmer, und die Whisttische werden umkreiset; einen Augenblick
20 sehen runzlichte Gesichter aus Galakleidern von der gemalten
Coeurdame auf nach den lustklopfenden Busen der tanzenden
Mädchen und zwei Tiefdenker, die Punsch trinken und philosophieren
über schwerbewegliche Dinge, sind gestört und versenken sich in
die Betrachtung leichtgeschwungener Glieder — einen Augenblick
25 nur — die Jugend promeniert nach dem Saale zurück und Robber
und Philosopheme nehmen wieder ihren Fortgang.

Ja, alte närrische Erde, du bist kein milbentragender Käse,
du bist auch kein quadriertes Brett für streng berechnete Züge.
Du bist das Parkett, auf dem wir im Kotillon geholt werden,
30 oder stehen bleiben nach Damenlaune, auf dem die alten Herren
ins Gedränge kommen und die zärtlichen Mütter vor Schmerz
über ihre gemißhandelten Füße zuweilen aufschreien möchten, auf
dem hölzerne Stühle den schönsten Reigen zerbrechen können, auf
dem der Übermut der Jugend zwischen die Karten und Argu=
35 mente der Gala und Philosophie fährt, auf dem plötzlich alles
auseinander läuft und sich ebenso plötzlich alles wieder zusammen=
findet! —

Ist es möglich? bin ich verzaubert heute? oder bist du es wirklich? rief der junge Graf Oswald, der jetzt den Kamm des Gebirges wieder erreicht hatte, einen Menschen in blauem Kittel und Holzschuhen an, der ihm entgegenkam, ein großes Bund Heu auf dem Rücken.

Der alte Mensch sah auf, ließ zwar das Bund Heu sinken, gab aber sonst kein Zeichen lebhafter Verwunderung von sich, sondern sagte bloß: Ei, da sind Sie ja! Ich dacht' wohl, daß Sie mich nicht sitzen lassen würden. — Darauf küßte er seinem jungen Gebieter freundlich die Hand.

Jochem, bist du's, oder bist du's nicht?

Ja freilich bin ich's, mein Herr Graf.

Aber um des Himmels willen, wie kommst du denn hieher, und was treibst du hier? Und warum suchtest du mich denn nicht auf? — Er legte seine Hand auf den Kittel des Alten, gleichsam um sich durch das körperliche Gefühl zu überzeugen, daß ein wirklicher Mensch vor ihm stehe.

Der Alte ließ sich ruhig befühlen, ehe er antwortete. Denn er gehörte zu den Leuten, die nur sehr selten aus der Fassung kommen. Er schob seinem jungen Gebieter das Bund Heu hin, dieser mußte sich darauf setzen, Jochem stellte sich vor ihn und erzählte nun folgendermaßen.

Will Ihnen alles vermelden, mein Herr Graf, sagte er, aber eins nach dem anderen. Wie ich hieher komm'? Zurück von der großen Reis', die ich auf Ihren Befehl machte. Hab' mich immer rechts gehalten, wie meine Kommission lautete, kam erst nach Kassel, wüste Kerl' dort, sonst nichts zu sehen, dann nach Magdeburg, auch wüste Kerl' dort, sonst auch nichts zu sehen, dann nach Berlin, ebenfalls wüste Kerl' dort, ebenfalls sonst nichts zu sehen; und so retour wieder hieher über Magdeburg und Kassel, da 's Geld gerad' zur Hälft' ausgeben war zu Berlin, und ich überdies meine Kommission schön ausgerichtet hatte alldort. — Was ich hier treib'? — Sitz' schon seit acht Tagen beim Bauer im Heu, helf' ihm Heu machen, um mir mein Tagbrot zu verdienen, denn der letzte Kreuzer war ausgegeben, als ich diese wüste Gegend wieder erreicht hatt'. — Warum ich Sie nicht aufgesucht? — Hatten damals beim Abschied keine recht deutliche Sprach' mit einander geführt, wo ich meinen Herrn Grafen wieder finden sollt'. Dacht' also, das Sicherste wär', wenn ich sitzen blieb', wo ich eben

war, denn das wußt' ich, daß mein Herr Graf mich ausspüren
würden und abholen, und säß' ich im Mittelpunkt der Erd'. Blieb
deshalb auch ganz ruhig und macht' in Zufriedenheit mein Heu,
obgleich es eine Lebensart ist, die sich nicht ganz für meinen
sonstigen Stand schickt. Dacht' aber immer: Heut' kommt der Herr
Graf und holt dich ab, und kommt er heut' nicht, so kommt er
morgen, und so hat sich's nun auch zugetragen.

Unserem Oswald that es nach den fratzenhaften Ereignissen
des Tages wehmütig wohl, mit seinem Alten zusammenzutreffen.
Eine Thräne trat in sein Auge. Er drückte dem Alten die Hand
und sagte: Du hattest ganz recht, Jochem, als du glaubtest, ich
werde nach dir forschen, und säßest du im Mittelpunkte der Erde.
— Jochem blieb hiebei trocken, wie immer, und versetzte: Sie
haben auch schwäbisch Blut im Leib, mein Herr Graf, und das
verläßt einander nicht. — Oswald sah sich um und erblickte ver-
wundernd einen Heuschoppen in der Nähe, der ihm so vorkam,
wie der, in welchem er die Nacht zugebracht hatte. Wo hast du
in voriger Nacht geschlafen? fragte er.

Dort im Schoppen, versetzte der Alte, wie alle Nacht mein
Amt ist, um dem Bauer sein Heu zu bewachen.

Sein Gebieter erzählte ihm nun, daß sie diesem Umstande
zufolge schon in der Nacht unwissend zusammen gewesen seien,
worüber Jochem anfangs erstaunte und äußerte, unter dem wüsten
Volk wisse man gar nicht, was einem alles begegnen könne, es
sei erstaunlich, daß zwei Landsleut' zusammen in Heu lägen und
einander nicht erkennten. Ich wollt' anfangs den Menschen, der
sich da ins Heu eingedrungen, bei Nacht hinaustreiben, fügte er
hinzu, ließ es aber doch sein, weil ich dacht', er möchte sich draußen
erkälten. So ist Menschenfreundlichkeit doch immer etwas Gutes
und zu vielen Dingen nutz.

Jochem, sagte der Graf, hättest du mich hinausgetrieben, so
würdest du mich früher erkannt haben.

Dieser Einwurf machte den Alten verwirrt. Er sah stutzig
vor sich nieder, dann ballte er die Faust und murmelte ingrimmig:
Nun sag' ich's doch! In der Fremd', unter dem wüsten Volk
steht alles windschief. Man weiß bei den Sachsen und Polacken
nicht, ob man menschenfreundlich oder menschenfeindlich sein soll.

Er besann sich und fuhr fort: Von meiner Kommission habe
ich noch gar nicht geredet. Den Schrimbs oder Peppel —

Laß ihn, unterbrach ihn sein Gebieter bestürzt.

Nein, seine Kommission muß man gehörig ausrichten! rief
Jochem eifrig. Den Schrimbs oder Peppel hab' ich richtig ge=
funden. Ich hab' ihn auf der Schloßbrucken zu Berlin stehen
sehen, er guckt' ins Wasser und ich sah ihn von hinten und da
ging er fort und ich konnt' ihn nicht einholen, aber ich hab' mich
nicht getäuscht und wenn wir nun uns beide dahin auf den Weg
machen, so werden wir ihn gar nicht verfehlen.

Wie nach Homer der Mensch, er mag noch so unglücklich
sein, immer Hunger behält, so giebt es auch Dinge, die den Be=
trübtesten zu lachen machen können. Der junge Graf Oswald
war sehr betrübt, aber die Entdeckung Jochems, daß Schrimbs
oder Peppel auf der Schloßbrücke zu Berlin gestanden habe, be=
wirkte, daß er lachen mußte. Jochem, der seine Sachen sehr gut
gemacht zu haben glaubte, fühlte sich dadurch etwas beleidigt.
Nach einer Pause fragte er: Was hätten mir denn nun der Herr
Graf zu befehlen?

Oswald war von seiner kurzen Lustigkeit schon wieder zurück=
gekommen. Er stand auf, ging heftig hin und her, ballte seine
Hand, drückte sie wider die Stirn, sein schönes Antlitz zuckte vor
Schmerz, er riß an seinen braunen Locken, er nagte an seiner
Lippe. Der Alte, der sich in seinen jungen Herrn nicht zu finden
wußte, stellte sich, die Kniee nach vorn gebogen, die Hände und
Arme auf seine Schenkel gestemmt, hin und sah ihm traurig zu.
Mit Ihnen ist etwas vorgegangen, mein Herr Graf, sagte er ehrlich
und sanft.

Da trat Oswald rasch zu ihm. Er drückte den Kopf des
Alten heftig gegen seine Brust und rief im herzzerreißendsten
Tone: Ja! Ja! mit mir ist etwas vorgegangen! Leise weinend
sagte er ihm ins Ohr: Ich habe eine Braut, Jochem! —

9 f. Eine mir durch Prof. v. Christ giltigst nachgewiesene Stelle bei Homer, Ilias
XIX, 230 zeigt Immermanns Erinnerung etwas ungenau: Die Gefallenen müsse man
trauernd beklagen,

　　　　"So viel' aber entrannen des Kriegs grau'nvoller Vertilgung,
　　　　Müssen mit Trank und Speise sich kräftigen."
Vielleicht schwebte aber Immermann die auch von Schiller in seinem "Siegesfeste" V. 134
benützte Stelle aus Ilias XIX, 601 vor, wo Achilles dem Priamus die Leiche Hektors
verspricht:

　　　　"Sobald der Morgen sich rötet,
　　　　Wirst du führend ihn schaun; nun laß uns denken der Nachtkost!
　　　　Denn auch Niobe selbst, die Lockige, dachte der Nahrung,
　　　　Sie, die zugleich zwölf Kinder in ihrem Hause verloren."

Aber hier brachen die Gefühle des alten trockenen Menschen
mit einem Ungestüm aus, der nicht zu beschreiben ist. Jubelnd
und schreiend stieß er seinen jungen Herrn wie einen niedern
Knaben von sich zurück, sprang in dem Nebel auf dem braunen
Heideplatze schwerfällig und ungeschickt, wie ein alter treuer Hund,
der den Herrn wiedersieht, umher, klatschte in die Hände und
rief: Juchhe! Juchhe! Ach, das Glück, das ausbündige Glück!
Ach, so sollen meine alten Augen denn noch den Tag erleben,
wo ich meinen Herrn Grafen und seiner schönen, lieben gnädigen
Braut zur Hochzeit aufwarten darf! O, über den klugen Einfall
von meinem Herrn Grafen! Ach wo ist sie, wo ist das liebe
gute gnädige Fräulein, daß ich ihr die Füße küsse und den Saum
des Rocks? — Seine abgenutzten Kräfte reichten aber nicht weiter.
Er mußte still stehen, hielt sich die Seiten, keuchte und war
außer Atem.

Der junge Graf Oswald hatte sich auf die Erde geworfen,
das Gesicht in das Heu gedrückt. Seine Arme waren ausgestreckt
darüber hingebreitet; er schluchzte bitterlich. — Alles, alles kann
die Liebe ertragen! jammerte er. — Not erträgt sie und Elend
verkittet sie, und selbst die Untreue weiß sie zu überdauern und
in die Bahn der Treue hold zurückzuführen! Aber eines erträgt
Liebe nicht: Das Lächerliche! Das Scheußlich=Lächerliche! Mußt
du lachen, wenn du dein Lieb im Arme hältst und denkst, woher
sie rührt, so ist es aus mit der Liebe, aus! Liebe stirbt vom
grellen Lachen! O mein süßer, einziger Tag — o du Tag meiner
Tage! so rasch gingst du unter, herrliche Sonne! Ach, meine
Brust, wie thut sie weh! Die Fratzen haben sie zerschnitten mit
dem grellen Lachen und sie wird bluten, sehr bluten!

Er richtete sich empor und schüttelte sich, wie vor Fieber=
frost in dem häßlichen kalten Dunst da droben auf der Berges=
halde. Seine dunkelen Locken hingen ihm tief wie Wolken in
das Gesicht. Dumpf sagte er: Nimm dieses Geld, Jochem, be=
zahle damit, was du etwa schuldig bist und deine Zehrung.
Erwarte mich in der Stadt bei dem Diakonus. Morgen, oder
vielleicht noch heute abend, komme ich hin. Jetzt gehe ich nach
dem Oberhofe, um dem Mädchen Adieu zu sagen.

Adieu? fragte der Alte, der aus dem Himmel seiner Freude
gestürzt war.

Ich werde das Mädchen, mit welchem ich mich verlobte,

nicht heiraten, sagte Oswald, bemüht, seiner Stimme Festigkeit zu
geben. Sie ging aber bei den letzten Worten in ein gebrochenes
Zittern über. Er schritt schnell über den Abhang des Berges
nach der Börde hinunter.

Der alte Jochem sah ihm nach. Er beschaute das Geld,
welches ihm der Graf gegeben hatte, dann sah er die Stelle an,
wo die Klagen seines Herrn erschollen waren, dann nahm er
seinen Hut in die Hand und drehte ihn, Kopf und Krämpe acht=
sam betrachtend, hin und her. Er setzte den Hut wieder auf
und sprach sodann: Wenn dieser mein Herr Graf sich mit dem
Mädchen verlobt hat, so wird er ihr nicht Adieu sagen, sondern
sie heiraten.

Hierauf ging er nach dem Gehöfte seines Bauern, um mit
diesem alles in Richtigkeit zu stellen, seinen eigentlichen Rock
wieder anzuziehen und sodann zu thun, was ihm der Graf be=
fohlen hatte.

———

Der Schriftsteller ging zum zweitenmale nach der Krypte.
— Sollte er mich mißverstanden haben? Sollte er mich dort er=
warten? Gesprochen habe ich freilich davon ... sagte er für sich.
Münchhausens Ausbleiben machte ihn unruhig. Er ging nicht
ohne einen leichten Schauder durch die Kirche nach den Stufen,
die in die Kluft hinunter führten. Seine sonderbaren Gedanken
hatten ihm den düstern Ort mystisch bevölkert.

Die Ahnung hatte ihn nicht getäuscht. Indem er zu den
Schatten und trüben Lichtern der Kluft eintrat, hörte er ein Ge=
räusch in der Nähe des Altars. Er faßte sich ein Herz, ging zu
der Stelle und fand wirklich den, auf den er so lange gewartet
hatte. Hinter der Gruppe am Kreuz saß Münchhausen auf einem
alten Opferstocke, den man, weil er unbrauchbar geworden sein
mochte, dort hingestellt hatte. Als der Schriftsteller seinen Kuranden
näher betrachtete, soweit dieses die Dunkelheit des Ortes zuließ,
erschrak er, denn der Abenteurer sah ganz anders aus, wie am
Morgen. Sein Gesicht schien völlig eingefallen zu sein, die
Backenknochen schienen weit hervorzustehen. Auch der Anzug war
in Unordnung. Keinen Hut hatte er auf dem Kopfe, die Uni=
form klaffte vorn weit auseinander, die Weste war aufgerissen,
die nackte Brust zeigte sich. Er sprach kein Wort. Der Schrift=
steller faßte seine Hand an, sie war grabeskalt.

Dieser nahm sich zusammen und sagte fest: Was soll das? Warum sitzt Ihr hier? Folgt mir nach der Schenke!

Kommt sie? flüsterte Münchhausen leise mit hohler Stimme. Wer?

Sie! Der böse Feind. Hu! — An den Röcken erkennt man sich wieder, wenn die Gesichter unkenntlich geworden sind. Warum zog ich meinen roten Rock an, warum ging das Rosakleid nicht verloren und der grüne Schuh und der Paradiesvogel? — Abscheuliche Erinnerung!

Welche Erinnerung?

Die! — Erinnert Euch an heute morgen! Einen Punkt giebt es im Leben jedes Menschen, an den darf man nicht rühren, sonst wird der Mensch toll. Eine Gestalt giebt es, wenn die kommt und sich an den Pfeiler Laran gegenüber stellt, und nichts weiter sagt als: Er ist's! so kann Lara sich nicht mehr zufrieden geben. Eine Gans zu belügen und zu verführen, um Geld zu kriegen und dann hören zu müssen, die Gans sei kahl gerupft! Puh! Einzige Sünde meines Lebens! Abbüßen wollte ich sie durch tausend bußfertige uneigennützige Lügen! — Umsonst! Die Gans erscheint wieder. Armer Münchhausen! Wie herrlich standest du da noch vor drei Stunden! Münchhausen war groß, Münchhausen war ein Held, denn Münchhausen hatte selbst die Feigheit überwunden und wollte sich schießen. Und so zertrümmern zu müssen! —

Man wird Euch ja wohl vor Angriffen und Zudringlichkeiten schützen können, sagte der Schriftsteller, der nun allgemach den Zusammenhang begriff.

Wer? Schützen? Nein, antwortete der Freiherr todesmatt. Du kannst dich vor dem Lichte verbergen, du kannst eine Höhle finden vor dem Orkan, wenn er daher sauset, und bückst du dich beizeiten, so fährt die Kanonenkugel über dich hin, aber du kannst dich nicht verstecken vor einem tollen Weibe, das dir nachläuft. Sie hat mich ausgewittert, sie wird mich finden aller

14. Byrons Gedicht „Lara"; die Szene, auf die Münchhausen anspielt, ist im ersten Gesange V. 401 ff.:

> „An hohem Pfeiler, Arm in Arm verschränkt,
> Lehnt er (Lara), ins Anschaun all der Pracht versenkt ...
> Er ist es! rief der Fremdling, ...
> Er ist's! — wie kam er her — was thut er hier?
> Es war zu viel für Lara, solche Fragen ..."

Orten. Es giebt Vorurteile in der Welt. Man soll heiraten,
wenn man ... Sie heiraten! Schrecklicher Gedanke!

Der Schriftsteller dachte: Ich hoffe, der Ehrgeiz soll auf ihn
wirken. Er sagte daher: Münchhausen, der Erbprinz erwartet
Euch. — Aber mit einer vielsagenden Gebärde nahm der Freiherr 5
aus der Tasche seiner Uniform den Brief jener hohen Person
und zerriß ihn. Der Schriftsteller, den diese symbolische Hand=
lung äußerst betroffen machte, fragte ihn, was er denn nun
eigentlich vorhabe, was er beginnen wolle.

Verdampfen! Verduften! Verschwinden! sagte der Freiherr.— 10
Ihr seht mich nie wieder, Ihr hört nichts mehr von mir. Lebt
wohl! Mein Tagwerk ist gethan. Laßt uns wie Männer scheiden!
Keine Thräne bei diesem Abschiede! — Sie werden mir nach=
zufuschen suchen, aber Ihr werdet, das weiß ich, ewig Euren
Freund vermissen.   15

Sein Kurator suchte alle Gründe hervor, womit ein Mann,
der sich in heiler Haut weiß, den Leidenden überzeugen zu
können glaubt, daß es die Pflicht des Leidenden sei, nicht zu
leiden. Er erinnerte ihn an die Aufgabe, die das Leben jedem
zu lösen gebe, nämlich sich zusammenzunehmen und unter allen 20
Umständen gefaßt zu bleiben. Er sprach von Kato, Sokrates
und von anderen großen Männern des Altertums, er sagte ihm
zuletzt, eine feuchte und kalte Krypte sei wenigstens auf keinen
Fall der Ort, um lange darin ohne Schnupfen und Husten zu
verweilen.   25

Nun denn! rief Münchhausen, dessen Lebensgeister noch ein=
mal wild aufzuspringen schienen, so will ich eine neue Religion
stiften und Ihr sollt Ali sein, der erste der Gläubigen. Bringt
Wein her, feurigen Wein, schäumenden Wein, wir wollen den
Manen des Toten da am Kreuz eins zutrinken!   30

Der Schriftsteller trat drei Schritte zurück. — Nein, das
wollen wir hübsch bleiben lassen! rief er so tönend, daß es durch
das Gewölbe hallte. Alles muß seine Grenzen haben.

Wofern Ihr das nicht wollt, so verschafft mir wenigstens
einen Mantel und einen Hut, damit ich mich anständig sehen 35
lassen kann, sagte der Freiherr.

---

28. Ali, Sohn des Abu Talib, Mohammeds Vetter und Hausgenosse, erklärte sich
als der erste von der Lehre des Propheten überzeugt.

Der andere wandte sich, stieg aus der Krypte empor, um das Begehrte herbeizuschaffen. Er war jedoch kaum oben angelangt, als er ein heftiges Getöse unten vernahm. Es war, als ob Steine von ihrem Orte gebrochen würden und dann
5 schollernd niederfielen. Sogleich eilte er, schlimmer Ahnung voll, in die Kluft zurück. Münchhausen war von seinem Sitze verschwunden. Der andere sah sich um; nirgends war er zu erblicken. Er rief; es erfolgte aber keine Antwort. Er suchte hinter den Pfeilern, in den Seitennischen hinter den Grabmälern,
10 bei den Steinhaufen; vergebens! Der Freiherr hatte sich nirgends versteckt.

Nach der Schenke zurückgekehrt, bewog er einige Bauern, ihm mit Laternen und Windlichtern zu folgen. Bei deren Scheine wurde nun eine zweite sorgfältige Nachsuchung vorgenommen.
15 Umsonst! man forschte nach einem geheimen Gange aus der Krypte, aber diese zeigte sich, wohin man leuchtete, umschlossen, auch wollten die Bauern von einem solchen nie etwas gehört haben. Man prüfte endlich mit Stöcken und Hacken das Pflaster und Gemäuer, ob es nicht irgendwo losgebrochen und nur not=
20 dürftig wieder zugesetzt sei. Pflaster und Gemäuer waren überall fest. Diese vergebliche Arbeit dauerte über eine Stunde. Endlich mußte man von ihr abstehen. Münchhausen war und blieb auf unbegreifliche Weise verschwunden.

An Ludwig Tieck.

Sie schrieben mir vor einigen Monaten und sprachen mir Ihre
Freude über den ersten Teil des Münchhausen aus, den Sie
damals gelesen hatten. Dieser Brief kam ganz frei aus Ihrer
Seele, denn ich hatte es unterlassen, Ihnen ein Exemplar meines
5 Buches zu senden. Er war mir unverhofft und eine freudige
Überraschung. Doppelt aber erfreute er mich. Denn einmal
mußte es mir wohl sehr lieb sein, daß Sie sich so an den An=
fängen meines Werkes ergötzt hatten, dann aber zeugte die liebens=
würdige Lebhaftigkeit Ihrer Worte von der fortblühenden Jugend,
10 welche wie ein Kranz schöner Rosen Ihre ehrwürdigen Schläfen
umschmückt.

Ich nahm mir gleich vor, Ihnen zu antworten und zu danken.
Nachher aber überlegte ich, daß der beste Dank die That ist und
schwieg daher bis zur Vollendung des ganzen Werkes. Nun ist
15 es fertig und ich widme Ihnen seinen Abenteurer und seine guten
Menschen, seine Possen und seinen Ernst mit diesem letzten Teile.
Darüber reden kann ich nicht; es wirke auf Sie, wie es eben
die Kraft und Fähigkeit in sich besitzt. Aber einen offenen Brief
schreibe ich Ihnen dazu vor dem Angesichte auch anderer Leser,
20 denn manches wollte ich Ihnen sagen, was sich in einem solchen
doch noch besser ausnimmt, als unter einem Siegel, welches nur
Ihre Hand erbräche.

Immer habe ich mich am glücklichsten gefühlt, wenn mein
freies Gemüt sich zum Schuldner für empfangene Wohlthat be=
25 kennen durfte. Dieses reine Glück empfinde ich auch jetzt, indem
ich an Sie schreibe. — Man hat mich oft einen Nachahmer ge=

10 f. Ludwig Tieck war 1773 geboren.

nannt, und der Tadel, der in dieser Bezeichnung liegt, mag meine
frühesten Versuche nicht ohne Grund getroffen haben, obgleich mich
nie ein äffischer Trieb kitzelte, sondern stets ein innerer Drang
bewegte. Später, als mich Leben und Bildung gereift hatten,
meine ich jederzeit ein eigenes gebracht zu haben, wenn ich mich
fremden Mustern anlehnte. Ich vermied keine Reminiszenzen,
weil ich wußte, daß diese doch immer ein nur mir gehöriges Leben
in mir aufgeweckt hatten. So möchte ich denn eher den Namen
eines Schülers für mich in Anspruch nehmen. Und in einer Zeit,
worin so viele Meister, wie sie behaupten, vom Himmel fallen,
dürfte ein guter Schüler der Abwechselung halber kein ganz ver=
ächtlicher Gast am Parnaß sein.

Auch zu Ihrem Schüler bekenne ich mich gern, freudig und
öffentlich. Sie haben unter uns Deutschen einen ganz neuen
Scherz erfunden, Sie haben der Natur für manchen ihrer geheimsten
magischen Töne die Zunge gelöset, viele Beobachtungen und Er=
fahrungen haben Sie mitgeteilt, die vor Ihnen niemand gemacht
hatte. Alles nun, was in mich von Ironie, Spott, Laune gelegt
worden war, ein tiefes Bedürfnis, welches mich von meiner Kind=
heit her oft froh machte, oft auch ängstigte, die Signatur der
stummen Dinge zu erkennen, endlich mein Verlangen, mich über
das eigenste Wesen der Dichter und der Bühne aufzuklären —
alles das fand, wie häufig! bei Ihnen Lehre, Beispiel, Führung.
Ich verehre Sie als einen meiner Meister und in meinen guten
Stunden wage ich mir zu sagen, daß Ihnen der Schüler gerade
keine Schande mache.

Aber eine elegische Empfindung kann ich nicht bewältigen,
wenn ich an Sie denke. Sie stehen gefeiert, würdig, nachwirkend
da, das ist wahr. Um eine Entfaltung jedoch hat das Mißgeschick
der Umstände Sie und uns gebracht. Sie hätten der Vater des
deutschen Lustspiels werden können, wenn die Bühne Ihrer frischesten
Zeit entgegengekommen wäre, und dieses Lustspiel würde das größte
der modernen Zeiten geworden sein. Denn nicht auf das Einzel=
geschick eines Liebespaares, oder auf die Schilderung einer närrischen
Sitte, oder eines in der Verborgenheit sein Wesen treibenden
Thoren kam es Ihnen an, sondern Ihre komische Muse lächelte
über die ganze Breite der Welt und der Zeit, sie schmückte mit
bunten Blumen, die sich dann wieder zauberisch in Schellen ver=
wandelten, die öffentlichen Charaktere, sie führte mit reizender

Schalkheit, die wie Ehrfurcht aussah, komische Könige und Helden
im Triumphe auf. Wenn ich an die Kraft und Gewalt Ihrer
Figuren mich erinnere, an den tiefsinnigen, freien, großen, un=
erschrockenen Humor in Oktavian, Zerbino, Kater, Däumchen, Blau=
5 bart, Fortunat und in der verkehrten Welt, so weiß ich nur ein
Gegenbild zu diesem Lustspiele in der ganzen Geschichte der Poesie
zu finden; es ist das des Aristophanes. — Ich habe oft Ihre
Gedichte vorgetragen, und wenn es mir gelang, dem Dichter nach=
zukommen, so kann ich wohl sagen, daß empfängliche Zuhörer in
10 einen bacchischen Taumel der Lust gerieten.

Aber keine attische Bühne empfing Sie und brachte auf den
Brettern Ihre Produktionen zu der Fülle und Vollreife, die nun
einmal der Dramatiker nur gewinnen kann, wenn er seine Ge=
schöpfe da droben auf dem Gerüste in Fleisch und Blut umher=
15 wandeln sieht. Man sagte, diese Sachen seien sehr schön, sehr
witzig und ließen sich überaus wohl anhören, aber aufzuführen
seien sie nicht. Das war aber eine Unwahrheit. Denn ich habe
hier den Blaubart zweimal darstellen lassen. Ich hatte weniger
Mühe von ihm, als zum Beispiel vom Glöckner von Notredame,
20 die Schauspieler fanden sich bald hinein und spielten mit Lust
und Liebe darin, was aber den Erfolg betrifft, so war dieser bei
der ersten Darstellung ein entschiedener und bei der zweiten der
allerglänzendste. Wenig hatte das Stück gekostet und viel brachte
es ein. — Ich wollte nicht dabei stehen bleiben, sondern ich dachte
25 schon an Fortunat, selbst an Däumchen und an das schnurrende
Tier in Stiefeln. Aber die Düsseldorfer Bühne ging wegen
Mangels an Gunst, Schutz und Geld unter, und so blieben denn
jene Gedanken Träume.

4 f. „Kaiser Oktavianus", ein Lustspiel, Jena 1804; „Prinz Zerbino oder die Reise
nach dem guten Geschmack", 1799; „Der gestiefelte Kater", ein Kindermärchen, Berlin 1797,
vgl. Bd. 144, I der Deutschen Nat.=Litt.; „Leben und Thaten des kleinen Thomas, genannt
Däumchen", 1811; „Ritter Blaubart", ein Ammenmärchen (Tragödie), 1796; „Fortunat",
ein Märchen, 1816. — Einen Versuch, „Die verkehrte Welt" (1798) aufzuführen, schildert
E. Mörike 1832 in seiner Novelle „Maler Nolten" II, 518. — 7. Über Immermanns Auf=
fassung des Aristophanes vgl. die „Maskengespräche" im 1. Bde. — 18. Der „Blau=
bart" wurde in Düsseldorf zuerst am 3. Mai 1835 aufgeführt; vgl. Grabbes Kritik IV, 229
der sämtl. Werke; über die zweite Aufführung schrieb Immermann selbst 1836 seinem
Bruder Hermann: „Ferdinands Geburtstag feierte ich mit dem „Blaubart". Es hat wirklich
etwas Zauber= und Traumartiges, diese Märchengestalten, welche nie für die Kulissen
bestimmt waren, sich zwischen den gemalten Wänden bewegen zu sehen. Schade, daß
dergleichen Dinge nicht vor allen Menschen, die daran sich eine Erinnerung für immer
bewahren würden, sichtbar werden können. Übrigens war der Erfolg der glänzendste, und
selbst die Philister, welche voriges Jahr sich noch widerhaarig zeigten, mußten diesmal mit.
Des Klatschens wollte gar kein Ende nehmen, und am Schlusse wurden alle gerufen."

Warum ich diese Saite hier berührt habe? Weil mir Ihr
ganzes Bild vorschwebte und zu einem vollen Menschenleben die
Entwickelungen und die Vereitelungen gehören. Wenn ich mit
Ihnen Mund gegen Mund reden durfte, so hatten unsere Ge=
spräche immer einen Gehalt; eine gewöhnliche Dedikationsepistel
konnte ich Ihnen daher nicht schreiben. Nehmen Sie meine Worte
auf, wie ich sie gemeint habe, und vor allen Dingen — leben
Sie noch lange, leben Sie munter und kräftig fort, sich und uns
zum Segen!

Düsseldorf, den 20. April 1839
(an dem Tage, wo die letzten Seiten des Münchhausen
zu Ende geschrieben wurden).

Immermann.

Siebentes Buch.

Das Schwert Karls des Großen.

———

1. Immermann am 2. Januar 1838 an seine Braut: „Ich habe endlich so viel Stimmung wieder gewonnen, um am „Münchhausen" von neuem arbeiten zu können. Es ist nun das vorletzte Buch daran, worin ich die Sachen unter den Bauern und mit meinen jungen Liebesleuten zu Ende führe. Es muß, soll das Ganze etwas taugen, dieses Buch der Gipfel und das Meisterstück werden, und ich bin so bewegt, und in solcher Verfassung schreibt man so schlecht. An der Liebesszene arbeite ich mit einem Feuer wie nie, oft aber springe ich auf, weil ich nicht weiter schreiben kann und strecke die Arme in die leere Luft aus."

Erstes Kapitel.

Der Lendemain in einem Oberhofe.

Während des Hochzeitschmauses und des Tages, der darauf folgte, hatte der einäugige Spielmann im Eichenkampe nicht
5 weit vom Oberhofe gesessen. Man brachte ihm Speise und Trank dorthin, er rührte aber nur wenig an und genoß auch dieses wenige mit Widerstreben, etwa so viel, als hinreichte, seinen wütenden Hunger zu stillen. Die Stelle, wo sich dieser Mensch aufhielt, lag kaum fünf Schritte von der Straße ab, die durch
10 den Kamp führte, sie war von den dicksten und höchsten Stämmen überstanden, deren einer mit seinen gewaltigen Wurzelknorren eine natürliche Brustwehr vor dem Erdreich bildete, welches hinter ihm in eine Vertiefung ablief, auf deren Rande man bequem sitzen konnte.

15 Dort saß denn auch der Spielmann und sah beharrlich lauernd nach dem Hause hinüber. Zuweilen erhob er sich mit halbem Leibe, um aufzustehen, und dies geschah, wenn sich eben niemand in der Thüre und im Flure des Oberhofes blicken ließ, aber bei dem Ab= und Zulaufen der Menschen dauerte das immer nur
20 einen Augenblick. Sobald wieder Menschen sichtbar wurden, setzte er sich immer wieder unwillig hin. Auch drehte er zuweilen heftig an seinem Leierkasten, worauf dieser widerwärtige Töne von sich gab, die pfeifend und heulend ausklangen. Darüber machten die Leute, die eben vorbeigingen — und es gingen viele an jenem Tage
25 durch den Eichenkamp —, ihre groben Späße, und einer oder der andere sagte, der Patriotenkaspar pfeife aus dem letzten Loche. Doch äußerte sich so meistens nur das junge Volk, dessen Erinnerung den Spielmann bloß als eine lächerliche Gestalt kannte; die Alten bekümmerten sich hier so wenig um ihn als anderer Orten, wenn

2. Lendemain, der folgende Tag.

15*

sie ihm zufällig begegneten. Die Späße der jungen Leute ließ
der Patriotenkaspar ruhig und ohne Erwiderungen an sich vorüber=
gleiten, oder höchstens zwinkerte er dazu mit seinem unversehrt
gebliebenen Auge. Ging aber ein Alter vorbei, der gar nicht
that, als ob er, der Patriotenkaspar, der die alte Orange in 5
Schonhoven mit hatte vermolestieren helfen, da sitze, so ballte er
grimmig in dessen Rücken die Faust und murmelte: Ihr Schub=
jacken! aber ich werde euren Obersten schon . . .

Was ihm am Tage mißlungen war, nämlich in das Haus
einzudringen, das meinte er, werde ihm in der Dunkelheit des 10
Abends glücken. Aber er hatte sich getäuscht. Denn als es finster
wurde, begannen ein paar Mägde vor dem Hause ein Topfwaschen
und Kesselscheuern, welches bis spät dauerte und ihn verhinderte,
unbemerkt hineinzuschlüpfen. Als diese mit dem letzten Kessel
fertig waren, hatten inzwischen zwei Betrunkene sich in die Thüre 15
gestellt, wovon der eine dem andern seinen Prozeß klar machen
wollte, den er seit mehreren Jahren über eine Durchgangsgerechtig=
keit führte. Der andere sagte nach jedem Satze seines Nachbarn:
Verstanden, und fragte darauf: Wie war es aber eigentlich?
Der Prozeßführende wiederholte dann seinen Satz, der andere 20
noch einige Male sein verstehendes und fragendes Wort; so rückte
die Geschichte äußerst langsam vor und es war kein Ende derselben
abzusehen. Dabei hatten die beiden noch gerade so viel Besinnung,
um jeden, der zwischen ihnen durch in die Thüre gehen wollte,
mit heftigen Gebärden zurückzuweisen, weil sie, in die Prozeß= 25
geschichte vertieft, behaupteten, hier sei keine Durchgangsgerechtig=
keit. Weshalb denn auch mehrere, die sich mit jener Absicht ihnen
näherten, um Streit zu vermeiden, zurück und neben dem Hause
vorbei nach der Hofthüre gingen, der Spielmann aber die Aus=
führung des Vorsatzes, der ihn an seine Stelle fesselte, aufgeben 30
mußte, solange die Betrunkenen dastanden. Endlich, es war schon
Mitternacht, kam ein dritter vom Flure nach der Thüre gegangen,
faßte, ohne ein Wort zu sagen, die beiden von hinten am Kragen,
zog sie zurück und in den Flur, schlug aber darauf sogleich die
Thüre zu und verriegelte sie von inwendig. Sie wurde nachmals 35
nicht wieder aufgethan.

Die Hochzeitgesellschaft verlor sich gegen ein Uhr nachts und
der Oberhof lag nun in dunkeln Schatten still und lautlos da.
Jetzt erhob sich der Spielmann von seinem Sitze und umschlich

das ganze Gehöfte tückisch spähend, wie eine Katze, um irgendwo
eine offenstehende Luke, oder sonst eine vergessene Öffnung zu
finden, durch welche er eindringen könnte. Aber es wollte sich
nichts dergleichen finden, und als er an der niedrigsten Stelle der
Hofesmauer sich bereitete überzusteigen, erhoben die Hunde im
Hofe ein solches Gebell, daß er befürchten mußte, es möge jemand
im Gehöfte wach werden. Er wich daher auf den Zehen und
die Zähne zusammenbeißend zurück und ging wieder, seine Flüche
verschlingend, nach der Sitzstelle im Eichenkampe, wo er nun ebenso
hartnäckig in der Nacht ausharrte, wie bei Tage.

So saß dieser Mensch einen ganzen Nachmittag, einen Abend
und mehrere Stunden der Nacht hindurch, erpicht auf sein Vor=
haben. Und gleichwohl war dieses nicht auf ein großes Ver=
brechen, oder auf einen reichlichen Vorteil gerichtet; er wollte dem
Hofschulzen weder seine Geldsäcke rauben, noch ihm das Haus
über dem Kopfe anzünden, sondern nur ihm einen Schabernack
anzuthun, übte der Feind des Reichen eine solche zähe Beharrlichkeit.

Gegen vier Uhr morgens endlich, als die Gegend noch im
halben Dämmer lag, wurde die Thüre aufgestoßen, ein Knecht
kam herausgegangen, um Wasser zu holen, und diesen Augenblick
benutzte der Lauerer, um in das Haus zu schlüpfen. Er lief
über den Flur und die Treppe hinauf, sich vorläufig zu verbergen
und während des Tages, wann, wie er vorher mußte, der Ober=
hof von allen Bewohnern verlassen werden würde, mit seiner
Beute zu entkommen.

Nachdem es heller Morgen geworden war, ging der Hof=
schulze, zwei große Geldsäcke tragend, von dem oberen Teile des
Hauses nach der Stube unten neben dem Flure und hinter ihm
drein ging der Schwiegersohn. Dort setzten sich beide schweigend,
wie gestern bei allen wesentlichen Stücken der Hochzeit, an einen
großen Tisch. Jeder von ihnen öffnete einen Sack und zählte
aus demselben breitausend Thaler in harten runden Thalern auf.
Es störte den Hofschulzen nicht, daß mehrere Hausgenossen und
auch einige Nachbarn, welche sich schon im Hofe eingefunden hatten,
vom Flure aus, oder in der Thüre der Stube stehend, diesem
Aufzählen zusahen. Vielmehr schien es ihm lieb zu sein, Zeugen
bei dieser Handlung zu haben, die seinen Reichtum darthat, wie
ein hin und wieder zur Seite geworfener stolzer und schmunzelnder
Blick andeutete. Das ganze Geschäft nahm, wie es begonnen

worden, seinen Fortgang und erreichte auch so seine Endschaft;
nämlich beide Hauptpersonen redeten kein Wort mit einander während
des Geldzählens. Als sechstausend blanke Thaler auf dem Tische
lagen und von dem Schwiegersohne sorgfältig nachgesehen worden
waren, schrieb dieser stumm die Quittung über die empfangene
Mitgift und reichte seinem Schwiegervater den Schein, ohne Dank
zu sagen, hin, strich sodann das Geld wieder in die beiden Säcke
ein und setzte sie zur vorläufigen Verwahrung in einen Wand=
schrank, der sich in der Stube befand und von welchem er die
Schlüssel zu sich steckte.

Der alte Schmitz hatte das Geschäft unterbrechen wollen
und war mit der Äußerung, daß er nach der Stadt zurück wolle,
vorher aber seine Sache mit dem Hofschulzen in Ordnung bringen
müsse, zu diesem in die Stube getreten. Der Hofschulze ver=
weigerte jedoch heute wie gestern, ohne von seinen Thalern auf=
zusehen, jede Einlassung, bis das ganze Pläsir, wie er sich aus=
drückte, zu Ende sein werde, worauf er gern über alles und jedes
zu Dienst stehen wolle. Denn zwei Sachen zu gleicher Zeit zu
treiben, war nicht sein Ehrgeiz, er brachte immer erst eine voll=
ständig zu ihrer Richtigkeit, ehe und bevor er eine andere angriff,
und mit diesem Grundsatze war er zu den guten Umständen ge=
langt, in denen wir ihn kennen gelernt haben. — Der alte
Sammler entfernte sich verdrießlich und ging nach einem Stalle,
worin er etwas hatte niedersetzen lassen, dessen Besitz jetzt seine Seele
drückte. Er sah es unter wehmütigen Gedanken an und wünschte
sehnlich das Ende des Pläsirs herbei, welches für ihn kein Pläsir
war, weil es die Qual der Unentschiedenheit für ihn verlängerte.

Von der Regel, nur ein Geschäft zu derselben Zeit zu treiben,
machte indessen der Hofschulze in betreff der kranken Blässe eine
Ausnahme. Er begab sich, ungeachtet der noch bevorstehenden
Hochzeitvergnügungen, zu dem Tiere, sah nach, ob ihm auch die
Hausmittel gereicht würden, die er verordnet hatte, schaute es
mitleidig an, schüttelte den Kopf, streichelte ihm sanft die Weichen
und behandelte es überhaupt viel zärtlicher, als seine Tochter oder
seinen Schwiegersohn. Leider schien diese Sorgfalt wenig zu ver=
schlagen, da der Zaunpfahl die Kuh zu hart berührt hatte. Sie
stöhnte noch erbärmlicher als gestern. Über den rothaarigen Knecht
fühlte er den heftigsten Verdruß, denn er hatte dessen Gewaltsam=
keit noch spät in der Nacht vor dem Schlafengehen erfahren. Sogleich

hatte er dem Menschen den Dienst aufgesagt. Als er ihn daher jetzt ansichtig wurde, rief er heftig: Was treibst du dich hier noch umher?

Ich wollte Euch nur fragen, Baas, ob es Euch ein Ernst gewesen ist mit dem Aufsagen, versetzte der Rothaarige.

5 Wenn ich aufsage, so heißt das aufsagen und wenn ich nicht lache, so ist das kein Spaß, erwiderte der Hofschulze.

Es ist aber unrecht, daß, wenn man den besten Willen hat zur Lustbarkeit und dafür sorgen will, daß alles recht schön wird, man aufgesagt kriegt, antwortete der Rothaarige.

10 Wenn ich einer Kreatur, die in ihrer Unvernunft keinen Begriff davon hat, daß Hochzeit ist, die Rippen im Leibe kaput schlage, so hilft das nicht absonderlich zur Lustbarkeit, versetzte der Hofschulze kalt- blütig. — Genug, du bist aus dem Dienste und kannst froh sein, daß ich dir nicht den Schaden vom Lohne abziehe, wie Rechtens wäre.

15 Der Rothaarige bat hierauf seinen gewesenen Herrn nur um die Vergünstigung, wenigstens noch ein paar Tage im Hofe bleiben zu dürfen, da es ihm gar zu despektierlich sei, gerade auf einer Hochzeit fortgejagt worden zu sein. Diese Erlaubnis gab ihm der Hofschulze, jedoch unter der Bedingung, daß er sich nicht in 20 den heutigen Zug mische, denn er wolle ihn, sagte er, bei dem Pläsir nicht vor Augen haben. Der Rothaarige setzte sich mit einem giftigen Blicke auf einen Schemel im Flur, nicht weit von der kranken Blässe, deren Qualen ihm durchaus keine Gewissens- bisse aufzuregen schienen. Er greinte und sagte halblaut für sich: 25 Könnte ich dem alten Hunde noch zu guter Letzt einen rechten Possen spielen, so würde mir das eine wahre Herzerquickung sein. — Der Hofschulze ging mit den Worten: Es muß alles mit Manier behandelt werden, selbst ein Vieh — zu seinen Gästen, die sich schon wieder in bedeutender Anzahl zu versammeln an- 30 gefangen hatten, und den Platz vor dem Hause nach dem Eichen- kampe zu trinkend und rauchend erfüllten.

Denn heute war der Tag, an welchem die Neuverheiratete mit uralt hergebrachter Feierlichkeit in ihr künftiges Wohnhaus eingeführt werden mußte. Zu dieser Feierlichkeit gehörte eine 35 Fahne, viel Schießgewehr, abermals ein Schmaus, jedoch dieses- mal im Gehöfte des jungen Ehemannes, und wieder das Spinnrad, welches bei der Hochzeit seine Dienste geleistet hatte.

---

24. greinen, hier in der ursprünglichen Bedeutung von murren, knurren; Schmeller I, 999.

Der Hochzeitbitter befestigte an einer Stange, von welcher
bunte Bänder herabflatterten, ein großes weißes Leintuch und
richtete so die Fahne zu. Gegen dreißig junge Burschen hatten
Flinten bei sich, diese luden sie mit grobem Schrot, oder auch
mit Kugeln, sich in lauter und geräuschiger Art vermessend, daß 5
sie der Fahne tüchtig eins versetzen wollten. Die eine Braut=
jungfer brachte das Spinnrad getragen und endlich erschien die
Braut in ihrem gestrigen Putze, gar sehr verschämt, nichtsdesto=
weniger aber immer noch mit der Brautkrone geschmückt, obgleich
sie von den Anwesenden unter derben Scherzreden als junge Frau 10
begrüßt wurde. Nun ordnete sich der Zug und setzte sich nach
dem Gehöfte des Schwiegersohnes in Bewegung. Der Bursche
mit der Fahne marschierte an der Spitze, sodann folgte das Ehe=
paar, diesem schlossen sich die mit den Flinten an, und darauf
schritt der Brautvater einher, den übrigen Hochzeitgästen zuvor. 15
Von den städtischen Gästen erschien nur der alte Schmitz im
Zuge. Denn die übrigen, der Diakonus, der Hauptmann und
der Küster, waren nach der Stadt zurückgekehrt. Der Küster war
kein Freund vom Schießen, am wenigsten machte ihm eine solche
Ergötzlichkeit Freude, wenn scharf geladen war. Er pflegte daher 20
an dem zweiten Tage der bäuerlichen Hochzeiten jederzeit eilige
und unaufschiebbare Geschäfte vorzuschützen, um sich mit Anstand ent=
fernen zu dürfen. Am dritten Tage kehrte er dann mit seiner
Magd in das Hochzeithaus zur Abholung des ihm gebührenden
Bündels zurück. Heute hatte er noch einen besonderen Grund ge= 25
habt, sich schleunigst fortzubegeben. Denn von Agesel, der sich
auch heiter und rüstig anfangs unter den Festgenossen auf dem
Platze befunden hatte, war ihm mit einem der unheimlichsten
Blicke, wie ihn wenigstens bedünkte, das verhängnisvolle Wort
zugeraunt worden: Ich muß Sie durchaus im Vertrauen sprechen, 30
Herr Amtsbruder! — Grund genug, seine Schritte stadtwärts zu
beflügeln.
Was den Diakonus betrifft, so hatte er vor seiner Abreise
das junge Paar, welches er so unerwartet vor dem Altare ge=
funden, sprechen wollen, um mit ihnen über ihre Zukunft zu be= 35
raten, die ihm freilich, nachdem er von der Überraschung jenes
Augenblicks zum Bedenken zurückgekommen war, sehr zweifelhaft
aussah. Er erstaunte, als er hörte, daß der Jäger abwesend
und Lisbeth unpaß sei. Indessen hatte er wirkliche Geschäfte in

der Stadt, wie der Küster erdichtete, und deshalb konnte er nicht
länger außerhalb verweilen. Er verließ sich darauf, daß die jungen
Leute zu ihm kommen würden, und daß dann das Nötige über=
legt werden könnte. Manche Sorge machte ihm das liebliche
5 Verhältnis; er sah, da er den Stand des Jägers kannte, nicht
ein, wie aus jener Liebe sich ein Bund für das Leben gestalten
sollte.

Agesel trennte sich, sobald der Zug den Platz vor dem Hause
verließ, von den anderen, denn auch ihn riefen nähere Interessen
10 ab. Er ging nach dem Schulhause, welches zu beziehen er ge=
gründete Aussicht hatte, besichtigte das Gebäude, oder vielmehr
das Baufällige, welches ein Haus vorstellen wollte, maß den
Weidefleck ab und verglich dessen Flächeninhalt mit dem Hackel=
pfiffelsberger. Diese Untersuchung lieferte ein günstiges Ergebnis.
15 Er hatte hier drei Quadratruten mehr als dort, worauf sich immer
noch eine Gans mit satt fressen konnte. Während des Abmessens
hing er seinem Plane nach, den er in den Worten zu dem Küster
angedeutet hatte.

Als der Zug über die nächsten Umgebungen des Oberhofes
20 hinaus war, wurde es in diesem ganz still, so daß man die Fliege
an der Wand gehen hören konnte, denn auch die Knechte und
Mägde waren nach der Snaat des Schwiegersohnes gelaufen.
Nur der rothaarige Knecht saß grollend unten im Flur bei den
Kühen. Er war ein wilder, tückischer Kerl und seine Gedanken
25 gingen in dieser Einsamkeit von einem Frevel zum anderen. Er
blickte das Feuer auf dem Kochherde an und sagte: Wenn ein
Brand davon in das Stroh des Stalles geschleudert würde, so
flöge der rote Hahn dem Alten auf das Dach, und es würde
dennoch immerhin heißen, ein Funken sei zufällig, da kein Mensch
30 auf das Feuer acht gehabt, in das Stroh gesprungen. — Nach
dem Wandschranke, worin die Mitgift stand, sah er und murmelte:
Ein tüchtiger Beilschlag und der Deckel spränge auf und unsereins
hätte sechstausend Thaler, womit sich weit außer Landes kommen
läßt. Da fragt kein Kuckuck nach einem. — Ihn überlief es
35 heiß, er streckte zuweilen seine Hand nach dem Feuer aus, und
zuweilen erhob er sich dann wieder vom Schemel, als wollte er
nach der Stube gehen, worin sich der Wandschrank befand.

22. Snaat, die Umgrenzung des zu einem Hofe gehörigen Feld=, Wiesen= und
Baumgrundes. Anm. J's.

In diesen gefährlichen Gedanken horchte er plötzlich auf, denn oben an der Treppe hörte er Geräusch, als ob jemand sacht über den Gang schleiche nach der Treppe zu. Er stand auf und schlich ebenfalls sacht nach dem Treppenfuße, um zu sehen, wer denn da oben so verstohlen zu gehen genötiget sei. Man konnte nämlich von unten den Raum des Ganges zunächst der Treppe überblicken. Nicht lange währte es, so blickten zwei überraschte Gesichter einander an, von denen eins blitzschnell den Ausdruck des größten Schrecks und Entsetzens annahm. Der Knecht sah nämlich zu dem Spiel= mann auf, der einen langen mit einem Tuche umwickelten Gegen= stand unter dem Arme vorsichtig nach der Treppe geschlichen kam und schon den einen Fuß auf deren erste Stufe gesetzt hatte, als er, den Blick hinunterwerfend, den unten ansichtig ward, den er freilich weit vom Hofe bei dem Schießen um die Snaat ver= mutend gewesen war. Einige Augenblicke standen die beiden, die einander unwillkommene Zeugen wurden, der eine des ausgeführten, der andere des vorgesetzten Frevels, glotzend einander gegenüber, der eine oben, der andere unten. Dann aber sprang der Spiel= mann zurück, und der Knecht hörte ihn die Treppe nach dem Söller hinauflaufen. — Der Kerl hat stehlen wollen! rief der Knecht und stürzte die Treppe hinauf.

In jenem vielversprechenden Fragmente des Faust, welches Lessing hinterlassen hat, erklärt der Magus den Geist der Hölle für den schnellsten unter allen, welcher von sich rühmt, daß er so schnell sei, als der Übergang vom Guten zum Bösen. Aber auch einen Engel giebt es, der diesem Teufel die Spitze bietet, er wirkt die Übergänge vom Bösen zum Guten, oder wenigstens zum minder Schlimmen, und diese sind in der Menschenbrust, selbst in der rohsten, oft nicht langsamer als die Werke jenes Teufels.

Der rothaarige, tückische Knecht, welcher noch soeben selbst an Mordbrennerei und Raub gedacht und sich in dem Augen= blicke, wo er den Spielmann erblickte, nur geärgert hatte, daß sein Vorhaben durch einen Lauscher vereitelt werde, hegte schon in der zweiten Hälfte des nämlichen Augenblicks keinen anderen Ge= danken, als daß der Spitzbube von Spielmann seinen Herrn be=

22 ff. Vgl. GO. Bd. II. Abteilung der Nat.=Litt. Der siebente Geist. Unzuvergnügender Sterbliche, wo auch ich dir nicht schnell genug bin. Faust. So sage; wie schnell? Der siebente Geist. Nicht mehr und nicht weniger als der Übergang vom Guten zum Bösen! Faust. Ha! du bist mein Teufel. So schnell als der Übergang vom Guten zum Bösen! Ja, der ist schnell; schneller ist nichts als der!

stehlen wolle, und daß er, der Knecht, das nicht leiden dürfe,
sondern den Dieb festnehmen und dem Hofschulzen überliefern
müsse. Er stürzte also die Treppe hinauf, fiel vor übergroßer
Eile über einen Kasten, der oben auf dem Gange stand, so, daß
er sich vor Schmerz nur langsam aufrichten konnte, ließ aber
dennoch von seinem Vorsatze nicht ab, sondern setzte die Verfolgung fort, wenn auch langsamer, als er· sie angefangen hatte.

Oben auf dem Söller kam ihm der Spielmann aus der Ecke,
worin sich der Verschlag des Jägers befand, entgegen. Der
Knecht, dessen Arme von dem Falle nicht gelitten hatten, packte
ihn bei der Schulter, dergestalt, daß der Spielmann wie eine Jacke
ohne körperlichen Inhalt hin und her flog, und rief: Halunke,
was hast du gestohlen?

Nichts, versetzte der Spielmann, der ungeachtet aller Angst
vor dem baumstarken Knechte den Trotz beibehielt, der solchen
Leuten in solchen Lagen eigen zu sein pflegt; seht Ihr etwas bei
mir? — Wirklich trug der Spielmann nichts mehr unter dem
Arme. Der Knecht untersuchte seine Kleidungsstücke, aber auch in
denen war nichts zu entdecken. Außer der alten grauen Jacke,
den zerrissenen und geflickten Hosen und seinem eigenen armseligen
Leibe führte er nichts an und bei sich. Der Knecht ließ die
Hände sinken und sah aus wie einer, der nicht weiß, was er thun
oder denken soll

Der Spielmann, dessen Zuversicht wuchs, je unschlüssiger er
den Knecht werden sah, sagte keck: Nun, habe ich gestohlen? —
Ich weiß nicht, versetzte der Rothaarige, wohin du es abgeworfen
hast, aber ich will dich prügeln, daß dir die Seele aus dem Leibe
geht, damit du mir die Stelle anzeigst.

Gut, rief der Spielmann, der sich nicht einschüchtern ließ,
prügelt mich nur ab, prügelt einen unschuldigen Menschen nur ab,
Eurem Herrn zu Gefallen, der Euch aus dem Dienste jagte! —
Er hatte von seinem Versteck das Gespräch zwischen dem Hofschulzen und dem Rothaarigen gehört.

Diese Erinnerung warf den Knecht auf die andere Seite
hinüber. Nein! rief er mit einem Fluche, stehlen soll zwar keiner
bei ihm, solange ich noch im Hofe bin, denn dafür bin ich sein
Knecht, aber zu Gefallen thue ich ihm auch nichts, denn dazu hat
er mich zu schlecht behandelt. — Nun denn, so laßt mich laufen,
sagte der Spielmann.

Sprich, was du begangen hast, Kerl, und du sollst laufen, versetzte der Knecht.

Der Spielmann sah sich um, als fürchte er selbst hier einen Lauscher, dann murmelte er dem Knechte ins Ohr: Einen Schaber= nack habe ich dem Hofschulzen anthun wollen, und, wie ich hoffe, 5 auch angethan. Sonst habe ich nichts wider ihn vorgenommen, noch vornehmen wollen.

Der Knecht dachte nach. — Vor Schabernack brauche ich den Alten nicht zu bewahren, sondern nur vor Stehlen, Brennen und Viehschaden; das ist meine Obliegenheit. — Dann gab er dem 10 Spielmann einen Streich mit der Hand und rief: Lauf, du Hund! — Der Spielmann folgte dieser Weisung und sprang behende die Söllertreppe hinunter. — Der Rothaarige hinkte ihm langsam nach. Unten im Flure sagte er: Wenn der Bas ein Stück Schaber= nack hat, so kann es mir ganz recht sein, wofern er nur nicht an 15 Geld oder Gut beschädiget wird. Denn „hilf dir zuvor selber, ehe du andere arzeneiest". Diesen Spruch hat er mir letzte Martini mitgeteilt und darnach halte ich mich nun. Ich helfe mir zu aller= erst selber und meiner Bosheit auf ihn durch den Schabernack, den ihm der blinde Halunke angethan hat. — Hierauf setzte er 20 sich wieder, wo er gesessen hatte, als ob nichts vorgefallen wäre, entschlossen, um keinen Preis etwas von dem geheimen Besuche des Patriotenkaspars im Oberhofe zu verlautbaren.

Zweites Kapitel.

Wie der Sammler und der Hofschulze sich abermals entzweiten.   25

Der Hochzeitzug umging indessen die Snaat des Schwieger= sohnes. Die Menschen schrieen und jauchzten, von häufig genossenen geistigen Getränken erregt, dazwischen knallten die Gewehre, womit die jungen Burschen nach dem Tuche der Fahne zielten, und so oft ein Schuß traf, erhob sich ein noch lauterer Jubel, denn es 30 ist ein Ehrenpunkt bei diesem Brauche, daß die Fahne ganz zer= schossen in das Haus der jungen Eheleute gelangt, weil der Um= stand für ein günstiges Vorzeichen gilt. Alles war heute wilder und stürmischer als gestern, denn die Bauern lieben es, die letzten Augenblicke einer Festesfreude besonders gierig auszukosten.   35

Das Firmament spielte bei dieser heftigen und lärmenden Szene mit. Der Zug um das weitläuftige Gelände dauerte, da er nur im langsamen Schritt vorrückte, mehrere Stunden, und schon hatte sich der Haarrauch herbeigemacht, der bald alles in 5 seine Nebel hüllte. Die Bauern waren über den alten Bekannten durchaus nicht verdrießlich, vielmehr steigerte der Schwaden, Qualm und Geruch ihre Lust. Wie nun so die Gestalten grau durch den Nebel zogen, das Jauchzen aus dem Schwaden hervorbrach und die Blitze von den Schüssen gelbrötlich in dem Qualme zuckten, 10 bekam das Ganze etwas Schattenhaftes, und es war, als ob Götze Krobo mit seinem Koboldsgefolge emporgestiegen sei und unter Knall und Geprassel von seiner alten Domäne Besitz nehme.

Auf diese Weise wurde der jungen Frau ihr Eigentum ge= zeigt. Die Fahne kam, kaum noch aus Fetzen bestehend, in das 15 Haus des Schwiegersohnes und alles hatte sonach einen guten Anschein. Es war über dem Zuge zwei Uhr nachmittags geworden und die ganze Hochzeitgenossenschaft setzte sich nun im Hause der neuen Gatten abermals zu einem derben Schmause nieder, man kann denken, mit welcher Eßlust. Diesmal wurde das Essen durch 20 keine vornehmen und sonstigen fremdartigen Einwirkungen gestört; die Bauern waren rein unter sich und thaten nichts als Essen und Trinken.

Nach dem Schlusse des Mahles erfolgte die letzte Handlung in diesem Festdrama. Die junge Frau hatte nämlich jetzt noch 25 die Gaben einzunehmen. Sie erhob sich mit feierlicher Miene von der Speisetafel, setzte sich an einen Tisch zur Seite, ließ Spinnrad und Haspel neben sich stellen, schlug zwei ihrer Röcke, deren sie mehrere trug, über den Schoß zurück, und erwartete so, die Augen niedergeschlagen, die Spenden der Gäste. Diese standen 30 einer nach dem anderen ebenso feierlich auf, gingen zu ihr, und legten ein jeder schweigend einige Groschen ihr unter die zurück= geschlagenen Röcke. Einige legten auch Naturalien auf den Tisch vor ihr; ein Huhn, einen Kuchen, ein Mandel Eier, oder sonst dergleichen. Nachdem jeder seine Gabe dargebracht hatte, ging 35 die Beschenkte Reihe herum bei den Gästen und dankte einem jeden derselben mit den nämlichen Worten. Nun war sie erst

---

11. Nach einer wenig verbürgten Nachricht des 15. Jahrhunderts hätten die Ostsachsen einen Abgott Crôdo (etwa Saturnus entsprechend) verehrt; vgl. J. Grimms „Deutsche Mythologie" (2. Aufl.) I, 187.

wirkliche Hausfrau im Jürgenserbe — so hieß der Hof des
Schwiegersohnes — geworden. Sie legte ihre Brautkrone ab und
tanzte als Frau in dem Reigen mit, der nun zum Schlusse der
Hochzeit im Baumgarten begann.

Während des Tanzes sprach der Hofschulze leise und eifrig 5
mit einigen Bauern. Es waren die Besitzer der reichsten Nachbar-
höfe. Sie nickten und sagten: Es bleibt dabei, wir kommen
alle. — Hierauf nahm er den Schwiegersohn beiseite und flüsterte
ihm zu: Vergiß nicht ... zu morgen ... die Losung ... — Ich
werde es wahrhaftig nicht vergessen, denn ich trage das größte 10
Begehren darnach; der Haarrauch kommt wie gerufen, so bleibt
alles in der Heimlichkeit, versetzte der Schwiegersohn.

Der alte Schmitz hatte ungeduldig in der Nähe gewartet.
Sobald der Hofschulze von seinem Eidam zurücktrat, ging der
Sammler auf ihn zu und sagte ihm mit einer zugleich mürrischen 15
und verlegenen Miene, daß es nun wohl endlich an der Zeit sei,
ihr Geschäft abzumachen.

Allerdings kann nun das Geschäft vor sich gehen, denn der
Tanz ist nur noch ein Pläsir für die jungen Leute, erwiderte der
Hofschulze. Was ist es denn, Herr Schmitz? 20

Nicht hier, versetzte der Sammler. Zwar möchte ich gern
von hier abgehen, denn ich muß doch wieder durch, wenn ich nach
der Stadt will, und deshalb hätte ich gewünscht, heute morgen
auf dem Oberhofe die Sache richtig zu machen. — Dort aber
muß sie vorgenommen werden, weil ich das Meinige gleich mit 25
mir nehmen will. — Er sagte die letzten Worte mit sichtlicher
Überwindung.

Auch dieses, antwortete der Hofschulze. — Die beiden alten
Leute gingen neben einander nach dem Oberhofe. Der Sammler
sprach fast gar nicht und der Hofschulze nur weniges. — Dazu 30
gehörte, daß er sagte, er sei von Herzen froh, daß das Pläsir
seine Endschaft erreicht habe, denn nach den ersten Konfusionen
und Tumulten, die sich zugetragen, habe ihm immer ein Druck
am Herzen gesessen, als müsse ein großes Malheur bevorstehen.

Es ist bekannt, daß Ihr an Ahnungen glaubt, Hofschulze, 35
sagte der alte Schmitz.

Von Ahnungen weiß ich nichts Sonderliches, erwiderte der
Hofschulze kalt. — Aber Vorgeschichten giebt es, fuhr er sehr
ernsthaft fort. — So habe ich damals Anno zwölf die ganze

ruſſiſche Armee über den Hellweg ziehen ſehen, als ich auswärts
geweſen war und nach Hauſe ging.

Es war wohl um die Mitternachtsſtunde, Hofſchulze?

Nein, nachmittags um vier Uhr bei trübem Wetter im
5 September, mich dünkt, gerade um die Zeit, als der Franzoſe in
Moskau einzog, Herr Schmitz.

Dergleichen iſt nun purer Aberglaube! rief der alte Schmitz,
welchem ein Streit mit dem Hofſchulzen vielleicht angenehm ge‐
weſen wäre, um ſich für das, was bevorſtand, in Feuer zu jagen.

10 Der Hofſchulze blieb aber ganz freundlich und erwiderte
gelaſſen: Nein, eine Gabe Gottes, Herr Schmitz.

Unter dieſen Reden waren ſie nach dem Oberhofe gekommen.
Der Alte ſtutzte einigermaßen, als ſein Gaſt ihn bat, mit ihm
zu den Ställen zu gehen, und noch mehr befremdete es ihn, da
15 er wahrnahm, daß dieſer kaum ein Zittern verbergen konnte.
Wie wuchs aber ſein Erſtaunen, als der Sammler die Thüre
des Hühnerſtalls aufriß, heftig mit der Hand hinein deutete und
erſtickten Tones rief: Da ſteht Eure Amphora und ich bitte mir
dagegen meinen Schein aus! Wirklich ſah der Hofſchulze im Stalle
20 den Weinkrug ſtehen, der ſchon einmal der Gegenſtand eines ſo
heftigen Streites geweſen war, und den der Sammler in der
Dunkelheit des vorigen Abends hatte dahin bringen laſſen. — Er
trat drei Schritte zurück und fragte, indem er den alten Schmitz
groß anſah: Was ſoll das, und was bedeutet dieſes?

25 Der alte Sammler, dem die Sache das Herz durchſchnitt,
ſprudelte wie eine Flaſche, von welcher der Pfropfen abgeflogen
iſt: Es bedeutet, daß Ihr Eure Amphora wieder bekommt, um
welche ich mein Gewiſſen, welches in einer ſchwachen Stunde
eingeſchlafen war, nicht belaſten will, und welche mir zwar, das
30 weiß Gott, noch das allergrößte Vergnügen macht, jedoch ein
unrechtes und verbotenes! Durch ſolche Schandthaten, und indem
immer ein Schelm dem anderen ſeinen Plunder als echtes Alter‐
tum atteſtierte, ſind die Sammlungen mit Narrenpoſſen und
Quisquilien angefüllt worden. Ich aber will dazu nicht die
35 Hand bieten, daß Euer Lerchenſpieß noch einmal künftig von
einem großen Herrn, der in ſolchen Sachen die liebe Einfalt und
Dummheit iſt, für ſchweres Geld angekauft wird, ſondern ich

---

1. Hellweg, urſprünglich der Weg, auf dem die Leichen gefahren wurden; weſtfäliſch
Landſtraße, Heerweg.

begehre meinen Schein zurück, worauf das sogenannte Karls-des-
Großen-Schwert wieder wird, was es war und ist und bleiben soll,
nämlich ein Bratspieß frühestens aus der Soester Fehde, den ein
Reisiger des Erzbischofs hier mag in den Büschen haben stehen lassen.

Demnach wollen Sie also die alten Zweifel an dem Schwerte 5
von Karolus Magnus wieder regen und rühren? fragte der Hofschulze, der sich zwar gegen den andern scheinbar ruhig ausnahm,
jedoch auch mit einiger Mühe nach Atem rang.

Es sind keine Zweifel, es ist die klarste Gewißheit; meinen
Schein, meinen Schein her, stammelte der Sammler, der die 10
schleunigste Beendigung des Geschäfts wünschte, weil er fühlte, wie
der Mut der Wahrheit im Angesichte der Amphora bei ihm sank.

Sie behalten den alten Topf und ich behalte den Schein,
Herr Schmiß, sagte der Hofschulze und bohrte seinen Stock wieder,
wie gestern bei dem Vorfalle mit dem Hochzeitbitter, tief in die 15
Erde. — Der Sammler fragte ihn heftig, ob das sein letztes
Wort sei, welche Frage der Hofschulze bejahte, mit dem Hinzu-
fügen: Handel ist Handel.

Dann kommt die ganze Sache in den Anzeiger! rief der
alte Schmiß zornig und machte sich, ohne von seinem Wirte 20
Abschied zu nehmen, auf den Weg. Der Hofschulze stand noch
einige Augenblicke voll nachdenklichen Verdrusses vor dem Stalle.
Er war so böse auf die Amphora, daß er sie hätte zerschlagen
können, wäre sie nicht eines anderen Eigentum gewesen. Die
Erwähnung des rheinisch-westfälischen Anzeigers war ihm schwer 25
auf das Herz gefallen. Denn er wußte, daß dieses Blatt, welches
durch alle Ortschaften, Weiler und Gehöfte des Landes seine
Wanderung macht, dem Kredit des Schwertes sehr schaden könne,
wenn darin stehen werde, letzteres sei nur ein Bratspieß frühestens
aus der Soester Fehde. 30

Ei! Ei! Ei! sagte er mißmutig, muß mir das doch noch
heute begegnen, nachdem ich glaubte, allen Ärger überstanden zu
haben! Es ist also doch wahr, daß man von dem, was einem das
Liebste ist, zu keinem Menschen reden soll; sie fechten es einem
nur an. Hätte ich dem Herrn Schmiß nicht einstmalen in der 35
Vertraulichkeit die Sache mit dem Schwerte entdeckt, nimmer wäre
mir darüber die Streiterei und Zweifelsucht und Mäkelung entstanden, die mich seitdem jahraus jahrein verfolgt hat. — Er
ging in das Haus, fragte den rothaarigen Knecht, ob jemand da

gewesen sei, welches dieser grinsend verneinte, und stieg dann zu
der Kammer empor, in welcher er die Waffe verwahrte, um an
ihrem Anblicke seinen Mut zu erfrischen. Auch wollte er sie für
die morgende heimliche Weihe, bei welcher sie eine Hauptrolle
5 spielen sollte, vom Staube säubern. Denn das Schwert war
lange nicht gebraucht worden.

Drittes Kapitel.
Die Geschichte eines Geächteten.

Der Patriotenkaspar hatte sich, nachdem er vom Rothaarigen
10 verabschiedet worden war, noch immer in der Nähe des Oberhofes umhergetrieben, um mit dem alten Schmitz zu sprechen.
Denn zu diesem hatte der gemiedene und geringgeschätzte Mensch
eine Art von Verhältnis. Der Sammler hatte ihm manchen
Groschen geschenkt und sah ihn nicht ungern. Weil der Patrioten-
15 kaspar überall umherstrich und kroch, so war es ihm möglich gewesen, dem alten Raritätenfreunde hin und wieder eine nützliche
Nachweisung zu erteilen, oder ihm auch wohl selbst irgend ein
seltsam geformtes Schnitzwerk zuzubringen. Der alte Sammler
war daher auch der einzige, bei dessen Anblick in die arme und
20 elende Brust dieses jämmerlichen Bettlers ein Gefühl drang, daß
er doch nicht ganz und gar auf dieser Gotteswelt ein Aus-
gestoßener sei. Für den alten Schmitz wäre er durchs Feuer
gegangen, er, der sonst am vergnügtesten lachte, wenn anderen
etwas recht Übles begegnet war.
25 Jetzt lauschte er hinter einer Wallhecke an einem Felde des
Oberhofes, ob er seinen alten Gönner nicht allein ansichtig werden
möchte. Als er ihn vorher in der Gesellschaft des Hofschulzen
vorbeiwandern gesehen, hatte er nicht gewagt, ihn anzureden.
Entdecken wollte er ihm etwas vorlängst Geschehenes, und ihn
30 um eine sonderbare Hilfe ersuchen. Nach langem Harren war
ihm endlich die rechte Stunde dazu gekommen. — Nun ich meine
Lust gebüßt habe an dem alten Bluthunde und er den Tort
hoffentlich nicht verwindet, den ich ihm angethan — denn es liegt
wohl versteckt, tief versteckt, und das Dach wird er darnach nicht
35 abdecken lassen — nun will ich auch mein Recht erleiden, wie
recht ist, sagte er hinter seiner Wallhecke.

Der alte Schmiß kam vom Oberhofe zurück und ging vorüber. Der Patriotenkaspar begrüßte ihn und sagte: Herr Schmiß, ich habe hier auf Sie gewartet, weil ich Ihnen etwas offenbaren wollte.

So verdrießlich der Sammler war, diese Anrede, in welcher er nur die Ankündigung eines Fundes für sein Kabinett zu hören glaubte, machte ihn aufmerksam. Er stand still und fragte: Was ist denn, Kaspar? — Nein, versetzte der Spielmann, indem er seinen Leierkasten über den Rücken warf, hier kann es nicht ge= schehen, sondern an Ort und Stelle muß es veroffenbart werden.

Er ging dem Sammler auf dem Wege, der nach dem Hofe des Schwiegersohnes führte, voran, bog jedoch einige hundert Schritte von diesem Hofe in einen Seitenpfad ein, der zwischen Erdwänden vertieft unter hohen Rüstern dunkel fortlief. Nicht weit hinein kreuzte den ersten Pfad ein zweiter. Er war noch dunkler, weil ihn noch höhere Bäume überschatteten.

An diesem Kreuzwege, der einsam und schauerlich zwischen den Erdwällen, Rüstern, zwischen Brombeergebüsch, Nachtschatten und Schierling lag, setzte der Spielmann seinen Leierkasten ab, bog einen Brombeerbusch zurück, so daß ein großer Stein ent= blößt wurde, kniete vor dem Steine nieder und sagte dann, halb= rückwärts nach dem Sammler gewendet: Hier war's.

Der Sammler, welcher glaubte, der Patriotenkaspar werde dort etwas für ihn aus der Erde scharren, trat dicht zu ihm hin, senkte seinen Kopf, so daß er fast die Schulter des Knieenden berührte, und fragte eifrig: Was? Was?

Der Patriotenkaspar sah ihm, mit dem Auge unstät zwinkernd, in das Gesicht und sagte heiser und gedämpft: Hier habe ich einstmals des Hofschulzen seinen Sohn, den Fritze, totgeschlagen.

Ein Knabe, der von einem Strauche eben eine leckere Beere pflücken will und dem unversehens unter dem Strauche eine Natter mit funkelnden Augen entgegenzischt, kann nicht erschreckter zurückfahren, als der alte Schmiß bei dieser Eröffnung vor dem Patriotenkaspar zurückfuhr. Den Blick starr auf ihn heftend und rückwärts vor ihm weichend, als fürchte er, einem geständigen Mörder seinen Rücken preiszugeben, entfernte er sich bis in die entgegengesetzte Ecke des Kreuzweges. Dort blieb er stehen, den Patriotenkaspar immer in das Auge gefaßt, unschlüssig, ob er nun sich wenden, so fortgehen und dadurch den gefährlichen Menschen aus seinem beobachtenden Blicke verlieren sollte.

Der Patriotenkaspar seinerseits richtete sich an dem Steine
empor. Als er bemerkte, welchen Eindruck seine Worte auf den
einzigen Gönner machten, den er besaß, nahm sein Auge einen
wehmütigen Glanz an, und in der verwüsteten Stimme zitterte
etwas wie Trauer, als er so sprach: Ach, mein lieber Herr Schmitz,
warum fürchten Sie sich doch vor mir? Ich bin ja ein armer,
zerlumpter, von Hunger entkräfteter Mensch. Sehen Sie, da
kehre ich meine Taschen um, und es ist nichts darin, weder Messer,
noch Hammer, noch sonst etwas, womit ich Sie erstechen oder er-
schlagen könnte. Wenn Sie sich aber vor meinen Fäusten fürchten,
so will ich da mit meinem Halstuche sie binden, so daß Sie
ganz sicher sein können, daß Ihnen kein Leid von mir widerfährt.
Ich wollte Ihnen bloß die alte Geschichte erzählen und Sie um
eine Güte und Gefälligkeit bitten.

Der Sammler, der sich noch immer nicht zu fassen wußte,
sagte: Ich glaube, Ihr seid betrunken, Kaspar.

Nein, Herr Schmitz, wüßte nicht, woher das kommen sollte,
indem ich wenig genossen habe, versetzte der Patriotenkaspar. Ich
wiederhole Ihnen in der Nüchternheit: Hier habe ich des Hofschulzen seinen Fritze totgeschlagen. Es ist aber lange her und
Gras ist darüber gewachsen. Indessen will ich mein Recht über
diese That haben, denn nunmehr ist die Stunde dazu gekommen,
nachdem ich meinem Feinde und Überwältiger den Tort gethan
habe, den er verdiente, und dazu suche ich Ihren Rat und Beistand, weil Sie ein Schriftgelehrter sind und mir mitunter eine
Gütigkeit erwiesen haben.

Der klagende und sanfte Ton, womit der Patriotenkaspar
dieses vorbrachte, flößte dem alten Schmitz Mut ein. Neugierig,
wie er von Natur war, empfand er ein Verlangen nach den
Dingen, die einen Menschen bewegen konnten, über einen ver-
schollenen Frevel zum Ankläger wider sich zu werden. Der
Patriotenkaspar schwieg aber, senkte seinen Blick und schien eine
Aufmunterung erwarten zu wollen. Endlich sagte der Sammler:
Ich habe wohl vor Jahren davon gehört, daß ein Sohn des Hofschulzen plötzlich zu Tode gekommen sei; es hieß aber damals, er
sei mit der Stirn auf einen Stein aufgeschlagen.

Ja, so hieß es damals, versetzte der Patriotenkaspar. Mit
der Stirn schlug er allerdings auf einen Stein, und zwar auf
diesen da, neben welchem ich stehe, allein nicht von selbst, sondern

16*

von einem anderen mit der Faust gegen den Stein gestoßen, und
wer ihn so lange mit der Faust gegen den Stein stieß, bis die
Hirnschale zerbarst, das war ich.

Also hatte doch jenes zweite alte Gerücht, was auch im
stillen hie und da umherlief, recht! sagte der Sammler. Aber   5
wie kam es, daß die Geschichte nicht angezeigt und den Gerichten
überwiesen wurde?

Das hängt mit diesem meinem ausgeschlagenen Auge, mit
des Hofschulzen seinem Hochmut und mit dem Freistuhl da droben
an jenem Berge zusammen, sagte der Spielmann.   10

Der Sammler versetzte: Bringt Eure Geschichte ordentlich
und im Zusammenhange vor, Kaspar. Denn aus diesen zer=
stückelten Reden kann sich niemand vernehmen.

Der Patriotenkaspar erzählte hierauf, an dem Mordsteine
stehend, dem alten Schmitz, welcher ihm gegenüber an der anderen   15
Seite des Kreuzweges stehen blieb, folgendes:

Herr Schmitz, in den Geschichten, die ich da auf meinem Leier=
kasten feil habe, kommen mitunter auch Sachen vor von Leuten,
die ihresgleichen ächteten und von sich ausstießen. Als zum
Beispiel: Einen trieben sie vor diesem aus, weil er gar zu gerecht   20
war, und ein General wurde zu alten Zeiten verbannt, weil sie
ihm nachsagten, er mache den armen Leuten das Brot teuer, und
dann gab es auch wieder einmal einen Herzog, der geächtet wurde,
weil er seinen Freund nicht hatte verlassen wollen. Diese armen
elendigen Verbannten führten ein jämmerliches Leben. Meisten=   25
teils ist zwar dergleichen nur bei großen Herren und vornehmen
Standespersonen vorgekommen, aber auch unter dem Bauernstande
kann sich die Sache zutragen, und mit mir hat sie sich begeben.

Herr Schmitz, ich war zu meiner Zeit ein flinker, anstelliger
Kerl und hatte mehr Witz als aller der Bauerpöbel hier herum   30
zusammengenommen. Sah auch recht gut aus —

Ei, fiel der Sammler ein, Ihr habt ja stets eine hohe
Schulter gehabt, Kaspar.

Das thut nichts, erwiderte der Patriotenkaspar, demohn=
erachtet kann man doch schön aussehen. — Sah also recht gut   35

20. Ein athenischer Bürger soll bei der Abstimmung für die Verbannung des Aristides
gestimmt haben, weil er sich ärgere, daß dieser immer „der Gerechte" genannt werde. —
21 f. ein General, Camillus, der Eroberer von Veji, soll unter diesem Vorwande aus
Rom verbannt worden sein. — 23 f. Die durch Uhlands Drama „Ernst, Herzog von
Schwaben" bekannte Geschichte des alten Volksbuchs.

aus, ehe ich das eine Auge verlor und in die Hungersnot versank,
hatte was erlebt draußen als junger Mensch. Denn, wie Sie
wissen, war ich dabei, als die alte Orange in Schonhoven ver=
molestiert wurde und kam auch nach Gorkum und Nieuwport mit
den Patrioten dazumal. Ich schor mich den Teufel um den
Krimskrams hier unter den Bauerkerls, sagt' ihnen oft die Wahr=
heit über ihre Einfalt, und es setzte schon gleich zu Anfang viel
Streit und Wortwechselung mit ihnen. Es gab nie keinen Vertrag
mit ihnen recht, denn sie konnten es mir nicht verzeihen, daß ich
klüger war, als sie, und gewitzter. Also gut; wie ich meine
vollen Jahre erreicht hatte, trat ich das Kolonat an, denn Sie
müssen wissen, daß der Windkotten uns gehörte, mir und meiner
Familie; ein recht hübsches Erb mit Feld, Baumgarten und Wiesen=
wachs, was nachgehends freilich parzelliert worden ist, und das
Haus hat der Jude abbrechen lassen, der das Ganze zuletzt kaufte,
so daß ich selbst kaum noch weiß, wo die Stätte gelegen hat.

Wie ich nun so Kolon und Hofesbesitzer war, da ging der
rechte Verdruß erst an, Herr Schmitz. Denn ich konnte es gar
nicht vertragen, daß die Großen besser sein wollten, als wir Kleinen,
und daß so ein Hofschulte es wie eine Gnade ansah, wenn er
mit einem Kötter trank. Denn ich dachte: Ich baue so gut mein
Feld, wie ihr, was habt ihr denn also voraus? Ich setzte mich
also dreist zu ihnen, wenn ich im Kruge mit ihnen zusammentraf,
ich sprach bei ihnen ungefordert ein. Wenn ich an einem der
Großen vorüberging, that ich so, als müsse er mich zuerst grüßen,
und meinte, es wohl mit ihnen durchsetzen zu können. Aber,
Herr Schmitz, man setzt dergleichen mit den Menschen nicht durch,
denn man ist immer nur einer und sie sind viele, und das
hält zusammen wie Pech und Schwefel. Grob behandelten sie
mich, wenn ich sie besuchte, im Kruge rückten sie von mir weg,
und wollte ich von ihnen auf Landstraße und Nachbarweg zuerst
gegrüßt sein, so lachten sie mir unter die Nase und keiner lupfte
den Hut. Von allen aber war der Hofschulze im Oberhofe der
gröbste und stolzeste und schlimmste; denn er ist immer unmenschlich
reich gewesen und hat großes Ansehen von jeher gehabt.

Also, Herr Schmitz, den Hofschulzen nahm ich mir apart
aufs Korn und dachte: Du sollst mir daran glauben. — Er hatte
aber eine Tochter aus erster Ehe, denn drei Frauen hat der alte
Kerl begraben lassen und zum letztenmal, woraus nun die ist,

die gestern Hochzeit machte, freite er, wie er schon ziemlich in den
Jahren war. Die Tochter sah recht gut aus, und ich war ihr
auch recht gut, aber die Hauptsache, daß ich mich an sie machte,
war doch der Stolz, und weil ich mir einbildete, ich könne alles
durchsetzen, was ich wolle, und werde das Mädchen schon rum=
kriegen, wenn ich es nur recht anzufangen wisse. Ich hatte schon
gemerkt, daß sie auf Tänzen und Kindelbieren nach mir hinhörte,
wenn ich so erzählte von meinen Fahrten, und darauf baute ich
meinen Ratschlag und sah sie unaufhörlich starr an, wenn ich ihr
nahe kam, so daß sie nicht wußte, wo sie die Augen lassen sollte.
Fing auch an, mich über mein Vermögen schön zu kleiden, das
beste lichtblaue Tuch mußte ich zum Rocke haben und ließ mir
an die Jacken silberne Knöpfe setzen, die kein anderer von den
Kolonen hatte, wodurch ich in Schulden geriet. Eines Sonntages
geht die Magdalis an mir vorüber, wie ich besonders heraus=
geputzt war und sagt: Ihr zieht Euch doch an, wie keiner sonst,
Kaspar. — Das geschieht ganz allein um Euch, Magdalis, ant=
wortete ich, und wenn ich all mein Hab und Gut zusetzte, so
wollte ich mich noch schöner kleiden, wofern es Euch nur gefiele.
— Sie wurde rot und damit hatte ich sie weg. Denn wenn
man den Mädchen sagt, daß man um ihretwillen einen neuen
Rock angezogen hat, so sind sie kaput.

Also die Sache kam in Gang und ich will Sie damit nicht
aufhalten, Herr Schmitz. Genug, die Magdalis gab zu, daß ich
an ihr karessieren durft', und war alles bald zwischen uns in
Richtigkeit, wie es die Ordnung ist unter Liebesleuten. Auch die
Magdalis dacht' in ihrer Dummheit, daß der Vater, weil es einmal
so weit gekommen, werd' ein Auge zudrücken müssen. Deshalb
nahmen wir beiden Gimpel die Absprache zusammen, daß ich um
sie anhalten solle. — Aber — da kam ich schön an, Herr Schmitz,
wie ich die Sache vortrug bei dem Alten. Denn selbst mußte ich
sie vortragen; ein Freiwerber wollte sich dazu nicht verstehen. In
meinem Leben ist mir kein grimmigerer Mensch vorgekommen, als
der Hofschulze, wie er sich benahm, da ich meinen Spruch heraus=
gesagt hatte. Ich wurde mit einem solchen Zorn und Hohn an=
gelassen, daß mir die Knochen bebten vor Ärgernis. Es fehlte
nur, daß er mich fortpeitschen ließ, und noch heut am Tage weiß
ich nicht, wie ich vom Hofe gekommen bin.

Gut, dachte ich, willst du sie mir nicht zur Frau geben, so

soll sie — — Der Alte hielt sie eingesperrt und sein Sohn, der
Fritze, auch aus der ersten Ehe, paßte mir auf. Aber man kann
die Leute schon belauern, wenn man nur will. Was nicht bei
Tage geht, das geht bei Nacht, und darf man nicht zur Thür
'rein, so steigt man über die Mauer. Ich war denn also alle
Nächte, die Gott werden ließ, bei der Magdalis, zu der ich durch
das Fenster gelangte. — Doch sie kamen dahinter, Herr Schmitz,
der Alte und sein Sohn. Und nun machten sie zusammen einen
Plan auf mich, mir aufzulauern und mir das Leben zu nehmen.

Das ist nicht wahr, unterbrach hier eifrig der alte Schmitz
die Erzählung. Der Hofschulze ist ein eigensinniger Mann, aber
Schlechtigkeiten hat er nie getrieben.

Nun dann hat es der Junge, der Fritze, auf seine eigene
Hand gethan, sagte der Patriotenkaspar. Genug, ich weiß, was
ich weggekriegt habe bei der Gelegenheit. Also, Herr Schmitz,
eines Abends, wo es ganz dunkel war und ein schweres Unwetter
heraufzog, komme ich auch von meinem Erb da herüber meinen
gewöhnlichen Weg geschritten. So höre ich da, wo Sie jetzt
stehen, Herr Schmitz, etwas rascheln in der Dunkelheit und ehe
ich noch meine Gedanken zusammennehmen kann, springt das, ohne
einen Laut von sich zu geben, auf mich zu, und ich habe einen
Schlag mit einem Knüppel über den Kopf und einen Stoß in
das linke Auge weg, daß mir beinahe Hören und Sehen vergeht.
Im Auge ist's mir, als ob ein Dutzend Messer darin umgedreht
würden, Nasses läuft mir über die Backe — ich aber denke, hier
geht's noch um Haut und Haar, ist's Auge schon weg — und
friege meinen Kujon zu packen, und reiße ihm den Knüppel weg,
denn, Herr Schmitz, ein Mensch, dem sie das Auge ausschlagen,
hat fürchterliche Kräfte — und gebe ihm die Erwiderung auf
seinen Schädel, daß er aufgrölzt und ich an der Stimme den
Fritze erkenne. Er bettelt um Gnade, aber ich schreie: Meine
Gnade sollst du gleich spüren! reiße ihn in die Höhe; du verfluchtiger
Augenmörder! rufe ich, und stoße so lange den Bengel mit dem
Kopfe gegen den Stein hier, bis er stumm wird. Einen Ohrring
hatte ich ihm bei der Balgerei abgerissen — denn er trug welche
— den hielt ich in der Hand, wußte nicht, was damit anfangen,
konnte ihn freilich nur wegwerfen, aber der Mensch ist bei solcher
Gelegenheit wie von sich; unter den Stein habe ich den Ring
verscharrt, soll mich wundern ob er noch da liegt.

Der Patriotenkaspar, welcher den letzten Teil der Erzählung
mit so lebendigen Gebärden vorgebracht hatte, daß seinem alten
Zuhörer ein Schauder über die Haut rieselte, wälzte, trotz seiner
anscheinenden Kraftlosigkeit, den Stein hinweg, kratzte etwas in
der Erde darunter und zog mit einem gellenden Freudengeschrei,
als habe er den köstlichsten Schatz entdeckt, einen Ohrring hervor,
der nicht verrostet war, weil er stark vergoldet gewesen sein mochte.
Ei, wie so ein Ding übrig bleibt, wenn der Mensch längst ver-
rottet ist! rief er, und gab den Ring dem alten Schmitz, der ihn
nur zagend annahm.

Als ich nun dem Fritze das Seinige gereicht hatte, ließ ich
ihn liegen und ging nach Hause, Herr Schmitz, fuhr der Patriotenkaspar fort. — Es war nun starkes Unwetter geworden und bei
dem Donnern und Blitzen unterweges wurde mir graulich zu
Mute. Ich dachte: Die Magdalis erwartet dich in ihrer Kammer,
und ihr Bruder liegt da tot am Kreuzweg, und der Hofschulze
schläft und läßt sich nichts träumen, und du gehst über das Stoppel-
feld. — Zu Hause nahm freilich der greuliche Schmerz im Auge
alle meine Besinnung weg, und nur unterweilen konnte ich mir
vorstellen, daß sie mir nun vielleicht den Kopf abschlagen würden.
Es kam aber alles ganz anders, Herr Schmitz.

Den andern Tag ließ ich den Feldscherer holen, und der
sagte mir, daß das Auge heidi sei, denn mit uns Bauersleuten
machen die Doktors nicht viele Umstände. Na, das Auge lief
auch wirklich aus, Herr Schmitz, und schrumpfte weg und ich
erwartete alle Tage die Gerichte im Erb, die mich abholen würden,
denn fliehen mochte ich nicht. Aber keine Gerichte kamen.

Dagegen kam ein Kerl, der der Fronbot hieß, von wegen
des Dings droben unter den drei Linden, und sagte, ich sei geheischen und geladen zum Stuhl, sie wollten's unter sich abmachen,
und ich sollt' Rede und Antwort stehen. Ich rief: Er sollte sich
zum Teufel scheren, sie könnten mir dies und das thun, dem Amtmann sei ich Rede und Antwort schuldig.

Wie ich nun zum erstenmale den Kopf wieder aus dem Loch
hervorstrecke, höre ich kuriose Geschichten. Der Alte hat seinen
Sohn gleich, nachdem die Leiche gefunden worden, begraben lassen
und überall gesagt, der Junge sei spät nach Hause gegangen und
habe einen bösen Fall gethan. Keine Anzeige hat er gemacht
und alles bleibt still von der Sache, und kein Amtmann und kein

Kriminal bekümmert sich um mich. Ja, was soll das bedeuten? denke ich.

Ich konnte es aber bald spüren, Herr Schmitz. Es war mir schon auffällig gewesen, daß während meiner Wehtage nicht eine Menschenseele nach mir fragte, denn wenn ich auch nicht viele Freunde hatte, so besuchte mich doch jezuweilen sonst einer oder der andere. Aber da saß ich ganz allein und verlassen, und zuweilen that mich nicht nur meine wunde Augenhöhle schmerzen, sondern ich heulte auch mit dem gesunden Auge meine bitteren Thränen. Als ich nun wieder 'naus ging, so wollte ich, weil ich nicht verfolgt wurde, bei einem Nachbar vorsprechen, aber der schob zur Hinterthüre hinaus, als ich in die Vorderthüre trat. Im Kruge rückten sie zischelnd zusammen, als ich kam, und riefen den Wirt beiseite und sprachen sacht mit ihm und der kam dann zu mir und sagte: Kaspar, Ihr könnt nicht verlangen, daß ich um Euretwillen meine Nahrung einbüße. Sie wollen nicht mehr bei mir sitzen, wenn ich Euch zapfe. — Nicht mehr bei Euch sitzen? fragte ich wild. — Still! rief er. Ich will's Euch heute abend offenbaren, Ihr habt mir manchen Thaler zu verdienen gegeben, und darum kann ich Euch den Gefallen wohl thun. Kommt heute abend, wenn alles zur Ruhe ist, her, da sag' ich's Euch.

So ging ich denn den Abend, wie die Polizeistunde geboten war, und niemand mehr in der Stube saß, zu ihm. Und da erzählte er mir, daß der Hofschulze über den Tod seines Jungen mit den andern zusammen gewesen sei droben am Freistuhl, und habe gesagt, er wolle keine Anzeige wider mich machen, und keiner solle es thun, aber er habe mich mit seinem Schwert von Karolus Magnus verfeimt und geächtet, und die Sache sei schon durch die Bauerschaft und weil die Großen drin einig seien, so seien die Kleinen auch nicht dawider und sei ich also nun aus dem Frieden und aus der Freundschaft gesetzt bei allen.

Ich lachte und rief: Was scher' ich mich um euren Frieden und um eure Freundschaft! — Aber ich hatte übel gelacht, Herr Schmitz. Keine Anzeige kam wider mich bei den Gerichten ein, was damals leicht möglich war, denn der große Krieg war eben im Gange, und alles lief bunt über Eck, und als es wieder ruhig worden, war die Sache schon alt; jedoch ein Verfeimter war ich und ein Verfeimter blieb ich, und das war böser als Verhör und Urteil. Herr Schmitz, das Menschenkind kann alles ausstehen,

Not und Krankheit und Feuersbrunst und Gewaltzwang, aber von
seinesgleichen verstoßen sein, das kann das Menschenkind nicht
ausstehen.　Denn der Vogel fliegt mit seinesgleichen und der
Hirsch geht in Rudeln und der Fisch im Wasser schwimmt selb=
zwanzig dahin und dorthin, selbst der Wolken wandern immer
mehrere zusammen, wie sollte das Menschenkind es allein bestehen
können? — Sie hielten's, was sie oben am Freistuhl ausgemacht.
Und die Kleinen mußten's ihnen nachthun.　Wenn ich mir Stroh
und Korn borgen wollte, wie der Fall sein kann in jeder Wirt=
schaft, kriegte ich nichts; einmal brannte meine Scheure, die ließen
sie brennen und kamen mit der Spritze, als nur noch die Trümmer
rauchten, und wenn sie an meinem Erb vorbeigingen, so greinten
sie hönisch und spuckten aus, und wenn ich selbst zu ihnen trat,
so wiesen sie mir den Rücken. — Das fraß mir ins Herz hinein
und ich sagte: Ich will's euch allen zuvorthun, daß ihr Seelen=
verkäufer die Kränke vor Ärger kriegt und will mir Gesellschaft
und Kameraden aus der Stadt halten.　Zechte also brav auf
meine eigene Faust, ließ mich mit Menschen in der Stadt ein,
Schreibersgehülfen und Ladenburschen und so dergleichen, gab denen
große Traktamente auf dem Erb.　Aber es wollte mir dergestalt
nicht schmecken, Herr Schmitz, und wenn ich noch so viele lustige
Schreibergehülfen und Ladenburschen bei mir hatte, so würgte es
mir in der Kehle, weil ich immer dachte: Sie sind doch nicht
deinesgleichen.　Natürlich geriet ich auch durch die Lebensart
tief in die Schulden hinein; auf einmal kam mir nun der Jude,
der mir vorgeschossen hatte, über den Hals und ließ mir das
Erb anschlagen.　Ich wurde heruntergepfändet und hatte dann die
Erde zum Lager und den Himmel zum Dach.　Und so bin ich
denn nach und nach, Herr Schmitz, zu dem Leierkasten, in diese
Lumpen, in den Hunger und in die Kälte geraten, und so ein
räudiger Bettelhund geworden, wie Sie mich da sehen.

　　Der arme und jämmerliche Mensch sah nach dieser Erzählung
mit dem Blicke eines so kalten und bodenlosen Elendes vor sich
hin, daß es den alten Schmitz, der von Natur weichherzig war,
erbarmte.　Er begriff nun wohl, daß er von dem unglücklichen
Mörder nichts zu befürchten habe, trat ihm daher näher und
sagte: Ich fasse noch nicht recht den Grund, weshalb der Hof=
schulze Euch den Gerichten entzog, denn, wenn ich auch sonst
wohl einsehen kann, warum er mit seinem Freigerichte hantiert,

so hätte ihm in diesem Falle Eure öffentliche Verurteilung doch eine größere Genugthuung gegeben.

O, rief der Patriotenkaspar, das ist eben die ausbündige Bosheit des alten Blutsaugers! — Er raufte seine buschichten Augenbrauen. — Denn wie ich nachgehends gehört habe, so sind Zeugen gewesen, zu denen der Bengel, der Fritze, sich berühmend gesagt hatte, er wolle mir an dem Abende auflauern. Nun war der dicke Knüppel neben dem Toten gefunden worden und mein Auge war doch auch weg, also folglich konnte ich mich auf Notwehr berufen, und den Kopf hätten sie mir nicht 'runter gehauen, sondern ich wäre vermutlich mit etwas Gefängnis davon gekommen. Das sah der alte Satan voraus und deshalb wollte er mich auf seine eigene Hand für Zeitlebens unglücklich machen. Ich habe aber auch eine Wut auf ihn gehabt die Jahre her bei meinem Leierkasten, Herr Schmitz, ich kann Ihnen nicht sagen, was für eine Wut. Und lange konnte ich ihm nicht beikommen, aber nun — —

Pfui, sagte der alte Schmitz. Schämt Euch, Kaspar, wer wollte so rachgierig sein!

Der Patriotenkaspar stürzte seinem Gönner zu Füßen, umschlang die Kniee des alten Mannes mit seinen hageren und haarichten Fäusten, als wollte er ihn um Verzeihung für seine Sinnesart bitten, und rief mit hohlem zerreißendem Tone: O, Herr Schmitz! Rachgierig muß der Mensch sein, wenn sie ihm alles genommen haben, sonst verkömmt er gar. Ich wäre längst verhungert, aber ich fraß meine Rache, und so blieb ich leben. Es steht wohl geschrieben: Segnet, die euch fluchen, aber es giebt keinen, keinen auf Erden, für den es geschrieben steht, zum wenigsten keinen Unglücklichen.

Nun, und was soll ich mit dieser ganzen sonderbaren Geschichte anfangen? Was treibt Euch, sie gerade mir und jetzt zu erzählen? fragte der Sammler.

Der Patriotenkaspar erhob sich und sagte: Herr Schmitz, ich will nun mein Recht haben. Ich habe mein Herze befriedigt und nun will ich mein Recht desgleichen haben. Ich will nicht länger unter dem Banne von meinesgleichen leben, sondern mein Urtel haben von den Gerichten des Königs. Ihnen habe ich die Sache erzählt, weil Sie sich doch auf Amtssachen ver-

27. Bergpredigt, Matthäi V, 44.

stehen, damit Sie ein hübsches und richtiges Protokoll aufnehmen,
worin alles gehörig steht von Notwehr und von den Zeugen,
denen der Fritze gesagt hat, er wolle mir auflauern — denn es
leben ihrer noch einige —, damit mir nicht der Kopf abgehauen
wird. Dazu habe ich keine Lust, aber sitzen will ich ein paar 5
Jahre recht gerne. Im Gefängnis betrage ich mich ordentlich,
mache mir Überverdienst, komme mit einem guten Attestat vom
Direktor zurück, lege von meiner Sparsumme einen Winkel an,
und dann soll das Donnerwetter dem in die Eingeweide fahren,
der mich noch ferner hohnnecken, oder verachten will! 10

Also, Herr Schmitz, thun Sie mir die Gefälligkeit, das
Protokoll zu schreiben, ich will dann drei Kreuze darunter setzen
und es selbst in die Gerichte tragen.

Der Sammler ließ sich das Jahr, worin die Mordthat
vorgefallen war, nennen. Er dachte nach und sagte dann: 15
Kaspar, das Protokoll würde keinen Erfolg haben. Die Sache
ist verjährt.

Was heißt das: Verjährt?

Das heißt: Ihr mögt über die Sache angegeben werden,
oder Euch selbst angeben, ja, Ihr mögt, wie Ihr thut, die Strafe 20
begehren, so wird dem keine Statt gegeben, denn nach dem Ab-
laufe von dreißig Jahren ist eine Unthat ab und tot vor dem
Richter. Ihr müßt also Euer Geschick schon so nehmen; wie es
einmal liegt, und es bis an Euer Lebensende tragen.

Er ging an dem Totschläger vorüber, gab ihm den silbernen 25
Ring, da dieser bei näherer Betrachtung ihm nichts Merkwürdiges
gezeigt hatte, zurück und entfernte sich. Der Geächtete stand betroffen, sann über die Verjährung und konnte darin durchaus
keinen Sinn finden. Also, sagte er endlich, meine Gedanken an
die Missethat muß ich behalten und bis in jene Ewigkeit mit 30
hinüberschleppen; aber wenn ich mit meinem Fell die Sache
büßen will, so geht das nicht mehr an, weil dreißig Jahre vorüber
sind! —

Ein Lärmen, der ganz in der Nähe entstand, unterbrach
sein Nachsinnen und machte ihn aufmerksam. Kaum zwanzig 35
Schritte vom Kreuzwege kamen auf dem Wege vom Oberhofe
Menschen gelaufen und andere begegneten ihnen, die vom Hofe
des Eidams gegangen kamen. — Wißt ihr's schon? fragten die

8. Winkel, Kramladen Anm. J's.

vom Oberhofe überlaut. — Was denn? versetzten die anderen. Ihren Weg eiligst nach dem Jürgenserbe fortsetzend, riefen die vom Oberhofe: Der Hofschulze hat eine Überfahrung!

Das wäre der Henker! riefen die ersteren und liefen nach 5 dem Oberhofe zu.

Der Patriotenkaspar fletschte die Zähne, sprang wie unsinnig auf dem Mordplatze umher und schrie: Heisa! Heisa! So ist's recht. Die Tochter machte ich dir zur Hur', den Jungen zu Brei, und dich macht' ich nun zunicht! Ihr sollt erfahren, was es heißt, 10 geringere Leute verachten! Könnt' ich jetzt mein Protokoll auf= genommen kriegen, wäre ich ganz zufrieden!

Viertes Kapitel.

Der Hofschulze kommt wieder zu sich und Lisbeth schreibt an den Diakonus.

15 Auf der Kammer, worin er das Schwert Karls des Großen verwahrte, saß oder lag der Hofschulze blaß und halb betäubt neben der eisenbeschlagenen Kiste. In diesem Zustande war er von einer Magd, die vor der Kammer vorbeiging, gefunden worden, kurz nachdem er sich die Treppe hinaufbegeben hatte. Sie war 20 erschreckt hinuntergesprungen und hatte von dem Vorfalle Lärmen gemacht, den einige Vorübergehende weiter trugen.

Die Magd kehrte mit Essig zurück und bestrich ihres Brot= herrn Schläfe. Das einfache Mittel brachte ihn auch bald wieder zu sich selbst, denn der Schlagfluß war eine Vergrößerung des 25 Unfalls, der den alten Bauer betroffen hatte. Er war nur von einem Schwindel und von jener Betäubung befallen worden, wie sie die Folgen eines plötzlichen großen Schrecks zu sein pflegen, besonders bei alten Leuten. Als er von dem scharfen Geruche des Essigs wieder erwachte, hob er sich, ohne daß ihn 30 das Mädchen zu unterstützen brauchte, sogleich strack auf seine Füße, fuhr mit der Hand über die Stirn und warf seinen ersten Blick in die Kiste, deren Deckel aufgeklappt war. Mit einer Mischung von Entsetzen und Kummer kehrte aber der Blick des alten Mannes in sich zurück; er klappte hastig den Deckel zu,

3. Überfahrung, Anfall von Schlagfluß. Anm. J's.

als wollte er den Verlust seines Teuersten jedem Auge ver=
bergen, und trieb die Magd an, ihn zu verlassen. Diese fragte
zwar, was dem Baas zugestoßen sei, erhielt jedoch keine andere
Antwort von ihm, als daß ihn eine plötzliche Schwäche, vielleicht
von dem vielen Pläsir, welches gestern und heute gewesen, an= 5
gewandelt habe.

Als er auf der Kammer allein war, stand der Hofschulze
erst eine geraume Zeit mit über einander geschlagenen Händen,
ohne sich zu regen, da. Dann setzte er sich auf die Kiste und
nahm seinen Kopf in beide Hände, um alle Winkel des Gedächt= 10
nisses zu durchforschen. Darauf erhob er sich, öffnete abermals
die Kiste, wie wenn er es nicht für möglich halte, daß das
Schwert daraus habe verschwinden können, ließ aber augenblicklich
den Deckel zufallen, da er wohl sah, daß er nur in die Leere
blicke, und stöhnte wie ein verwundeter Stier. 15

Nach diesem begann der Alte ein stummes eifriges Suchen
in der Kammer. Er kehrte jedes Gerät um, er durchspürte jeden
Winkel, er leerte alle Kisten und Kasten aus, welche dort vor und
hinter dem Saatlaken umherstanden. Kein Platz blieb undurch=
forscht, aber alle diese Mühe war vergebens, denn das Schwert 20
zeigte sich nirgends. Indem hörte er unten die Stimme seines
Eidams und seiner Tochter, sowie der Freunde und Nachbarn,
welche von der Tanzgesellschaft herbeigekommen waren, um nach
ihm zu sehen. Rasch verließ er die Kammer, um nicht in seinen
Anstrengungen betroffen zu werden, und ging hinunter, scheinbar 25
gefaßt. Dort stellte sich alles mit Fragen nach seinem Befinden
um ihn, worauf er dieselbe Antwort gab, welche schon die Magd
empfangen hatte, und hinzufügte, daß ihm wieder ganz wohl sei.
Er bat die Leute, sich in ihrer Lustbarkeit nicht stören zu lassen
und wieder zum Tanze zurückzukehren; eine Aufforderung, welcher 30
mehrere folgten, andere aber auch nicht. Diese blieben vielmehr
im Hofe, weil sie an dem Tanze kein Vergnügen hatten, es
kamen noch fortwährend Leute vom Jürgenserbe und so war ein
beständiges Ab= und Zugehen von Menschen.

Als nun der Hofschulze sah, daß er der Zeugen nicht quitt 35
werde, beschloß er alles Fernere auf die Nacht zu versparen.
Er setzte sich still in seine Stube und sagte dem Eidam, er möge
die Mitgift nach Hause tragen, was dieser auch mit einem Ge=
hilfen that. Mehrere Nachbarn stellten sich zu ihm und mit

diesen sprach er nun so ordentlich und vernünftig, wie immer seine Sitte war. Niemand merkte ihm etwas an, und nur wer gewußt hätte, was vorgefallen war, würde aus seinen geschwollenen Stirnadern, aus den Augen, die zuweilen hervorquollen, und aus den Griffen, die der Alte hin und wieder nach seiner Brust that, auf das, was in ihm vorging, haben schließen können.

Während ein ungeheurer Verdruß und Schreck unten sich so heimlich hielt, hatte auch oben im Hause ein leidendes Kind seine Entschlüsse reif gedacht. Lisbeth war in schweren Körper= schmerzen den ganzen Vormittag über auf ihrem Lager geblieben und hatte sich erst um die Zeit, als ihr alter Gastfreund seine trostlose Entdeckung machte, erhoben und angekleidet. Sie war so ernst, bleich und still, wie am Abend zuvor, da ihre Thränen versiegten. Aber diese hatten den Augen des Mädchens nicht geschadet; sie leuchteten von einem fast überirdischen Glanze. Der hohe Berg, auf dessen Gipfel sie im Jubel ihrer Wonne zu stehen gemeint hatte, war unter ihr eingesunken, und die roten Wolken hatten sich verzogen, aber dennoch kam es ihr vor, als schritte sie ebenso hoch und noch höher einher, und es war ihr, als trügen Lüfte ohne Wolken, ätherreine und ätherklare ihre Füße.

Sie setzte sich an ihren Tisch und sagte mit einer himmlischen Zuversicht im Ton: Ein Findling ist Gottes Kind. Und wen Vater und Mutter in der Irre stehen gelassen haben, den wird Gott bei der Hand nehmen und nach Hause führen. — Die Schmerzen hatten eine wunderbare Verwandelung in ihr gewirkt. Zu ihren sogenannten Pflegern wollte sie nimmer zurückkehren. Denn als sie, von Leiden, wie von zuckenden Blitzen durchwühlt, während der Nacht auch einen Blick auf ihre Vergangenheit warf, so sah sie schaudernd und wie von einem strengen Seher er= barmungslos unterrichtet, in welchen jämmerlichen und lachensdürren Umgebungen sie gelebt hatte. Sie blickte in die traurigen und unreinlichen Trümmer hinein, zwischen denen sie so mutfroh und rein geblieben war, und sie hätte weinen mögen, wenn ihr noch eine Thräne übrig gewesen wäre, als sie nun erkannte, daß ein faselnder alter Mann und eine halbverwirrte Thörin denn doch die einzigen gewesen waren, die sich ihrer angenommen hatten. In einen Augenblick des äußersten Entsetzens drängte sich eine Ewigkeit von quälenden und widerwärtigen Vorstellungen zusammen — zerrissen und gepeinigt wandte sie den Blick von diesen un=

heimlichen Gesichten ab und in die Zukunft, worin freilich die Augen Oswalds erloschen waren und nur noch das Auge Gottes durch die Finsternisse strahlte. — So hatte das Unglück die süße Bewußtlosigkeit, worin das Kind Jungfrau geworden war, zerstört, und das Wachen der Wahrheit in der wunden Brust geschaffen.

Sie schrieb einen Brief an den Diakonus. Zu diesem hatte sie großes Vertrauen, und den wollte sie zu ihrem Führer wählen. Nach dem Eingange, in dem sie sagte, daß eine schmerzliche Aufregung sie über ihr Geschick erleuchtet habe, lautete der Brief folgendermaßen:

„Sie hätten wohl nicht gedacht, lieber Herr Prediger, als Sie gestern die Hand auf mein Haupt legten, daß Sie von mir heute so traurige Worte hören würden. Wenn ich es Ihnen nur recht deutlich machen kann, wie mir eigentlich zu Mute ist! Denn wenn Sie das nicht einsehen, so können Sie mir auch nicht helfen. Es ist aber gewiß recht schwer, sich deutlich zu machen, mit verwirrtem Kopfe und klopfendem Herzen und bebender Hand. Sie sind jedoch ein so guter und kluger Mann, daß Sie sich auch vielleicht aus dem Stammeln eines armen Mädchens vernehmen können.

„Ach, lieber Herr Diakonus, es ist mir außerordentlich übel gegangen seit gestern. Es hatte wohl gestern den Anschein, als könne ich eine Braut sein, und das will bei einem so armen und verlassenen Mädchen, wie ich bin, noch mehr sagen, als bei anderen, die wissen, woher sie stammen. Heute aber bin ich keine Braut mehr, nein gewiß nicht. Warum ich keine mehr bin, das kann ich Ihnen nicht sagen; ich schäme mich zu sehr. Ihrer lieben Frau werde ich es anvertrauen, wenn ich erst ruhiger geworden bin, ganz in der Stille.

„Ein Mädchen, welches kein Kind mehr ist, denkt wohl zuweilen an das Heiraten und so habe ich denn auch hin und wieder daran gedacht, obgleich ich wenig Aussicht dazu hatte. Wenn mir aber die Vorstellungen davon kamen und von der Liebe, so war immer das erste Gefühl, daß die Liebe die ganze Wahrheit und nichts als Wahrheit sei und zwar die Wahrheit in der Brust, und eine solche Offenheit, daß man dem anderen auch nicht das Kleinste verschweigt. Hätte ich eine Sünde begangen, wovor mich freilich Gott geschützt hat, so würde ich meinem Freunde die Sünde haben beichten müssen, ehe ich ihm noch meine Liebe gestand. Denn wenn zwei Menschen, wie es ja lautet, ein Leib und eine Seele werden sollen, so darf doch auch nicht ein Stäubchen zwischen ihnen sein von Verschweigen, Hinterhalt, Verstellung und Künstelei. Ja, noch offener soll man gegen den Liebsten sein, als gegen Gott, denn dieser sieht selbst scharf genug, aber der arme Liebste hat ja nicht so durchdringende Augen und soll uns doch ebenso genau kennen, wie Gott, weil er sich nicht auf dieses oder jenes in uns, sondern auf alles in allem Zeit seines Lebens verlassen muß. Wer mir also, wenn er sagt, daß er mich liebe, dennoch einen Schein vorweben kann, von dem muß ich glauben, was sie mir wider ihn vorbringen, und möchte es auch das Allerschlimmste sein. Wer mir sagt, Herr Diakonus, er sei ein armer Förster und ist ein großer Graf, der kann auch noch anderen Lug und Trug wider mich vorhaben. — Ach Gott! Ach Gott! Zuweilen denke ich: Es ist gar nicht möglich, daß ein Mensch, der so gut aus= sieht, so schlimm sein kann! — —

"Ich bin eigentlich ganz elend worden, und wäre in den Schmerzen dieser Nacht wohl gestorben, hätte mir nicht mein Stolz geholfen. Weil ich aber tief gedemütigt werden sollte, so hat mich das sehr stolz gemacht, ganz überaus stolz. Nun ist dieser Stolz freilich wohl nur Hilfe in der äußersten ersten Not, und deshalb flüchte ich mich zu Ihnen. Ich bitte Sie, gönnen Sie mir eine Freistatt in Ihrem Hause, Kosten mache ich Ihnen ja nicht viel und Ihrer lieben Frau kann ich doch immer etwas helfen. Sie sind immer sehr gut und freundlich gegen mich ge= wesen und werden mich gewiß nicht verlassen. Nach dem Schlosse gehe ich auf keinen Fall zurück, mich schaudert davor. Das war wohl bisher gut so weit, aber nun geht es nicht mehr; nein, nein. Ich bin also wie eine Staude, die vom Boden abgeschnitten ist, und weiß noch kein Erdreich, worin ich wieder wachsen kann.

"Daß Sie sich aber über mich nicht irren, so muß ich Ihnen sagen, daß ich gar kein Verlangen nach der Kirche habe, oder nach der Religion, wenigstens nicht mehr als sonst. Ich habe mir schon Vorwürfe darüber machen wollen, denn man sagt ja immer, daß der Mensch im Unglück hauptsächlich viel beten müsse, aber das muß denn wohl ein anderes Unglück sein, als meines. Ich fühle mich als ein so ordentliches, unschuldiges Mädchen, daß ich nicht begreife, warum ich Gott gerade jetzt besonders bitten sollte,

mir beizustehen. Sondern es ist über mich verhängt worden, und
nun trage ich es, und er läßt mich gehen in meiner Weise. Auch
kann der Gott, von dem gepredigt wird, einem Herzen nicht helfen,
welches sich weggegeben hatte und sich nun wieder zurücknehmen
muß. Dem hilft sicherlich auch ein Gott, aber er steht in keinem
Liede, sondern ganz tief im Herzen selbst ist er verborgen, stumm,
und ich glaube, der große Stolz, den ich empfinde, ist sein Kleid.

„Haben Sie nur rechte Geduld mit mir, mein lieber, lieber
Herr Diakonus, Sie und Ihre Frau; Sie sollen sehen, die Lisbeth
hilft sich schon heraus, denn von einem Tage zum andern kann
man doch nicht verloren sein, wenn es gleich den Anschein davon
hat. Es ist aber erstaunlich, was für Schmerzen der Mensch
aushalten kann. Wäre ich nur katholisch, so ginge ich zu den
Barmherzigen Schwestern; es muß eine recht angenehme Beschäftigung sein, zeitlebens die armen Kranken zu pflegen. Und
nehmen Sie mir das schlechte Schreiben nicht übel; es wollte
aber nicht besser gehen. Durch den Überbringer bitte ich um
Antwort."

Die Entschuldigung wegen der Handschrift wäre nicht nötig
gewesen; denn die Züge waren so eben und klar, wie sonst. Keine
Thräne war auf das Blatt gefallen. Sie sah sogar gleichmütig
aus und alle ihre Züge leuchteten wirklich von einem wunderbaren
Stolze. Sie rief einen Knaben herbei und schickte ihn mit dem
Briefe nach der Stadt.

Fünftes Kapitel.

Lisbeth und Oswald.

Aber ihre ganze Fassung war hin, als sie, gedankenvoll durch
das Fenster nach den Hügeln blickend, durch die Nebel einen
Mann herankommen sah, eine bekannte Gestalt. Heftig bedeckte
sie ihr Gesicht mit den Händen und noch einmal brach ein Strom
der bittersten Thränen aus den schon erschöpft gewesenen Augen.
Ihre Wangen wurden eiskalt und ihre Hände starben ab —
Ach! Ach! Ach! war alles, was die Brust, die sich so grimmig
beraubt wähnte, zu ächzen vermochte. Was sollte sie thun? Ihre
Seele wurde von der Verzweiflung in zwei Hälften gespalten.
Ach, das war er ja immer noch, der da so langsam herbeigeschritten.

kam, gewiß, dachte sie blitzschnell, geht er so langsam, weil ihn
die Schuld drückt; wie würde er sonst fliegen! Das ist seine
Kleidung, das ist sein Gang, das ist sein Antlitz, und nur er ist
es nicht, nur er nicht!

Sie strich über ihre Schläfe, die ein kalter Schweiß bedeckte.
— Dann sah sie sich im Zimmer um, wo noch manches vom
vorigen Abend die Verwirrung ihrer Sinne bezeugte. Auch in
dieser gramvollen Not schämte sie sich, daß er etwas unordentlich
bei ihr finden könnte. Sorgfältig verbarg sie ihre Nachtkleider
unter der Decke des Bettes und sah nach, ob auch dieses recht
in Ordnung und überall von der Decke überhüllt wäre, denn ge=
macht hatte sie es freilich gleich, nachdem sie aufgestanden war.
Sie rückte den Tisch am Fenster gerade und stellte die Stühle
an ihre Plätze, auch den Zunder von dem verbrannten Gedichte
kehrte sie sauber beiseite, und die Stücke des zerschnittenen Tuches,
welche auch noch am Boden lagen, erhob sie und legte sie auf
den Tisch. Sie that das alles so emsig, wie wenn das glücklichste
Mädchen den Bräutigam erwartet, und doch stockte ihr der Tod
im Herzen.

Ach, er kam immer näher! — Was — was sollte sie thun?
Wie gern wäre sie in seine Arme gestürzt und hätte sich in diesen
süß=giftigen Schlingen mit ihren Schmerzen ersticken lassen! Und
doch mußte sie vor ihm fliehen, unerreichbar weg, denn trat er
in das Zimmer und heftete er seinen Blick auf sie, so war es
um sie geschehen, das fühlte sie wohl. Kaum den Boden unter
ihren Füßen sehend, schwankte sie aus dem Zimmer und wählte
den Versteck, der sich ihren irren Sinnen zunächst darbot. Kein
Gedanke, keine Überlegung, daß er ja nicht zu ihren Pflegern ge=
gangen sein würde, wenn er es übel mit ihr meinte, kam in die
gestörte Seele.

Denn die Liebe ist, ungerüttelt, göttlicher Scharfsinn. Die
Blitze ihrer Ahnung sehen das Verborgenste, sie gleicht dem Wunder=
rosse, welches Mahomet zwischen dem Umstürzen und Auslaufen
eines Wasserkruges durch alle sieben Himmel trug und ihm die
Herrlichkeiten eines jeden zeigte — verstört, in falsche Bahnen
gelenkt, ist sie Wahnsinn, der bei Domen vorübergeht, ohne sie
wahrzunehmen, und Maulwurfshügel für Alpengipfel ansieht.

Oswald betrat unten das Haus. Er hätte nie gedacht, daß
er über eine Schwelle so scheu wie ein Sünder würde schreiten

müssen. Ein grimmiger Verdruß über die ekelhaften Schlangen=
knäuel des Lebens, über den plumpen Spaß des Daseins, welcher
oft Spülicht und die Blume des Weines zusammenmischt, saß ihm
am Herzen. Immer kränker fühlte sich dieses Herz. Noch hingen
die Locken des Jünglings verwirrt vor seinem Antlitz, um welches 5
zuweilen eine fliegende Röte ergossen war, und seine Augen
sprangen unstät zwischen den Gegenständen hin und her, ohne
einen derselben mit ihren Blicken zu treffen. Er schritt an den
Leuten vorüber, die im Flur waren und an dem Hofschulzen,
ohne jemand zu grüßen. 10

Sein Herz war voll von Gram, aber auch voll von Entschluß.
Zu Lisbeth ging er, zu der Lisbeth, welche ihn gestern mit dem
Wiesenkrönchen als ihren König und Herrn gekrönt hatte, und die
er nun der süßen Dienstbarkeit entlassen wollte. Denn ihr Bild
war ihm besudelt worden; freilich ohne Schuld der Unschuldigsten. 15
Aber ist das Liebesgefühl, stark wie der Tod, nicht auch ver=
letzlich, gleich den Hörnern der Schnecke? — Es muß mir das
nicht bei ihr einfallen, hatte Oswald unaufhörlich auf dem Wege
zu sich gesagt. — Sie wird zwar unglücklich, aber werde ich's
nicht auch? Nicht tief, tief unglücklich? — Ach, wie wollte ich 20
an ihrer Seite daheime werden in meinem Herzen, daheim und
selig zu Hause sein bei mir, und jedes Winkelchen kennen lernen,
darin lieblich Geräte steht und Krüge würzig duften voll sanften
Weines und Öles, und muß nun doch wieder mich selber draußen
suchen gehen! Aber die Braut des Grafen Waldburg darf nicht — 25

Er that die Thüre des Zimmers mit dem gewaltigsten Herz=
pochen auf. „Sie" wollte er sie nennen und zu ihr sagen, daß
er komme, um von ihr Abschied zu nehmen, sie solle ihn aber
nicht fragen, was sich so plötzlich zwischen sie beide gedrängt habe.
Mit diesen Gedanken trat er in das Stübchen, vernichtet fast von 30
dem bevorstehenden Augenblicke und als er sie nicht fand, da —
rief er: Sie ist nicht hier! mit eben dem Entzücken, mit welchem
er gestern die verschlossene Thüre der Dorfkirche begrüßt hatte.
Denn nun hatte er sie ja noch, vielleicht zwei, vielleicht gar drei
Minuten, bis sie wieder in das Zimmer trat. 35

Er setzte sich am Bette nieder und streichelte die Decke, als
streichle er ihre Hand. Dann schob er die Hand unter die Decke

16. Hohelied VIII, 6: „Setze mich wie ein Siegel auf dein Herz, und wie ein Siegel
auf deinen Arm. Denn Liebe ist stark wie der Tod; und Eifer ist fest wie die Hölle."

am Fußende, wo er ihre Nachtkleider vermutete, und da geriet ihm ihr Mützchen zwischen die Finger. Er drückte das Mützchen mit seinen Fingern, denn er wollte Abschied nehmen von allem, was sie berührt hatte.

Dann legte er die Hände in den Schoß und sah vor sich hin und um sich her, lange. Ach, alles war reinlich und sauber umher und der Hauch ihrer Nähe webte noch in dem kleinen Zimmer. Es kam ihm vor, als sei es darin golden helle, als scheine die Sonne draußen und doch dunstete der graue, häßliche Nebel auch um dieses Haus. — Nach einem langen Schweigen sagte er beklommen: Ich hätte nicht hieher kommen, ich hätte ihr schreiben sollen; so schwere Dinge soll man schriftlich abmachen.

Sie blieb immer aus. Er begann, sich nach ihrer Erscheinung zu sehnen, stand auf und ging unruhig hin und her. Was? rief er, indem er sich plötzlich über dieser Sehnsucht ertappte, du verlangst darnach, von ihr Abschied zu nehmen? — Sein Blick fiel in den kleinen Spiegel an der Wand, er sah seine Locken in greulicher Verwirrung, schämte sich dieses Anblickes, strich sie in Ordnung, und ein Gesicht sah dahinter hervor, welches zwar bleich war, aber sich doch nicht so übel ausnahm, wie er noch vor wenigen Augenblicken gemeint hatte, daß es sich ausnehmen müsse.

Denn eine sanfte Wärme hatte sein ganzes Inneres durchdrungen, welches seit einigen Stunden wie erfroren gewesen war. Es hob sich eine Last von seinem Herzen, es trat wie ein schwerer Fluch von seiner Seele zurück. Mit jedem Augenblicke wurde ihm freier und freier; ihm ward zu Mute, wie dem begnadigten Sünder, wie dem verlorenen Sohne, da der Vater ihm ein köstliches Mahl anrichten ließ. Ganz und voll durchdrang ihn eine unaussprechliche Empfindung, die aus hilfreichem Mitleid und schöpferischer Zärtlichkeit gemischt war; ein herzliches Wollen, ein tiefes Entschließen und eine göttliche Geburtswehe des Gemütes. Alles das wallte wie ein Meer in ihm empor und in die Fluten dieses Meeres sanken die Fratzen des sogenannten Schlosses hinab und wurden nicht mehr gesehen.

Ja, er hatte sie wieder, die zufällig Gefundene, rasch Geliebte, für die Ewigkeit Erkannte! — Er hatte sein Reh wieder, sein Mädchen, sein Herz, und was gestern noch Glück war, das war heute eine schwere, süße Eroberung durch die Tapferkeit seiner wärmsten Blutstropfen geworden. Er rieb sich vor Vergnügen

die Hände; jauchzend rief er: Bin ich nicht frei, bin ich nicht zu
meinem allergrößten Glücke ganz frei? — Und dann setzte er sich
auf den Stuhl am Fenster, auf dem sie zu sitzen pflegte, nahm
die Feder, mit der sie eben den traurigen Brief an den Geistlichen
geschrieben hatte, und focht damit in der Luft hin und her, fröhlich 5
wie ein Junker, der seinen ersten Degen erhalten hat. Er schrieb
nicht mit der Feder auf dem Papiere, nein in den Lüften zog er
einen schönen Schnörkel aus L. und O. geschlungen und freute
sich über die gefällige Form dieser Buchstaben und um dieselben
zog er ein lateinisches W. Ihm dünkte das ein trefflicher Namens= 10
zug zu sein. Mutig rief er: Und wäre sie von Räubern und
Mördern entsprossen und wäre sie unter dem Hochgerichte geboren,
sie bliebe doch die Lisbeth und doch würde sie mein! —

Wer von der Geliebten Abschied nehmen will, gehe nicht in
ihr Zimmer, sondern schreibe an sie, obgleich auch dann wohl 15
manches Billet zerrissen werden und statt des Billets der Liebende
sich auf den Weg machen möchte.

<hr>

Sechstes Kapitel.

Suchen und nicht finden.

Er sagte: Aber erfahren darf sie es nie, nie darf sie nach 20
ihrem Ursprunge forschen. Auf mich allein und in meine Brust
muß sie gepflanzt sein. — Da war nun das Erdreich, in welchem
die arme abgeschnittene Staude wieder wachsen sollte, und sie
wußte es nicht. Sie war so nahe, daß sie fast seine Stimme
hören konnte, und doch wußte sie es nicht. — Nichtige Nöte! 25
Ihr gehört zur Liebe, wie Schwindel zum Rausche.

Sie kam aber immer nicht. Er wurde unruhig, ging hin=
unter und fragte nach ihr. Die eine Magd wollte sie den ganzen
Tag über nicht gesehen haben, die andere meinte, sie sei aus dem
Hofe gegangen. Er durchstrich die nächsten Umgebungen des Ober= 30
hofes, aber da war nichts von Lisbeth zu erblicken. Es fing
schon an, düster zu werden.

Sein Herz wurde ihm nach kurzer Freude noch schwerer als
früher. Ihr Verschwinden war ihm unerklärbar. Er ging wieder
auf ihr Zimmer, worin er wegen der Dunkelheit die Gegenstände 35

nicht mehr unterscheiden konnte. Nach kurzem Verweilen trieb es
ihn abermals hinunter, er traf nun den Hofschulzen an und er=
kundigte sich bei dem, wo sie sei. — Die wird nach Ihnen nicht
viel mehr fragen, junger Herr, versetzte der Alte. Sie ist ge=
5 witziget. — Was! rief Oswald in äußerster Bestürzung und wollte
von dem Hofschulzen nähere Auskunft haben. Diese versagte aber
der Alte, denn er hatte zwar seine Pflicht, wie er meinte, gegen
das Mädchen üben müssen, aber mit dem jungen verliebten Hitz=
kopfe mochte er nichts zu thun haben. Liebessachen gehörten
10 überhaupt nicht zu den Gegenständen, die für ihn von Wichtig=
keit waren, und worin er Treue und Glauben als Pflichten an=
erkannte. Um sich des Jünglings durch irgend einen Vorwand,
wahr oder falsch, zu entledigen, setzte er hinzu: Junge Frauen=
zimmer sind wetterwendisch; es mag ihr wohl so ernst nicht ge=
15 wesen sein, nun schämt sie sich und will sich nicht vor Ihnen
sehen lassen.

Ein Weiteres war von dem Alten nicht herauszubringen.
Außer sich stürzte Oswald zum drittenmale nach Lisbeths Zimmer,
als müsse sie dort sein, wenn er sie suche. Er hatte ein Licht
20 mitgenommen. Lisbeth fand er nicht, wohl aber bei dem Scheine
des Lichtes und mit dem Scharfsinn, den der Kummer giebt, die
traurigen Zeichen der zerstörten Liebeshuld. Er nahm, was auf
dem Kasten lag, hinweg, da sah er drinnen seine Goldrolle und
das grüne Särglein liegen, von Lisbeths Busen verstoßen, hinweg=
25 geworfen! — Die Stücke des zerschnittenen Tüchleins sah er; der
Schnitt ihrer Schere hatte eigentlich dem Bande zwischen ihnen
gegolten! — Auch ein halbverbranntes Stückchen Papier erhob
er vom Boden, denn alles war ihm wichtig, was sein Elend ihm
erleuchten konnte. Noch stand darauf:

30   In deinem Ernst, in deinem Lachen
             Gehörst du dir —

Weiter war nichts zu lesen. — Ja, rief er, du gehörst nur dir
und keinem anderen, aber das Lachen wird dir wohl eigener sein,
als der Ernst! — Er war böse auf sie, er zürnte ihr ingrimmig,
35 denn auch er glaubte, was der Hofschulze ihm gesagt hatte, und
meinte, das Mädchen habe nur in einem Anstoß, der rasch ver=
flogen sei, sich in seinen Arm gelegt. Es war das Unglaublichste,
was es nur geben konnte, aber er hätte nicht geliebt, wenn er

gezweifelt hätte. — Liebe ist so feige, daß sie vor ihrem eigenen
Schatten erschrickt; Liebe ist blind in der Wahl, noch blinder in
der Qual.

Er stellte sich an die Thüre des Zimmers und rief mit
sanfter Stimme über den Gang: Lisbeth! — Sie hörte ihn wohl,
aber sie antwortete ihm nicht, denn sie war entschlossen, lieber zu
verhungern und zu verdursten, als sich zu zeigen, solange er im
Oberhofe sei. Fest hielt sie ihre Hand auf die Lippen gedrückt
und wimmerte leise wie ein blutendes Kind, daß sie nicht hinaus
und an seine Brust fliegen dürfe. — Er suchte in mehreren Ge=
mächern nach ihr, aber das übersah er, worin sie sich befand.
Nun ging er nach dem Zimmer und sah die Goldrolle und das
grüne Särglein abermals an, und wollte das Särglein zu sich
stecken, denn was ging ihn das Gold an? aber er nahm die
Rolle und ließ das Särglein liegen, so verwirrt waren seine Ge=
danken. Die Blumen riß er aus dem Glase und warf sie heftig
zu Boden, aber dann that ihm dieser Zorn doch leid, und er hob
sie wieder auf, wenigstens die Lilie, weil er wußte, daß diese der
Lisbeth besonders gefallen hatte.

Fast wahnsinnig vor Leid machte er einen neuen Gang in
die Dunkelheit und als auch der vergebens war, blieb er erschöpft
vor dem Hofe stehen und jeder Windstoß, jeder ferne Ruf mußte
ihm Lisbeths Gang oder Stimme bedeuten. Aber sie kam nicht.
— Zornig trat er in das Haus zurück und fragte jeden wild,
ob er noch nicht Lisbeth gesehen habe, und dann vertauschte er
wieder das Haus mit dem Platze vor dem Hofe, dort immer von
neuem horchend.

So trieb es Liebesmühe umsonst bis spät abends. Mit der
verzweiflungsvollen Unruhe des Jünglings bildete die unzerstörliche
äußere Fassung des Hofschulzen einen merkwürdigen Gegensatz.
Während der junge Graf wie ein verwundeter Löwe umhertofete,
saß der alte Bauer gleich einem Bilde aus Stein an seinem
Tische, die entsetzlichste Aufregung zurückhaltend im verschwiegenen
Herzen.

———————

28. Liebesmühe umsonst, Titel von Shakespeares Lustspiel love's labours lost.

Siebentes Kapitel.

Ein Trauerspiel im Oberhofe.

Melpomene hat zwei Dolche. Der eine ist blank, haarscharf geschliffen, schneidet schnell und gräbt glatte, rein ausblutende
5 Wunden. Der andere rostig, voll Scharten, reißt in das Fleisch unselige Zerstörung. Mit dem einen tritt sie Könige und Helden an, mit dem anderen pflegt sie sich öfter bei Bauern und Bürgern einzuschleichen. Der eine trifft um große, unleugbare Güter, um Krone, Reich, Leben, der andere quält um Nichtigkeiten, um einen
10 Schall, um des Schalles Wiederhall. Denn die Menschen werden nicht von den Dingen, sondern von den Meinungen über die Dinge gepeiniget.

Der Palast ist nicht der einzige Schauplatz der Tragödie. — Wer jetzt bei den Schatten der Nacht unter das Dach des
15 Oberhofes hätte blicken können, würde haben zugestehen müssen, daß dort die leidenschaftlichste Tragödie im Gange sei.

Es war so spät geworden, daß die Nachbarn sich zurück= gezogen, die Knechte und Mägde sich schlafen gelegt hatten und das Feuer auf dem Herde erloschen war. Der Hofschulze ver=
20 schloß darnach alle Thüren des Hauses und bereitete sich zu seinem Werke, welches er für die Nacht verspart hatte. Für ganz einsam hielt er sich, aber er war belauscht. Als die Thüren abgeschlossen wurden, schlich sich eine dunkele Gestalt zu der Spähestelle im Eichenkamp und setzte sich dort nieder, das Gesicht nach dem Ober=
25 hofe gewendet. Es war der einäugige Spielmann, welcher in= zwischen gehört hatte, daß sein Feind nicht am Schlage gestorben sei, und nun sehen wollte, ob ihm nicht wenigstens die Qual auf= liege, welche der Rachsüchtige ihm in heißem Grimme anwünschte. Nicht lange durfte er auf die Freude dieses Anblicks warten.
30 Denn bald leuchtete in dem dunkelgewordenen Oberhofe ein Licht auf. — Aha, sagte der Spielmann, jetzt giebt er sich ans Suchen. — Das Licht begann eine Wanderung, jetzt erschien es hier, dann zeigte es sich da. — Nun sucht er in den Stuben, sagte der Spielmann. Zuweilen verschwand es. — Hinten hinaus liegt
35 auch nichts! frohlockte der Spielmann. Plötzlich kam es wieder rasch zum Vorschein. — Da bist du ja schon gewesen! murmelte

---

3. Melpomene, die Muse der tragischen Dichtkunst. — 10 ff. Hamlet II, 2, 256: „An sich ist nichts weder gut noch böse; das Denken macht es erst dazu."

der Feind voll ingrimmiger Lust. So begleitete er jeden Schritt des verräterischen Lichtes mit seinem Hohne. Wie das Licht nicht müde ward zu wandern und der Reiche in seiner verzweiflungs= vollen Anstrengung mit ihm, so ward der Bettler draußen im Dunkel nicht müde, das Licht und den Reichen zu verspotten. 5 Endlich als es auf Mitternacht ging, und der Schein noch immer da und dort flammte, konnte er sich nicht mäßigen, sondern er feierte seinen nächtlichen Triumph durch ein Lied, welches er auf dem Leierkasten tönen ließ. Es war eins der sanften, stillen Lieder, welche das Volk auf den Gassen zu hören bekommt, er 10 aber riß an dem Griff, daß die Walze, heftig umgeschwungen, die langsame Weise in das wildeste Allegro trieb.

Damals um diese Mitternachtsstunde saß auf dem Flure im Oberhofe der alte Bauer und ruhte eine kurze Zeit lang von seinem Suchen aus. Das Licht stand neben ihm und in dessen 15 mattem Scheine glichen die gefurchten Züge des Antlitzes tiefen Gräben, die sich durch ein graues Feld ziehen, denn seine Gesichts= farbe war von Schmerz und Gram um den ihm unbegreiflichen Verlust aschfahl. Die Augen waren fast aus ihren Höhlen ge= treten und er sah starr mit ihnen auf den Boden. Alles hatte 20 er unten durchsucht, selbst das Stroh in dem Stalle umgewendet und nichts gefunden.

Jetzt erhob er sich, um in dem ersten Stocke des Hauses nachzusehen. Das Licht vor sich hinhaltend, ging er zitternd und gebeugt langsam die Treppe hinauf und hielt sich am Geländer. 25 Oben stand er still und überschlug, wo er seine Forschungen an= stellen müsse. Denn auch in dieser verzweiflungsvollen Seelen= stimmung verließ ihn seine Bedächtigkeit nicht. Er erinnerte sich, daß er in der Kammer, worin die Kiste stand, schon gleich nach dem Wahrnehmen des Raubes nichts undurchstöbert gelassen hatte; 30 dort also wäre jede erneute Mühe umsonst gewesen. Aber alle anderen Gemächer, Gelasse, Ecken und Winkel durchspähte er. Er rückte die Schränke ab, wo dergleichen standen, und blickte hinter jede Kiste. Er öffnete die Schränke und Kisten, bückte sich über sie und leuchtete hinein. Jedes Gerät, welches einen 35 Gegenstand verbergen konnte, nahm er auch hier von seinem Platze und sah nach, ob das Schwert nicht dahinter liege. Über diesem stillen und vergeblichen Suchen gingen wieder mehrere Stunden hin. Der Morgen begann schon zu dämmern.

Wie der alte Mann so, unaufhörlich gehend, sich bückend, spähend, nie übereilt in seinen Bewegungen, aber auch nimmer rastend, umherwanderte, gewährte diese unablässige, stumme, stete, gleichmäßige Mühe einen peinlichen und fast schauerlichen Anblick. Wäre er rascher in seinen Bewegungen gewesen, so würde man ihn haben einem Raubtiere vergleichen können, welches nach seinen Jungen sucht; so aber, wie er sich verhielt, glich er einer ewigen, toten, stillwühlenden Naturkraft.

Das letzte Gemach, welches er durchforschte, war Lisbeths Zimmer. Er dachte nicht daran, daß er ein entkleidetes und schlafendes Mädchen dort hätte finden können. Er verwunderte sich auch nicht, daß er Lisbeth nicht darin fand, daß ein anderer es und in solcher Art, wie er sah, inne hatte, denn er hätte sich über nichts verwundert, seine Seele war gleichgültig gegen alles, außer gegen den einen Gegenstand, der sie erfüllte. — Nun hatte sich die Sache gewendet. Der Alte war in Bewegung und der junge Mann ruhte, oder regte sich wenigstens nicht, erschöpft von Anstrengung und Leiden. Er hatte sich, nachdem er der Hoffnung leer geworden war, Lisbeth heute wiederzusehen, über ihr Bette geworfen, um etwas zu berühren, was ihr Körper berührt hatte. So lag er, die Arme über das Kissen gebreitet, und dieses an seine Wangen drückend. Leise stöhnte er und rief zuweilen schluchzend den schwäbischen Schmerzenswunsch: Ich wollt', ich wär' bei meiner Mutter! — Die Mutter, nach der er hinverlangte, lag aber im Grabe, und die Geliebte, um die er bekümmert war, saß wenige Thüren von ihm, in der Nachtkälte frierend, ein erstarrtes Vöglein, welches tages zuvor so lieblich gesungen hatte.

Der Hofschulze bekümmerte sich nicht um Oswald und der Jüngling hörte nicht, daß der Hofschulze in das Zimmer getreten war. Auch hier that und vollbrachte nun der Alte sein mühevoll vergebliches Werk. Der Schweiß troff ihm von der Stirne. Er seufzte tief und machte sich jetzt auf den Weg nach dem Söller, dem letzten noch undurchforschten Raum des Hauses. Als er in die Nähe der Söllertreppe kam, stand er jedoch plötzlich still und ein Schauder schüttelte seine Glieder. Nachdem dieser Schauder vorüber war, hatten seine Züge ein verändertes Ansehen genommen. Die Muskeln des Antlitzes spannten sich straff an, die Augenhöhlen wurden weiter, in seine Augen trat ein seherischer Glanz, sie blickten unbeweglich mit geisterhaftem Blicke vor sich hin, als

schaue er etwas, ein Ding oder einen Ort, und plötzlich griff er
mit der Hand nach der Luftgestalt, die ihm der auf der Höhe
seiner Anstrengungen geworbene ekstatische Zustand vorspiegelte.
Jene Handbewegung brachte ihn zu sich selbst zurück. Er blickte
nun mit seiner gewöhnlichen Art um sich her, strich sich über die   5
Stirne, die Anspannung der Muskeln ließ nach, die Brauen
sanken herunter, die Augenhöhlen nahmen ihre gewöhnliche Größe
an, er sah aus, wie zuvor. Der ganze Paroxysmus hatte nur
wenige Sekunden gedauert. Aber ohne Zweifel war während
desselben etwas Außerordentliches in ihm vorgegangen. — Also 10
da liegt es! murmelte er froh und beruhigt, und stieg raschen
Schrittes die Söllertreppe hinauf.

Oben achtete er dessen nicht, daß er mit dem brennenden
Lichte neben Stroh und Heu vorbeiging; eine Unvorsichtigkeit,
wofür jeder Knecht ohnfehlbar den Dienst bei ihm verwirkt haben 15
würde. Geraden Schrittes ging er auf den Verschlag zu, worin
Oswald so unbequeme und doch so glückselige Nachtstunden zu=
gebracht hatte. Mit der Sicherheit eines, der weiß, daß ihn seine
Vermutung nicht täuscht, machte er die Thüre auf und sah sich
im Verschlage um.   20

Aber als er nun das Lagerstroh umgekehrt und die wenigen
Sachen, welche der enge, kahle Raum enthielt, hinweggethan hatte,
brach er gewaltsam zusammen. Denn zwischen diesen vier leeren
Bretterwänden war das Schwert Karls des Großen auch nicht zu
finden. Das brennende Licht entsank seiner Hand, er setzte sich, 25
oder fiel vielmehr, auf einen dort stehenden Kasten und stieß einen
furchtbaren Schrei aus, einen von den Lauten, die sich nicht be=
schreiben lassen, weil die Natur in ihnen ihre eigensten, nur sich
selbst vorbehaltenen Rechte übt.

Das Licht schwelte mit seiner Flamme auf dem Fußboden 30
in der Nähe des umherzerstreuten Strohes. Der Hofschulze aber
hatte kein Auge für diese Feuersgefahr. Er blieb auf dem Kasten
sitzen. Die Kniee hatte er zum Haupte emporgezogen, die Arme
auf die Kniee gestemmt und mit seinem Munde nagte er an den
Händen. So blieb er, ohne daß er sein Lager aufgesucht hätte, 35
oben, bis es heller Tag geworden war.

Achtes Kapitel.

Wie der einäugige Spielmann seine Absicht bei einem leidenschaftlichen Juristen erreicht.

Am folgenden Morgen zwischen zehn und eilf Uhr hielt ungefähr eine halbe Stunde vom Oberhofe ein kleiner leichter Wagen vor einem einzeln stehenden Hause. Den Schlag des Wagens öffnete der alte Jochem, welcher auch das Pferd — denn der Wagen war ein Einspänner — gelenkt hatte, und half dem darin sitzenden Manne heraus. Dieser war der Mann im grau= braunen Mackintosh, der Oberamtmann Ernst.

Ihr bleibt nun hier, Jochem, sagte der Oberamtmann, ich aber will das Geschäft in der Bauerkate, in dem sogenannten Oberhofe, besorgen.

Warum fahren Sie nicht vor, Herr Oberamtmann? fragte der alte Jochem.

Weil ich alles Aufsehen vermeiden will, versetzte der Ge= schäftsmann. Wie Ihr mir Euern Herrn beschreibt, Jochem, ist er in einer etwas erhöhten Stimmung. Unterhandlungen aber mit Leuten in solcher Stimmung wollen ganz besonders vorsichtig angefaßt sein, sonst mißlingen sie leicht. Ich würde mit dem Wagen die Leute im Hofe aufmerksam machen, der Graf könnte vielleicht durch die Anwesenheit von Zeugen gereizt werden, und was dergleichen mehr sein dürfte. Deshalb ziehe ich es vor, allein, gleichsam schleichend, nach der Kate zu gehen, ihn so zu über= raschen und sacht mit fortzunehmen. — Eine Liebschaft, Jochem, sagt Ihr?

So sagt' ich, Herr Oberamtmann, versetzte der alte Jochem. Aber er wollt' nichts mehr damit zu thun haben und weinte dabei erbärmlich.

Kenne das, Jochem, sagte der Oberamtmann. Rixae aman= tium u. s. w. — Er schlug die Hände über dem Kopfe zusammen, daß der Mackintosh wie das Segel eines Hamburger Evers flog und rauschte und rief: Großer Gott, so behielte ja der Merkur recht mit der Reise nach dem aufgelesenen Schätzchen!

Herr Oberamtmann, sagte der alte Jochem, wenn ich Ihnen raten soll, so schicken Sie mich nach dem Hofe, denn ich weiß

30 f. Rixae amantium, Streitigkeiten von Liebesleuten. — 32. Ever, kleines Fahrzeug, Fischerkahn.

doch allein meinen Herrn zu behandeln. — Der Oberamtmann
maß den Alten mit einem geringschätzigen Blicke und schüttelte
das Haupt. Der Alte, den dieser Blick etwas verdroß, und der
die Eigenheit hatte, daß er zuweilen laut dachte, murmelte, daß
jeder es verstehen konnte: Wenn der ihn mit seiner Unterhand- 5
lung aus dem Oberhofe fortbringt, will ich nicht Jochem heißen.

Nicht weit von dem Platze, auf welchem dieses Gespräch
vorfiel, torkelte unter den Tannen ein Mensch umher, dessen Gebärden einen Betrunkenen verrieten. Was diesen Betrunkenen
vor anderen seines Zustandes auszeichnete, war, daß er nicht fiel, 10
obgleich ein Leierkasten, den er auf dem Rücken trug, hin und
her rutschend das Gewicht auf der Seite vermehrte, auf welche er
sich gerade neigte. So aber mit dem bald links bald rechts
fliegenden Leierkasten gewährte der Patriotenkaspar — denn dieser
war der Betrunkene — das Schauspiel eines auf hohen Wellen 15
treibenden Schiffes, welches gleichwohl nicht untergeht. Er hatte
sich von dem Erlöse des Silberringes, den er an einen Hausierer
verkauft, auf das Rachegefühl der Nacht in dem kalten Morgen-
nebel gütlich gethan, und war so in diese Verfassung geraten,
welche ihn jedoch nicht hinderte, zwar heftige aber doch völlig 20
zusammenhangende Reden zu führen, die er unaufhörlich hervor-
sprudelte.

Der Weg nach dem Oberhofe lief durch die Tannen. —
Das Pferd bleibt wohl ruhig hier stehen, sagte der Oberamtmann. Geht doch etwas voran, Jochem, und haltet mir den 25
Menschen da seitab; Ihr wißt, daß ich mit Betrunkenen nicht
gern zu schaffen habe.

Jochem ging voran und der Oberamtmann folgte in ge-
messener Entfernung. Er sah, daß der Alte mit dem Betrunkenen
sich in ein Gespräch gab, und rief, was da vor sei. Jochem kam 30
zurück und meinte, das sei der kuriofeste Fuselichte, der ihm
jemals vorgekommen. Bloß die Beine sind benebelt, sagte er;
im übrigen ist der wüste Kerl vernünftig und spricht verständlich wie ein nüchterner Mensch von Protokoll und Mord und
Totschlag.   35

Als der Oberamtmann diese Worte hörte, horchte er hoch
auf. Was giebt es denn damit? fragte er sehr gespannt. Sein
Widerwille gegen den Betrunkenen war viel kleiner, als seine
Neugier nach dem Protokolle und nach dem Mord und Totschlag.

Er ging daher zu dem Patriotenkaspar, der wirklich einen eigenen
Rausch hatte, von dem so zu sagen nur die Extremitäten an=
gegangen waren, das Gehirn aber unversehrt geblieben war.
Ein nicht seltener Fall bei erschöpften Körpern. Der betrunkene
Spielmann rief dem Oberamtmanne gleich entgegen: Könnt Ihr
mir ein Protokoll machen, he?

Mein Freund, das könnte ich allerdings wohl, versetzte der
Oberamtmann mit einem juristischen Lächeln.

Nun denn, so kommt Ihr mir ja wie ein wahrer Retter
in der Not entgegen, rief der Spielmann und wollte den Ober=
amtmann umarmen. Dieser wich zurück, darüber verlor Kaspar
das Gleichgewicht und fiel mit der Nase auf die Erde. Er raffte
sich aber gleich wieder empor, ließ den Fall sich nicht anfechten
und fuhr fort: Macht mir ein Protokoll, und ich will Euch zeit=
lebens dankbar sein.

Aber was soll denn in dem Protokolle stehen? fragte der
Oberamtmann. — Herr, sagte der alte Jochem, wollen Sie nicht
weiter nach dem Oberhofe? — Ich bitte Euch, Jochem, laßt mich
doch; man muß jeden Menschen anhören, versetzte ungeduldig der
Oberamtmann, dessen Teilnahme an diesem nach einem Protokolle
durstigen Trunkenen sichtlich wuchs.

Mord und Totschlag soll darin stehen! rief der Patrioten=
kaspar. — Ich habe einen Menschen totgeschlagen und keiner will
mir ein Protokoll darüber machen, auf daß ich mein Recht und
meine Strafe empfange, wie sich's gebührt.

Die Gestalt des Oberamtmanns verwandelte sich bei dieser
unerwarteten Nachricht zu der hölzernen Säule, an welcher er
seine Inkulpaten züchtigen ließ. Ein solcher Fall war ihm nie
vorgekommen. Auch der alte Diener zeigte sich erstaunt und rief:
Ich sag's ja immer, wenn man aus Schwabenland heraus ist
unter die Franken und Sachsen und Polacken gekommen, hört
Recht und Gerechtigkeit auf. 'S ist a wüst Volk haußen.

Ihr habt einen totgeschlagen und sie wollen kein Protokoll
darüber aufnehmen? fragte der Oberamtmann einigermaßen entsetzt.

Richtig. Einen totgeschlagen und keine Möglichkeit, mein
Protokoll darüber gemacht zu kriegen! erwiderte der Spielmann.

Der Oberamtmann bedachte sich, senkte das Haupt, spannte
in dieser denkenden Stellung den Mackintosh wie einen Wand=
schirm aus, und sagte dann: Dieser Mensch ist entweder verrückt,

denn der Trunk hat ihn, wie augenscheinlich, nicht um seinen
Verstand gebracht, oder es herrscht eine Nachlässigkeit der Be-
hörden hier, die ohne Beispiel sein dürfte. — Er hielt dem
Patriotenkaspar die fünf Finger seiner rechten Hand vor die
Augen und fragte: Was seht Ihr da?   5

Fünf Finger, versetzte der Spielmann.

Guckt einmal da oben hinauf. Was seht Ihr über Euch?

Den Himmel. Es ist aber noch Haarrauch, deshalb sieht
man nicht viel vom Himmel.

Sagt mir die Wochentage her. — Der Spielmann nannte 10
alle Tage vom Sonntag bis zum Samstag in ihrer gehörigen
Reihenfolge.

Welches sind die zehn Gebote? — Der Spielmann hob von
dem „nicht andere Götter haben neben mir" an und ließ keins aus.

Nach dieser Geisteserforschung sprach der Oberamtmann: 15
Dieser Mensch ist so wenig irr, als ich oder Ihr, Jochem. Folglich ein geständiger Totschläger, der von Reue und Gewissens-
bissen zerfleischt, sich angiebt, dennoch nicht eingezogen, ja nicht
einmal zur Anzeige gelassen wird. Schöne Wirtschaft! Was für
ein Staat! — Kommt mit hinein in jenes Haus, sagte er zum 20
Patriotenkaspar, es wird ja wohl ein Bogen Papier nebst Feder
und Tinte darin zu haben sein. Ich will etwas kurzes Schriftliches von Euch aufnehmen und mir während dessen überlegen,
was weiter in der Sache zu thun ist.

Aber Herr Oberamtmann, der Oberhof — sagte der alte 25
Jochem.

Der Oberhof läuft uns ja nicht fort, versetzte der Jurist,
und Euren Herrn werde ich eine Stunde später auch noch finden.
Diese Sache geht vor, man soll von mir nicht sagen, daß ich von
einem Kapitalverbrechen gehört habe und meiner Wege dabei 30
vorübergegangen sei. Bleibt Ihr bei dem Pferde, Jochem, und
Ihr, Mensch, folgt mir.

Man sieht, daß der Oberamtmann kurz vor der Fahrt im
württembergischen Landrechte gelesen hatte. Er ging voran in
das einsam liegende Haus; der Patriotenkaspar torkelte nach, sehr 35
vergnügt, ein Protokoll gemacht zu bekommen, und der alte Jochem
blieb kopfschüttelnd bei dem Pferde stehen, welches eine Art von
Krippenbeißer war, denn es stieß beständig mit dem Kopfe nach
vorn hinunter.

Neuntes Kapitel.
Das Freigericht und was diesem folgte.

Oswald trat in einer seltsamen Stimmung aus der Thüre des Oberhofes. Ihm wäre wohler gewesen, so bedünkte es ihn, wenn er Lisbeth im Sarge vor sich gesehen hätte, dann wäre er jammernd über den Sarg gestürzt, hätte auf den erstarrten Lippen mit seinen Küssen einen kurzen Schein der Lebenswärme hervor= gerufen, hätte sich das Herz in Thränen totgeweint. Aber ein Albernes, eine Grille, etwas unbegreiflich Dummes schied ihn von ihr, oder etwas noch Schlimmeres, eine plötzliche Reue über den rasch geschlossenen Bund; so mußte er auch glauben. Der Zorn, der Schmerz über diesen unsichtbaren Feind, über einen dumpfen und stumpfen Zauber, den er nicht lösen, ja nicht einmal anfassen konnte, fraß ihm tief in die Brust hinein. — Ein leichtes, ver= änderliches Mädchen, die heute sich hingiebt und morgen sich spröde versagt! murrte er ingrimmig und empfand es wie ein scharfes Messer in seinen Eingeweiden, daß er solche Worte sprach. Es fiel ihm nicht ein, daß er ein großer Graf und Lisbeth ein armer Findling sei, daß dieses verlassene Mädchen auch ihr reichstes äußerliches Glück in der Ehe mit ihm finden müsse; in seinen schwärmerischen und wütenden Gedanken sah er sie hoch über sich. Er war der niedere Schäfer, sie die Prinzessin, die ihn nach Willkür an sich gezogen hatte, nach Willkür ihn nun verstieß. In so furchtbarer Gemütsverfassung, in so bitterer Pein fand er das große Gesetz der Liebe, welches dem Liebenden ewig seine Stelle zu den Füßen der Geliebten anweiset, und wäre diese eine aus dem Staube hervorgegangene Bäuerin. Habe du die Schätze des Moguls, grüne der Lorbeerkranz des Ruhmes um deine Schläfe, führe du Salomos geisterbeherrschenden Ring, kröne dich der Reif der Hoheit, die Geliebte wird, und nicht im abgeschmackten Gleichnis, sondern in der Wahrheit und Wirklichkeit deine Königin sein, demütig wirst du den zaubergewaltigen Ring in ihren Schoß legen, der Kranz wird dich drücken in ihrer Nähe, ein Bettler wirst du immerdar bleiben vor ihr, und auch als König ein Sklav.

In solchen ausgeweinten, ausgeleerten, ausgenüchterten Stunden ergreift den Menschen eine wilde Gleichgültigkeit und zugleich schärft sich in ihm eine Art von gedankenlosem Merken auf die

unbedeutendſten Dinge. An der Stelle, wo du verzweifelteſt,
ſahſt du, ob ein Grashalm ſo oder ſo gebogen war, du wußteſt,
daß an dem Buſche, der da ſtand, zwanzig Knoſpen aufgebrochen
waren, genau ſo viele, nicht mehr und nicht minder, du könnteſt
den Hirten, der gerade ſeine Herde dem Platze vorbeitrieb, lange 5
nachher aus der Erinnerung malen, ſo genau beobachteteſt du
ſeinen Rock, den meſſingenen Kamm im Haar und ſeine nichts=
bedeutenden Geſichtszüge. Du verwünſcheſt dein Geſchick, und
erkennſt während deiner ſchäumendſten Flüche, daß der Vogel,
der dort in weiter Entfernung auf einem dürren Aſte ſitzt, eine 10
Krähe iſt und nicht eine Dohle.

Oswald war gleichgültig über alles geworden und wäre
mit ſeinem juriſtiſchen Freunde abgereiſet, hätte ſich dieſer jetzt
am Oberhofe eingefunden. Aber er ſah auch mit den verwachten
und geröteten Augen alles, er hörte alles, was um ihn vor= 15
ging. — Vor dem Hauſe ſtand der Hofſchulze mit einem anderen
Bauern im Geſpräch. Sie ſtanden mit dem Rücken gegen die
Thüre, ſo daß ſie den jungen Grafen nicht bemerkten. — Hof=
ſchulze, ſagte der Bauer, es kann doch nun einmal nichts helfen,
kommt alſo nur immerhin zum Stuhl, denn das Gericht muß 20
gehegt werden auch ohne dieſes. — Der Hofſchulze antwortete
auf das anfangs mit einem tiefen Seufzer, dann ſagte er ſo
hohl, als ſteige die Stimme aus dem Grabe empor: Ich will
kommen, aber ich weiß nicht, ob es ohne das Schwert gelingen
wird. — Der Bauer ging ſeitwärts ab, der Hofſchulze wandte 25
ſich um und Oswald ſah, daß das Antlitz ſeines alten Wirtes
ganz verfallen war. So blickte auch der Hofſchulze in das zer=
ſtörte Antlitz ſeines jungen Gaſtes; ſie warfen einander finſtere
und doch nichtsſagende Blicke zu, und dann ging jeder ſeiner
Wege; der junge Graf durch die Felder, der alte Bauer in das 30
Haus. Auf ſeinem Wege ſagte Oswald zerſtört lachend: Sie
werden heute ihren Hokuspokus am Freiſtuhl machen; ich will mich
verſtecken und zuſehen, was kann der Menſch Beſſeres thun, als
etwas Neues beobachten?

Nicht lange nach dieſem Auftritte wanderten zehn bis zwölf 35
Bauern von verſchiedenen Seiten die Pfade den Hügel hinauf
nach dem Freiſtuhle. Es waren die reichſten Hofesbeſitzer der
Umgegend. Die Geſichter dieſer Leute waren ernſthaft und feierlich.

Ihre Schritte übereilten sie nicht, und wo auch zwei zusammen=
gingen, wurde dennoch kein Wort gewechselt. Diese alten Frei=
bankbauern trugen auch heute noch ihren Feierputz und die großen
breitkrempigen Hüte gaben ihnen ein schweres und würdiges An=
5 sehen. Der Nebel, der noch immer fortdauerte, umhüllte die
heimlichen und schweigenden Wanderer.

Als sie oben am Freistuhle angekommen waren, einer nach
dem anderen, setzten sie sich schweigend und einander nicht be=
grüßend auf die Steine umher, die in der Einsenkung zwischen
10 den Brombeergebüschen lagen, der größte aber, unter den drei
alten Linden, blieb leer und für den Freigrafen aufbehalten. Sie
saßen wohl eine Viertelstunde lang, ohne einander anzusehen, ge=
schweige daß sie zusammen geredet hätten. Jeder blickte starr und
fest vor sich hin. Zuletzt kam der alte Bauer, welcher mit dem
15 Hofschulzen gesprochen hatte, der Fronbote; nächst dem Besitzer
des Oberhofes der Kundigste in den Sitten und Gebräuchen der
Väter. Dieser stellte sich außerhalb des Kreises der Steine hin,
auf seinen Knotenstock gestützt und nach der Gegend des Oberhofes
hinuntersehend.

20 Von dieser Gegend kam nach einer Viertelstunde der Hof=
schulze heraufgegangen, der Freigraf. Neben ihm ging sein Eidam.
Feiermäßig war auch sein Anzug, aber gebückt und kummervoll
sein Gang. Den Eidam ließ er an einer über hundert Schritte
vom Freistuhl entfernten Stelle zurückbleiben, das Gesicht von
25 diesem abgekehrt. Der Fronbote ging dem Hofschulzen entgegen,
führte ihn bis an den Kreis und sagte:

> Herr Graf, mit Urlaub und mit Behagen
> Thue ich Euch fragen;
> Soll ich, Euer Knecht,
30 > Euch den Königsstuhl setzen, wie Recht?

Der Hofschulze erwiderte:

> Alldieweil die Sonne mit Rechte
> Bescheinet Herren und Knechte
> Und alle unsere Werke,
35 > Spreche ich, das Recht zu stärken,
> Den Stuhl zu setzen eben,
> Und rechte Maß zu geben.

8 f. Zur Seite des Tisches saßen sieben Schöffen mit entblößtem Haupte, ohne Waffen,
in einfacher Tracht: nüchtern und schweigend.

Der Fronbote ging hierauf durch den Kreis zu dem großen
Steine unter den drei alten Linden, legte die Hand an denselben,
als setzte er ihn wie einen Stuhl zurecht, stellte ein kleines Korn=
maß, welches er unter dem Rocke hervorzog, vor den Stein, blieb
selbst daneben stehen und rief dem Hofschulzen, der sich noch immer 5
außerhalb des Kreises befand, folgenden Spruch zu:

> Herr Grafe, lieber Herre;
> Ich vermahne Euch bei Eurer Ehre,
> Ich bin Euer Knecht,
> Darum sagt mir für Recht, 10
> Ob diese Maß ist gleich
> Für arm und reich,
> Zu messen Land und Sand
> Bei Eurer Seelen Pfand?

Der Hofschulze antwortete: 15

> Ich erlaube Recht und verbiete Unrecht
> Bei Peen der alten erkannten Recht.

Er ging nun auch in den Kreis, schritt, ohne von seinen
Genossen begrüßt zu werden oder sie zu begrüßen, auf den Stein
unter den Linden, den Königsstuhl, zu, setzte sich, stellte seine 20
Füße auf das Kornmaß und entblößte das Haupt, welchem Bei=
spiele die Bauern folgten. Dann zog er eine Flechte von Weiden=
zweigen aus dem Rockärmel und gab sie dem Fronboten, der sie
auf einen tischartigen Stein vor dem Stuhle legte.

Die Bauern murmelten und einer fragte: Die Wyd sehen 25
wir; wo ist das Schwert?

Der alte Freigraf zuckte zusammen und der Fronbote ant=
wortete statt seiner: Es hat nicht gleich auf der Stelle gefunden
werden können.

Nachbarn, sagte der Hofschulze zitternden Lautes, es ist ein 30
Malheur mit dem Schwerte von Karolus Magnus geschehen, und
wenn ihr so wollt, stehen wir auf und gehen heim.

Nein! riefen die Bauern; aber daß das Schwert mangelt,
ist schlimm, denn es bedeutet das Kreuz, woran der Herr Christus
gelitten hat. 35

2. Die Mahlstätte mußte stets unter einer Eiche oder Linde, an einem Hageborn oder
Hollunder sein. — 24. In der Mitte der Mahlstätte war ein mit einem Tuche bedeckter
Tisch; darauf lag ein Schwert zur Eidesabnahme und ein Strick zur Exekution. —
31 f. Das Dortmunder Gewohnheitsrecht sagt: „Das Schwert bedeutet das Kreuz, da
Jesus Christus an gelitten hat, und die Strenge des Gerichts; die Wyd bedeutet die

Sie blieben in nachdenklichen Stellungen. Auch ihr alter
Vorstand hatte Mühe, seine Fassung zu behalten. Er erhob in=
dessen die Stimme und sprach zum Fronboten:

            Ich biete, zu sagen mir:
5   Sind Notschöffen allhier?
            Oder Mann, die nicht wissen?
            Das sage mir beflissen.

Der Fronbote sah sich im Kreise um und versetzte dann mit
lautem Tone:

10   Alle Mann sind wissend und gerecht,
            Weder Notschöffen, weder Juden, weder Knecht.

Jetzt redete der Hofschulze die Versammlung mit folgenden
Worten an: Ist es die rechte Stätte und die rechte Stunde, Ding
und Gericht zu halten nach Freistuhlsrecht unter echtem römischen
15 Königsbann? — Die Bauern antworteten einstimmig: Ja, sie ist
es; und der Hofschulze fuhr fort: So warne ich euch vor Unlust,
Keif, Scheltwort. Niemand soll sprechen, denn mit Fürsprach,
niemand scheiden vom Gericht, denn mit Urlaub. — Dieweil —
setzte er hinzu —

20   Dieweil an diesem Tage
            Mit euer aller Behagen
            Unter dem hellen Himmel klar,
            Ein frei Feldgericht offenbar,
            Wo Notschöffen keine
25   Gehegt beim lichten Sonnenscheine,
            Nicht in Schlüften,
            Nicht in Klüften,
            Zwischen sieben Uhr frühe
            Und ein Uhr mittags! siehe!

Strafe der Bösen um ihre Missethat, dadurch Gottes Zorn gesänftigt wird, da es des
heil. Reichs Obergericht übers Blut ist. Gott soll Ehre damit geschehen, darum soll auf
die hohe Gabe und Würde des Gerichts gehalten werden.''
   5. Notschöffen sind solche, welche bereits unter Anklage stehend sich noch wissend
machen ließen, was später streng verpönt ward. — 26 ff. Das Freigericht mußte, eine
Nachwirkung seines altgermanischen Ursprungs, stets unter freiem Himmel stattfinden. Die
in Romanen, Dramen u. s. w. vorkommenden Femgerichte in unterirdischen Gewölben,
Höhlen u. s. w. sind lediglich phantastischen Ursprungs. Die Sitzungen begannen gewöhnlich
neun Uhr morgens und dauerten bis drei Uhr nachmittags, wo die Sonne am höchsten steht.
Die von Immermann erneuerte Eröffnungsformel des Freigrafen lautete: „All dewile an
dussen dage, mit juwer allem behage, under den hellen himmel klar, ein fry feldtgericht
openbar, geheget bym lichten sunnenschin, met nochterm mund komen herin, de stoel ock
is gesettet recht, dat math befunden ungerecht, so spredet recht ane with und wonne, up
klage unde antwort, wiel schient de Sunne.''

Alle Mann auch nüchtern kommen sind,
Königsstuhl und Maß man recht befind't,
So sprecht das Recht ohne Witz und Wonne,
Weil scheint die Sonne.

Die Bauern sprachen: Wir wollen's.   5

Der Hofschulze fragte abermals: Was giebt dem Freischöffen
Fug und Recht?

Die Bauern murmelten dumpf: Hebende Hand, blinkender
Schein, gichtiger Mund. —

Darauf sagte der Fronbote: Herr Grafe, es steht draußen 10
ein Mann, der Begehr am Ding und Gericht hat.

Der Hofschulze wandte sich wieder an die Versammlung
und sprach:

Ist es euch genehm und zum Behagen,
Daß mein Eidam vom Jürgenserb,   15
Frei, keinem eigenbehörig,
Ohne Schimpf noch Schande,
Unverleumd't im Lande,
Wissend gemacht werde
Auf roter offener Erde,   20
Fahe Losung und Heimlichkeit,
Wie Kaiser Karolus gesetzt zu seiner Zeit?

Die Freischöffen erwiderten: Es geschehe. — Der Hofschulze
gab nun dem Fronboten einen Wink, dieser ging zu dem Eidam
und führte ihn herbei. Der junge Bauer sah sehr stolz und freudig 25
aus, als er in den Kreis trat, in welchem er die höchste Ehre
von seinesgleichen empfangen sollte.

Der Fronbote gab ihm Anweisung, darauf entblößte der junge
Bauer sein rechtes Knie, kniete bedeckten Hauptes vor seinem
Schwiegervater nieder, legte die linke Hand auf die Weide, die 30
ihm der Fronbote vorhielt, und empfing in dieser Stellung vom
Hofschulzen die Vermahnung vor Eidbruch, die ihm unter schweren
Verwünschungen erteilt wurde. Bei der Weide solle er denken
an den Strick um den Hals, hieß es darin, und bei der Linde,
die er sehe, an den Baum, der den Verräter trage. Vermaledeit 35
sei dessen Fleisch und Blut, der Wind solle ihn verwehen, die

8 f. Hebende Hand, wenn einer auf der That, die Hand noch erhoben betroffen;
blinkender Schein, das blutige Schwert, das blinkende Gold, welches den entflohenen
Thäter überführt; gichtiger (jëhon, bejahen, beichten) Mund, eigenes Geständnis des
Thäters. — 19 f. Nur in Westfalen selbst, auf roter Erde, konnte wissend gemacht werden.

Krähen, Raben und Tiere in der Luft sollen ihn verführen und verzehren.

Noch schrecklichere Drohungen enthielt dieses Verwarnen. Der Eidam verzog aber keine Miene dabei. Hierauf nahm ihm der Fronbote den Eid ab, den der neue Schöffe nachsprach. Er schwor die Feme zu hüten:

> Vor Mann, vor Weib,
> Vor Dorf, vor Treib,
> Vor Stock, vor Stein,
> Vor groß, vor klein,
> Auch vor Quick
> Und vor allerhand Gottesgeschick,
> Ohne vor dem Mann,
> Der die heilige Feme hegen und hüten kann,
> Und nicht zu lassen davon
> Um Lieb noch um Leid,
> Um Pfand oder Kleid,
> Noch um Silber, noch um Gold,
> Noch um keinerlei Sold.

Als der Eidam den Eid geleistet hatte, wollte er aufstehen, der Fronbote hielt ihn aber in seiner knieenden Stellung fest und sagte, sich vergessend, und aus der feierlichen Redeweise in seine Bauersprache fallend: Wollt Ihr denn wie das liebe Vieh Schöffe sein? Ihr kriegt ja erst die Losung.

Auch gut! rief der junge Bauer, dem die fürchterliche Verwarnung und der Eid ein Behagen erregt zu haben schien. Her mit der Losung!

Der Hofschulze setzte den Hut auf, der Eidam mußte ihn abnehmen und nun sagte jener: Die Losung und das Notzeichen, daß ich dich lehre, lautet: Stock, Stein, Gras, Grein.

Gut, versetzte der Eingeweihte. Stock, Stein, Gras, Grein, das ist wohl zu behalten. Aber was bedeutet: Stock, Stein, Gras, Grein?

---

7 ff. Immermann giebt hier die kürzeste, in einem bayrischen Archiv aufbewahrte Formel, nur gegen den Schluß hat er geändert: „Der die heilige Vehme hüten und hehlen kann, Und daß er nicht lasse davon, ... Noch um keinerlei Schuld." — 8. Treid, Getreide; Schmeller I. 618. — 29 f. Die Losung, für die wir noch keine Erklärung besitzen, lautete: Strick, Stein, Gras, Grein. Auf den Verrat dieser vier Worte, die das eigentliche Geheimnis der Feme bildeten, stand Todesstrafe. Das Notwort, dessen Bedeutung ebenfalls dunkel ist, lautete: Reinir der Feweri. Außerdem gab es noch den geheimen Schöffengruß.

Neige dein Ohr zu meinem Munde, versetzte der Freigraf, du sollst den heimlichen Sinn erfahren, den außer dir nicht einmal die Lüfte hören dürfen.

Indem der Eidam sich zu den Lippen des Schwiegervaters hinüberbeugte, rief aber der alte Fronbote überlaut: Halt! Das Ding ist geschändet, wir haben einen Lauscher in der Nähe, ich hörte ein Geräusch ganz deutlich.

Nun ja, sagte Oswald, der hinter der alten Linde hervor= trat, gezwungen lachend, ich habe euch belauscht. Ich stand in dem hohlen Baume da. Das Horchen, welches ich noch nie gethan, wollte mir aber so schlecht behagen, daß ich mich rührte, um fort= zugehen, wo möglich da in den Forst, euch unbemerkt. Nehmt mir's nicht übel, ich werde nichts von euren Sachen verraten, es ist, als ob ich sie nicht gehört hätte. — Er trat in den Forst zurück und verlor sich unter den Bäumen.

Wie wenn bei einem fröhlichen Mahle plötzlich ein fremder Eindringling durch eine ungeheure Beleidigung der ganzen Gesell= schaft den Fehdehandschuh hinwirft — anfangs ist alles lautlos und gleichsam versteinert, mit einem Male aber springt jeder auf und läßt das verletzte Gefühl in Blick, Gebärde, Drohung, Zornes= und Racheworten ausschäumen, so wirkte hier die unerwartete Er= scheinung des fremden Zeugen anfangs nur ein atemloses Staunen und die Bauern sahen ihm, ohne ein Wort zu sagen, nach, bis er im Forste verschwunden war. Dann aber sprangen sie wütend auf, ballten die Fäuste und ergossen sich in einem Strome von wilden Reden, Drohungen, Verwünschungen. Einige riefen: Soll das geschehen dürfen wider uns? Andere antworteten: Nimmer= mehr; tot soll man ihn schlagen! Tot! riefen alle und bekräftigten dieses finistere Wort durch ein lautes Murren, welches schauerlich von der nebelumgebenen Höhe klang. — An eine Fortsetzung des Freigerichts wurde nicht gedacht.

Der Hoffschulze war während des Getöses stumm geblieben, sein Antlitz sah aber kreideweiß aus. Als jetzt nach jenem Murren eine augenblickliche Stille eintrat, erhob er sich und sagte: Nachbarn, wollt ihr mir überlassen, die Sache in aller Manier zu schlichten?

Die Bauern versetzten: Thut das, Hoffschulze. Nur daß nichts auskommt von der Heimlichkeit.

6 f. Die Mahlstätte war mit einer leichten Umzäunung eingefriedet, auf deren Ver= letzung schwere Strafe stand.

Ich hoffe, es soll nichts auskommen, versetzte der Hofschulze mit einem seltsamen Lächeln.

Wie wollt Ihr es anfangen? fragten seine Nachbarn.

Ich will euch nur veroffenbaren, sagte der Hofschulze und sein
5 Lächeln wurde immer sonderbarer, daß ich eine Sache von meinem Vater seliger ererbt habe, die, wenn man sie gehörig braucht, jemandem den Mund schließt über jegliches Ding, worüber man will.

Ja, sagte einer, so etwas müßt Ihr wohl inne haben, denn vom Oberhofe ist niemals was herunter geschwatzt worden. —
10 Sie schüttelten ihm die Hand und liefen nach allen Richtungen hügelabwärts auseinander, unterwegs ihr Murren, Schelten und Verwünschen fortsetzend.

Als die beiden Alten oben auf der Höhe allein waren, wechselten sie mit einander die allerverwunderlichsten Blicke. Der
15 Fronbote hatte seit dem Abgange des jungen Grafen wie ein Falke nach jedem Gesichtszuge seines Freigrafen gespäht.

Er verstand ihn und der Freigraf verstand den Fronboten; es bedurfte aber dazu keines Wortes unter ihnen.

Nach langem Schweigen erhob zuerst der Fronbote seine
20 Stimme und sagte: Wollt Ihr mir eine Nachbargefälligkeit thun, Hofschulze?

Ja, wenn ich kann, versetzte der Hofschulze.

Ihr könnt schon, sagte der alte Fronbote. Es fehlt mir im Nußholze an Fällern und auf der Pfaffenwiese an Grummet=
25 wenderinnen. Darf ich Eure Knechte und Mägde dazu vom Oberhofe mitnehmen, die Knechte nach dem Nußholze schicken und die Mägde nach der Pfaffenwiese? Ihr kriegt sie aber vor spät abend nicht zurück, denn es ist viel zu thun.

Nehmt sie nur alle mit, Knechte und Mägde, und behaltet
30 sie bis zum späten Abend draußen, antwortete der Hofschulze.

Ich thue Euch auch einen Gefallen dagegen, sagte der Fron=
bote. Ihr spracht neulich, daß Ihr den alten Brunnen hinter der Scheure wieder aufnehmen wolltet; er ist aber ganz versperrt; das Geströhde vor dem Zugange will ich Euch daher immer schon
35 etwas wegräumen, wenn ich hinunter komme.

Es soll mir recht lieb sein, erwiderte der Hofschulze.

Wohin geht Ihr von hieraus? fragte der Fronbote.

In die Hollenberge, um nach den Mandeln zu sehen, ant=

38. Mandeln, Getreidehaufen.

wortete der Hofschulze, und schlug, ohne sich weiter zu verweilen,
einen Pfad zwischen den Kornfeldern ein. Der Fronbote sah
ihm nach und sagte dann: Wenn man nun einstmals unvermutet
um Sachen befragt werden sollte, so kann man schwören, daß er
weder in den Oberhof noch in den Forst da gegangen ist, dem   5
Menschen nach. Hierauf schritt er den Weg zum Oberhofe hinunter.

Der Hofschulze kehrte, als er einige hundert Schritte gegangen war, um und ging in den Forst, bebend, bleich, außer sich.

Zehntes Kapitel.
Wie der Hofschulze und der Graf Oswald an einander und aus einander   10
gerieten.

Unten im Oberhofe befahl der Fronbote den Knechten zum
Holzfällen nach dem Nußholze, den Mägden zum Grummetwenden
nach der Pfaffenwiese zu gehen, der Baas habe sie ihm für den
Tag verstattet. Sie sollten sich Brot mitnehmen und am Abend   15
werde er ihnen das eingebüßte Mittagsessen wohl ersetzen, fügte
er hinzu.

Die Knechte und Mägde gehorchten ihm, denn der alte Fronbote war des Hofschulzen genauester Freund und galt wie der
Herr selbst im Hofe, wenn jener entfernt war.   20

Nachdem sich alle Menschen, wie er glaubte, aus dem Hofe
entfernt hatten, blieb er noch einige Minuten in dem stillen Hause
stehen und sagte dann wohlgefällig: Jetzt kann hier geschehen, was
recht ist. Darauf ging er über den Hof nach den Ställen.
Zwischen der Scheure und dem Pferdestalle war ein schmaler   25
Gang, der noch dazu durch Rasen und Reisig etwas versperrt
war. Diese Hindernisse räumte der Fronbote hinweg, legte sie
jedoch so, daß sie mit leichter Mühe wieder an ihren Platz gethan
werden konnten. Von dem Gange gelangte er auf ein kleines
dunkeles Plätzchen hinter der Scheure, welches kaum acht Fuß im   30
Gevierte hielt. Nur ihm und dem Hofschulzen war das Dasein
dieses Plätzchens kund, auf welchem der alte Brunnen des Oberhofes stand, der, welcher gebraucht worden war, ehe durch den
Bau der neuen Scheure vor dreißig Jahren das Plätzchen verbaut
wurde, welches durch einen Winkel der hinter der Scheure durch-   35
ziehenden Hofesmauer entstand.

Ein großer Hollunderbaum, welcher an dieser Mauer grünte, überschattete das Plätzchen und machte es feucht. Nesseln und Unkrautspflanzen wucherten dort in wilder Fülle. Der Fronbote schlug einige der höchsten Nesseln zurück, und seine rauhen Fäuste 5 empfanden nichts von ihrem Brennen. Er stieß mit dem Fuße die Kröten fort, die auf den feuchten Steinen in Menge saßen, nahm ein paar morsche Bretter, womit der Brunnen überdeckt war, hinweg, beugte sich über die niedrige Brunnenmauer, ließ einen Stein hinunterfallen und freute sich, als das Plätschern 10 unten anzeigte, daß noch Wasser in dem Brunnen war. Er legte einige große Steine neben den Brunnen und einen Strick, den er aus der Tasche zog, legte er dazu. Dann schwang er sich, ungeachtet seines Alters, rüstig an dem Hollunderbaume über die Mauer, nachdem er noch ein Blatt von dem Baume abgebrochen 15 hatte. Auf dem Blatte pfiff er eine Melodie, während er draußen durch Wiesen und Felder nach seinen Besitzungen ging. Zuerst wollte er das Nußholz und dann die Pfaffenwiese besuchen.

Als das Haus des Oberhofes ganz still geworden war, that es oben an der Thüre der Kammer, worin das Schwert Karls 20 des Großen gelegen hatte, ein leises Klinken, so leise, als fürchte der Klinkende, daß auch nur das geringste Geräusch von ihm vernommen werden möcht'. Darauf schlich es ebenso leise über den Gang nach dem Zimmer Lisbeths, und dann wurde es wieder eine Zeitlang ganz still, als werde an der Thüre gehorcht, ob 25 jemand in dem Zimmer sei. Darauf klinkte die Thüre des Zimmers schon etwas lauter und als nun letztere geöffnet worden war, ging es oben und that ein Kramen, wie von jemand, der nicht mehr darauf achtet, ungehört zu bleiben.

Aber plötzlich ertönte unter dem Kramen ein Schrei, es kam 30 aus dem Zimmer gesprungen, die Thüre desselben wurde rasch zugeworfen, es rannte über den Gang, huschte in die Kammer und auch deren Thüre flog mit Geräusch zu.

Kurz nach diesem Vorgange betrat der Hofschulze mit dem jungen Grafen Oswald das Haus. Das war ungefähr um die 35 Zeit, als der Fronbote sein Geschäft am Brunnen gethan hatte. — Welche Versicherung begehrt Ihr von mir, daß ich Eure Heimlichkeit nicht ausbringe? fragte Oswald seinen alten Gastfreund. Ich bin willfährig mit Euch gegangen, als Ihr mich oben im Forste darum ersuchtet, aber nun beeilt Euch und sagt mir an,

was Ihr wollt. — Mit einem schweren Seufzer setzte er hinzu:
Es gefällt mir nicht mehr bei Euch und ich muß fort.

Ich werde Ihnen da droben meine Meinung veroffenbaren,
da droben in der Kammer am Gange, sagte der Hofschulze so
mühsam und stockend, daß jedes Wort sich wie von Klammern 5
in seiner Brust loszuringen schien. Er ließ den Gast vorangehen
und folgte ihm mit schweren und dröhnenden Schritten.

Als sie oben in die Kammer eingetreten waren, schob der
Hofschulze den Riegel vor das Schloß und warf seinen lichtblauen
Feiertagsrock ab. Dann reckte er seine Glieder und die ganze 10
Gestalt wuchs wieder wie damals, als er im Mondschein den
Jäger warnte, an die Geheimnisse des Schwertes zu rühren. Er
wiegte die Arme und Fäuste, gleichsam um ihre Kraft zu prüfen,
hin und her.

Oswald, durch dessen Seele eine finstere Ahnung flog, sagte 15
nicht ohne Schauder: Was soll das?

Der Alte zog die buschichten Brauen in die Höhe und ver=
setzte kalt: Einer von uns beiden verläßt diese Kammer nicht lebend.

Was! rief Oswald entsetzt. Ihr wollt mich ermorden?
Zum Meuchelmörder wollt Ihr an Eurem Gaste werden?   20

Keinesweges, sagte der Hofschulze ruhig, wie in guten Tagen.
Sondern es soll alles mit der Manier zugehen. Jetzt höret mich
an, junger Herr Graf oder Fürst, oder wer Ihr sonst sein möget,
denn es kann sich treffen, daß ich auf dieser Kammer liegen bleibe,
und drum ist mir sehr vonnöten, daß Ihr eine gute Meinung 25
von mir heget und behaltet. Das Gemüte des Menschen kann
ein vieles ertragen, aber vom Übermaß wird es in die Desperation
gethan. Ich bin desperat, Herre, und kann dafür nichts. Meine
Seele ist voll Nöte und Pein und schreit wie ein Hirsch nach der
Wasserquelle. Es ist zu viel Kreuz und Herzeleid über mich ge= 30
kommen in diesen paar Tagen und das letzte war das Schlimmste.
Mein Schwert ist mir gestohlen, mein Schwert! mein Schwert!
Das Schwert von Karolus Magnus! Ich bin wie Asche und
Scherben, wenn ich daran gedenke. Nun behorchen Sie auch noch
die Heimlichkeit, meine Heimlichkeit! Ei, Herre, war das recht? 35
Nachdem ich Ihnen Logement gegeben manchen Tag und mich ganz
in der Ordnung mit Ihnen betragen? Sie werden es ausbringen
und haben uns eine Schande angethan, eine Schande, daß mir zu
Mute ist, als wäre meiner Tochter durch Sie Gewalt geschehen —

Oswald rief: Ich schwöre, nichts . . .

. . . Zu verraten, das wollen Sie schwören, fiel der Hof=
schulze ein. — Sie schwören es heute und brechen es morgen, ich
verstehe mich auf solche Schwüre. Wer dergleichen absonderliche
5 Heimlichkeit erfuhr, der verrät sie auch an seinen Freund, oder
an seine Liebste, oder an ein Blatt Papier, oder an die Lüfte
und die Sache kommt unter das Schwabenvolk draußen im Reich.
Nein, nur der Tod stopft den Mund über diese Dinge, auch sagen
die alten Rechte ganz genau, wer Freigerichtes Heimlichkeit sieht,
10 ohne wissend zu sein, der ist des Lebens los. Ich habe einen
Haß auf Sie, wie auf keinen Menschen sonst in der Welt, denn
— sagen muß ich Ihnen auch nur: In der Nacht zeigte mir das
Gesicht mein Schwert in Ihrem Verschlage, darunter stecken Sie
also auch mit, und nun thun Sie das — das — das —

15 Er hielt, von innerer Wut zusammengeschnürt, einige Augen=
blicke · inne. Dann fuhr er pathetisch fort: So dachte ich da
droben auf der Höhe am Stuhl: Herr, Herr, wie soll das werden?
Die Heimlichkeit darf nicht von der roten Erde, wie aber magst
du es gleichwohl schlichten? Du kannst nicht drei hinter ihm
20 hergehen lassen, die ihn fassen am Kreuzweg und aufhenken und·
ihm lassen Geld und Gold und ihr Messer neben ihn stecken in
die Borke des Baumes nach Königsrecht! — Und darfst du ihn
locken in dein Gehöfte und abmeucheln und sollst noch so etwas
Schandhaftiges auf dich laden in deinen urältesten Tagen, o pfui,
25 o pfui! — Auf einmal aber that es in mir einen Blitzschlag und
eine innerliche Erleuchtung und ich wußte, wie ich mich zu fassen
und zu verhalten habe. Denn ich bin zwar noch stark bei Kräften,
aber Sie sind jung und auch nicht schwach, und so sind wir
einander gleich. Deshalb wollen wir nun kämpfen um unser
30 Leben, Mann gegen Mann, Auge in Auge blickend. Schlage ich
Sie darnieder, so ist Ihr Grab im alten Brunnen bereitet und
die Heimlichkeit bleibt auf der roten Erde, thun Sie es mir an,
so hat es Gott also gewollt; auf jegliche Weise aber ist dieses

---

9 f. „Und so ein unwissender Mann sich zeigt an dieser heimlichen Acht und dem
Gericht des Königs und dasselbe belusterbe, der hätte verwettet die höchste Wette, und der
Freigraf soll aufstehen und nennen den Mann mit seinem christlichen Namen und binden
ihm seine Hände vorne zusammen und thun eine Weide um seinen Hals und hängen ihn
an den nächsten Baum, den er haben möge, der am Freistuhl gelegen ist." —
19 ff. Drei Schöffen mußten, wo sie den Verfemten trafen, das Urteil vollziehen. Was sie
aber bei ihm finden, sollen sie nicht nehmen, und ein Messer in den Baum, an den er
gehenkt ist, stecken, damit man erkenne, daß er durch Recht gerichtet sei.

ein wahres und aufrichtiges Gottesgericht. Also frisch ans Werk, denn ich weiß mir sonst nicht zu helfen!

Er erhob eine Axt, die neben ihm stand und sah, indem er sie leicht wie eine Feder emporschwang, furchtbar aus, gleich einem von den Streitern Wittekinds in den Schlachten bei Detmold und 5 an der Haase.

Seid Ihr bei Sinnen, Hofschulze? rief Oswald. Ich fürchte mich vor keinem Feinde, aber womit soll ich mich verteidigen gegen Euch alten, rasenden Mann?

Dort steht eine zweite Axt, sagte der Hofschulze. Nehmt 10 sie, Herre; jegliches Gerät kann zu einer Waffe werden in des Mannes Faust, und wie geschrieben steht, so sind sie vor alten Zeiten auch solcherweise mit Streitäxten auf einander losgegangen.

Ich nehme die Axt nicht und haue mich nicht mit Euch herum wie ein Schlächter und Stierfäller, versetzte stolz und fest der 15 junge Graf. Ihr seid, scheint es, in der Berserkerwut, dem ur= alten Wahnsinne Eures Stammes. Ihr werdet aber zu Euch selbst kommen und Euch dann schämen, mit mir so verfahren zu sein um Possen . . .

Possen! schrie der alte Bauer mit einer entsetzlichen Stimme. 20 Possen! wiederholte er ebenso laut und stieß den Stiel der Axt so heftig auf den Boden, daß ein Teil des Kalks von der Decke fiel. — Herr! Herr! In den Possen bin ich alt und grau ge= worden, und mit den Possen habe ich mir Recht genommen an einem Schalk und Sohnesmörder, und mit den Possen folgen mir 25 meine Landsleute, wohin ich sie haben will, wie eine Lämmer= herde, und um die Possen verstehen sie mich, ohne daß wir ein Wort mit einander zu reden brauchen, also mögen es wohl für Euch da draußen in Schwabenland Possen sein, aber für mich und meinesgleichen sind es keine Possen nicht. — Und Herr, ich 30 will jetzo mein Recht haben und meine Rache an Euch und die Sicherheit von wegen der Heimlichkeit. So wahr der Herr lebt, ich suche das alles nicht wie ein schlechter und boshafter Mensch, sondern in grausamer Herzensangst und Unruhe — wißt Ihr ein ander Mittel, sagt es an —, aber werden muß mir es, mein 35 Recht und die Sicherheit, und werden soll mir es, so wahr uns

5 f. Der Sachsenherzog Wittekind, der Vorkämpfer des Heidentums und der natio= nalen Unabhängigkeit gegen die fränkische Zwingherrschaft; die Schlacht bei Detmold 783 gegen Karl den Großen blieb unentschieden, an der Haase bei Osnabrück wurden die Sachsen entscheidend geschlagen.

hier niemand hört als Gott und die vier weißen Wände, denn
der Fronbote hat die Menschen hinweggeschafft vom Hofe und
nur das blöde Vieh brüllt da drunten in seinem Stalle.

Das Saatlaken bewegte sich und eine bleiche jungfräuliche
5 Gestalt trat dahinter hervor. Ihr irrt Euch, Hofschulze, sagte
Lisbeth zitternd am ganzen Körper, aber mit fester Stimme. —
Aus meinem Verstecke treibt es mich hervor, Euch vor Thorheit
zu retten. Nicht Gott allein hörte Euch und die stumme Wand,
sondern auch ich hörte Euch und er setzte mich zu einer Zeugin
10 Eurer wilden Gedanken. So hat Euch also Gott mit Eurem
Vermessen in mir zu Schanden werden lassen, deshalb steht von
den Werken blinden Grimmes ab.

Die Gewalt dieser plötzlichen Erscheinung war zu groß, als
daß der Hofschulze nicht vor ihr mit seiner doch nur fieberhaften
15 Aufregung hätte zusammenbrechen müssen. Er ließ die Axt fallen,
seine Gestalt schrumpfte gleichsam vor dem zitternden Mädchen,
welches doch so fest sprechen konnte, ein; stumm und gebeugt ver=
ließ er die Kammer.

Oswald war überrascht, freudig und kummervoll vor Lisbeth
20 in die Kniee gesunken. Ach, sie war wieder da, aber wie sah sie
aus und wie streng und kalt hatte sie ihn einen Augenblick an=
gesehen, um dann beharrlich von ihm wegzublicken! — Kommst du
endlich wieder zum Vorschein, Lisbeth? stammelte er. O was hattest
du vor? — Du hast mir mein Leben gerettet, denn ich glaube, die
25 Kraft würde mir ausgegangen sein, dem wütenden Alten gegenüber.

Sie haben mir dafür nicht zu danken, Herr Graf oder Fürst,
um zu sprechen wie der Hofschulze sprach, versetzte Lisbeth. Was
ich hier that, würde ich jedem Fremden erwiesen haben. Sie
wollte das in einem kalten Tone sagen, aber die Stimme bebte
30 so heftig, daß es wie Zorn klang.

Die Liebe hört in solchen Fällen nur auf die Worte und
deren Klang. Zornig und bestürzt sprang er auf, trat weit von
ihr zurück und sagte schneidend: Also ist es wahr? Also doch ver=
abschiedet nach vierundzwanzig Stunden?

35 Ich habe mit Ihnen nichts mehr zu reden, erwiderte Lisbeth
kaum hörbar. Ich bitte Sie, mich ruhig meiner Wege gehen zu
lassen. Ich wollte nach der Stadt zu dem Herrn Diakonus, von
dem ich vorhin einige Zeilen auf meinem Zimmer gefunden habe,
daß er mich aufnehmen will.

Nach der Stadt wollte ich auch, sagte er kalt lächelnd. Wie
aber die Sachen zwischen uns stehen, so werden Sie wohl meine
Begleitung ablehnen.

Ich fürchte mich nicht und bin gewohnt, allein zu wandern,
antwortete Lisbeth. — Übrigens darf ich Ihnen ja die offene 5
Straße nicht verbieten, die Ihnen wie mir gehört. — Sie ver=
ließ die Kammer und wäre er ihr nachgefolgt, so hätte er ein
Schluchzen wahrnehmen können, welches das ganze Wesen des
armen Kindes aufzulösen drohte.

Er hätte sie nur fragen dürfen: Was hast du gegen mich 10
Lisbeth? Sage mir's! Selbst wenn du meinst, daß ich geraubt
und gemordet habe, so mußt du mir mein Verbrechen doch nennen.
— Dann hätte sie gesprochen und er hätte gesprochen und aus
dem Sprechen wäre wahrscheinlich ein Lachen über die unnützen
Kümmernisse geworden. Aber er dachte nicht daran, sie zu fragen. 15
Denn Liebe ist alles; auch ungerecht und hochmütig ist Liebe, sie
sieht in manchen Fällen die Geliebte lieber treulos oder veränderlich,
als unter der Wucht eines Mißverständnisses erliegend.

Ingrimmig knirschte er mit den Zähnen, als er allein war.
Es ist unglaublich! rief er, freilich aber doch wahr. Er stieß seine 20
Stirn wider die Wand, um nur einen recht heftigen körperlichen
Schmerz zu empfinden. Dann rief er in seine Brust hinein, in
welcher es eben wieder unheimlich zu wühlen begann: Herauf
ihr kleinen roten Schlangen! Herauf ans Tageslicht! — Die
Axt nahm er, die der alte wilde Bauer ihm hatte aufnötigen 25
wollen und warf sie mit solcher Gewalt nach einem Kasten, daß
die Schärfe des Beils tief in das Holz fuhr und darin stecken blieb.

Ein Geräusch draußen verriet ihm, daß Lisbeth fortgehe.
Obgleich sie ihm nicht mehr gehörte, so war ihm doch, als sei
noch Leben im Oberhofe, so lange Lisbeth darin verweilte. Nun 30
aber kam es ihm vor, als öffne sich das Grab. — Fort aus dem
Grabe! rief er und sprang Lisbeth nach. Sie stand, ihr Bündelchen
unter dem Arme, unten einen Augenblick still und zuckte zusammen,
als sie Oswald kommen sah. Er wollte ihr das Bündel ab=
nehmen, sie versagte es mit stummer Gebärde. Sie ging und er 35
schlug, mehrere Schritte zwischen sich und ihr Raum lassend, den=
selben Weg ein. So geschieden und sich scheidend verließen sie den
Oberhof, in welchem ihnen viel begegnet war, beides, Freude und
Schmerz.

Eilftes Kapitel.

Eine Art von Feldzug.

In keinem Trauerhause fehlt es an jemand, der auf eine so lächerliche Weise zu weinen weiß, daß er die Wehklage der anderen fast in Unordnung bringt, und nahe dem Umschlagen in eine geheime Heiterkeit. — Der würdigste Vater mag sich bei der wohlgemeintesten und wohlgesprochensten Ermahnung an seine mannbare Tochter ja davor in acht nehmen, daß irgend ein sonderbar mithandelnder Zipfel ihm ein durchaus komisches Ansehen leihe. Ernste Männer vom größten Verdienst haben nicht selten das Unglück gehabt, daß ihre feierlichsten Handlungen durch den ungeschickten Eifer eines Anhängers fast wie Schnurren ausliefen. — Mir ist, um auf das Trauerhaus noch einmal zurückzukommen, der Fall bekannt, daß eine ganze Familie am Begräbnistage einer teuren Verwandten in das tiefste Leid eingetaucht um einen Tisch her versammelt saß, plötzlich aber zu einem ärgerlichen und unwiderstehlichen Lachen fortgerissen wurde, weil einer, und gerade der Schluchzendste, sacht eine baumwollene Nachtmütze hervorholte, diese sich auf den Kopf setzte und unter derselben fortfuhr zu schluchzen. An und für sich war diese Handlung höchst vernünftig, weil er das Herannahen eines Rheumatismus im Kopfe fühlte und demselben mit der wärmenden Hülle begegnen wollte. Gleichwohl wirkte sie in so anstößig erheiternder Weise! Denn eine baumwollene Nachtmütze gehört nun einmal zu den Dingen, die unwiderstehlich jeden feierlichen Ernst zerstören.

Der neckende Geist, welcher bei allen trüben oder erhabenen Angelegenheiten des Lebens sein Spiel zu treiben scheint, hatte auch den Küster wieder in die Nähe des Oberhofes geführt. Dieser Mann war nämlich gekommen, sein Deputat an Lebensmitteln von der Hochzeit einzufordern. Rasch hatte sich das Geschäft gemacht, weil schon alles für ihn bereit stand. Jetzt wandelte er mit seiner korbtragenden Magd den Weg voran, den auch unser leidendes Liebespaar zu gehen hatte. Der Nebel war endlich verweht, die Sonne sah wieder golden vom Himmel, es war ein angenehmer, klarer Tag, wenn auch etwas kühl. In der Heiterkeit der Lüfte war dem Küster der Gedanke zugeweht, nach so manchen Ängsten ein frohes und genügliches Mahl im Freien zu halten, da er sich auf der Hochzeit selbst, wie wir wissen, nicht zum

vierten Teile satt gegessen hatte. Er bezweckte dabei zugleich,
wie wir nachmals hören werden, die Erfüllung seines dritten
Lebenswunsches, des Wunsches, der in dem Gespräche mit dem
kupfernasigen Schirrmeister unausgesprochen blieb, weil das Gespräch
damals leider nicht zum ruhigen Abschlusse gedieh.   5

In solchen Gedanken schritt er denn also mit seiner Magd
fürbaß. Die Magd konnte wegen des schweren Korbes nicht rasch
gehen, er bestellte sie daher nach dem sogenannten alten Spritzenhäuschen, welches auf der Hälfte des Weges lag, und ging eilig
voran, weil er unterweges in einem einzelnen Hause noch eine   10
Verrichtung hatte.

Zu der langsam nachwandelnden Magd gesellte sich aber,
als ihr Herr ihrem Gesichte entschwunden war, ein zweiter Wanderer, der Schulmeister Agesel. Die Magd hatte wohl von den
Einbildungen des Schulmeisters vernommen, da sie aber zu den   15
mutvollen Personen ihres Geschlechtes gehörte, so fürchtete sie sich
nicht vor ihrem Begleiter, vielmehr war es ihr lieb, Gesellschaft
zu finden. Der Schulmeister seinerseits war erfreut, die Magd
zu finden, denn er wollte an ihren Herrn, nicht ihm ein Leid zu-
zufügen, sondern den Leugner von seinen gesunden Verstandes-   20
kräften zu überzeugen. Nachdem er im allgemeinen über diesen
Punkt mit der Magd gesprochen hatte, sagte er zu ihr: Es ist
ja mein offenbarer Schaden und eine Sache, die mir mein ganzes
Brot und den Kredit in der Bauerschaft verderben kann, wenn
der Küster, der noch dazu ein halber Amtsbruder von mir ist,   25
überall umherläuft und mich bei den Leuten anschwärzt. Deshalb muß ich ihn notwendig davon überzeugen, daß ich meine fünf
Sinne beisammen habe.

Natürlich, versetzte die Magd. Wenn mich einer eine Diebin
schilt, so muß er auch hören können, warum ich keine Diebin bin.   30

Nun also! fuhr der Schulmeister eifrig fort, und heute muß
es geschehen, denn die Gelegenheit kommt mir nie so günstig
wieder.

Wie das? fragte die Magd.

Wenn ich ihn in der Stadt aufsuche oder im Freien an-   35
spreche, so reißt er aus, wie er mich nur erblickt. Hält er aber,
wie Ihr mir sagt, im alten Spritzenhäuschen seine Mahlzeit ab,
und ich trete mit meiner Rede unversehens in den Eingang, so
muß er wohl Stich halten und alle meine Gründe anhören, denn

es ist wider die Natur der Furcht, daß er gegen mich stürzen, mich überrennen und so das Freie gewinnen sollte.

Die Magd dachte einen Augenblick nach und sagte dann: Da ist nur eines zu befürchten.

Was? fragte der Schulmeister.

Daß er ein Fach an der anderen Seite ausschlägt und so durchbricht. Denn das Spritzenhäuschen ist sehr alt und verfallen und die Lehmwände haben überall große Löcher, zu denen der Tag einscheint, und wenn mein Herr in der Angst und Furcht gegen so ein Loch stürzt, so stehe ich nicht dafür, daß er die ganze Wand einrennt, denn, kriegt er die Manschetten, da ist mit ihm nicht zu spaßen.

Deshalb müßt Ihr mir einen Gefallen thun, Mädchen, sagte der Schulmeister.

Und welchen? fragte die Küstermagd.

Tretet vor das größte Loch auf der anderen Seite, und lehnt Euch gegen die Wand, damit wenigstens die Hauptgefahr des Entrinnens abgewehrt wird, denn daß er auch Euch umrennen sollte, ist nicht wahrscheinlich, weil Ihr eine robuste Person seid.

Ich will das recht gerne thun, versetzte die Magd, denn seinem Nebenmenschen muß man helfen, wo man kann.

Nachdem dieses sinnreiche Gespräch zwischen dem Schulmeister und der Magd so weit gediehen war, wurde auch noch verabredet, zu welcher Zeit der Anschlag gegen den Küster ausgeführt werden sollte. Der Schulmeister sagte der Magd, daß er sie in der Nähe des Spritzenhäuschens vorangehen lassen und sich verstecken wolle, bis sie ihm ein Zeichen gebe, daß es für ihn Zeit sei, hervorzubrechen und mit seinem Amtsbruder ein Wort der Verständigung zu reden.

Nach diesen Verabredungen gingen die beiden Personen ihres Weges weiter. Einige Zeit lang blieb nun die Straße ganz still und einsam. Dann aber erhob sich ein auffallender Lärmen die Felder hindurch, welche sie zu beiden Seiten begrenzten. Die jungen Bursche, welche das Hochzeitgefolge gemacht hatten, waren nämlich noch in irgend einem Kruge versammelt gewesen, um einen Nachtrunk zu halten, denn der Bauer kann eine Lustbarkeit, wenn sie auch mit allen Anhängen vorüber ist, immer noch nicht schließen. Im Kruge war nun unter sie die Kunde gedrungen, daß der junge Fremde etwas Unrechtes habe ausgehen lassen.

Was es gewesen sei, darüber lauteten die Nachrichten verworren
oder schwiegen auch wohl ganz. Nach einigen Berichterstattern
sollte er das Schwert weggenommen haben, nach anderen ausfallend
gegen den Hofschulzen gewesen sein, ein dritter kam der Wahrheit
näher, indem er erzählte, der Fremde habe die Heimlichkeit droben 5
am Freistuhle in Unordnung gebracht. Es genügte ihnen aber
überhaupt nur zu hören, daß ein Fremder irgend ein Unrecht
begangen habe, um ihre schon erhitzten Köpfe noch mehr zu ent=
flammen. Die meisten hatten ihre Gewehre noch bei sich, in
mehreren der Läufe staken sogar noch Schüsse. An Pulver fehlte 10
es auch nicht, und in seiner Aufregung begann nun der Haufen,
nachdem er viel getrunken hatte, durch die Gegend zu schwärmen,
ohne eine eigentlich feindselige Absicht, aber doch gefährlich in
seiner planlosen Leidenschaft, wenn dieselbe durch den geringsten
Anreiz zum Ausbruche gebracht wurde. 15

Sie schossen ihre Gewehre ab, luden wieder, lärmten und
schrieen. Zwischen diesen Trupps von drei, vier, fünf Menschen,
die näher oder ferner die Straße umschweiften, kam nun unser
verdüstertes Paar einhergegangen. Lisbeth ging auf der linken
Seite der Straße, Oswald auf der rechten und zwischen ihnen 20
war die ganze Breite des Weges. Um nichts auch verminderten
sie dieselbe, wenn ein lärmender Trupp mit drohender Gebärde
links oder rechts an ihnen vorüberstreifte, oder ein Schuß fiel,
der, wie man am Pfeifen der Kugel merkte, durch einen schlimmen
Zufall leicht das Verderben hätte bringen können. Schweigend, 25
bleich, ohne sich irren zu lassen, ging das einander entfernte Paar
seinen Weg durch diese Bedrohungen und Schrecknisse hindurch
und nur, wenn an Lisbeths Seite sich ein lärmender Trupp
zeigte, oder ein Schuß fiel, sah sich Oswald besorgt nach ihr um,
warf aber, wenn er bemerkte, wie sie ohne seines Beistandes in 30
diesen Gefahren sich bedürftig zu zeigen, fürder schritt, einen Blick
des schmerzlichsten Zornes dann nach der anderen Seite der Felder.

Ungefähr eine halbe Stunde mochten sie in diesem Lärmen
und Schießen gegangen sein und wirklich mußte der Himmel über
ihren Häuptern wachen, denn sonst' hätte gewiß die Hand irgend 35
eines der berauschten Schützen den Lauf des Gewehres in ver=
hängnisvoller Richtung angeschlagen. Da sah Oswald in einiger
Entfernung auf einem freien Platze unter Bäumen vor sich einen
Haufen von wohl zwanzig Bauern, die sämtlich mit Gewehren

bewaffnet waren. Augenscheinlich lauerten die wilden Menschen,
deren Reden und Schwadronieren schon von weitem sich hören
ließ, ihm auf. Er erschrak. An sich dachte er nicht, nur an
Lisbeth, wie er sie ungefährdet dem rohen Haufen vorüberbringen
möchte. Es kam ihm in dieser Not ein Gedanke und da ihm
nichts Besseres einfallen wollte, so beschloß er sein Heil mit dem
zu versuchen, was ihm eben eingefallen war.

Rasch ging er voran und mutig auf den Haufen zu. Zu-
vorderst stand ein langer junger Kerl in blauem Kittel, der sein
Gewehr drohend durch die Luft schwang und ihm wie der Anführer
der übrigen vorkam. An diesen beschloß er, sich mit seiner Kriegslist
zu wenden, die auf dem uralten Grundsatze des Herrschens durch
Teilung beruhte.

Er begrüßte daher den Menschen so freundlich, als seine
Stimmung es ihm gestatten wollte, und bat ihn, mit ihm zur
Seite zu treten, da er ihm notwendig etwas im geheimen zu
sagen habe. Der Mensch sah seine Kameraden fragend an, folgte
aber doch dem Ersuchen. — Ihr scheint mich hier nicht durchlassen
zu wollen, sagte Oswald zu ihm, so daß es die übrigen nicht
hören konnten. Wirklich versperrten sie die ganze Straße. —
Nein, sagte der Mensch, denn Sie haben was begangen. — Ja,
das habe ich auch, erwiderte Oswald, und es thut mir herzlich
leid, aber es läßt sich doch noch ein Wort darüber reden, und
zu Euch muß ich das sprechen, denn Ihr seid der einzige Nüchterne
und Verständige von der ganzen Kompagnie da. — Ja, der bin
ich, erwiderte der lange Bauer und taumelte. — Also nur her
das Wort, denn ein Wort muß der Mensch mit sich reden lassen,
absonderlich, wenn er vernünftig angesprochen wird.

Ihr seht doch da das Frauenzimmer? sagte Oswald. —
Die sehe ich, versetzte der Bauer. — Nun, diesem jungen Frauenzimmer habe ich versprochen, sie eine Strecke zu geleiten, und
dagegen könnt Ihr nichts haben. — Nein, dagegen kann man
nichts haben, sagte der Bauer. So laßt mich sie also begleiten,
bis wohin ich es ihr versprochen habe und dann kehre ich hieher
zu Euch zurück, und bringe mit Euch meine Sache an diesem
Platze in Ordnung, fuhr Oswald fort. — Das müßt Ihr nun
den anderen verdeutschen, denn Ihr seid der einzige Nüchterne
und Verständige von der ganzen Kompagnie da.

Der lange Bauer, der gerade noch so viel Verstand besaß,

um gegen den Reiz der Eitelkeit empfindlich zu sein, wandte sich
stolz zu seinen Genossen um und rief in einem hochfahrenden
Tone: Macht Platz da dem Herrn! — Was! versetzte der Haufen;
bist du geck? — Macht Platz da, ihr betrunkene Bagage, rief
der einzige Nüchterne und Verständige noch lauter. — Selbst
Bagage! schrieen die anderen und einer rief: Ich glaube, der
hat Tollbeeren gefressen! — Ich will dir die Tollbeeren an den
Hirnkasten geben! erwiderte der Lange und schoß sein Gewehr
ab, zwar nur in die Luft, indessen gab dieser Knall das Zeichen
zu einer allgemeinen Schlägerei. Denn einige stürzten auf den
Schießenden zu und rannten dabei andere über, die, hiedurch
beleidiget, sich zu rächen entbrannten, in der Verwirrung ihrer
Sinne aber nicht die Überrennenden angriffen, sondern dritte Unschuldige, welche sich am fernsten von dem Streit gehalten hatten.
So war bald jeder, ohne daß er wußte wie, mit einem Gegner
versehen; alles balgte sich herum, Ohrfeigen, Püffe, Stöße regnete
es, wenn auch nicht vom Himmel; dazwischen platzten die Gewehre ab, die aber zum Glück hier alle nur mit Pulver geladen
waren, und es gab eine wilde Kampf- und Blutszene — denn
schon manche Wange und Nase war aufgeschlagen —, welche sich
von der Straße nach dem angrenzenden Kornfelde wälzte, weil
die Schwächeren zufällig an dieser Seite gestanden hatten und
sich dorthin zurückzogen, um wenigstens auf Garben und Mandeln
zu einer weicheren Niederlage zu gelangen.

Als Oswald seine List selbst über die Erwartung hinaus
gelungen und den Platz frei sah, winkte er Lisbeth, die in einiger
Entfernung ängstlich still gestanden hatte. Scheu ging sie über
den Platz, ohne sich nach der Schlägerei umzusehen, und als sie
einige hundert Schritte von dort außer dem Bereiche dieser
Roheiten war, erwartete sie ihren Beschützer. — Ich habe Ihnen
Dank zu sagen für Ihren Beistand, sprach sie, als Oswald sich
ihr genähert hatte. — Nicht den geringsten, versetzte er. Ich würde
mich jedes Frauenzimmers angenommen haben, mit welchem ich
desselben Weges gegangen wäre. — Sie wandte sich von ihm ab
und er von ihr und beide gingen in der früheren Weise weiter.

Eine halbe Stunde von dort lag das alte Spritzenhäuschen.
Dieses kleine Gebäude war unter den Streitigkeiten zweier Bauerschaften darüber, welche dasselbe zu erhalten habe, verfallen und
darauf hatten sich die beiden Bauerschaften neue Spritzenhäuser

erbauen müssen. Die Wolken des Himmels schauten durch die
Öffnungen im Dache und die Lüfte des Feldes fuhren zur Thüröffnung hinein und zu den Löchern in dem lehmernen Fach-
werke wieder hinaus. — In diesem luftigen Lusthäuschen hatte
der Küster sein Mittagsquartier aufgeschlagen, um eine recht ver-
gnügliche Mahlzeit zu halten, nach welcher sein Sinn mit einem
besonderen Verlangen stand. Er saß auf altem Holzwerk, welches
sich dort noch hatte vorfinden lassen; vor ihm war eine Serviette
ausgebreitet, auf welche die Magd nun Brot und Fleisch legte,
auch eine Flasche Wein stellte, die man ihm auf besonderes
Wünschen vom Oberhofe hatte mitgeben müssen, weil er, seiner
Versicherung nach, am Hochzeittage, der Furcht vor dem Schulmeister wegen, zu keinem ordentlichen Schlucke gekommen war.
Die ganze Zurüstung dieses ländlichen Mahles ließ der Küster
mit einem feierlichen Schmunzeln geschehen. Er weidete sich, wie
es schien, an den großen Augen der Magd, welche nicht begriff,
warum ihr Herr, der, wenn er sonst im Freien etwas verzehrte,
ein Stück Brot ohne viele Umstände aus der Tasche aß, zu dieser
Mahlzeit so schwerfällige Vorbereitungen machen ließ.

Nachdem alles Eßbare aufgesetzt worden war, und die Magd
ein Glas Wein eingeschenkt hatte — denn auch ein Glas war
vom Oberhofe leihweise mitgegeben worden —, teilte der Küster
seiner Dienerin ein Stück Brot und Fleisch zu und fragte sie
dann, bevor er selbst anbiß, was sie wohl davon denke, daß er sich
hier so häuslich niederlasse und sein Mittagessen im Freien halte?

Ja, was soll ich davon denken? erwiderte die Magd. — Ich
denke, es giebt hin und wieder kuriose Einfälle, die dem Menschen
anwehen, wie der Wind.

Du denkst das vermutlich nur, Gudel, weil wir uns hier im
Winde befinden, der allerdings einigermaßen stark durch das Spritzenhäuschen hindurch zieht. Nicht ein bloßer kuriofer Einfall ist es
von mir, im Freien hier mir gehörig decken zu lassen, sondern
lange hatte ich mir vorgenommen und nur immer nicht der Gelegenheit dazu habhaft werden können, einmal Hochzeitfreude ohne
den läftigen Zwang, den mir mein Stand auferlegt, zu genießen.
Es war dieses mein dritter und größter Lebenswunsch. Denn
wohl mag mancher, der draußen umherschleicht, den Küster be-
neiden, daß er sich an der Hochzeittafel so vollftopfen kann, wie
jener denkt, weil er nahe der Schüssel sitzt, und ihm unter den

erften ftets präfentiert wird. Aber die Bürde des Amtes beachtet
der oberflächliche Urteiler nicht! Keinen befchäftigteren Mann giebt
es wohl auf einer Hochzeit, als den Küfter. Denn erft muß er
fingen und dann muß er beten und über Tifche die Augen aller
Orten haben, feinen zierlichen Spaß anbringen zur rechten Zeit
und in rechten Einfchnitten, und abtrumpfen, wer fich zu maufig
macht, und ermuntern, wer wie ein Duckmäufer dafitzt. Während
diefer Amtshandlungen ißt und trinkt nun zwar ein Küfter, was
er kann, aber auch nur gleichfam pflichtmäßig fchlingt er alles
hinunter, ohne rechtes Gefühl von Speife und Trank. Weshalb
ich fagen darf, daß mir von den mehreren hundert Hochzeiten,
denen ich beigewohnt habe, wenig Erinnerung verblieben ift. Nun
aber muß es nach meiner Überzeugung eine der fchönften Empfindungen fein, in voller Seelenruhe und in dankbarer Erhebung
zu Gott, dem Geber alles Guten, zugleich der Feftesfpeife und
Tränkung froh zu werden, zu genießen und dabei der feierlichen
Gelegenheit zu denken, bei welcher man genießt, des Tages, an
welchem ein von Gott felbft geftifteter Stand fich begründet.
Diefe aus Erbauung und Wohlgefchmack zufammengefetzte Empfindung hätte ich gern fchon lange einmal gehabt, konnte aber,
wie gefagt, auf den Hochzeitfchmäufen felbft nie dazu gelangen.
Als ich nun im Oberhofe vorgeftern durch gerechte Furcht vor
einem Rafenden um alle Hungersftillung gebracht wurde, erkannte
ich plötzlich den Finger Gottes und entfchloß mich fogleich zu
diefem meinem heutigen Hochzeitnachfchmaufe, den ich denn auch
bei noch frifcher Erinnerung an Predigt, Lied, Orgelfpiel, abgelegt
die Laft meines Amtes, abgeftreift die Feffel des Ranges, hier
unter Gottes freiem Himmel — denn das Dach des Spritzenhäuschens will wenig fagen — in der fchönen gemifchten Empfindung zu halten denke, welche, wie ich deutlich verfpüre,
währenden Redens bereits in mir aufgeftiegen ift. — Wollteft
du mich aber fragen, Gudel, warum ich nicht zu Haufe nach-
fpeife, fo wäre diefes eine unnütze Frage. Denn abgefehen von
der Kurrende, welche heute zu mir gelaufen kommt, um die
Büchfe zu überreichen, und welche mir alle Gedanken vertreiben
würde, fo fehlt mir überhaupt zwifchen meinen vier Pfählen bei
dem Reden meiner Ehefrau jegliche Einbildungskraft, und fie
würde nur gemeines Effen fein, diefe Hochzeitfpeife, welche ich
dort zu mir nähme.

Die Magd hatte von der langen Rede ihres Brotherrn wenig oder nichts verstanden. Sie dachte nur an den Schulmeister, von dem ihm eine Überraschung bevorstand, und fragte den Küster: Mögt Ihr jemand lieber vor Tische sprechen oder nach Tische, Herr?

Ich weiß nicht, wie du auf diese Frage kommst, Gudel, versetzte der arglose Küster. Indessen, da du einmal fragst, so antworte ich; nach Tische spreche ich niemand gern, wie du weißt, sondern liebe zu schlummern.

Wohl, so will ich draußen auch mein Stück Brot und Fleisch verzehren, erwiderte die Magd ohne allen logischen Zusammenhang. Sie ging aus dem Spritzenhäuschen, stellte sich an die durchlöcherte Wand und winkte dem Schulmeister, der sich in der Nähe schon versteckt aufgestellt hatte.

Leise schleichend näherte sich der Schulmeister dem Spritzenhäuschen. Auch er hatte eine Rede vorbereitet, fast so lang, als die des Küsters gewesen war. Sie begann so: Herr Amtsbruder, es ist endlich Zeit, verjährten Irrtümern zu entsagen. Der Mann soll den Mann erkennen, wie er ist, das ist Mannespflicht. Schämen soll der Mann sich nicht, erkannten Irrtümern zu entsagen. Blicken Sie in das Herz eines Mannes, welcher Ihrer Freundschaft nicht unwürdig ist, stoßen Sie einen Mann nicht von Ihrer Brust zurück, welcher an derselben zu ruhen recht herzlich sich sehnt! — Nach diesem Erregung des Gefühls bezweckenden Eingange wollte er durch eine klare Auseinandersetzung auf den Verstand des Verstandesleugners wirken.

Jenen Eingang still für sich wiederholend, schlich er zum Spritzenhäuschen, worin der andere eben, auch durch seine Rede zu einer Art von erbaulichem Seelentaumel gesteigert, das erste Stück Rindfleisch in die Hand genommen hatte. In diesem Augenblicke hörte der Küster hinter der Wand neben der Thüröffnung mit sanfter Stimme sagen — denn der Schulmeister wollte seine Erscheinung stufenweise vorbereiten —: Herr Amtsbruder, es ist endlich Zeit, verjährten Irrtümern zu entsagen . . . .

Er kannte die Stimme — „geronnen fast zu Gallert durch die Furcht" saß er da, das Stück Rindfleisch starr erhoben haltend vor dem geöffneten und doch nicht zufassenden Munde, ein mit-

35 f. geronnen . . . Furcht, Hamlet I, 2, 205.

leidswürdiges Bild! Aber eine schwache Hoffnung im letzten
Winkel seines Herzens flüsterte ihm zu: Nein, es ist nicht möglich,
es muß eine Täuschung sein, so hart kann dich der Herr nicht
strafen. — Doch da erschien in der Thüröffnung das Entsetzliche,
die Harpyie, die nun abermals auch diese Nachmahlzeit besudeln   5
wollte, das Haupt der Gorgone wurde sichtbar, wirklich stand der
tolle Kerl, der Agesilaus, in der Thüre, diesmal sogar mit einem
Knotenstocke bewaffnet! Auf sprang der Küster, schleuderte dem
Feinde, was er in der Hand hatte, in das Antlitz, nämlich das
Rindfleisch, und stürzte schreiend nach dem hinteren Teile des   10
Häuschens, sich gegen die lehmerne Wand drückend und mit
Augen, die fast aus ihren Kreisen schossen, nach seinem Gegner
starrend. Der Schulmeister, von dieser Unvernunft erzürnt und
von dem Wurfe mit dem Rindfleische auf das empfindlichste
beleidigt, verlor nun alle Geduld. Mit den Worten: Wenn du   15
verfluchter Kerl nicht hören willst, so sollst du fühlen! sprang er,
den dicken Knotenstock schwingend, in das Häuschen auf den
Küster zu. Unfehlbar würde er diesen jetzt für seine Meinung,
er sei rasend, wie ein Rasender abgestraft haben, wenn nicht die
Verzweiflung den Küster gerettet hätte. Hatte derselbe vorher   20
geschrieen, so brüllte er nunmehr. Brüllend griff er mit der
Faust durch ein Loch der Lehmwand hinter sich und faßte die
Magd, welche außen wacker gegengestemmt stand, in den Schopf.
Die Magd, welche sich so schmerzlich berührt fühlte, vergaß nun
auch ihre Aufgabe, die Wand zu halten; sie zerrte sich vielmehr   25
mit aller Kraft ihres starken Leibes von der Wand ab, um der
Faust aus dem Schopfe quitt zu werden. Dadurch wurde der
Küster, der sich an diesem letzten Strohhalme in seiner äußersten
Not, an einem menschlichen, mitfühlenden Wesen, krampfhaft
festhielt, gegen die Lehmwand heftiger gepreßt. Die Lehmwand   30
leistete unter solchem Drucke keinen längeren Widerstand, sondern
brach zusammen und der Lehm überschüttete den Küster scheußlich
gelb von oben bis unten, so daß er aussah, wie ein König der
gelben Erbsen; indessen wurde er von der Magd, an deren
Schopfe er gleichsam wie ein Geschleifter hing, in das Freie   35
gerissen und erhielt nur einen Schlag über die Nase vom Schul=

5. Die Harpyien, Vogelungetüme, besudeln die Mahlzeiten des Königs Phineus von
Bithynien und der Genossen des Äneas; Virgils Äneide III, 212—265. — 6. Der Anblick
der Gorgo wirkt versteinernd; mit ihr verteidigte sich Perseus gegen seine Feinde.

meister. Der genotängsteten Magd glückte es endlich, den Brot=
herrn mit Zurücklassung eines Haarbüschels in seiner Hand ab=
zuschütteln, und der Küster stürzte draußen immer brüllend zu
Boden. Die Magd sprang von dannen, der belehnte und nasen=
blutende Küster raffte sich nun auf und sprang ihr nach, und
der Schulmeister, dem sein wohlgemeinter Verständigungsversuch
so übel geraten war, rasete in seiner blinden Wut, wie Ajax in
die Herde, in das schuldlose Mahl des Entsprungenen. Er zerriß
die Serviette, trat die Fetzen mit den Füßen, schleuderte die
Weinflasche gegen einen Stein und warf Brot, Fleisch, Hühner,
Eier, Salz, Kuchen nach allen vier Winden, kurz, er benahm sich
ganz so, als sei er der, wofür er irrtümlich gehalten wurde.

Eine so traurige Wendung erbaulicher Eßgedanken bereitete
dem Küster seine ausnehmende Feigheit.

Zwölftes Kapitel.

Aus dem Tode Leben.

Aber dieser abgeschmackte Vorfall brachte an einer anderen
Stelle eine tragische Wirkung hervor.

Lisbeth war auf ihrem Wege gerade dem Spritzenhäuschen
gegenüber angekommen, als das Gebrüll des Küsters in demselben
erscholl. Was nun die erhitzten Bauern mit ihrem gefährlichen
Schießen nicht über sie vermocht hatten, das bewirkte das Geschrei
der Feigheit; sie entsetzte sich, floh vor dem Orte, wo jener furcht=
bare Ton dröhnte, und stürzte, wie von einem dunkelen Triebe
geleitet, bewußtlos in die Arme Oswalds, die sich ihr entgegen=
breiteten. Er fühlte die Geliebte abermals an sich ruhen, wenn
auch nur aus Angst, aber dieser neue plötzliche Übergang von einem
zum anderen entfesselte die Dämonen in ihm, die schon seit zwei
Tagen an ihrem Gefängnisse gerüttelt hatten. — Das alte Übel,
welches Schmerz, Angst, Zorn, körperliche Anstrengungen, selbst
das Übermaß der Freude an seinem Liebestage, in ihm empor=
gewühlt, brach kläglich aus.

7 f. Ajax, von Athene verblendet, erwürgt die Herden, indem er glaubt, sich an dem
griechischen Heere und seinen Fürsten selbst zu rächen. Immermann hat 1825 eine eigene
Abhandlung „über den rasenden Ajax des Sophokles" geschrieben.

Mit einem Schrei faßte er an seine Brust. Mit einem zweiten Schrei stieß er Lisbeth fast zurück. Ich hab's gedacht, mein Blut, da ist es! ächzte er und ein dunkler Purpurstrom quoll aus seinem Munde. Er taumelte und sank auf eine Rasen= erhöhung. O mir! Ich ersticke — waren seine letzten Worte, denn es folgte ein zweiter Anfall des grimmigen Übels. Sein Gesicht war wie eines Toten Antlitz.

Im ersten Augenblicke war Lisbeth über das Zurückstoßen erschrocken gewesen. Aber was wollte dieser Schreck gegen das Entsetzen bedeuten, als sie das Blut ihres Lieblings sah? — Ja, ihres Lieblings! Sein Ächzen, sein Blut, sein Totenantlitz gab ihr augenblicklich den Liebling zurück. Vergessen war der Lügner, nur der sterbende Geliebte lag vor ihr. Mit einem Rufe, in dem sich Zärtlichkeit, Jammer und die alleräußerste Besorgnis zum herzzerreißendsten Tone mischten, stürzte sie zu ihm nieder und sah ihm mit dem Blicke der innigsten Verzweiflung in die müden und erloschenen Augen. Weinend und wimmernd legte sie ihre unschuldigen Finger auf seine Lippen, als könne sie damit den furchtbaren Blutstrom hemmen. Noch immer sandte die in ihren Tiefen versehrte Brust einzelne Tropfen nach, obgleich die Gewalt des Übels bereits gebrochen zu sein schien. Keiner Befleckung an Händen und Kleid achtete sie, sie, die Reine, Reinliche. Sie rief heftig und mit lauter Stimme: Gott! Gott! Gott! als müsse Gott ihr helfen, denn auf Erden wußte sich das unglückliche Mädchen keinen Rat. Unwillkürlich war sie in die Kniee ge= sunken. So entstand dem Kranken eine Ruhestätte für sein Haupt auf ihrem Schoße, denn sie hatte sich mit dem Leibe rückwärts gebeugt, um ihm die Lage bequem zu machen. Er lag auf dem Rücken, seine Augen waren geschlossen, seine Wangen völlig farb= los. Matt und kalt hingen die Arme in das Gras hinunter, in welchem liebliche Vergißmeinnicht blühten, gleichsam ein Blumen= spott über den Jammer der Menschen. Sie aber hatte ihm um Haupt und Brust ihre Arme gebreitet in der allerzärtlichsten und sanftesten Weise. Traurig schaute sie in sein Gesicht, soviel sie vermochte. So ruhte er ganz von ihr umfangen und an sie ge= lehnt im Heiligtume jungfräulicher Liebe und Bekümmernis! Sie wußte nicht, was sie thun sollte, ihm seinen Schmerz zu erleichtern, sie hätte zur Quelle werden mögen, zum umspülenden Bade, wenn das ihm Linderung zu verschaffen vermocht hätte. Schluch=

zend fragte sie ihn, ob er auch so bequem ruhe, und bat ihn
dann inständigst, nicht zu antworten, weil ihm das Sprechen
schaden könne.

In der Tiefe dieser Not empfand sie den heißesten Drang,
sich mit ihm zu verständigen. Ach, schluchzte sie, mein Oswald,
vergieb mir doch nur und fühle, daß du nicht sterben darfst!
O mein Gott, du mußt ja nicht sterben, mußt's nicht, denn was
sollte dann aus mir werden, wenn du stürbest?

Nicht wahr, Oswald, du stirbst nicht, du thust mir das nicht
zuleide? Ach, kannst du es mir denn so übel nehmen, daß ich
ein ordentliches Mädchen bleiben will? Siehst du, mein Oswald,
deine Frau mußte ich werden, deine ehrliche Frau und sonst nichts
weiter! Denn wäre ich auf deine Schlechtigkeit eingegangen, Oswald,
da hätte ich mich auch an dir versündigt und hätte dich mit zum
Bösewicht werden lassen, und das darf die Geliebte nicht; nicht
einen Flecken darf sie auf ihren Freund kommen lassen. Denn
das ist eine schlechte Liebe, die nur den anderen herzen und küssen
will, wie es auch sei, nein, daß das Leben des Liebsten rein
bleibe und unbefleckt und unverworren, das ist die wahre Liebe,
und die habe und hege ich im Herzen zu dir, mein Oswald, wie
sie nur ein Mädchen haben und hegen kann, ja gewiß, so ist es.
Und habe sie gehabt und gehegt immerdar, wie ich nun wohl
fühle, obgleich ich mich vor dir versteckte. Stürbest du hier auf
der Stelle, Oswald, und ich könnte dich retten durch Unrecht, doch
thäte ich es nicht, das sage ich dir frei heraus. Denn meine
Schande könnte ich noch allenfalls überstehen, Oswald, aber nicht
deine; nein, wahrhaftig nicht. Deine Ehre sitzt mir tiefer im
Herzen, als meine. Und so mußt du mir auch von Herzen vergeben, Oswald, daß ich nicht dein Liebchen, wie du wolltest,
werden mochte, und ich weiß auch gar nicht, wie der böse Gedanke
in dein gutes Herz gekommen ist. Ich hätt' es auch nimmer geglaubt, aber du hattest gelogen, Oswald, und die Lüge ist aller
Laster Siegel. Wer unter der Heimlichkeit einhergeht, der hat,
was er verbergen muß, und wer seinem Mädchen etwas vorlügen
kann, der will sie auch nicht in Wahrheit zu seiner Frau nehmen.
Deshalb glaubte ich dem alten Bauer, was er mir von dir sagte,
und wäre beinahe gestorben an dem Glauben. Es soll dir nun
alles vergeben sein, alles, von meiner Seite ganz von Herzens-
grunde, und wir wollen einander recht, recht freundlich Adieu sagen,

wenn du wieder gesund bist, und wenn du stirbst, so will ich dir
einen Busch Goldlack auf das Grab setzen und mich totweinen
darauf. Ach, wie hast du mich so betrüben können? wenn ich
dich ansehe, ist es mir noch immer unbegreiflich. Aber ich zürne
dir nicht, zürne du mir nun aber auch nicht! Wie gerne wäre
ich deine Gräfin geworden, und dann hättest du mich ja am
dritten Tage nach der Hochzeit verstoßen können, so hätte ich doch
an deinem Herzen geruht, und hätte in Ehren dran geruhet,
Oswald!

Die innerste Seele des Mädchens schwatzte in diesem Ge=
plauder, welches zuweilen von schweren Seufzern und heftigem
Schluchzen und Erkundigungen nach seinem Befinden unterbrochen
wurde.

Aber wie stand es um Oswald? Glücklich. Er horchte auf,
er ahnete, er schloß den Zusammenhang; durch alle Schmerzen
seiner wunden Brust ging ein himmlisches Erkennen. Er wußte
nun, daß er nur verleumdet worden war, daß die keuscheste und
ehrenzarteste Liebe nicht einen Augenblick aufgehört hatte, ihm an=
zugehören. Um seine Wangen begann ein seliges Lächeln zu
spielen, die Augen öffneten sich und helle Zähren der Wonne
blinkten darin. Lisbeths liebliches Antlitz schwamm vor diesen
schwimmenden Blicken, sie kam ihm leuchtend, wie eine Heilige
kam sie ihm vor. Er konnte nicht sprechen, aber ein Zeichen
mußte er ihr geben. Er hob seinen rechten Arm auf, zeigte Lis=
beth mit einer freundlich=schmerzlichen Miene den Ring, den er
noch an einem Finger der rechten Hand trug von der Dorfkirche
her, legte sie auf sein Herz, führte dann den Ring zum Munde,
und streckte die Hand gen Himmel, dann ließ er sie wieder auf
seine Brust sinken und zog dann ihre Hand herbei, sie in die
seinige zu legen, und sie mit ihr vereinigt auf seiner Brust ruhen
zu lassen. Dazu sah er sie mit einem Blicke an, daß, wenn
zwölf Zeugen von ihm vor dem Richter ausgesagt hätten: Diesen
haben wir morden sehen, und er mit einem solchen Blicke seine
Unschuld versichert hätte, der Richter ihm und nicht den zwölf
Zeugen geglaubt haben würde.

Ein zärtliches Mädchen ist ein gläubiger Richter in solchen
Dingen. Lisbeth folgte seinen Gebärden mit der Aufmerksamkeit
bräutlicher Liebe und als sie den Sinn gefaßt hatte, da sagte sie
weiter nichts als: Ah! — Aber in diesem Laute war alle Wonne,

die seit dem Anfang der Zeiten in menschlichen Herzen gewallt
hatte. Es war ihr, als sei sie auf dem Hochgerichte, wo man
sie unschuldig hinrichten wollen, begnadiget worden; bei lebendigem
Leibe war sie in den Himmel erhoben worden, in den Himmel
seiner unbefleckt gebliebenen Liebe. — O mein Gott, sagte sie und
konnte sonst nichts vorbringen. Ein Zittern der Entzückung durch-
flog ihren Körper, sie meinte zu sinken und den geliebten Freund
aus ihren Armen zu verlieren. Da nahm sie sich zusammen, um
nicht durch ihre Unruhe ihm zu schaden. Nun wußte sie, daß sie
seine Frau Gräfin werde, wenn er nicht sterbe, und Oswald hatte
recht gehabt, sie machte sich nicht sonderlich viel aus der Frau
Gräfin, sie wollte es ebenso gern sein, wie sie Frau Försterin
geworden wäre.

So fanden Lisbeth und Oswald einander wieder. Stumm
ruhte ihr Auge an seinem und seines an ihrem und die herzlichsten
Thränen flossen von den Wimpern. Die Hände blieben auf seiner
Brust vereinigt, sanft streichelte sie seine Finger, zumal den, an
welchem er den Ring trug, den Dolmetsch des hergestellten
süßesten Einverständnisses. — Ein Jüngling lag, vom heftigsten
Blutsturze erschöpft, dem Tode nahe und sein Mädchen war bei
ihm und wußte das, und Jüngling und Mädchen waren dennoch
beide glückselig.

Achtes Buch.

Weltdame und Jungfrau.

———

Erstes Kapitel.

Worin der Diakonus vom Zufall und von der wahren Liebe spricht.

Mehrere Wochen nach jenem glücklichen Unglück ging die junge Dame Clelia mit dem Diakonus in seinem Garten auf und
5 nieder. Der Oberamtmann Ernst, der die dunkleren Stellen des württembergischen Gesetzbuches doch endlich ergründet hatte und daran vorderhand nichts weiter zu studieren fand, saß gelangweilt in einer Jelängerjelieberlaube, und ihr Gemahl schoß mit einer Windbüchse, die er irgendwo aufgetrieben, hinter dem Garten
10 unter Bäumen nach Sperlingen. Es war ganz still in dem Predigerhause. Die Fenster eines Zimmers, welche nach dem Hofe hinausgingen, waren grün verhangen und unter diesen Fenstern saß Lisbeth, mit einer weiblichen Arbeit beschäftigt.

Die junge Dame Clelia, welche ein leichtes Gähnen nicht
15 verbergen konnte, sprach zum Diakonus: Lieber Herr Prediger, sagen Sie mir, was dünkt Ihnen vom menschlichen Leben? Denn ich habe Lust, mit Ihnen etwas zu philosophieren.

Das thut mir sehr leid, gnädige Frau, versetzte der Diakonus. Es beweiset, wie ermüdend Ihnen der Aufenthalt in meinem
20 Hause sein muß. Wenn so schöne Lippen sich zur Philosophie bequemen, so müssen wirklich alle Ressourcen der Unterhaltung versiegt sein.

Clelia lachte und sagte: Zu galant für einen Kanzelredner und für einen Lehrer der Moral viel zu bösartig. — In ihrer
25 raschen Weise faßte sie die Hand des Geistlichen und rief: Wie wir Ihnen alle dankbar sein müssen für das Übermaß von Gast= freundschaft, womit Sie uns aus der abscheulichen Kneipe erlösten und bei sich in Ihrem beschränkten Häuslein aufnahmen, mich samt Jungfer und Gemahl — sie bediente sich dieser Reihenfolge ganz
30 naiv — und jenem meinem Geschäftsanbeter dort in der Laube,

20*

das fühlen Sie wohl ohne Versicherung von meiner Seite, und
Sie müssen mir, wenn wir scheiden, unter Ihrem Amtseide ver=
sichern, uns künftiges Jahr in Wien Revanche zu geben. Daß
man aber, wenn man gern mit seinem jungen Manne ins Weite
möchte, ungern zu lange bei einem kranken Vetter bleibt, der sein 5
Tage nicht vernünftig werden wird —

Er leidet noch sehr, sagte der Diakonus ernst.

Bin ich denn gefühllos für sein Leiden? warf Clelia kurz
ein. Hätte ich noch Vergnügen in Holland und England, wenn
ich sein krankes Bild mit mir nähme? Bin ich ihm nicht herzlich 10
gut? Sehne ich mich nicht, ihm zwanzig Küsse auf die dummen
Lippen zu geben, zwischen denen sein Blut hervorstürzte? Aber
ist deshalb ein solcher Wachtposten bei einem Siechenbette, zu dem
einen der Arzt nicht einmal hinzuläßt, etwas Angenehmes? —
Und seien Sie nur ganz aufrichtig, lieber Herr Pastor, Ihre 15
kleine Frau sähe auch nicht ungern einen gewissen Reisewagen an=
spannen.

Wie können Sie nur so etwas denken, meine Gnädige! rief
der Diakonus etwas verlegen, denn er erinnerte sich an den Text
einiger Gardinenpredigten.   20

Schelmisch fuhr Clelia fort: Ich müßte mich auf hochrote
Wangen und auf einen gewissen Glanz in den Augen der Haus=
frauen nicht verstehen! Es ist auch gar keine Kleinigkeit, fünf
Menschen mehr im Hause zu haben, die man eigentlich nicht kennt,
und die einem allen Platz wegnehmen. Der Herr Gemahl laden 25
in liebenswürdiger männlicher Unbekümmertheit ein, und die arme
Frau hat nachher die Sorge. Aber lassen Sie das nur gut sein.
Trotz der roten Wangen und der glänzenden Augen bleibt sie eine
liebe, scharmante Frau und soll in Wien willkommen sein. Dort
ist Raum im Hause und der Haushofmeister sorgt für alles.   30

Der Diakonus, der sein Zartgefühl durch dieses Gespräch
unangenehm berührt fand, sagte, um es zu unterbrechen: Sie
wollten mit mir über das menschliche Leben philosophieren,
gnädige Frau.

Eigentlich wollte ich Sie nur fragen, ob das menschliche 35
Leben nicht ein Ding ohne Sinn und Verstand sei, sagte Clelia.
Ein junger Mann läuft aus Schwaben weg, um mich an einem
Menschen zu rächen, der seine Persiflage über mich getrieben; er
rächt mich aber nicht, sondern schießt ein junges Mädchen und

verliebt sich in sie. Dann quälen die beiden Leutchen — wie
wir nun nach und nach herausgebracht haben, Ihre Frau und
ich — einander bis auf den Tod um nichts, und das Ende dieser
höchst lächerlichen Geschichte ist ein furchtbarer Blutsturz, der leicht
5 einen Toten in die Komödie hätte liefern können. — Wo ist da
vernünftiger Zusammenhang?

Sie lassen etwas aus in der Geschichte, sagte der Diakonus.

Nun ja. Ich schrieb, als ich überall hören mußte, ich sei
bescholten, an meinen Bräutigam nach Wien und erklärte ihm
10 höchst edel, eine Bescholtene dürfe nicht seine Gemahlin werden;
er sei frei und des gegebenen Wortes ledig. Dieser affektvolle
Brief wirkte denn dermaßen auf ihn, daß er sich in kürzester Frist
zum Herrn aller Schwierigkeiten machte, die unserer Verbindung
entgegengestanden hatten und, so rasch die Pferde Tag und Nacht
15 laufen wollten, nach Stuttgart eilte.

Und aus solchen offenbaren Zeichen erkennen Sie den Gott
nicht, der in Ihrem und Ihres Vetters Schicksale waltete? fragte
der Diakonus mit komischem Ernst.

Welcher Gott?
20 Der Zufall! rief der Diakonus feierlich.

Das ist ein schöner Gott, versetzte Clelia und lachte.

Gnädige Frau, sagte der Diakonus, glauben Sie mir sicherlich,
die Welt wird erst wieder anfangen zu leben, wenn die Menschen
sich erst wieder vom Zufall hin und her stoßen lassen, wenn man
25 z. B. ausgeht, um Rache zu nehmen, und sich nicht darüber verwundert, findet man statt der Rache eine Braut, wenn man —
Sie verzeihen meine Freimütigkeit — in einer zufälligen aller-
liebsten Aufwallung entsagende Briefe nach Wien schreibt, und
ebenso zufällig von der Entsagung zum Häubchen abfällt. Unsere
30 Zeit ist so mit Plänen, Tendenzen, Bewußtheiten überdeckt, daß
das Leben gleichsam wie in einem zugesetzten Meiler nur ver-
kohlt, und nie an der freien Luft zur lustigen Flamme aufschlagen
kann. Die Lebensweisheit der wenigen Vernünftigen heutzutage
besteht folglich darin, sich von der Stunde und von dem Un-
35 gefähr führen zu lassen, nach Launen und Anstößen des Augenblicks zu handeln.

Bravo! rief Clelia. Sie sind ein wahrer Priester für uns
Weltkinder. Und das sagt er alles so ernsthaft, als sei es ihm
damit bitterer Ernst.

Ich predige ja nur über ein christliches Gebot, sprach der Diakonus lächelnd.

Wie lautet dieses sogenannte christliche Gebot?

Sorge nicht um den andern Tag, versetzte der Diakonus.

Die junge Dame begehrte jetzt auch seine Exegese über die leeren Nöte des Liebespaares. Er bedachte sich etwas und sagte dann: Ich muß hier schwerfälliger werden, als bei dem andern Thema. Zuvörderst sei Ihnen gesagt, daß diese Liebe mich rührt, die Liebe meines Freundes und des guten Mädchens, welches er auf so ungewöhnliche Weise kennen gelernt hat. Ich meine, in ihnen ein vom Schicksal bezeichnetes Paar zu sehen und ein völliges Aufgehen zweier Seelen in einander. Die Liebe ist nun Leid, wie alle Dichter singen, sie ist der Herzen selige Not und ein rührender Gram. Wer von der Liebe Thränen scheidet, der scheidet sie von ihrem Lebensquell; eine lachende Liebe ist keine.

Wahrlich, die echte Liebe ist ein Ungeheures! fuhr er mit Wärme fort. Nicht in tauber Redeblume, sondern wesentlich, wirklich und wahrhaftig giebt der Liebende seine Seele weg! Diese also weggegebene und der Hut berechnenden Verstandes entlassene Seele ist aus den Fugen, unbeschützt liegt sie da und ohne Verteidigung durch irgend eine Selbstsucht, welche unsere nüchternen Tage schirmt. In dieser ihrer göttlichen Schwäche ist sie nun eine Beute für jedes Raubtier von grimmigem Zweifel, fürchterlichem Argwohn, zerfleischendem Verdacht. Aber im Kampf mit diesen Raubtieren erstarkt sie. Aus ihren tiefsten und noch nie bis dahin entdeckten Abgründen holt sie neue Waffen und eine ungebrauchte Rüstung hervor; sie lernt sich in ihren verborgenen Reichtümern begreifen, sie vollzieht eine Art von herrlicher Wiedergeburt und feiert nun auf dieser Stufe die wahre, die himmlische Hochzeit, von welcher die andere nur das vergröberte irdische Abbild ist. Unverwelklich ist der Kranz, der auf jenem Siegesfeste der liebenden Seele getragen wird, und er verschwindet nicht in den Schatten der Brautnacht.

4. Evang. Matthäi VI, 31: „Darum sorget nicht für den andern Morgen; denn der morgende Tag wird für das Seine sorgen. Es ist genug, daß ein jeglicher Tag seine eigene Plage hat." — 12 f. Vor allen berühmt die Stelle im Nibelungenlied I, 17:

„ez ist an manegen wiben vil dicke worden scîn
wie liebe mit leide ze jungest lônen kan";

und XXXIX, 2378:

„als ie diu liebe leide z' aller jüngeste gît."

Darum zwingt eine ewige Notwendigkeit die wahre Liebe,
sich Not zu schaffen, wenn sie keine Not hat. Denn nicht träge
genießen will sie, sondern kämpfen und siegen. Trübsal ist ihr
Orden und Jammer ihr geheimes Zeichen. Traun, ein Kind
kann über die Leiden Oswalds und Lisbeths lachen, die nicht
kindischer erfunden werden mochten! Aber ohne diese kindischen
Leiden wären zwei Seelen von solcher Tiefe, Schwere, Süße und
Feurigkeit wohl wieder von einander gekommen, statt daß sie in
den Qualen der Einbildung sich das rechte Wort und den wahren
Gruß gegeben haben, an dem sie einander über alle Zeit hinaus
erkennen werden.

Die junge Dame Clelia war durch diese Rede des Diakonus
in ein Gebiet geführt worden, in welchem ihr nicht heimisch zu
Mute sein konnte. Anfangs meinte sie für sich, sie müsse sich
etwas schämen, denn mit ihrem Kavalier aus den österreichischen
Erblanden hatte sie freilich während des Brautstandes mehr gelacht
als geweint. Nachher meinte sie, die Gelehrten sprächen zuweilen
nur, um etwas zu sagen; und endlich verstand sie den Geistlichen
gar nicht mehr. — Als er mit seiner Auseinandersetzung zu Ende
war, rief sie: Schade, daß die beiden lieben Leute einander nicht
heiraten können!

Wie? rief der Diakonus voll äußersten Erstaunens. Denn
auf diese Wendung war er bei der jungen gutmütigen Frau nicht
im Traume gefaßt gewesen, zumal nach solchem Gespräche.

Zweites Kapitel.

Worin ein humoristischer Arzt nützliche Wahrheiten über die Behandlung kranker Personen vorträgt.

Das Nahen des Arztes, welcher von dem Krankenzimmer
herunter in den Garten kam, schnitt weitere Erörterungen vorläufig ab. — Der Doktor war ein überaus dicker Mann, der
voll guter Einfälle steckte und diese mit der größten Trockenheit
herauszubringen wußte. Clelia, die mit solchen Leuten eine natürliche
Wahlverwandtschaft hatte, pflegte in seiner Gegenwart zu sprechen,
als sei er nicht zugegen. Und so sagte sie auch jetzt, als der
Arzt langsam über den Hof gewatschelt kam, ganz laut: Da kommt
der Doktor und wird uns nun sagen, daß es mit Oswald

anfange, beſſer zu gehen. Das heißt, vierzehn Tage lang mag er
allenfalls einen oder den anderen von uns eine Viertelſtunde an=
nehmen, vierzehn Tage darauf können die Beſuche länger werden,
und nach ſechs Wochen werden wir hoffentlich ſo weit ſein, daß
der Rekonvaleszent in der Mittagsſonne eine halbe Stunde ſpazieren   5
gehen darf. Dies nennen die Ärzte Herſtellung.

Wirklich hatte der Arzt noch bis geſtern den Zuſtand des
Kranken als bedenklich und der höchſten Schonung bedürftig dar=
geſtellt. Streng war jeder Verkehr zwiſchen ihm und der Außen=
welt unterſagt geweſen; niemand, weder die Frauen, noch ſelbſt   10
der Diakonus und ſein neuer Vetter aus Öſterreich hatten ihn
beſuchen dürfen. Nur dem alten Jochem war er zur Obhut und
Pflege von dem unnachſichtigen Arzte anvertraut worden, die jener
denn auch in aller Treue ausgeübt hatte.

Ängſtliche Sorge und Spannung, die in dem kleinen mit   15
Gäſten plötzlich ſo angefüllten Hauſe alle, beſonders in den erſten
Tagen der Krankheit, bewegte, konnte ſich daher nur durch eifriges
Fragen und Nachfragen und durch jede Liebesgefälligkeit, die von
draußen nach dem Krankenzimmer hinein zu leiſten war, geltend
machen. Am unruhigſten war Clelia geweſen, welche ihren Vetter   20
wahrhaft lieb hatte. Auch der Oberamtmann, der in ſeinem Wagen
den Leidenden nach der Stadt befördert hatte, zeigte eine große
Anhänglichkeit. Tief betroffen waren der Diakonus und ſeine
Frau geweſen. Lisbeth hatte anfangs viel geweint. Dann fiel
es den anderen auf, daß ſie plötzlich die Gefaßteſte und, wie es   25
ſchien, Gleichgültigſte von allen wurde. Dieſe Verwandelung ge=
ſchah nach einer Unterredung, die ſie mit dem Arzte gehabt hatte.
— Sie wurde der Frau des Diakonus bei deren vermehrten
Hausſorgen ſehr nützlich, und ein Geſchäft hatte ſie ſeit ihrem
Eintritte in das Haus ausſchließlich für ſich in Anſpruch ge=   30
nommen, die Bereitung alles deſſen, was Oswald bedurfte. Ein
zarter und ſtiller Verkehr waltete zwiſchen beiden, ungeachtet daß
Lisbeth, wie ſich von ſelbſt verſteht, unter dem ſtrengſten Banne
des ärztlichen Verbotes befangen war. Sie ſandte ihm mit dem
leichten und kühlenden Tranke, welchen er genießen durfte, jeder=   35
zeit die ſchönſten Blumen, die ſie im Garten fand. Er hielt dieſe
ſanften Boten in ſeiner Hand des Tages, und bei Nacht ruhten
ſie an ſeinem Herzen und von dieſer Ruheſtätte empfing Lisbeth
ſie am anderen Morgen wieder. — Wenn die Hausfrau ſie nicht

beschäftigte, pflegte sie im Hofe unter den Fenstern des Kranken=
zimmers zu sitzen.   Dort verweilte sie, bis es völlig dunkel ge=
worden war, ihre stille Mädchenarbeit verrichtend.   Sie war gegen
jedermann sanft und freundlich, ließ sich aber mit niemand ein,
⁵ sondern blieb sehr für sich.   Ein Vorfall hatte sich während jener
Tage ereignet, der die Gäste etwas wider sie einnahm, den Ober=
amtmann sogar in Zorn versetzte.

Auf heute hatte der Arzt den Eintritt einer entscheidenden
Krisis vorhergekündiget.   Der Diakonus, Clelia und der Ober=
¹⁰ amtmann gingen ihm daher gespannt entgegen, während Lisbeth
ruhig unter dem Fenster sitzen blieb.   Der Arzt hatte die Worte
Clelias gehört, wandte sich daher an diese, und sagte: Gnädige
Frau, ich darf Ihnen etwas kürzere Fristen versprechen.   Unser
Patient ist hergestellt, und wenn allerseits verehrte Anwesende
¹⁵ heute und etwa morgen und etwannest übermorgen noch einige
Rücksicht auf seinen Zustand nehmen, so wird er wohl überüber=
morgen ausgehen dürfen, als ein zwar noch etwas blasser, aber
doch durchaus geheilter Mann.

Wie? riefen alle wie aus einem Munde.   Und Sie erklärten
²⁰ ihn noch gestern für nicht außer Gefahr?

Der Arzt zog sein breites und fettes Gesicht in solche Falten,
daß er wie ein Silen aussah und sagte: Eine Notlüge, gnädige
Frau und liebe Herren, eine Notlüge, ohne welche der recht=
schaffenste Mann, absonderlich aber der Arzt, nicht durch dieses
²⁵ Jammerthal kommt.   Denn wollte der Arzt immer die Wahrheit
sagen, so würfen Sie ihn zum Hause hinaus.

O, Sie Schelm! Gewiß haben Sie wieder einen Ihrer
Streiche auslaufen lassen! sagte der Diakonus lächelnd.   Clelia
drang in den Arzt, um den Zusammenhang zu erfahren, und er
³⁰ fuhr folgendermaßen fort.   Wenn man, sagte er, wie ich, eine
Reihe von Jahren doktert, wenn man seine von vielen Rezepten
nicht mehr abhangende Praxis hat, so beginnt man ohne Scheu
einzugestehen, daß die Natur doch zuletzt der Geheime Medizinal=
rat oder Obermedizinalrat ist.   Wir Ärzte sind nur schärfere
³⁵ Zeugen der Natur, hören feiner, was sie flüstert und wispert,
als andere Menschen, sonst aber sind wir keine Hexenmeister.   Der
Natur, wenn sie leise sagt: Bitte! bitte! die Bitte zu gewähren,

22. Silen, der Erzieher des Bacchus.

alles fern zu halten, was sie in ihrem Gange stört, das ist unsere
ganze Kunst. Die Krankheiten werden meistenteils nur gefährlich
durch Gelegenheitsursachen, welche das Walten der Natur stören.
Auch dieser Blutsturz wäre bei der vortrefflichen Konstitution des
Herrn Grafen wahrscheinlich ganz von selbst geheilt, das Blut- 5
gefäß, welches sich ergossen hatte, hätte sich mit Ruhe und höchstens
etwas zusammenziehend Säuerlichem von Natur geschlossen. —
Meine Weisheit hat nur darin bestanden, daß ich die der Natur
feindliche Gelegenheitsursache entfernt zu halten wußte.

Ich sehe einmal wieder nicht, wohin dieses Kauffahrteischiff 10
steuert, sagte Clelia. Welche Gelegenheitsursache meinen Sie?

Ihre und der übrigen verehrten Anwesenden Liebe, Freundlichkeit, Besorgnis und Teilnahme an meinem Patienten, versetzte
der Arzt trocken. O, meine geschätzten Freunde, Sie glauben
nicht, wie viele Kranke dem Arzte durch Liebe und Teilnahme 15
der Angehörigen zu Grunde gerichtet werden! Zwar in den ersten
Tagen läßt man den Leidenden wohl ruhig liegen und behandelt
ihn vernünftig, aber späterhin, wenn es nun heißt, er bessere sich,
oder er sei Rekonvaleszent, da beginnt ein wahrer Kultus des
Krankenzimmers, in den Augen des gewissenhaften Arztes der 20
schlimmste Teufelsdienst. Vergebens rufen die müden und zitternden
Nerven: Laßt uns in Frieden! Umsonst sehnt sich das in Unordnung gebrachte Blut nach Stille, fruchtlos ist es, daß die letzten
Kohlen der Entzündung in sich verglimmen möchten — es hilft
alles nichts, besucht wird, gefragt wird nach dem Befinden, unter- 25
halten wird, vorgelesen wird, sogenannte kleine Freuden werden
bereitet und voll Verzweiflung sieht man das Schlachtopfer der
Liebe, was man gestern voll guter Hoffnung verließ, heute elend
wieder. Deshalb sterben auch in Privathäusern verhältnismäßig
mehr Menschen als in wohlbeaufsichtigten Lazaretten. Und darum 30
pflege ich auf Kranke mit Umgebungen voll Liebe und Teilnahme,
die ich nicht abhalten kann, von vorneherein doppelt so viel Zeit
zu rechnen, als auf Kranke ohne liebevolle Umgebungen. Hier
nun —

Es ist doch abscheulich, über die edelsten Empfindungen so 35
zu spotten! rief Clelia heftig.

... sah ich einen ganzen Herd von Liebe und Teilnahme,
als ich zum Grafen berufen wurde, fuhr der Arzt, ohne sich erregen zu lassen, fort. — Edle Empfindungen, über die mir nicht

einfällt zu spotten, welche mir aber als Arzt nur als ebenso viele
widrige Gelegenheitsursachen und Indikationen erscheinen mußten,
daß der Patient, befragt, besprochen, unterhalten, durch Vorlesungen
aufgeregt und durch kleine Freuden im entzündlichen Stadio ver=
5 zögert, leicht seine paar Monate abliegen könne. Deshalb griff
ich zu der Notlüge, daß er in großer Gefahr sei, dann folgte die
einfache Gefahr, dann der bedenkliche Zustand, dann die langsame
Hebung der Kräfte, und auf heute endlich wurde die Wirkung
einer entscheidenden Krise versprochen. Er war aber nie, verehrte
10 Anwesende, in großer Gefahr und kehrte nach den ersten zehn
Tagen schon mächtig zu. Einem Kranken thut niemand not, als
einer, der ihm zu den bestimmten Stunden die Arzenei reicht und
allenfalls ein verschobenes Kissen zurecht legt; und dann Lange=
weile, o du nicht genug zu preisende Göttin des Siechenbettes!
15 Man sollte Hygien gähnend darstellen, denn es ist nicht auszu=
sagen, welche Riesenschritte die Besserung macht, wenn der Leidende
weiter gar nichts zu thun hat, als zu gähnen. Darum setzte ich
unseren Grafen auf die wenig aufregende Gesellschaft seines alten
Dieners und dann auf Langeweile, und habe ihn durch diese
20 beiden Potenzen in kurzer Zeit wieder auf die Füße gebracht und
wenn ich ihn noch ferner besuche, so besuche ich ihn jetzt mehr
als Freund denn als Arzt.

Schade, rief Clelia nach dieser Erörterung spitz, daß Sie
sich nicht selbst als niederschlagendes Pulver verschreiben können.
25 — So dürfen wir ihn denn also heute sehen?

Der Arzt schaute rund im Kreise um und warf dabei auch
seinen Blick in den Hof, wo Lisbeth noch immer saß. Ich unter=
scheide, sagte er nach einer Pause bedächtig. Sie, gnädige Frau,
und der Herr Oberamtmann und der Pastor dürfen ihn ohne
30 Schaden schon heute besuchen, mein Kind Lisbeth dort muß aber
bis morgen warten.

Er empfahl sich. Clelias muntere Seele war durch die letzte
Rede des alten Silen doch etwas empfindlich gemacht; sie stand
einige Augenblicke schweigend, nagte an ihrer schönen Lippe und
35 rief dann: Fancy!

Fancy, die Kammerjungfer, ließ sich hören und wurde gleich
darauf sichtbar. Fancy, bringe mir meine Krespine und setz deinen

15. Hygiea (ὑγίεια), die Göttin der Gesundheit; vgl. Nat.=Litt. 75. Bd. S. 360. —
37. Krespine (Crépine), Fransen; ein mit Fransen versehener Umhang.

Hut auf, wir wollen noch etwas spazieren gehen, sagte ihre junge
Gebieterin.

Dürfen wir Sie nicht zu unserem Freunde begleiten? fragten
der Diakonus und der Oberamtmann.

Nein, versetzte die schöne Empfindliche mit kurzem Ton, zu
den ganz unschädlichen Besuchern mag ich mich denn doch nicht
gern zählen lassen.

Sie verschwand mit Fancy. Die Männer gingen nach dem
Krankenzimmer. Als der Diakonus bei Lisbeth vorbeiging, sagte
er erstaunt und halb leise zu ihr: Sie scheinen sich über des
Doktors Nachricht wenig gefreut zu haben.

Ich wußte schon lange die Wahrheit, versetzte Lisbeth mit
niedergeschlagenen Augen. Der Arzt hatte meine Angst gesehen
und mir entdeckt, wie die Sache stand.

Und Sie konnten sich überwinden, Oswald nicht zu besuchen?

Warum nicht? Wenn er nur gesund wird! Kam ich und
meine Sehnsucht da in Betracht?

Drittes Kapitel.

Speisesaal und Krankenzimmer.

Das Wiedersehen war sehr freundlich und herzlich gewesen.
— Als die beiden Männer das Krankenzimmer verlassen hatten,
gingen sie nach dem allgemeinen Versammlungssälchen und dort
sagte der Oberamtmann: Ich habe eigentlich nie ein schöneres
Gefühl für einen Freund, als wenn ich ihm wider seinen Willen
einen Dienst für das Leben leisten kann. Denn bei Gefälligkeiten,
die man den Wünschen des anderen erweiset, ist man nie sicher,
daß sich nicht Eitelkeit, weichliches und selbstliebiges Wesen mit
einmischt. Wenn man aber gegen die Schoßneigungen des Freundes
an ihm seine Schuldigkeit thut, dann hat man die reine Empfindung
treuerfüllter Pflicht; wohl die schönste im Leben.

Soll das denn auf unseren Freund eine Anwendung finden?
fragte der Diakonus etwas befangen.

Allerdings, erwiderte der Oberamtmann, und Ihren Beistand
erbitte ich mir auch, Herr Diakonus, zu dem, was ich vorhabe.
Nachdem der Graf nun wieder hergestellt ist, oder wenigstens in
ganz kurzer Zeit sein wird, kann ich an mein Geschäft mit ihm,

ober vielmehr für ihn denken. Meine erste Obsorge muß nämlich
jetzt sein, diese unangemessene und fast verrückte Liebschaft zu zer=
stören.

Der Diakonus brauste hier, seine geistliche Fassung etwas
vergessend, auf und rief in den bestimmtesten Ausdrücken, daß er
zur Zerstörung einer solchen Liebe, welche keine Liebschaft sei, nicht
die Hand biete, vielmehr sie, solange sie das Gastrecht seiner
Schwelle genieße, zu schützen wissen werde. Man wurde hierauf,
obgleich man sich in gewissen Grenzen zu halten wußte, gegen=
seitig sehr warm und erschöpfte alles, was an heftigen und starken
Versicherungen und Gegenversicherungen gesagt werden konnte.
Endlich fiel dem Diakonus die Frage ein, welche bei dergleichen
Gelegenheit die erste sein müßte, meistenteils aber die letzte zu
sein pflegt. Er erkundigte sich nämlich nach den Gründen einer
so starken Abneigung gegen diese Verbindung.

Ihre Frage kann mir auffallend erscheinen, Herr Diakonus,
indessen will ich sie beantworten, erwiderte der Oberamtmann.
Mein Freund ist, wie Sie wissen, aus der ersten Familie des
Königreiches, seine Herrschaft gleicht an Umfang manchem Fürsten=
tume; geborener Reichsstand ist er und das Blut unserer Könige
hat sich mit seinem Geschlechte mehreremale vermischt. Wenn
er nun den aufgelesenen Findling heiratet, so fallen seine Kinder,
wie Bastarde, von der Bank und sind successionsunfähig, darüber
verliert er die Freude an seiner Herrschaft, weil er nämlich weiß,
daß er sie für die fremde Linie aufhebt. Mit den Anverwandten
verhetzt er sich, in seinen Verhältnissen zerrüttet er sich, bei Hofe
kehren sie ihm den Rücken, der Gemahlin muß er sich schämen,
in der Kammer wird er aus übler Laune ein hohler wider=
sprecherischer Schreier, kurz, er wird auf alle Weise ein elender
und verkümmerter Mann. Weil er aber dazu gar keine Anlage
hat, sondern vielmehr, ungeachtet mancher Thorheit, bestimmt ist,
sich zu einem ganz herrlichen und prächtigen Charakter heraus=
zuarbeiten, zu einer Freude und Zier des Landes, deshalb Herr
Diakonus, und deshalb, weil ich seiner sterbenden Mutter mein
Wort auf ihn gegeben habe, ist es meine Pflicht, dieses Verhältnis,
welches für mich eine Liebschaft bleibt, zu zerstören.

Die Streitenden gingen mit großen Schritten auf und nieder.

Der Diakonus pries die Unschuld und den Schwung der
Neigung, welche so entgegengesetzte Gefühle aufregte. Allein der

hartnäckige Geschäftsmann ließ sich dadurch nicht rühren, sondern
sagte: Ich will ihn auch gar nicht daran hindern, das Mädchen
geliebt zu haben. Er feire sie in seiner Erinnerung, er mache
Gedichte der Wehmut an sie, Sonette und Terzinen soviel er
will, er trage ihre Locke oder ihren Schattenriß, was er nun von
ihr besitzt, auf dem Herzen, immerhin! Liebe ist Liebe, aber Ehe
ist Ehe. Die Ehe ist ein Geschäft, ein höchst wichtiges Geschäft.
Nicht umsonst handelt ein Abschnitt in allen Landrechten von der
Ehe und vom Eingebrachten und von der Gütergemeinschaft. Die
Ehe soll dem Menschen einen Boden unter die Füße geben, nicht
den Boden unter den Füßen wegziehen. Ein Geschäft muß ein
Objekt haben, Liebe ist aber kein Objekt. Liebe gehört zur Ehe,
wie der fröhliche Trunk zum Abschluß eines guten Kaufes; aber
über das Glas Wein schließt man den Handel nicht. Er braucht
noch gar nicht zu heiraten, denn er ist noch sehr jung, will er es
aber thun, so giebt es unter unseren Gräfinnen und Fürstinnen
und unter denen nebenan in Baden und Bayern auch schöne,
blühende, gute Mädchen; darunter soll er sich auslesen, die
Bettlerin aber soll er lassen.

Ich weiß wohl, daß jedes mißgefügte Liebespaar von seiner
Thorheit einen neuen Himmel und eine neue Erde datiert und
die erste probehaltige Ausnahme. Wenn man aber nach wenigen
Jahren die sogenannten Ausnahmen wieder sieht, mit hangenden
Flügeln, den Schmetterlingsstaub jämmerlich von den Schwingen
gerieben, vernützt, abgeblaßt, so wendet sich einem das Herz im
Leibe bei dem Anblicke von so trübseligen Bestätigungen der all=
gemeinen Regel um.

Der Diakonus, dessen Verstand unwillig manches zugeben
mußte, was der andere vorbrachte, bediente sich jetzt der Wendung,
welche bei einem Streite so ziemlich klar die Niederlage anzeigt.
Er sagte nämlich, daß diese Drohungen wohl nicht ganz der
Ernst des Oberamtmanns sein möchten, daß er gewiß Bedenken
tragen werde, sie in ihrem vollen Umfange auszuführen.

Darauf versetzte der Amtmann sehr kalt und fest: Sie
würden im Irrtume sein, wenn Sie diese Meinung wirklich hegten.
Ich bemerke wohl, daß die Scherze, welche die junge Baronesse
in ihrer liebenswürdigen Laune zuweilen über mich macht, Sie
zum Lachen über mich anreizen, und es mag auch wahr sein, daß
ich eine ziemlich sonderbare und graue Aktenfigur bin. — Ich

habe neulich den sogenannten Patriotenkaspar verhört, darüber
den Grafen vergessen, kam zu spät auf den Oberhof und fand
meinen Freund, der vielleicht gesund mit mir gefahren wäre, erst
wieder, als er blutend am Wege lag. Das war ein Schwaben=
streich. — Indessen kann man solche begehen und doch bei manchem
Punkte unbesieglich sein. — Glauben Sie mir, daß, wo ich mich
in meinem Amte und Rechte fühle, alles von mir abgleitet, wie
von einem Felsen, und daß ich dann fest zu stehen weiß, wie ein
Fels. Meinen liebsten Freund aber vor einem unsäglichen Elende
zu bewahren, wie ich es nun einmal ansehe, das ist recht eigentlich
meine Amtspflicht und mein Recht. Ich werde demnach, was ich
angekündiget habe, durchzuführen wissen.

Aber was wollen Sie denn mit ihm beginnen? Er ist doch
mündig! rief der Diakonus ereifert.

Leider! versetzte der Oberamtmann. Es giebt Leute, die
wenigstens bis zum dreißigsten Jahre unter Kuratel stehen sollten.
Indessen ist auch ein Mündiger anzufassen. Was ich beginnen
will? Ihm jeden nur möglichen Grund vortragen, die Verbindung
ihm unleidlich machen; Urlaub mir verlängern lassen, mit ihm
auf sein Schloß reisen, Oheime, Vettern und Basen in Bewegung
setzen, die Sache vor den König bringen, seine Standesgenossen
aufregen, es darauf ankommen lassen, daß er mir die Thüre
weiset, dann doch nicht gehen, immerfort einsprechen, den Ein=
spruch noch zwischen die Verlobung werfen, ja selbst am Altare,
wenn es notwendig ist, einen Skandal bereiten. O, ein Mann
und Freund kann viel, wenn er nur beharrlich will. So wahr
ich der Oberamtmann Ernst vom Schwarzwalde bin, mit meiner
Zustimmung wird sie nicht Gräfin Waldburg=Bergheim.

Und mit meiner auch nicht, sprach hier eine dritte Stimme.
Die schöne Clelia war, von ihrem Spaziergange zurückgekehrt,
in den Saal getreten, und hatte, unbemerkt von den Männern,
gehört, wovon die Rede war. Nein, Herr Diakonus, sagte sie,
Sie sehen die Sache doch etwas zu sehr von Ihrem Standpunkte
an. Ich bin gewiß gut und freundlich gegen jeden und wünsche
allen ein solches Lebensglück, wie ich es erlangt habe, aber auch
meine Erfahrung hat mich gelehrt, daß Mißbündnisse nie zum
Heile führen, und da es sich hier um das Los meines teuersten
Anverwandten handelt, so stelle ich mich ganz auf die Seite des
Oberamtmannes.

Die schöne junge Frau sagte dies so feierlich, als hätte sie
in ihrem zwanzigjährigen Leben schon wenigstens hundert üble
Erfahrungen von Mißbündnissen vor Augen gehabt. Der Ober=
amtmann küßte ihr dankbar und gerührt die Hand und der
Diakonus schwieg.

Es war inzwischen im Nebenzimmer gedeckt worden und
man setzte sich zu Tische. Auch der junge Gemahl hatte sich,
nach seiner Sperlingsjagd, die nicht sehr ergiebig gewesen war,
zur Gesellschaft gefunden und nur Lisbeth fehlte. Der Diakonus
suchte, so gut es ihm gelingen wollte, der vorhergegangenen
Szenen ungeachtet, beredten Wirt zu machen. Es glückte ihm
aber nicht ganz, denn seine Seele war abwesend und in Be=
kümmernis bei dem Paare, über dessen Häuptern sich nach manchem
Leiden noch zuletzt so schwere Wolken anhäuften.

Die ganze Gesellschaft war eigentlich verstimmt und redete
wenig. Der Oberamtmann fühlte die Schwierigkeit seiner Auf=
gabe, zwei Herzen zu trennen, die einen geistlichen Beistand hatten,
und dachte über die Mittel nach, diesem Einflusse entgegen=
zuarbeiten. Zwischen dem jungen Ehepaare aber hatte sich der
erste Streit erhoben und zwar auch über das Liebespaar. Der
Gemahl war nämlich nach seiner Rückkehr von dem Windbüchsen=
vergnügen unterrichtet worden, daß der Vetter hergestellt sei, und
hatte, als er seine Gemahlin von dem Spaziergange heimkommend
gesprochen, ihr in aller Freundlichkeit aber mit bestimmtem Tone
den Entschluß eröffnet, nunmehr abreisen zu wollen, da sie un=
möglich jetzt noch eine Sorge um Oswald mit auf die Reise
nehmen könne. Schon daß er so bestimmt sprach, regte ihren
Widerspruch auf und sie fühlte wohl, daß, wenn sie den An=
fängen solcher Emanzipation nicht entgegentrete, es leicht um die
ganze Zukunft ihres Regiments geschehen sein dürfte. Sie er=
klärte daher ebenso bestimmt, daß sie noch bleiben und so lange
bleiben werde, bis sie ihren geliebtesten Anverwandten von einem
schlimmeren Übel befreit sehe, als dem Blutsturze, nämlich von
seinem verkehrten Heiratsvorsatze. Der Oberamtmann fasse alles
zu rauh an, sie als Frau wisse allein in solcher Verwickelung
das Richtige zu treffen und den Knäuel mit Feinheit zu ent=
wirren. — Du kennst meine Festigkeit, Edmund, sagte sie zuletzt;
ich bin ganz fest in dieser Sache, zu deren Behandlung mich der
Himmel selbst offenbar hieher hat kommen lassen, also stehe ab

von dem Vorsatze, mich nach deinen Wünschen bewegen zu wollen.
Er erwiderte ihr darauf höflich, daß er an ihrer Festigkeit nie
gezweifelt habe, daß sie ihm aber unter solchen Umständen ver=
zeihen möge, wenn er, solange ihr Geschäft hier daure, einen
5 Besuch bei seinem Oheim im Osnabrückschen abstatte, denn an
diesem elenden Orte könne er es nicht länger aushalten.

So endete demnach der süße Friede der Flitterwochen und
es war noch keine Versöhnung erfolgt, als man sich zu Tische
setzte. Gemahl und Gemahlin sprachen daher auch nicht, sondern
10 sahen stumm auf ihre Teller. Was endlich die Hausfrau be=
trifft, so hatte diese wirklich das hochrote Antlitz und die glänzenden
Augen, von welchen Clelia gesprochen hatte, und welche unwider=
leglich anzeigen, daß eine Wirtin sich sehnt, wieder ungestört in
ihrer stillen Häuslichkeit zu leben. Sie war die gastfreiste Frau
15 von der Welt, aber die Einladungen des Diakonus, die von ihm
ohne Rücksicht auf Raum und Grenzen des kleinen Hauswesens
ausgegangen waren, hatten ihr eine Last aufgebürdet, unter
welcher sich selbst der Sinn einer Baucis geheimen Mißgefühls
nicht würde haben enthalten können.

20 Man stand auf und wünschte einander gute Nacht. Vor
dem Fortgehen sagte aber der Oberamtmann zum Diakonus: Un=
begreiflich ist es mir, wie Sie, Herr Pastor die Partei eines
Mädchens nehmen können, welches nach allen Anzeichen zu schließen,
eine sehr gefühllose Seele hat.

25 Gefühllose Seele?

Ist sie, als sie von dem Unfalle ihres alten Pflegevaters
hörte, zu ihm geeilt, wie es einem dankbaren Kinde eignete? Hat
sie sich nicht begnügt, zu fragen, ob er wohl aufgehoben sei, und
als sie erfuhr, daß gute Leute sich seiner angenommen hätten,
30 that sie da etwas anderes, als ihm das Geld schicken, welches
sie für ihn verwahrte?

Herr Oberamtmann, versetzte der Diakonus, die Lisbeth hat
den Spruch im Herzen empfangen und ausgetragen: Du sollst
Vater und Mutter verlassen und dem Manne anhangen. Es
35 thut wohl, endlich einmal auch auf eine Natur zu stoßen, wenn
man so viele Puppen gesehen hat. Ich habe da die Unter=

18. Baucis, in Ovids „Metamorphosen" VIII, 620 wie im II. Teile von Goethes
„Faust" V. 6454 als Muster einer freundlichen Hauswirtin gefeiert. — 33 f. Mose 1. Buch
II, 24: „Darum wird ein Mann seinen Vater und Mutter verlassen, und an seinem Weibe
hangen, und sie werden sein ein Fleisch."

scheidungen und Bezeichnungen aufgestellt, welche, wie wir ver=
nehmen, unser großer Dichter von weiblichen Wesen zu gebrauchen
pflegte. Mir will es so vorkommen, als ob Goethe, wenn er
noch lebte und die Lisbeth sähe, sie eine Natur nennen würde.

An diesem Abende ereignete sich, was hin und wieder in
Liebesschicksalen vorkommt. Die Umherstehenden streiten gewaltig
mit einander und regen eine wahre Ilias auf über die Frage,
ob zwei Menschen verbunden bleiben sollen oder nicht, und die
Liebe ruht während des Kampfes seitwärts unter Rosenbüschen
in holder Eintracht. Lisbeth und Oswald wußten nicht, welche
Schlachten um ihr Geschick ausgefochten wurden oder sich vor=
bereiteten. Lisbeth hatte eine heimliche liebliche Freude sich zu=
gedacht. Sie pflückte die schönsten Astern im Garten und wand
sie zum Kranze. Mit dem Kranze schlich sie, als es dunkelte,
leise an die Thüre des Krankenzimmers, horchte dort klopfenden
Herzens und pochte, als sie im Zimmer nicht reden hörte, so sacht
an, daß nur ein feines Gehör, wie es der alte Jochem besaß,
den fast unhörbaren Schall vernehmen konnte. Auch er kam in
seinen Socken an die Thüre geschlichen und öffnete sie ohne
Geräusch.

Wacht der Graf? flüsterte Lisbeth.

Nein, versetzte ebenso leise der Alte. Er schlummert im
Lehnsessel, das Gespräch mit den beiden Herren hat ihn etwas
matt gemacht. Kommens nur herein!

Kaum den Boden mit ihren Fußsohlen berührend schritt
Lisbeth durch das Krankenzimmer. Im Lehnstuhle saß Oswald
und schlief. Sein Antlitz war so weiß wie Marmor, er sah vor=
nehmer und prächtiger aus als je. Die schöne Stirn zeigte noch
klarer als sonst die lichten, innigen Gedanken, welche hinter ihrer
Wölbung wohnten. Leicht gerötet waren die vollen, gutmütigen
Lippen, und um sie und um die reinen Wangen schwebte das
friedlichste Lächeln. Er träumte vielleicht, und mochte wohl von
seiner Liebe träumen. So saß er da, ein reizendes, hohes
Jünglingsbild; eine Mischung von siegfreudigem Apoll und schwär=
mendem, gefühlstrunkenem Bacchus, noch nie so klar in dieser
seiner Grundform ausgeprägt, als heute, wo die geschlossenen
Wimpern allen Zügen etwas Festes und Ewiges gaben.

Lisbeth näherte sich dem Schlafenden und beugte sich über sein Haupt. Aber sie rührte ihn nicht an und ließ kaum ihren Atem um seine Wangen spielen, um ihn nicht aufzuwecken. Dann legte sie leicht und leise wie eine beschenkende Himmelsgestalt ihren schönen Kranz von roten, gelben und blauen Astern in seinen Schoß. Und dann setzte sie sich ihm gegenüber in einen Sessel und sah ihn, die Hände über der Brust gekreuzt, lange an.

Nachdem sie so lange stumm gesessen, wendete sie ihr Antlitz. Der Alte stand ihr zur Seite und empfing ihren ersten Blick. Von diesem Blicke erschüttert, sank er leise auf das Knie und küßte ihre Hand.

Die Gnostiker erzählen, daß die Engel einst eine unaussprechlich schöne Gestalt flüchtig an sich vorüber schweben sahen, die sie nachmals nie wieder erblickten, obgleich sie Äonen lang mit heißer Sehnsucht einer zweiten Erscheinung harrten. Sie schufen dann endlich, sagen die Gnostiker, in Nacherinnerung an die Geschaute, ein schwaches Abbild jenes himmlischen Urbildes. Dieses Abbild war der Mensch. Es kann sein, daß in Lisbeths Zügen etwas von dem Ausdrucke der den Engeln einst erschienenen Schönheit schimmerte. Der Alte stammelte flüsternd: O liebe, liebe, junge gnädige Gräfin.

Lisbeth errötete. Warum nennst du mich immer schon so? fragte sie leise.

Weil ich mir Sie gar nicht als Liebste oder Braut denken kann, sondern Frau sind Sie, liebe Frau von meinem jungen Herrn, gar kein' Sehnsucht nicht und kein Verlangen, sondern schon ganz eins mit ihm und herzenseinig.

Nun sage mir, wie geht es ihm und wovon hat er heute gesprochen? fragte Lisbeth.

Ach, sagte der Alte, Kranke haben so ihre wehmütigen und zaghaften Stunden. Mein Herr sagte heut', das Glück, was er mit Ihnen haben würd', käm' ihm gar zu schön und herrlich vor, er könnt' nicht aussprechen, wie unsäglich lieb er Sie haben thät', und deshalb fürchtete er, die wüste Welt würde sich drein legen zwischen ihn und sein Glück, und der Damon würde drauf treten —

Dämon sagte er wohl, sprach Lisbeth.

Dämon oder Damon, 's kommt alles auf eins heraus, er meinte aber gewiß den Teufel, fuhr Jochem fort. — Er sagte

diese trübseligen Sachen viel schöner und besser, als ich sie hervor=
bringen kann, indessen hatt' ich rechte Müh', ihm Trost einzu=
sprechen.

Lisbeth nahm die Hand des Alten und lispelte: Wenn er
erwacht, so sage ihm, ich sei hier gewesen und habe mich an ihm
gefreut. Sage ihm dann auch, er solle mir nicht übel nehmen,
besuche ich ihn morgen und auch vielleicht noch übermorgen nicht,
denn ganz gesund müsse er erst sein, wenn er mich sehen solle,
und ich sei ohne dies doch immer und ewig bei ihm. — Tief
atmend, aber so leise, daß der Alte sein Ohr ihren Lippen nähern
mußte, setzte sie hinzu: Und weiter sollst du ihm sagen, er müsse
sich nicht vor der Welt und dem Dämon fürchten, denn er sei
mein Oswald und ich sei seine Lisbeth, und die Welt und der
Dämon hätten keine Macht über zwei Menschen, die einander von
Grund des Herzens gut seien. Er solle nur ganz getrost an
mich denken, denn ich sei er, und er sei ich, und wir seien eins
und zwischen uns könne nichts kommen.

Werd' alles genau ausrichten und bestellen, antwortete der
Alte. Und 's ist gut, daß mein Herr es nicht von Ihnen hört,
denn mit Ihrer Stimm' und dem ganzen Ton vorgetragen, möcht's
ihm doch unruhig machen und der Brust noch schaden. Aber wenn
ich's ihm in meiner groben Manier erst zuricht' und hinterbring',
so überwindet er's schon eher.

Lisbeth erhob sich und ging. Bald nachher erwachte Oswald
und hörte vom Alten, welche liebliche Zuversicht seinem Schlummer
nahe gewesen sei.

Viertes Kapitel.

Die Leiden einer jungen Strohwitwe.

Indessen schien wirklich die idyllische Liebe bei ihrem Zu=
sammentreffen mit der Außenwelt bösen Geschicken entgegenzugehen.
Denn der Oberamtmann wiederholte am folgenden Tage in einem
zweiten ruhigeren Gespräche dem Diakonus seine unerschütterlichen
Vorsätze. Die schöne Clelia, welche bei der höchsten Gutmütigkeit
doch alle Meinungen einer vornehm erzogenen Dame hegte, sprach
während einer Morgenunterhaltung ihm ebenfalls wieder ihre Über=
zeugung gegen ein Ehebündnis aus.

Seine Seele war bekümmert und erschüttert. Auf der Seite
der Gegner stand die Vernunft mit hundert Gründen in Reihe
und Glied, und er war selbst ein zu ruhiger und besonnener
Mann, als daß er nicht insgeheim · mancher Stimme im feind-
5 lichen Lager beigefallen wäre. Das zerschnitt ihm aber das Herz,
welches den beiden Liebenden mit Innigkeit zugethan war und
sich schon an der Aussicht geweidet hatte, durch sie die Anschauung
eines seltenen Glückes zu gewinnen. Indessen hatte er nur noch
wenig Hoffnung darauf, denn er meinte auch, wie jeder dritte
10 Zeuge eines Verhältnisses, daß keine Leidenschaft den Angriffen
des Verstandes auf die Länge gewachsen sei. So befürchtete er
denn von der Herstellung Oswalds nichts als Einbuße, tiefes
Leid und Zerstörung.

Die schöne Clelia hatte übrigens beim Erwachen eine un-
15 erwartete Nachricht empfangen. Als sie nämlich in das Morgen-
gewand geschlüpft war und sich nach ihrem Gemahle erkundigte,
brachte ihr Fancy ein Billet von ihm, aus dem sie sah, daß er
wirklich in der Nacht Extrapost genommen hatte und zum Besuche
bei dem Oheim im Osnabrückschen abgereiset war. Das Billet
20 sagte ihr das zärtlichste Lebewohl, sagte ihr, daß er ihren Morgen-
schlummer nicht habe stören wollen, und sprach den empfundensten
Wunsch aus, daß eine baldige Schlichtung der Verwirrung, wie
sie sich dieselbe vorgenommen, die Dauer dieser ersten ihm so
schmerzlichen Trennung abkürzen möge. Selbst eine Locke von
25 seinem Haare hatte er beigelegt, Nachschrift über Nachschrift hinzu-
gefügt und eine Stelle im Briefe bezeichnet, welcher von ihm ein
Kuß aufgedrückt worden sei, wie er sagte.

Nachdem die schöne Verlassene diesen Brief gelesen hatte,
schwieg sie eine Zeitlang und sah das feine rosenrote Papier so
30 an, als ob es die Absage einer Soirée bei dem Fürsten, wie er
nun heißen mochte, enthalte, auf welche sich die ganze feine Welt
Wiens schon seit vierzehn Tagen gefreut hatte. Fancy mußte sie
erinnern, daß die Schokolade kalt werde; sie versetzte, daß sie
keinen Appetit habe, und befahl dem Mädchen, die Tasse weg-
35 zutragen. Fancy gehorchte.

Sie saß hierauf etwa eine Viertelstunde im Sofa und
stützte das Haupt gedankenvoll auf den schönen Arm. Dann ging
sie eine halbe Stunde im Zimmer auf und nieder und dann
klingelte sie. Fancy kam. Ihre Gebieterin stand mitten im

Zimmer und sagte zu der Jungfer, die zugleich Schatzmeisterin
und Vertraute war: Fancy, es freut mich, daß mein Mann so
fest ist. Ich bin fest, er ist fest, dieses gegenseitige Festsein ver=
bürgt mir eine geordnete Zukunft. Nichts Unangenehmeres als
zwei Gatten, die einander mit weichen Nachgiebigkeiten quälen. 5
Jeder muß seinen Willen haben und den durchzuführen wissen,
dann findet man sich gegenseitig zurecht und es entsteht ein hei=
terer geregelter Lebensgang. Es freut mich, daß mein Mann ab=
gereist ist.

Warum sollten Sie sich auch darüber nicht freuen, gnädige 10
Frau? erwiderte Fancy, die der Gebieterin nie widersprach.

Ich werde ungestörter, in größerer Ruhe meine Aufgabe
hier lösen, die ich mir gestellt habe, so allein und für mich, sagte
Clelia.

Fancy erwiderte hierauf nichts, sondern nickte nur zuversicht= 15
lich beistimmend mit dem Kopfe. — Aber dennoch bleibt es auf=
fallend, fing die Baronesse nach einer Pause an, daß mein Mann
abreisen konnte.

Auffallend bleibt es allerdings, sagte Fancy. — Unterhalte
mich, sprach Clelia. Fancy unterhielt hierauf die Gebieterin, so 20
gut sie konnte, und erzählte ihr von allen Bekanntschaften, die sie
rasch nach Art der Kammerjungfern im Städtchen gemacht hatte;
von der Frau des Steuereinnehmers, von der Tochter eines
Assistenten und auch vom Küster, der ihr mit seiner barocken Weise
aufgefallen war, und über den sie bei der und der Gelegenheit 25
herzlich hatte lachen müssen, so komisch war sein Betragen gewesen.

Der Stoff dieser Mitteilungen hatte sich noch lange nicht
erschöpft, als die Dame sie unterbrach und sie um Gotteswillen
bat, aufzuhören mit dem albernen Zeuge von Steuereinnehmer=
frauen und Assistententöchtern und Küstern, denn sie habe ent= 30
setzliches Kopfweh. Fancy verstummte auf der Stelle, holte köl=
nisches Wasser und rieb ihrer leidenden Herrin die Schläfe damit
ein. — Du bist ein gutes Mädchen, Fancy, sagte Clelia sanft
während dieser Mühwaltung zu der Dienerin, aber sehr lang=
weilig kannst du mitunter sein. 35

Gnädige Frau, antwortete Fancy schüchtern und doch mit
einem gewissen Pathos, all mein Verdienst ist, Ihnen treu zu
sein und Ihnen zu gehorchen wie eine Sklavin. Unterhaltung
kann freilich ein so beschränktes Mädchen, wie ich bin, nicht haben.

Clelia ließ sich darauf bei ihrem Vetter anmelden. Die Begrüßung beider Verwandten war sehr liebevoll, denn sie waren einander gut, wie Bruder und Schwester. Dennoch empfand Clelia nach den ersten Reden einen gewissen Zwang, denn sie war sich ja geheimer Absichten gegen seine Wünsche bewußt. Sie kürzte daher den Besuch unter dem Vorwande, daß viel Sprechen ihm noch schädlich sein möchte, ab. Dann hatte sie die Unterredung mit dem Diakonus. Darauf wollte sie die Hausfrau sprechen, aber diese hatte in ihrer Wirtschaft die Hände voll zu thun. Sie verlangte daher nach dem Oberamtmanne. Der war jedoch auf dem Gerichte und sprach mit einem Beamten über Dienstsachen. Nun begehrte sie wieder den Diakonus zu sprechen, welcher sich indessen zu einer Synode hinbegeben hatte.

Die Toilettenstunde war hierüber herangekommen und diese gab nun einige Zerstreuung. Während Fancy das Haar ihrer Dame ordnete, erfuhr sie das Projekt, welches diese beschäftigte. Sie faßte ihre eigenen verschwiegenen Gedanken. Diese halten wir uns nicht für berechtigt zu offenbaren, denn auch gegen Kammerjungfern soll man diskret sein. Nur so viel: Wie alle ihre Schwestern war Fancy eine geschworene Freundin von Mesalliancen. Zwar hätte sie auf Lisbeth neidisch sein dürfen, dagegen aber stritt ihr Gemüt. Bei aller Schlauheit hatte das Mädchen ein dankbares Herz. Der junge Graf Oswald hatte einst ihrem alten invaliden Vater eine Versorgung als Kastellan ausgemacht, ihn dadurch vom Hungertode gerettet. — Man muß hübsch erkenntlich sein, dachte Fancy und entwarf ihren Soubrettenplan.

Sie legte etwas boshaft das schöne, noch nie getragene blaue Mousseline-de-Laine-Kleid heraus und kleidete überhaupt ihre Herrin heute mit besonderer Sorgfalt. Als Clelia sich im Spiegel so schön geschmückt sah, seufzte sie und sagte: Schade, daß man das für die Tauben und Sperlinge im Hofe angezogen hat.

Recht schade! versetzte Fancy. Der Herr hatten sich so sehr darauf gefreut, die gnädige Frau in dem neuen Kleide zu sehen.

Nun, es wird ja hier keine Ewigkeit währen, warf die schöne Frau leicht hin.

Die Ewigkeit ist lang, versetzte die gefällige und nachgiebige Fancy. Nein, eine Ewigkeit wird es wohl nicht währen.

Nach Tische — sie speiste nur mit der Hausfrau, denn die Männer hatten absagen lassen, und das Mahl war deshalb etwas einsilbig, wie alle Diners zweier Damen und von sehr kurzer Dauer — ließ die junge Baronesse ihre Uhr repetieren und sagte: Halb drei. Das wird ein langer Nachmittag werden. — Sie las etwas, aber das Buch zog sie nicht an, dann sang sie etwas zur Guitarre, aber sie hörte bald auf, denn sie behauptete, heiser zu sein. — Fancy, meine Krespine! rief sie. Fancy brachte die schwarzseidene Krespine. Clelia ging etwas in den Garten, aber die Mücken schwärmten ihr dort zu wild, und deshalb kehrte sie bald wieder in ihr Zimmer zurück.

Wenn mein Vetter erfährt, welcher Langenweile ich mich um sein wahres Heil ausgesetzt habe, so müßte er der undankbarste Mensch sein, sagte er mir nicht zeitlebens Dank, sprach sie zu Fancy, die ihr die Krespine abgenommen hatte und in den verknitterten Spitzen um den vollen Nacken Ordnung stiftete.

Er müßte der undankbarste Mensch sein, erwiderte Fancy.

Sie nahm Stramin zur Hand und fing etwas an zu sticken. Inzwischen war der Oberamtmann zurückgekommen und ließ anfragen, ob er aufwarten dürfe. In der Dürre dieses Tages erschien ihr der Geschäftsmann wie ein Retter aus der Not; gern wurde er angenommen. Als er seine verehrte Schöne in dem neuen, reizenden Anzuge sah, begannen seine Augen wacker zu werden, er sah ganz verklärt aus. — Das Sticken aus freier Hand schien ihr einige Beschwerde zu verursachen. Er fragte sie lebhaft, ob er ihr den Stramin halten dürfe? Sie bejahte im schmeichelndsten Tone. Mit leuchtenden Blicken setzte sich nun der Oberamtmann zum Dienste der Galanterie auf ein Fußbänkchen zu den Füßen der jungen Dame nieder, nahm den Stramin fest in seine beiden Hände und sah so ernsthaft auf die Rosen, die unter Clelias Nadel entstanden, als habe er ein Todesurteil vor Augen. Auch Clelia stickte eifrig, als arbeite sie um das tägliche Brot, und Fancy saß im Fenster, mit einer Beeiferung ohnegleichen nähend.

Die Spannung der nächsten Augenblicke war nicht gering. Endlich fragte Clelia ihren grauen Verehrer, wie er die Sache mit dem Vetter anzugreifen gedenke, worauf er ihr ungefähr die nämliche Auskunft gab, wie dem Diakonus. Clelia fuhr aber heftig auf und erklärte, daß sie ein solches Verfahren durchaus nicht zugeben werde, daß das ein rauhes und unmenschliches Verfahren sei, welches ohnehin nicht einmal einen günstigen Erfolg zusichere, weil die Liebe durch so unmittelbaren Widerspruch nur wachse, und was dergleichen mehr war, geeignet, den ganzen

5 Plan des Oberamtmanns umzuwerfen. Sie hatte den Stramin aus ihren Händen entlassen und der Oberamtmann hielt ihn sonach bestürzt und gedankenlos allein in den seinigen.

Aber mein Gott, sagte er traurig, was wollen Sie denn, daß geschehen soll?

10 Darüber habe ich meinen Entschluß gefaßt, erwiderte Clelia ernst. — Er ist auf die Kenntnis des weiblichen Herzens gegründet. Kurz, wenn ich irgend etwas auf Sie vermag, wenn Sie wirklich mir in dem Maße vertrauen, wie es den Anschein hat, so überlassen Sie mir die Leitung der Sache, denn von solchen Dingen

15 begreift ihr Männer überhaupt nichts.

Der Geschäftsmann wollte Widerspruch erheben, aber sie sah ihn so bestimmt an, er fürchtete so sehr von ihr verabschiedet zu werden, sie kam ihm heute in dem blauen Mousseline-de-Laine-Kleide reizender als je vor, er hatte sich so glücklich gefühlt, als

20 er ihr den Stramin gehalten — genug, er gab wehmütig und kleinlaut nach. Unter der Thüre aber wendete er sich nochmals um, ging zu ihr, faßte ihre beiden Hände, drückte sie gegen seine Brust, seufzte und sagte: Das ganze Geschick unseres Freundes steht auf dem Spiele. Nur Kälte und Konsequenz kann ihn retten.

25 Wird Ihnen Ihre weibliche Gutmütigkeit nicht einen Streich spielen? Wenn sich nun Stöhnen und Wehklagen erhebt, werden Sie dann standhalten?

Darüber sein Sie ganz ruhig, versetzte Clelia. Fancy, du kennst meine Festigkeit.

30 Ich kenne die Festigkeit der gnädigen Frau, sagte Fancy.

Nach der Entfernung des Oberamtmannes fragte die Baronesse ihre Zofe, ob sie wohl ihren Plan errate. Die Zofe versetzte, daß sie ein zu dummes Mädchen sei, um so kluge Plane erraten zu können. Ich werde, sagte darauf die Baronesse, indem sie sich

35 von Fancy die seidenen Schuhe, welche sie etwas drückten, ausziehen ließ und ihre kleinen Füße in rote goldgestickte Pantöffelchen steckte, ich werde auf weibliche Art die Sache ordnen, Fancy.

Sie nahm eine gefällige Lage auf dem Sofa an, Fancy setzte sich auf das Bänkchen des Oberamtmanns zu ihren Füßen, sah ihr demütig in das Gesicht und erwiderte: Gnädige Frau, Sie können gar nichts anderes sein, als das edelste weibliche Wesen.

Meinst du? versetzte die Gebieterin lächelnd und streichelte ihrer ergebenen Jungfer die Wange. — Nun höre meinen Plan. Nach allem, was ich von der Lisbeth höre, ist sie ein gutes und braves Mädchen. Solche Gemüter leben nur im Glücke ihres Freundes und entsagen dem eigenen, wenn man ihnen klar macht, daß sie das Unglück des zweiten werden können. Ich will auf das Gemüt des Mädchens mit allen Gründen wirken und bringe es ohne Zweifel dahin, daß sie in meine Hände ihre Liebe und meines Vetters Wort zurückgiebt. Entsagen soll sie, entsagen wird sie, dann werde ich sie weitweg zu entfernen wissen. Tot muß sie für Oswald sein, ich aber sorge, wie sich von selbst versteht, zeitlebens als Mutter für sie. — Nur die schlechte, un= wahre Liebe will um jeden Preis den Besitz des Geliebten; die reine, wahre weiß sich selbst freudig zu opfern, setzte Clelia be= geistert hinzu, indem sie sich von Fancy einen Handspiegel vor= halten ließ, weil sie fühlte, daß eine Locke heruntergefallen war, die wieder aufgesteckt werden mußte.

Fancy ergoß sich in Versicherungen, daß diejenige ein elendes Mädchen sein müsse, welche nicht willig auf den Geliebten verzichte, sobald seine Lebensruhe davon abhange, und Clelia fuhr fort: Sehen aber darf ich sie nicht vor der entscheidenden Unterredung, denn meine ganze Festigkeit muß ich allerdings für diesen Haupt= schlag zusammenhalten und keinem unzeitigen Mitleid mich aussetzen.

Nein! rief Fancy eifrig, nein, sehen dürfen Sie sie durchaus nicht. Denn dann könnten Sie weich werden, Ihre Gründe würden sich vielleicht, so zu sagen, zerbröckeln, und das Mädchen möchte Sie gewinnen und alles wäre verloren. Wenn Sie aber plötzlich, mit aller Ihrer Klugheit bewaffnet, sie kommen lassen, gnädige Frau, dann wollte ich doch wohl einmal diejenige sehen, die Ihnen widerstehen könnte. So wie Sie sich die Sache aus= gedacht haben, muß sie gelingen und mich dauert nur die arme Lisbeth, die um den schönen Grafen kommt, denn ich, gnädige Frau, bin freilich nicht so fest wie Sie, sondern nur ein einfältiges, weichherziges Mädchen.

Nach diesen Vorfällen verging der Abend der jungen Dame in einer gewissen stillen Erhebung. Die Nacht war jedoch un= ruhig und die Bewohner des Hauses wurden durch mehrmaliges

Schellen in dem Zimmer der Baronesse aus ihrem besten Schlummer
geweckt. Clelia schellte nach ihrer Jungfer deshalb so oft, weil
sie durchaus nicht schlafen konnte. Sie gab ihrem Lager die
Schuld, welches Fancy ganz abscheulich gemacht habe, ließ von
ihr die Kissen anders legen, da das nicht helfen wollte, die Decken
besser ordnen, und als auch die besser geordneten Decken keinen
Schlaf bringen wollten, die Matratze wenden.

So wurde Fancy geschellt, entlassen, wieder geschellt, wieder
entlassen. Fancy, der ihr Gewissen in betreff des Lagers nicht
das mindeste vorwarf, ertrug gleichwohl schweigend die Verweise
der Herrin, oder schalt sich auch wohl selbst einmal wegen ihrer
Nachlässigkeit, und legte, ordnete, wendete mit der Geduld einer
Heiligen die Bestandteile des so ungerecht verklagten Lagers. Aber
es half alles nichts und gegen Morgen bekam Clelia einen Anfall
von Krämpfen. Fancy pflegte die arme Kranke mit Essigäther
und Orangenblütenthee, den sie sogleich rasch und still zu bereiten
wußte, treulichst. Das Übel lösete sich auch, und unter Thränen,
welche die beklommene Brust erleichterten, machte Clelia am Busen
ihrer Vertrauten dem verhaltenen Schmerze Luft. Sie weinte
sehr und klagte über ihren Gemahl, der sie so herzlos habe verlassen können, sie fürchte, sagte sie, daß er sie doch nicht so liebe,
wie sie gedacht, sie nannte sich endlich schluchzend eine arme auf-
gegebene, schutzlose Frau — Fancy nötigte ihr so viel Orangenblütenthee ein, wie nur möglich, und schalt dabei auf das ganze
männliche Geschlecht, von dem sie behauptete, daß es im allgemeinen nichts tauge und nur zum Verderben der Frauen er-
schaffen sei. Der gnädige Herr mache denn leider auch keine
Ausnahme, sagte sie und das Übelste sei, daß sich, wenn er fest
dabei verbleibe, seinen Oheim im Osnabrückschen so lange zu besuchen, als die gnädige Frau hier Geschäfte habe, gar kein Ende
des verzweiflungsvollen Zustandes absehen lasse.

Am anderen Tage war Clelia sehr leidend und medizinierte.
Ihr Befinden besserte sich nicht, als sie vernahm, daß Lisbeth in
der Frühe auf eine halbe Woche zu ihrem alten Pfleger verreiset
sei, den sie nun, da sie über Oswald ganz ruhig geworden war,
wiederzusehen verlangte. Sie hatte sich außerdem zu dieser Reise
deshalb bestimmt, weil sie jede Versuchung meiden wollte, den
Geliebten durch ihre Gegenwart jetzt, wo er sanft und allmählich
in das Leben zurückkehren sollte, aufzuregen.

Fünftes Kapitel.

Worin der Hofschulze seine letzte Rede über allerhand wichtige Gegen=
stände hält.

An einem der nächsten Tage ging der Diakonus auf das
Gerichtshaus, wo er als Zeuge vernommen werden sollte. Mehrere
Menschen, die gleich ihm hinbeschieden worden waren, standen
unten vor der Thüre, und andere sprachen mit ihnen über den
Gegenstand, der vor einigen Wochen die größte Verwunderung
im Städtchen erregt hatte, dann den Leuten aus dem Sinne
gekommen war, und nun, als das Gericht die Sache wieder auf=
nahm, von neuem zu reden gab.

Die Zeugen sollten über den Patriotenkaspar und den Ober=
hof verhört werden. Der Oberamtmann war nämlich an jenem
Tage, wo er den Einäugigen traf, über den Fall ins klare und
mit einer protokollarischen Darstellung desselben zustande gekommen.
Auch er überzeugte sich zwar, daß die Sache verjährt sei, gleich=
wohl meinte er, sie habe eine solche Gestalt, daß wenigstens das
Thatsächliche in aller Form Rechtens festgestellt werden müsse. Der
Amtseifer des Geschäftsmannes wurde selbst durch den traurigen
Zwischenfall mit seinem jungen Freunde nicht von dieser Bahn
abgeleitet. Er trug daher, was er geschrieben, zu dem Vorstande
des Gerichts, gab die nötigen Erläuterungen dazu und das Gericht
ging ebenfalls in die Ansicht ein, daß ein geständiger Mörder,
wenn auch von noch so alter Zeit her, wenigstens vorderhand
nicht auf freien Füßen stehen und unverhört bleiben dürfe.

Man schritt daher gegen den Patriotenkaspar zur Verhaftung.
Dieser hielt von dem Leiterwagen herunter, auf dem man ihn
einbrachte, Reden an das Volk, verfluchte die Gerichte von seines=
gleichen und pries die Gerichte des Königs, vor denen er nunmehr
seine alte Schuld abbüßen wolle. Zugleich berühmte er sich des
Torts, den er seinem Todfeinde angethan. Das Gericht wollte
sich indessen auch nicht so ohne weiteres mit einer vielleicht nachher
getadelten Arbeit belasten, fragte daher höheren Ortes an, von
da geschah eine Rückfrage noch weiter hinauf und die Bescheidung
erfolgte erst nach mehreren Wochen. Sie ging dahin, daß aller=
dings, um die Sache aufzuklären, die nötigen Vernehmungen ge=
schehen sollten.

Gerade kurz vor den Tagen, von welchen hier die Rede ist, war jene Bescheidung eingetroffen.

Besichtigungen wurden daher vorgenommen, Zeugen abgehört und diese Dinge brachten die Angelegenheit wieder in das Ge=
5 dächtnis der Menschen zurück. Die sonderbare Art von Macht, welche der Hoffchulze ausgeübt, kam zur Sprache, der einäugige Frevler hatte kein Hehl, daß er seinem Feinde das Schwert an einen verborgenen Ort weggethan habe und obgleich dieser That= umstand kaum ein Verbrechen, sondern mehr nur einen Mutwillen
10 darstellte, so war es doch gerade, und was mit ihm zusammen= hing, wodurch die Leute am meisten beschäftigt wurden. Man verwunderte sich, daß ein Uraltes, längst Verschollenes sich wie eine unabhängige Macht im Staate hatte hinstellen können.

Auch der Name des Diakonus geriet auf die Zeugenliste.
15 Die Untersuchung ruhte in den Händen eines Richters, der sich viel mit historischen Studien beschäftigte, und diese fanden hier reichliche Nahrung. Er machte daher die Sache wohl weitläufiger, als sie streng genommen zu werden brauchte, und hörte jeden ab, der einigen Aufschluß über das Wesen des Oberhofes und das
20 Treiben seines Besitzers zu geben vermochte. Deshalb hatte er denn den Diakonus gleichfalls vorladen lassen, weil dieser, wie bekannt war, viel mit dem Hoffchulzen verkehrte, obgleich er von dem eigentlichen Gegenstande der Nachforschungen nicht das mindeste wußte.

25 Man ließ den Diakonus seines Standes wegen nicht im Zeugenzimmer warten, sondern berief ihn sofort in die Verhör= stube. Dort wohnte er einem sonderbaren Auftritte bei. An den Schranken stand der einäugige Mörder und in einer Ecke saß der Hoffchulze, über dessen verfallenes Aussehen der Diakonus
30 erschrak. Der Mörder stand ganz strack da und sein reicher Feind saß in zusammengekrümmter Haltung. — Noch einmal fordere ich Euch auf, sagte der Richter zum Patriotenkaspar, mir zu entdecken, wohin Ihr das Schwert gethan habt; bedenkt, daß Ihr durch hartnäckiges Verleugnen Euer Schicksal erschwert. —
35 Hoffchulze, sagt ihm ins Gesicht, daß Ihr Euer ganzes Haus darnach vergeblich durchsucht habt, daß es also nicht im Oberhofe liegen könne.

Wenn der Mensch keine Hexenmeisterkünste ausgeübt und es in einen Balken inwendig hineingehext hat, so liegt es draußen

irgendwo und der Bösewicht muß wissen, wo es liegt, sagte der
Hofschulze, indem er einen Blick des grimmigsten Zornes auf den
Entwender warf.

Der Einäugige, der mehr seinen Feind im Auge behielt, als
den Richter, versetzte: Und dennoch liegt es im Oberhofe, Hof=
schulze, aber finden werdet Ihr es schwerlich, wenn Ihr nicht das
ganze Haus von Grund aus umreißt. Und das ist eben meine
Freude, daß Ihr das wissen sollt, und daran vergehen, daß es
Euch so nahe ist und dennoch verborgen bleibt. Mein Schicksal
weiß ich. Daumenschrauben und Leiter gelten nicht mehr; Ihr
könnt mich also höchstens länger sitzen lassen, Herr Richter, und
das möget Ihr thun, denn ich schweige und werde schweigen,
müßte ich auch hundert Jahre absitzen. Wo das Schwert liegt,
diese Sache geht mit mir in die Grube.

Der Richter, welcher gar zu gern das alte Schwert .gesehen
hätte, fuhr den hartnäckigen Verleugner heftig an, der Hofschulze
aber richtete sich auf, unterbrach ihn und sagte mit plötzlicher
Hoheit: Lasset es gut sein, Herr Richter, wenn meine Bitte etwas
gilt, denn ich habe mich besonnen und dieser Bösewicht wird nichts
verraten. Ich werde mich ohne das Schwert zu behelfen wissen.

Der Richter ließ den Patriotenkaspar abführen. Seid nun
so gut, sagte der Hofschulze, die Sachen von mir aufzunehmen,
die mit den anderen Dingen stimmen, welche bereits von mir
geschrieben stehen.

Der Richter schien etwas in Verlegenheit zu geraten, und
erwiderte: Das gehört ja nicht zur Sache und ich muß überhaupt
erst den Herrn Diakonus vernehmen. — Dessen Verhör war kurz,
es drehte sich eigentlich um nichts. Der Hofschulze wartete ruhig
die Beendigung ab; dann wiederholte er seine frühere Bitte. —
Soweit ich Euch im allgemeinen verstanden habe, sagte der
Richter, wollt Ihr Sachen aufgeschrieben wissen, die sich nicht ziemen.

Nicht ziemen! rief der Hofschulze mit erhöhter Stimme. Ich
habe Euch auf alle Fragen nach der Heimlichkeit und wie ich sie
verwaltet, Rede gestanden, und nun verlange ich auch mit der
Manier, daß meine Auskünfte und Zusätze gehörig dazugethan
werden, und soweit mir die Rechte bekannt sind, dürft Ihr mir
die Zunge nicht stumm machen.

Nun denn, rief der Richter halb ängstlich halb ärgerlich seinem
Schreiber zu, zeichnen Sie auf, was der Alte sagt.

Ja, alt bin ich, und alt ward ich in Ehren, versetzte der
Hofschulze gelassen. Der Diakonus wollte gehen. — Nein, bleiben
Sie, Herr Diakonus, sagte der Hofschulze, es ist mir gar sehr
lieb, daß Sie zufällig hier sind, denn ich ästimiere Sie als einen
frommen und gelehrten Mann von Herzen, und es kann mir nicht
schaden, wenn auch Sie meiner Art und Manier Zeugenschaft
geben. — Herr Skribent, sagte er zu dem Schreiber so gebietend,
als habe er an Gerichtsstelle zu befehlen, schreibet genau auf,
was ich zu wissen thue.

Herr Richter, ich mag mit meinem Schwerte und mit der
Heimlichkeit am Stuhl wohl wie ein Narr da in den Schriften
stehen, und Possen, wenn mir recht ist, nannte der junge vornehme
Herr, an dem ich mich in meiner Angst vergreifen wollte, die
Sachen, woran mein Herz gehangen hat. Ich will aber jetzt
explizieren, was vor eine Bewandtnis es mit diesen Possen gehabt
hat. — Allerhand habe ich erlebt in der Bauerschaft, Friedens=
zeiten und Kriegesläufte und Hagelschlag, Überschwemmung, gute
Ernte und Mißwachs und Viehsterben. Nun sah ich denn, seitdem
ich in die Jahre getreten war, wo das Menschenkind anfängt
nachzudenken, daß hin und her die Herren kamen, die sich auf
die Schreiberei verstehen und auf das Besserwissen als die Leute,
welche die Sache angeht, und die guckten nach, wenn alles ge=
schehen war, das Korn niedergetreten und das Vieh in den letzten
Zügen lag und die Wässer wieder im Ablaufen sich befanden.
Hatte aber gar der Feind geplündert und ravagiert, da kamen sie
vollends erst lange darnach und notierten sich's auf, denn während
der Gefahr war meistens keiner der Herren zu finden.

Die Herren thaten dann ordinieren, wie alles wieder in
Richtigkeit zu bringen sei, mehrestenteils aber sagten sie Sachen
des Sinnes und Verstandes, daß wenn der Hagel nicht gefallen
wäre, so hätte sich das Korn nicht umgelegt und ohne die Lungen=
fäule müßten die Kühe noch am Leben sein. Unterweilen wurde
auch wohl einiges Geld geschickt, es kam aber selten an den
Rechten, und im ganzen rappelten diejenigen sich am besten wieder
heraus, welche nicht auf die Hilfe der Herren da draußen warteten,
sondern sich selber halfen, wohingegen ich manche Menschen habe
ganz heruntergekommen sehen, die immerdar bei jedem Unfall mein=
ten, es müsse nun von da draußen ihnen das Malheur gut=
gemacht werden.

Erstaunend absonderlich aber war eine Sache. Mitunter
machte ein Herr von der Schreiberei unter uns Bauern Dinge,
worüber wir lachen mußten, und dann traf es sich wohl, daß ein
solcher Herr ein paar Jahre darauf von weither mit vier Pferden
durch die Bauerschaft gefahren kam, und hatte eine Miene, als 5
habe er bei Erschaffung der Welt mitgeholfen, und allerhand bunte
Bänder vorne am Rocke.

Dieses alles nun in meinen einfältigen Gedanken betrachtend,
vermeinte ich letzlich, daß die Herren von der Schreiberei da draußen
uns Bauern eigentlich wenig hülfen, und das auch eigentlich nicht 10
wollten, sondern nur schreiben und sich nach und nach in die
Wägen mit vier Pferden hineinschreiben. Und Gott verzeihe mir
die schwere Sünde, einstmalen, als ich bei einem Rübenfelde vorbei=
ging, worinnen die Pfeifer waren, so fielen mir die Herren ein
und wußte nicht, wie das geschah. — Nun auf der anderen Seite 15
hatte ich meine Reflexion, wie das Wesen in der Welt so eigentlich
bestellt sei. Da dachte ich — denn ich habe immer in meinem
Leben Nachgedanken gehabt —, daß ein ordentlicher Mensch schon
durchkommt, der auf Wind und Wetter achtet, und auf seine Füße
schaut und in seine Hände und sich mit seinen Nachbarn getreulich 20
zusammenhält.

Sehet, ihr Herren, darauf kommt es mehrestenteils nur an.
Und nach diesem gewöhnte ich mir selbst zuerst die Gedanken nach
Hilfe von draußen ab, zahlte meine Steuern und trug meine
Lasten, im übrigen aber hielt ich mich vor mich und ließ es mir 25
lieber, wenn ein Malheur passierte, etwas saurer werden, als
daß ich die Herren da draußen um Beistand angesprochen hätte.
Hernacher gewöhnte ich es auch den Leuten um mich herum ab.
Sie nahmen an mir ein Exempel, und so thaten wir Nachbarn
uns allmählich zusammen, sprangen einander bei, ordinierten unser 30
Wesen für uns, und kam von vielen Sachen, um die sie anderer
Orten ein großes Halloh erheben, nichts über die Gemarkung hin=
aus. Und als der Mordhund da, der mir nun mein Schwert
gestohlen hat, an meinem Sohne zum Missethäter geworden war

13 f. Auch in „Kardenio und Zelinde" I, 5, 103 gebraucht Immermann den Ausdruck:
„Man wird die Pfeifer aus der Rübsaat doch,
'ne Warze doch vom Finger beten dürfen."
und giebt dazu die Erklärung: „Maden eines kleinen Rüsselkäfers, der häufig auf Schoten=
und Rübsenfeldern vorkommt. Die Schötchen werden von ihnen so ausgehöhlt, daß sie
wie Pfeifen aussehen; daher der Name."

und zufälligerweise auch ungefähr um die nämliche Zeit einer am Stuhle droben nach unserer alten Regel und wie der her= gebrachte Orden ist, wissend gemacht werden sollte, kam es mir ein, diese alte heimliche Sache zu brauchen wider den Totschläger, und es glückte und ich setzte ihn aus dem Frieden, feimte ihn ins Elend hinein und machte ihn zum Zeichen vor Großen und Kleinen, daß keiner unrecht thun dürfe. Als aber die Sache erst einmal im Gang war, gelang sie immer besser; wenige Prozesse wurden in das Amt getragen, und die meisten Frevel gar nicht angezeigt, sondern wir machten die Schererelen unter uns ab. Denn über Mein und Dein und wem die Mauer gehört und jener Wiesenstreifen, kann man schon selbst mit seinem Bauer= verstande fertig werden. Wenn aber wo eingebrochen ist, so kennt fast immerdar das Dorf den Dieb, was freilich oft nicht strenge zu beweisen steht, wornach denn ein solcher angezeigter Spitzbube frech und zum Standal ganz schandhaft umhergeht und sich seiner Beute wohl noch gar erfreut, die der Bestohlene nicht wiederkriegt. Handhaben also selber Recht und Gerechtigkeit in allem Frieden und konnte uns niemand darum anfassen, denn wir thaten keinem was zuleide, sondern gingen nur nicht mit dem Ungerechten und Frevelhaften um, wenn wir ihn in die Feime gesetzt hatten; es entstand aber weit größere Furcht dieserhalb unter den Leuten, als vor Urtel und Gefängnis.

Die Rede des alten Bauern rauschte in ihren rohen und strudelnden Ausdrücken wie ein Waldbach daher, der über Wurzeln, Knoten und Kiesel strömt. Er sprach, ohne zu stocken. Der Richter wollte ihn unterbrechen, der Hofschulze aber sagte: Ich bitte und ersuche Euch, Herr Richter, mich gänzlich aussprechen zu lassen, denn noch manches habe ich zu veroffenbaren. — Herr Richter und Herr Diakonus, wenn wir so unser Wesen für uns allein in Geschick brachten, so waren wir darum keine Unruhe= stifter und Tumultuanten. Denn hatten wir auch die Herren von der Schreiberei nicht ganz sonderlich in der Ästimation, so schlug uns doch jederzeit das Herz, wenn wir an den König dachten. Ja, ja, gegenwärtig schlägt mir mein Herze in meinem Leibe, da ich seinen Namen ausspreche. Denn der König, der König muß sein, und nicht ein Buchstabe darf abgenommen werden von seiner Macht und von seinem Ansehen und von seiner Majestät. Weil er nämlich ist der oberste General und der allerhöchste Richter

und der gemeine Vormund. Denn es arrivieren freilich mitunter
Sachen, darin man sich nicht selbst helfen kann und nicht zu raten
weiß mit seinen Nachbarn. Da ist es dann Zeit, daß man den
König anruft in der Not. Aber, wie ein ordentlicher Mensche
dem lieben Gott nicht um jede Bagatelle Molesten macht, als 5
zum Beispiel, wenn einem der kleine Finger wehe thut an der
linken Hand: sondern wo die Kreatur nicht mehr aus noch ein
weiß, da schreit sie zu ihm, also soll der König nicht angeschrieen
werden um jeden Groschen, der mangelt, sondern in der rechten
echten Not allein, und zu allen übrigen Tagen soll man nur 10
sein Herze erfreuen und erquicken an dem Könige; denn er ist
das Abbild Gottes auf Erden. Zum Pläsir ist uns hauptsächlich
der König gesetzet und nicht zum Hans in allen Ecken. Aber
wo nun der Geängstete und Bedrängte seinem Leibe keinen Rat
mehr weiß, da thut er sich aufmachen und steckt Brot und sonstigen 15
Mundproviant zu sich und thut viele Tage gehen. Und endlich
stellt er sich an Ort und Stelle vor das Schloß und hebt sein
Papier in die Höhe und dieses sieht der König und schickt einen
Lakaien oder Heiducken, oder was für Kramerei und Package er
sonst um sich hat zu seiner Aufwartung, herunter, und läßt sich 20
das Papier bringen und lieset es, und hilft, wenn er kann.
Wenn er aber nicht hilft, so steht nicht zu helfen, und das weiß
dann der arme Mensch, geht stille nach Hause und leidet seine
Not wie Schwindsucht und Abnehmungskrankheit.

Sie sagen, er mache sich nichts aus den Leuten; dieses ist 25
aber eine grobe Lüge, denn er hat die Unterthanen sehr gerne
und behält es nur bei sich, und ein recht gutes Herz hat er, wie
es ein deutscher Potentate haben muß, und ein sehr prächtiges.
Es ist erstaunlich und eine Verwunderung kommt einen an, wenn
man die Männer, die davon wissen, hat erzählen hören, wie er 30
sich in der grausamen Not, als der Franzose im Lande hausete,
so zu sagen das Brot vor dem Munde abgebrochen hat, und hat
seinen Prinzen und Prinzessinnen zu Geburtstägen und Weihnachten
nur ganz erbärmliche Präsente gemacht, bloß, damit er den armen
Unterthanen, die ganz ausgesogen waren, nicht viel koste. Dieses 35
segnet ihm nun der liebe Gott an seinen alten Tagen in Fülle,
und er ist wieder recht in guten Umständen und ganz wohlauf,
und Gott erhalte ihn lange dabei! Und noch neulich hat er einem

19. Kramerei und Package; der Hofschulze will sagen „Kämmerer und Page".

armen Menschen in unserer Nachbarschaft, den einer wegen Zinsen
und Lasten mitten im Winter hatte vom Hofe herunter subhastieren
lassen wollen, das Geld aus seiner Tasche gegeben, und wenn er
kann, soll ihm der es wiedergeben, und wenn er nicht kann, so
thut es auch nichts, hat der König gesagt.

Deshalb haben wir immer, mochten wir auch von vielen
Geschichten um uns herum nichts wissen, wenn wir anstießen, gerufen: Der König soll leben!

Jetzt komme ich auf meine letzte Sprache, Herr Diakonus
und Herr Richter. Wenn der Mensch bei sich fertig ist, so gehen
seine Gedanken wandern mit den Wolken, die da ziehen, und mit
den Lastwagen, die vorbeifahren über den Hellweg. Und so gingen
die meinigen auch mitunter über Börde und Haarstrang hinaus
und ich dachte, wenn nun da draußen sich auch jedermann so
lernte auf sich verlassen, und stellte sich zusammen mit seinesgleichen, der Bürger mit dem Bürger, der Kaufmann mit dem
Kaufmann, der Gelahrte mit dem Gelahrten und auch der Edelmann mit dem Edelmanne, und machten ihre Sachen mehrenteils
unter einander ab ohne die Herren von der Schreiberei draußen,
so wären die Pfeifer aus der Rübsnat gethan und es müßte eine
ganz herrliche und kostbare Wirtschaft geben. Denn die Menschen
wären dann nicht wie die dummen Kinder, die immer schreien:
Vater! Mutter! wenn sie einen Augenblick alleine sind, sondern
gleichsam ein Fürst wäre jeder bei sich zu Hause und mit seinesgleichen. Dann wäre auch erst der König ein recht großer Potentate und ein Herre sondergleichen, denn er wäre der König über
vielmalhunderttausend Fürsten.

Dieses ist nun die Moral von der Heimlichkeit am Stuhle
und von dem Schwerte von Karolus Magnus und von den sogenannten Possen, die ich getrieben. Schreibet alles recht genau
auf, Herr Skribent, was ich gesagt habe, denn ich will nicht wie
ein einfältiger Mann in Euren Schriften stehen, und es soll mir
ganz lieb sein, wenn meine Meinung noch andere zu lesen bekommen, und es reflektiert mich nicht, wenn sie selbst bis zu dem
Könige getragen wird. Von diesem habe ich nie etwas zu bitten
bedurft, und ich gebrauche ihn nicht zu meines Leibes Notdurft.
— Aber voll Freuden bin ich immer gewesen, sein Unterthan zu
sein wie ein geborener Fürst und mein Herz habe ich an ihm er-
frischet all mein Lebtage.

Leuchtend waren die hellblauen Augen des Hofschulzen während des letzten Teils dieser Rede geworden, seine weißen Haare hatten sich wie Flammen emporgerichtet, die Gestalt stand wieder groß und gerade da. Der Richter sah vor sich nieder, der Diakonus dem Alten in das Antlitz; er gemahnte ihn wie ein Prophet des alten Bundes. Mit höflicher Verbeugung und stillem Gruß entfernte sich der alte Bauer.

Der Diakonus folgte ihm tiefbewegt. Draußen holte er ihn ein, legte ihm die Hand auf die Schulter, schüttelte seine Rechte und sagte ergriffen und gerührt: Ihr habt mich erbaut, Hofschulze. Jetzt aber will ich als Euer Seelsorger und Priester Euch erbauen.

Der Alte war im Vorsaale schon wieder der schlichte Bauer geworden, der krank und angegriffen aussah. Thun Sie das, sagte er, Herr Diakonus, denn Zusprache ist mir not. Ich habe gar zu viel Verdruß gehabt letzthin. Ich kann es nicht überkriegen, daß die Scham geblößt ist von den heimlichen und scheuen Dingen, und sie nun umhergetragen werden in den Schriften und von dem jungen Herrn ins Reich geschleppt. Nach dem Schwerte will ich nicht weiter trachten, denn es hilft mir doch nichts, aber der Kummer darum wird mein Herz zernagen. Der Stuhl wird nun wohl eingehen.

Laßt den Freistuhl verfallen, das Schwert aus dem Auge des Tages geschwunden sein, laßt sie die Heimlichkeit von den Dächern schreien! rief der Diakonus mit geröteter Wange. Habt Ihr nicht in Euch und mit Euren Freunden das Wort der Selbständigkeit gefunden? Das ist die heimliche Losung, an der ihr euch erkennt und die euch nicht genommen werden kann. Gepflanzt habt ihr den Sinn, daß der Mensch von seinen Nächsten abhange, schlicht, gerade, einfach; nicht von Fremden, die nur das Werk ihrer Künstlichkeit mit ihm herauskünsteln, zusammengesetzt, erschroben, verschroben; und dieser Sinn braucht nicht der Steine unter den alten Linden, um gutes Recht zu schöpfen. Eure Freiheit, Eure Männlichkeit, Eure eisenfeste Natur, Ihr alter, großer, gewaltiger Mensch, das ist das wahre Schwert Karls des Großen, für des Diebes Hand unantastbar!

Herr Diakonus, Sie machen mir viel zu viele Komplimente, erwiderte der Hofschulze bescheiden. Indessen werde ich Ihre Worte im Herzen bewegen und sehen, was ich damit anfangen kann.

Sie gingen bis auf die Straße zusammen. Dann trennten sie sich. Der Diakonus war in einer Erschütterung, wie er sie lange nicht empfunden hatte.

———— —

Sechstes Kapitel.

Ernste und feierliche Erklärungen zwischen der Baronesse und dem Oberamtmann.

Die junge Dame Clelia hatte inzwischen die ermüdendsten Tage verlebt. Das Medizinieren unterhielt sie wohl anfangs, indessen war doch der Reiz der großen Arzeneiflasche, welche der alte Eilen gefällig verschrieben hatte, bald abgebraucht. Sie fand, daß die Mixtur nach gar nichts schmecke, und ließ sie, nachdem sie einige Eßlöffel voll zum Teil eingenommen hatte, ärgerlich zum Fenster hinauswerfen. Sie sagte, sie wolle die Naturkräfte walten lassen, die ganze ärztliche Kunst sei Charlatanerie.

Es fiel ihr ein, daß sie einige Briefschulden abzutragen habe; Fancy mußte daher das mit gepreßtem braunen englischen Leder überzogene und mit Goldstäben gezierte Reiseschreibzeug auf den Tisch setzen, öffnen, die feinen roten, gelben und blauen Briefblättchen, die Stahlfedern mit silbernem Griff, die Oblaten von Mundlack mit Devisen und den bronzenen Briefbeschwerer herausnehmen. Als dieser geschmackvolle Apparat bereit gestellt war, erklärte Clelia, daß sie nicht wisse, was sie aus dem elenden Orte schreiben solle. Fancy packte still den bronzenen Briefbeschwerer, die farbigen Blättchen, die Oblaten und die Stahlfedern ein, schloß das Schreibzeug zu und stellte es wieder weg.

Gern wäre Clelia mit ihrem Vetter öfter zusammengekommen, aber es blieb bei kurzen, formellen Besuchen, denn ihre Gutmütigkeit konnte im Bewußtsein dessen, was geschehen sollte, eine befangene Stimmung nicht überwinden. Auch Oswald war einsilbig; er sehnte sich nach Lisbeth und entbehrte sie schmerzlich. Diese blieb mehrere Tage lang aus, und die Qual des Harrens gab der jungen Baronesse die übelste Laune, die sich plötzlich gegen das arme Kind wendete.

Fancy, sagte sie am dritten Tage, wenn das Mädchen morgen nicht kommt, wenn ich noch länger hier herumgeführt werde, so fürchte ich bei der Unterredung von meiner Heftigkeit.

Es wäre nicht zu verwundern, wenn die gnädige Frau heftig würden, denn so lange auf sich warten zu lassen, ist unerlaubt, erwiderte Fancy.

Die junge Dame bedachte sich und sagte: Aber wenn mir recht ist, so habe ich ihr ja gar nicht ankündigen lassen, daß ich mit ihr reden wollte.

Nein, sie weiß nichts davon, sagte Fancy.

Nun, so darf ich ihr ja auch deshalb nicht zürnen! rief Clelia zornig.

Wenn Sie sonst nicht wollen, gnädige Frau, nein.

Der Stramin, dieser Zeitvertreiber, wurde abermals zur Hand genommen. Clelia nähte eine halbe Dreifaltigkeitsblume, seufzte aber plötzlich, ließ den Stramin in den Schoß sinken und sagte gepreßt und schwer: Edmund kann es nie verantworten, was er an mir gethan hat.

Fancy seufzte auch und sprach: Ich hätte das nimmermehr von dem Herrn gedacht.

Jungfer, sagte ihre Gebieterin mit einem strengen Tone, ich verbitte mir alle Bemerkungen über meinen Gemahl.

O, mein Gott! rief Fancy und weinte, nun sehen die gnädige Frau, was es zur Folge hat, wenn Herrschaften ihre Untergebenen durch zu große Güte verziehen. Ich erlaube mir schon Bemerkungen über den gnädigen Herrn.

Sie schluchzte und konnte sich über ihren Fehler gar nicht zufrieden geben

Laß es doch nur gut sein, das Schluchzen! rief Clelia ärgerlich. — Ich habe mich jetzt ganz kurz entschlossen. Meine Gesundheit kann ich hier nicht zusetzen. Ich werde die Sache doch dem Oberamtmann überlassen.

Fancy war die Beredsamkeit selbst, diesen Entschluß zu loben. Ja, sagte sie nach einer preisenden Rede über die doch stets so richtigen Gedanken der Herrin, ja, der Herr Oberamtmann mag nur die Leutchen, die nicht zusammengehören, auseinander bringen. Für die gnädige Frau paßt das auch nicht, Sie haben zu so etwas Feinem und Verwickeltem keine Anlage, nicht ein Kind könnten Sie, wenn es eine dumme Unart auslassen will, davon abhalten, aber der Herr Oberamtmann ist darauf gewitzigt, o, der hört das Gras wachsen und macht einen mit der feinen List nach seiner Pfeife tanzen, wie er will. Ich wette darauf; womit Sie

sich in Gedanken schon drei Tage lang ängstigen, das hat er
morgen in einem Viertelstündchen fertig; die Mamsell reist sacht
ab, weint ein paar Thränen, trocknet sie auf der nächsten Station,
den jungen Herrn Grafen wird er auch bald herum haben, denn
5 er besitzt einen ganz außerordentlichen Verstand in dergleichen
Sachen, und so klug Sie sind, gnädige Frau, darin stehen Sie
ihm nach. — Nein, Ihre Gesundheit dürfen sie nicht zusetzen und
noch dazu umsonst, denn es würde Ihnen schwerlich glücken, aber
der Herr Oberamtmann ist der Mann dazu. Gleich hole ich ihn
10 her, damit Sie ihm Ihre veränderte Meinung sagen können.

Die Baronesse hätte gern den unaufhaltsamen Fluß dieser
Reden gehemmt, es war ihr aber nicht möglich, Fancys Zunge
zum Schweigen zu bringen. Jetzt endlich konnte sie zum Worte
kommen. Hochrot, und mit den kleinen Füßen stampfend, rief
15 sie: Nein! nein! nein! du sollst den Oberamtmann nicht holen,
ich bin ebenso klug als er, Fancy, bleib hier, Fancy! Fancy!
— Aber Fancy hörte nicht, sondern sprang fort. — Gott! rief
Clelia, fast weinend vor Verdruß, es ist doch zu arg mit einer
solchen Gans von Mädchen, die immer das Echo von einem macht,
20 da bringt sie wahrhaftig den Aktenmenschen schon herauf; der
Himmel sei ihm gnädig, wenn er sich über mich mokiert! Aber
was sage ich ihm? denn nicht um die Welt lasse ich ihn sich
einmischen.

Der Oberamtmann betrat mit Fancy das Zimmer. Fancy
25 hatte ihm wirklich gesagt, die gnädige Frau wisse sich durchaus
keinen Rat, die Mesalliance zu hindern, und der erfahrene Geschäfts=
mann konnte seinen Triumph darüber nicht verbergen. Es wäre
möglich gewesen, daß Clelia ihm dennoch die ganze Angelegenheit
in seine Hände zurückgegeben hätte, aber dann mußte er sich
30 respektvoll, ernst und zurückhaltend nehmen. Er kam jedoch
schmunzelnd, mit einer gewissen Überlegenheit in Blick und Haltung,
er nahm sich vor, einen Scherz aus der Sache zu machen, sie
nicht zu wichtig zu nehmen. Es war der erste Scherz, den der
arme Oberamtmann auf der Reise ausgehen ließ, und Ort und
35 Stunde konnten dazu nicht unglücklicher gewählt sein.

Sobald Clelia das Schmunzeln ihres Geschäftsfreundes und
ehemaligen Nebenvormundes sah, sobald sie bemerkte, daß er ihr
leichthin imponieren wolle, und gar, als sie mit weiblicher Ahnungs=
gabe seine Absicht, scherzen zu wollen, spürte, kehrte sie in den

Besitz ihrer ganzen Festigkeit zurück, die wir an ihr zu bewundern schon mehrmals Gelegenheit gehabt haben.

Er trat ihr nahe und sagte lächelnd: Nun, liebes Kind, muß der Ritter von der traurigen Gestalt dennoch vorrücken? — Er wollte ihre Hand ergreifen. Clelia zog sie zurück und entfernte sich von ihm. Seine früheren Beziehungen zu ihr hatten ihm das Recht vertraulicher Anreden gegeben, und wie oft war von ihm dieses Recht geübt worden! Aber heute wollte Clelia nicht sein liebes Kind sein, heute verlangte sie die volle Kourtoisie und Titulatur von ihm.

Er folgte ihr nach. — Clelchen, sagte er noch schmunzelnder, es ist mir lieb, daß Sie einsehen, für dergleichen nicht zu passen. Nun, schämen Sie sich nur nicht; Don Quixote tritt vor den Riß. — Abermals trachtete er nach ihrer Hand, die er zärtlich küssen wollte, denn Geschäftsmänner sind nie galanter, als wenn sie den Gegenstand ihrer Aufmerksamkeit in Verlegenheit sehen. Clelia riß jedoch beinahe ihre Hand zurück und rief mit scharfen Accent: Herr Oberamtmann, ich weiß durchaus nicht, was Sie bei mir und von mir wollen!

Der Oberamtmann machte ein Gesicht, ähnlich dem, was er zu machen pflegte, wenn einer seiner Inkulpaten, von dem er behaglich das unumwundenste Geständnis erwartete, plötzlich sich auf ein entschiedenes Leugnen verlegte. — Er sah Clelia starr an, dann ging er im Zimmer auf und nieder. Hierauf nahm er den Stramin in die Hand, als ob dieser ihm einen Faden in dem Labyrinthe darleihen könne, dann öffnete er das Schreibzeug und blickte tiefsinnig das farbige Postpapier an, endlich stellte er seine Uhr, obgleich sie richtig ging. Nach diesen vorbereitenden Handlungen trat er vor Clelia und sagte mit dem tiefsten Ernste: Gnädige Frau, ich bin kein Narr.

Clelia versetzte nicht minder ernsthaft: Und ich bin nicht Ihr liebes Kind und nicht Ihr Clelchen, Herr Oberamtmann.

Die Feierlichkeit dieser gegenseitigen Äußerungen war so groß, daß Fancy ein Lachen verbeißen mußte. Es trat wieder ein langes Schweigen ein. Endlich unterbrach es der Oberamtmann und sagte: Ich muß Sie ersuchen, bis morgen abend die Einwilligung der sogenannten Braut, welche, wie ich höre, heute

---

4. Den Namen Ritter von der traurigen Gestalt legt sich Don Quixote bei Cervantes bei.

abend zurückkommen wird, herbeizuschaffen. Wofern Umstände
dies verhindern sollten, so werden Sie entschuldigen, wenn ich
das Versprechen Ihrer Mühwaltung in der Sache als von Ihnen
widerrufen betrachte und mich derselben unterziehe. — Nach diesen
Worten, die er gemessen und kalt vorgebracht hatte, empfahl er
sich mit einer steifen Verbeugung.

Clelia kam an diesem Abende nicht zu Tische. Fancy suchte
sie durch eine Vorlesung zu zerstreuen. Sie las ihr nämlich ein
vierzehn Tage altes rheinisches Zeitungsblatt vor, welches auf
dem Zimmer lag. Sie las es von Anfang bis zu Ende, erst
las sie von den Verwickelungen im Orient, dann von den Kreuz-
und Querzügen der Christinos und Karlisten, dann, wie liebenswürdig sich der und der da und da benommen, dann von der
so und so vielsten ministeriellen Krisis in Frankreich, endlich von
einigen deutschen Händeln. Hierauf ging sie zu den Anzeigen
über, an deren Spitze die Verkündigung von Assisen in Elberfeld
stand. Es folgten zu vermietende Wohnungen, brave Mädchen
sagten, daß sie gut nähen und bügeln könnten, und ein Anstreicher
suchte einen gesitteten Jüngling für sein Geschäft. Später sehnte
sich jemand nach einem entflogenen Kanarienvogel, einem andern
war dagegen ein brauner Dachshund zugelaufen. Dazwischen
fuhren die Dampfschiffe regelmäßig alle Morgen, auch waren rein
gehaltene Bleicharte zu haben, wobei aber ein zweifelsüchtiger Leser
ein großes Fragezeichen mit Rotstift gesetzt hatte. Zuletzt wurde
Harmoniemusik an verschiedenen Orten gemacht, und dazu der
Saison angemessene Speise dargeboten.

Clelia widmete dieser ganzen Vorlesung wenig Aufmerksamkeit. Nur als sie von den Assisen hörte, mochten ihre Gedanken, welche sich noch immer ärgerlich bei dem Oberamtmann
aufhielten, angeregt werden, weil sie ihn so oft sehnsüchtig davon
hatte reden hören. Sie rief: Nun dahin könnte man ihn ja
gleich schicken, wenn er sich hier lästig machen will!

Spät hörte man einen Wagen vorfahren. Lisbeth kehrte zurück.

Clelia befahl ihrer Jungfer, das Mädchen gegen die Mittags-
stunde des folgenden Tages zu ihr zu rufen, denn, sagte sie,
wenn man jemand wider seinen Willen zu etwas bestimmen will,

11 f. Mehemed Ali, der Pascha von Ägypten, begann 1839 den zweiten Feldzug gegen
die Pforte, deren Truppen er bei Nisib besiegte. — Der spanische Bürgerkrieg zwischen
den Anhängern der Königin Christine und des Prätendenten Don Carlos begann 1833
und endete erst im Herbst 1839. — 23. Bleichart, Wein von blasser Farbe, Clairet.

so darf man ihn nicht im Negligé empfangen. Sie ging mit
vieler Würde zu Bett und dachte in dieser Nacht, wenn sie er=
wachte, nicht einmal an ihren pflichtvergessenen Gemahl, sondern
nur an die Aufgabe des folgenden Tages.

Siebentes Kapitel.　　　　　　　　　　　　　　5
Was Lisbeth auf die Ermahnungen zu einer uneigennützigen und
entsagenden Liebe antwortete.

Fancy nahm im ersten Morgenstrahl von dem Blumenbrette
vor ihrem Fenster, wo der Diakonus einige seiner schönsten
Exemplare aufbewahrte, ein prächtiges Myrtenbäumchen herein, 10
musterte die längsten und frischesten Zweige, an denen sich zu=
gleich Knöspchen und runde frische Blüten befanden, wehte mit
einem leichten bunten Federwedel etwas Staub, der sich auf die
Blätter gesetzt hatte, ab, summte dazu, aber so leise, daß ihre
Gebieterin nebenan es nicht hören konnte, die alte „veilchenblaue 15
Seide" aus dem Freischützen, lächelte, seufzte dann, legte die
Hand auf die Brust und ließ das Myrtenbäumchen im Zimmer
stehen, um es gleich zu haben, wie sie für sich sagte. Hierauf
ging sie zu Lisbeth, und richtete ihre Bestellung aus. Lisbeth
war ernst und wehmütig, denn sie hatte bei dem alten Pfleger 20
eine trübe Probe zu bestehen gehabt. Fancy wollte ihr etwas
sagen, aber diesem ernsten Antlitze gegenüber erstarb ihr schlaues ·
Wort auf der Lippe.

Die junge Dame, der im wahren Interesse ihres nächsten
Verwandten ein so schwieriges Geschäft oblag, erhob sich und 25
sagte nach dem Frühstück: Fancy, was ziehe ich denn wohl heute
an? — Gnädige Frau, erwiderte Fancy, Sie müssen ganze Toilette
machen. — Nun, nur nicht zu übertrieben, sagte die Baronesse.
Nein, nicht zu übertrieben, versetzte Fancy.

Sie kramte hierauf in den Koffern und Kartons und nahm 30
den gewähltesten Putz heraus. Zum Anzuge bestimmte sie das
noch nicht getragene prächtige Kaschmirkleid von violetter Farbe
mit einer Schnippentaille, und fügte dem Kleide einen weißen

---

15 f. veilchenblaue Seide, der Brautchor „Wir winden dir den Jungfernkranz
mit veilchenblauer Seide" aus Webers 1821 zuerst aufgeführter Oper.

Mousseline-de-Soye-Shawl hinzu. Unter den Strümpfen suchte
sie die feinsten à jour gewebten aus und unter den Schuhen ein
Paar von schwarzem Atlas. Kurze weiße Handschuhe mit Spitzen
garniert, nahm sie aus einem Karton. Als es nun an die
Musterung des Schmuckes ging, so schien ihr eine schwere Chatelaine mit goldenen und silbernen Gliedern, gotischem Schloß und
Medaillon schicklich zu sein. Drei Armbänder dünkten ihr nicht
zu viel, eins mit Steinen, deren Anfangsbuchstaben den Namen
Clelia zusammensetzten, ein prächtiges Geschenk des abwesenden
Herrn, und zwei einfachere, das eine ein schlichter Goldreifen,
das andere mit Türkisen besetzt. Für die Haarflechten legte sie
eine goldene Kette zurecht; ein blitzendes Diadem wollte sie nach-
folgen lassen, bedachte sich aber noch zur rechten Zeit, daß man
im Guten zu viel thun könne und stellte es wieder beiseite. Es
versteht sich, daß ein gesticktes Taschentuch vom feinsten Battist
nicht vergessen wurde.

Während dieser ernsten und gründlichen Vorbereitung rüstete
sich Clelia ebenfalls, und zwar in höherer Weise, zu der Unterredung mit Lisbeth. Sie las einen Roman und erwog dabei,
was sie dem Mädchen sagen wollte. In der That war Oswalds
Abenteuer so sehr gegen alle Voraussetzungen seiner Verhältnisse,
daß ihr die stärksten Gründe, hergenommen aus dem Wesen uneigennütziger Liebe, echten Schicklichkeitsgefühls und frommer Er-
gebung, in reicher Fülle zuströmen mußten; Gründe, die nach
ihrer Meinung eine schlagende Wirkung auf ein edles weibliches
Gemüt nicht verfehlen konnten. Sie erging sich mit Wohlgefallen
in den Reden, welche diese Gründe näher entwickeln sollten, und
las dazwischen immer einige Seiten des Romans. Da er zu
denen gehörte, welche bei uns zweite Auflagen erleben, so leitete
er ihre Gedanken von dem Gegenstande, der ihre Seele beschäftigte,
nicht ab. Sie war so sehr in ihr Vorhaben vertieft, daß sie auf
Fancys Thun und Treiben nicht achtete und des Fluges der
Stunden ebenfalls nicht inne ward, die unter solchen Übungen
innerer Beredsamkeit rasch zu verfließen pflegen.

Fancy mußte sie erinnern, daß die Zeit gekommen sei, sich
kleiden zu lassen. Noch immer in ihre Gedanken und Gründe
verloren, widmete sie dem Anzuge keine Aufmerksamkeit. Sie ließ
die einfachen Strümpfe von den zierlichen weißen Füßen streifen
und diese mit den spinnwebenfeinen durchbrochenen bekleiden, es

fiel ihr nicht auf, als Fancy, nachdem sie die Flechten gemacht, dieselben mit der goldenen Kette umwand, sie schlüpfte in das prächtige Kaschmirkleid, empfing die schwere Chatelaine um die schöne Taille, und ließ sich den Shawl von Mousseline de Soye um Hals und Schulter legen, ohne bei einem dieser Stücke eine Erinnerung zu machen. Nur als ihr Fancy die weißen garnierten Handschuhe mit blaßroten Bandschleifen brachte, stutzte sie und sagte: Fancy, das sind ja Ballhandschuhe.

Gnädige Frau, versetzte Fancy ernst, sie gehören zur vollen Parüre.

Clelia musterte sich, trat vor den Spiegel und rief: Mein Gott, der Anzug ist ja viel zu recherchiert! Du hast mich geputzt, als führen wir zu Liechtensteins in die Soirée. Den Augenblick ein anderes Kleid her, die Chatelaine fort, die Goldkette aus den Flechten!

O, Himmel, was habe ich wieder gemacht! jammerte Fancy. Ich dummes Mädchen! — Es klopfte. — Ach! Ach! Da ist Lisbeth schon!

Hinaus, sag ihr —

... daß die gnädige Frau zu recherchierte Toilette gemacht hätten, sich einfacher anziehen müßten ... Fancy wollte fort.

Bleib! rief Clelia außer sich. Du wärest albern genug, auch so etwas zu sagen. Ich glaube, du hast in dem Neste deinen Verstand verloren. — Es klopft schon wieder ... Sie hat uns reden hören, es fällt mir kein Vorwand ein. — Ach, du Imbecille, in welche Verlegenheit setzest du mich! Handschuhe!

Hier, sagte Fancy.

Weg damit! Soll ich wie eine Opernprinzessin dasitzen, welche sehen lassen will, wie freigebig ihre Liebhaber sind? Willst du mir nicht auch noch gar einen Fächer in die Hand geben? — Schwarze, bescheidene!

Schwarze, bescheidene! rief Fancy und brachte die verlangten. Armband!

Fancy knüpfte mit unerhörter Schnelligkeit die drei Armbänder um, während Clelia nach der Thüre sah.

Fertig?

Ja.

Herein! — Himmel, du hast mir ja drei Armb — aber sie vollendete das Wort nicht und der Überfluß des Armschmuckes

war nicht mehr zu beseitigen. Denn schon trat Lisbeth herein.
Es war ein großer Gegensatz, diese schlanke vornehme junge Ge=
stalt im einfachen Gewande der etwas zu kleinen und vollen
Baronesse im höchsten Putz gegenüber. Sie trat bescheiden aber
5 sicher auf, Clelia wollte sich anfangs Airs geben, dieses Bestreben
zerbrach indessen sogleich an ihrem grundguten Wesen. Sie reichte
verlegen=freundlich Lisbeth die Hand, setzte sich ins Sofa, ließ
einen Sessel stellen und flüsterte Fancy zu, sie solle sich in ihrem
Zimmer nebenan aufhalten. Als ob es zufällig geschähe, breitete
10 sie ihr Taschentuch aus und entzog dadurch wenigstens die Pracht
der. Chatelaine und der Armbänder — denn sie wußte auch die
linke Hand mit dem Tuche zu bedecken — den Blicken Lisbeths.
Wie viel würde sie darum gegeben haben, wenn sie statt des
Kaschmirkleides das von Mousseline de Laine angehabt hätte!
15 Der volle Putz raubte ihr die Hälfte ihrer Festigkeit. Sie suchte
eine Zeitlang vergebens nach einem schicklichen Anknüpfungspunkte
des Gesprächs und so saßen beide, als Fancy sie allein gelassen
hatte, eine Zeitlang schweigend einander gegenüber. Lisbeth sah
vor sich hin und hatte keine Ahnung von dem, was folgen sollte,
20 denn Clelia war ihr immer gütig begegnet.

Endlich sammelte sich diese so weit, um die Unterredung
beginnen zu können. Sie sagte ihrem Besuche, daß bis jetzt der
Gedanke an Oswalds Krankheit alle anderen Vorstellungen in
den Hintergrund gedrängt habe, daß aber nun mit seiner Her=
25 stellung die Verhältnisse des Lebens in ihr Recht wieder ein=
zutreten begännen, und daß sie daher wünsche, über die Gestaltung
der Zukunft mit ihr ein ebenso ernstes als vertrauliches Wort
zu reden. — Da sie diesen Eingang zwar mit aller ihr zu Gebote
stehenden Würde, aber doch höchst liebreich vorgebracht hatte, so
30 konnte Lisbeth denselben nur für eine Vorrede zu freundlichen
Erklärungen ansehen. Schüchtern versetzte sie, daß die Baronesse
ihr mit solchen Worten eine große Freude mache, und faßte nach
Clelias Hand, um sie zu küssen. Indem sie aber ihre Lippen
der Hand näherte, fiel ihr ein, wer sie durch Oswalds Liebe sei,
35 sie richtete sich daher sanft auf und ließ die Hand Clelias fallen,
welche ein Erstaunen über diesen Hergang nicht verbergen konnte.

Nun also, mein Kind, wie soll denn das nun werden? sagte
Clelia, etwas verlegen mit dem Shawl spielend.

Lisbeth errötete, senkte ihr Haupt wieder und versetzte: Von der Zeit unserer Verbindung ist zwischen uns noch nicht die Rede gewesen, zwischen dem Grafen und mir.

Verbindung! rief Clelia lebhaft. Ei! Ei! mein liebes Kind, Sie sprechen ja von der Verbindung mit meinem Vetter, als sei diese eine ausgemachte und sich von selbst verstehende Sache.

Lisbeth hob langsam ihr Antlitz empor, sah Clelien mit großen Augen an und fragte: Wovon wollten Sie denn mit mir reden, gnädige Frau?

Die Wirkung einer einfachen aber zur rechten Zeit angebrachten Frage ist oft groß. Clelia hatte sich auf eine begeisterte Versicherung, auf flammende Reden gefaßt gemacht und würde diesen Gluten mit gleichem Feuer begegnet sein. Nun aber sollte sie schlichtweg sagen, was sie wolle, und diese Zumutung setzt in vielen Lagen des Lebens in eine nicht geringe Verlegenheit. An ihr war jetzt die Reihe, die Augen niederzuschlagen; sie sprach, daß man es hätte ein Stottern nennen können: Sie scheinen gar nicht erwogen zu haben, Lisbeth — denken Sie nur nicht, mein liebes Mädchen, daß ich Sie kränken will — Nein gewiß nicht — und wären Sie nur — so wäre ich ja voll Freude — indessen giebt es doch Dinge in der Welt — unwiderleglich vorhandene Dinge — Dinge, Lisbeth — mein Gott, Sie müssen mich ja wohl verstehen . . .

Ja, gnädige Frau, ich verstehe Sie nun, sagte Lisbeth mit einem Tone als unterdrücke sie ein stilles Weinen.

Auf denn also, Lisbeth, Mut! rief Clelia, Atem schöpfend. — Nur zeigen darf man einem so reinen Gemüte das Richtige, und es ergreift es. Die wahre Liebe liebt das Glück des Geliebten. Und das Glück? Ist es ein trunkener Augenblick, ist es die Aufwallung der Flitterwochen? Ach nein. Das wahre Glück besteht doch zuletzt nur in der Harmonie mit allen Verhältnissen des Lebens; in dem Gefühle von dieser Harmonie. Sie dem Gegenstande der Neigung unverstimmt zu lassen, das ist Liebe, das ist tugendhafte Liebe. Sie fühlen ja nun selbst, teure Lisbeth, was ich gern unausgesprochen lasse. — Es geht nicht, es geht wahrhaftig nicht. Mein Gott, wären Sie doch nur — aber — Sie empfinden es, wenn Sie meinen Vetter aufrichtig lieben, so dürfen Sie ihn nicht heiraten. Und nun kommen Sie, mein armes Kind, kommen Sie an meine Brust, und weinen Sie sich aus, denn wahrhaftig, ich weiß mit Ihnen zu empfinden.

Sie breitete ihre Arme gegen Lisbeth aus. Diese lehnte
aber mit einer demütigen Bewegung das Liebeszeichen ab und
sagte: Gnädige Frau, entschuldigen Sie, wenn ich an dieser Stätte
noch nicht zu ruhen wage. — O mein Gott, wie weit sind wir
auseinander, wie hätte ich das mir denken können, und wie soll
ich es nun anfangen, alles, was mir im Herzen wogt, Ihnen
auszusprechen und dennoch die Bescheidenheit gegen Sie nicht zu
verletzen? — Sie wüßten mit mir zu empfinden? Gnädige Frau,
ich wenigstens weiß mit Ihnen nicht zu empfinden.

Wie? Sie fühlen keine Verpflichtung, ihm zu entsagen?
fuhr Clelia auf.

O nein! nein! nein! rief Lisbeth mutig. Diese Verpflichtung
fühle ich durchaus nicht, Frau Baronesse. Entsagen soll ich ihm,
das ist Ihre Meinung. Und warum? Daß der Findling nicht
in das Haus der Grafen Waldburg eindringe, daß der Graf
Oswald eine Gräfin heiraten könne oder eine Fürstin, daß er in
Harmonie bleibe, wie Sie es nennen, mit den Verhältnissen des
Lebens. Ja, ich weiß, so steht es geschrieben oft in den Liebes=
geschichten, die ich gelesen. Das Mädchen hält eine schöne Rede
von Entsagung und von Pflicht und dann verhüllt sie sich und
geht weg und der Liebste sieht sie nie wieder. Gnädige Frau,
wenn die Leute, die solche Geschichten aufschreiben, das nicht aus
ihrem Kopfe erfinden, so sind solche Mädchen ungereimte Mädchen,
abscheuliche Mädchen, Verräterinnen an ihren Liebsten! — Glück?
— Ich kenne nur ein Glück und nur ein Elend! Und mein
Glück ist, wenn ich mit Oswald zusammenbleibe und sein ehrlich
Weib werde und das Elend des Gegenteils kann ich gar nicht
ausdenken, denn es ist unsäglich. So also steht es mit mir.
Und von ihm sollte ich geringer denken, als von mir? Von ihm,
der mich sein Leben, seine Zuversicht genannt hat? Worte sollten
das gewesen sein, Worte eines, der nicht weiß, was er spricht?
Nein, ein treuer Mensch sagte sie, ein wahrer, ein aufrichtiger
Mensch. Die Entsagung, welche Sie von mir verlangen, wäre
ja also das schwerste Verbrechen, das ich nur an Oswald begehen
könnte. Ich würde sündig an seiner unsterblichen Seele, zugäbe
ich, daß ihm ein Name, ein Wappen werter sei, als das Heilig=
tum seiner Empfindungen! Zur Schelmin würde ich an dem
Herzblute meines Bräutigams, welches seine Lippen verschütteten,
weil er einen Tag lang sich nicht in Lisbeth zu finden wußte.

Zu Tode wollte er sich bluten, weil ich in meiner dummen Thor=
heit die Breite eines Landweges zwischen uns geseßt hatte! Und
er sollte leben bleiben, wenn ich die Welt und das Schweigen
und die Finsternis zwischen uns würfe! Nein! Ich entsage ihm
nicht, nicht entsage ich ihn in das Elend und in die Leere hinein! 5
    Gott wird Sie aufklären! eiferte Clelia. Gott wird diese
Trugschlüsse der Leidenschaft zu nichte machen! Das ist eben
deren Entsetzliches, daß nichts für sie vorhanden ist als sie, nicht
Erde nicht Himmel, und daß sie sich so in die greuliche Öde
hineinstürmt, daraus nachher kein Entrinnen! — Aber Gott wird 10
Ihnen beistehen, wird Sie schirmen vor dem geistigen Tode. Sie
sind fromm, ich sehe Sie in die Kirche gehen, Sie im Gesang=
buche lesen. Gott wird ein Licht in Ihrer Seele anzünden.
    Gott ist bei mir in dieser Stunde, er legt mir die Worte
auf meine einfältigen Lippen, erwiderte Lisbeth. — Ich weiß 15
nicht, ob ich fromm bin, kümmerlich bin ich herangewachsen, aber
zur Kirche habe ich mich freilich immer gehalten und an den All=
mächtigen glaube ich. Jedoch, seit ich Oswald liebe, habe ich nur
ein Gebet und das lautet: Vater sei mit ihm und mir! — Ich
bete nicht für ihn allein, und nicht für mich allein, sondern für 20
uns beide bete ich, und das, meine ich, ist das Licht, welches Gott
mir in der Seele entzündet hat. Die Erde sehe ich unter mir,
den Himmel über mir, und wo wehet der Sturm, der mich fort=
stürmt?
    Leidenschaftlich rief Clelia: Bedenken Sie doch nur seine Ver= 25
hältnisse, bedenken Sie seine Verwandten, von denen die meisten
so stolz sind, bedenken Sie unsern König, bedenken Sie endlich
Oswalds eigenes Herz, das von äußeren Umständen, vom Wider=
spruch mit den Forderungen der Welt so leicht in Verlegenheit
gesetzte Herz eines Mannes, sehen Sie doch um des Himmels 30
willen die Dinge, wie sie sind!
    Ja, gnädige Frau, ich sehe die Dinge, wie sie sind, nicht
wie sie scheinen. Hätte er noch Eltern, so wäre es etwas anderes.
Der Eltern Macht ist von Gott, das weiß ich, obgleich ich Arme
keine hatte. Entsagen würde ich ihm zwar immer nicht, wenn er 35
auch noch Vater und Mutter besäße, aber geduldig harren und
zu ihm sprechen: Oswald, harre auch du in Geduld, bis Gott
deiner Eltern Sinn wendet. Jedoch so! Verhältnisse und immer
Verhältnisse! Ei, ist es nicht auch ein Verhältnis, wenn ich seine

Frau bin? Also Verhältnis gegen Verhältnis, und wir wollen erwarten, welches das mächtigere und bessere sei! — Nehmen seine stolzen Oheime und Tanten ihn in ihre Arme, daß er darin ruhe und lächle und wachse und gedeihe? Nein. Aber ich werde es

5 thun. Baut ihm Ihr König sein Haus auf? Nein. Aber ich werde es thun mit des Himmels Hilfe. Und wenn er einmal so schwach sein sollte, verlegen auszusehen über mich, denn es ist möglich, daß Sie darin recht behalten — nun, der Schwäche wird eben die Stärke beigesellt! Ich werde seine Stärke sein,

10 ich werde ihn fragen: Oswald, schämst du dich meiner? Und wahrlich, gnädige Frau, auf die Frage wird er ja sagen, aber er wird sich ermannen und für alle Zeiten den unwürdigen Klein= mut ablegen.

Clelia wurde immer erbitterter. Ich würde mich tief ge=

15 demütigt fühlen durch einen Gatten so hoch über meinem Stande, sagte sie herb und schneidend.

Das kann wohl sein, versetzte Lisbeth. Darin hat jeder seinen eigenen Sinn. Ich fühle mich gar nicht gedemütiget da= durch, daß er ein großer Graf ist und ich ein geringes Mädchen

20 ohne Herkommen bin. Er könnte noch zehnmal größer sein und ich würde dennoch keine Demütigung empfinden. Ja, ich weiß, es hat auch Mädchen gegeben in meiner Lage, die winselnd sprachen: O wärst du ein armer Hirt, mein hoher Liebster! — Ich aber, ich wünsche mir ihn gar nicht zum Hirten herunter;

25 nicht soll er seine Größe ablegen um meine Kleinheit! Sondern das ist eine neue Seligkeit für mich, daß er so vornehm ist, und mich emporhebt aus meiner Niedrigkeit und mich zur Gräfin macht und auf sein hohes Schloß führt. Ach, ich will ja nichts mehr von mir oder durch mich, sondern alles nur von ihm, alles, alles,

30 neben seinem Gefühle auch Ruhm, Ansehen, Reichtum! Je mehr er mir giebt, desto beglückter fühle ich mich. Denn seine Liebe ist überströmendes Geben und meine durstiges, lechzendes Empfangen. Ich bin sein Geschöpf, er ist mein irdischer Schöpfer; Gott schafft mich durch ihn zum zweitenmale. Unter den Flügeln der Liebe

35 will ich schlummern und träumen, auf der Höhe, wohin mich diese Schwingen tragen, erwachen, und sie mit frohem Lerchengesange als die Wohnstätte begrüßen, die mir mein Schicksal anwies.

Noch schneidender sagte Clelia, vielleicht um eine entgegen= gesetzte Regung, die sich anmelden mochte, zu verbergen: Es ist

allerdings höchst wohlfeil und bequem, auf solche Art eine schranken=
lose Zärtlichkeit zu beweisen.

Aber Lisbeth blieb ganz ruhig und antwortete im mildesten
Tone: Gnädige Frau, das kam nicht aus Ihrem Herzen. Sie
sagten es nur, weil Sie sich so in den Eifer gegen mich hinein= 5
gesprochen haben. — Wir sind hier zwei Frauen allein, kein
Mann hört uns und deshalb darf ich wohl dreister reden, als
sich sonst für mich ziemte. Ich weiß nicht, wie mir wird, mein
Auge schwimmt, und meine Lippen fühl' ich zittern; zum Äußersten
haben Sie mich gebracht, hören Sie denn das Äußerste, was ein 10
Mädchen sprechen kann. Bin ich's noch selbst? Wie kommen
mir solche Gedanken? Aber Sie sollen sie hören. — Sie sind
Frau, und Sie waren Mädchen. Bebten und erröteten Sie nicht,
wenn Sie nur dachten, daß eine andere Hand, als die Ihrige
Ihre Schulter berühre? Und nun haben Sie Ihrem Gemahle 15
Seele und Leib ergeben, Ihre Person haben Sie ihm hingegeben
und Ihre jungfräuliche Ehre! Sind wir darin nicht gleich? Hat
die Braut eines Kaisers etwas Höheres, als die Majestät ihrer
jungfräulichen Ehre? Ich bin eine Jungfrau, meine gnädige
Baronesse. In der Ehre der Jungfrau fühle ich mich geadelt 20
und der Braut des Kaisers gleich. Demütig nehme ich alles an
von Oswald, aber nicht gedemütiget, mit freudigem Stolze kann
auch ich Mitgift nennen und Eingebrachtes, denn was Ihr Vetter
mir geben mag, ich gebe ihm stets doch mehr, als er zu geben
jemals imstande sein wird. 25

Sie schwieg. Die Glut der süßesten Scham flammte ihr
auf Wangen, Hals und Nacken. Ihr Blick ruhte durchdringend
auf Clelien. Diese fühlte ihre Mittel erschöpft. Sie winkte, daß
Lisbeth sich entfernen möge. Lisbeth ging nach der Thüre.

Sobald aber Clelia die unwiderstehlichen Augen des Mädchens 30
nicht mehr sah, kam ihr noch einmal der den Weltkindern eigen=
tümliche Übermut zurück. Sie rief der Abgehenden leichthin nach:
Ihr seid beide thörichte und unsinnige Kinder! Für jetzt weiß
ich nichts mit dir anzufangen, aber ich wette, in wenigen Tagen
sprichst du ganz anders und giebst mir recht, denn das verfliegt, 35
wie es angeflogen ist.

Die Jungfrau wandte sich um und näherte sich mit dem
Ansehen einer Priesterin der Weltdame. Erhaben leuchteten ihre
Augen, mit voller, tönender und gehaltener Stimme sprach sie:

Wie täuschen Sie sich! Lassen Sie ab von der Täuschung, welche Sie um eine heilige Erscheinung bringt! Ich bitte Sie, lassen Sie ab von dem Wahne, hier mit einer Grille, mit einer Laune des Augenblicks zu thun zu haben. Sie würden in diesem Wahne uns noch bittere Schmerzen und sich fruchtlose Mühe machen.

Kennen Sie das Wort: Ewig, Frau Baronesse? Ich hatte es, glaube ich, früher nie gesprochen, denn ich pflegte überhaupt nichts zu sagen, wobei ich mir nichts zu denken wußte. Aber als er mich in der Kirche aufhob und mich vor den Altar nieder= warf, ein Weihegeschenk der Liebe für Gott den Allmächtigen, da durchtönte plötzlich das Wort wie mit tausend Zungen mein Innerstes und seit der Stunde singt es durch alle meine Ge= danken und Empfindungen immer und immer wie ein himmlisches Hallelujah: Ewig! Denn wer die wahre Liebe empfängt, der empfängt die Ewigkeit in seinem Herzen. An der Ewigkeit aber ist kein Vergang und so rühren Sie denn auch nicht weiter das ewige Wort meines Herzens an, gnädige Baronesse! — Die Frau unseres Wirtes hier, die sich hin und wieder mit mir be= schäftiget hat und der Meinung ist, ein Mädchen brauche aus Büchern nicht viel zu lernen, aber durch den Anblick schöner Menschen lerne ein Mädchen etwas, gab mir in den letzten Wochen Briefe von einer Freundin zu lesen. Die Freundin hat mit ihrem Manne in einer kurzen himmlischen Ehe gestanden, und der Mann hatte immer gesagt, das Glück sei zu schön, als daß es lange dauern könne. So war denn auch sein Tod wirklich bald erfolgt Von den letzten Tagen schrieb nun die Freundin unter anderem auch. Er hatte eine fürchterliche Krankheit, die den Hals zusammen= schnürt, so daß der Mensch ersticken muß. Den letzten Tag nun hatte der Kranke kaum noch sprechen können, aber immerdar hatte er auf seinen Trauring gesehen und auf denselben gewiesen und dazu mit der größten Anstrengung hervorgestoßen das Wort: Ewig! Er wand sich in seiner Todesqual, aber das Wort keuchte er, solange ein Laut aus seinem armen Munde kommen konnte. Und so starb er in der Ewigkeit der Liebe.

Also wird es nun auch mit mir sein und Oswald. Es ist möglich, daß wir nicht lange bei einander sind, denn auch uns steht ja ein großes und unbeschreibliches Glück bevor. Aber wer nun zuerst sterben möchte, der wird dem andern, solange die Lippe lallen kann, zustammeln: Ewig! als ein Wort des Trostes,

daß die Erde des Grabes die Liebe nicht überschütte! — Was
aber das Grab nicht vermögen wird, davon werden Sie, gnädige
Frau, gewiß abstehen, denn in Ihnen ist ein liebliches und freund=
liches Leben. — Vergeben Sie mir, daß ich so ohne Rückhalt
sprach, ich würde alles Ihrem Vetter überlassen haben, denn er
ist mein Herr, wäre er schon ganz hergestellt. Da er aber noch
nachleidet, so mußte ich reden, weil ich zu reden aufgefordert
wurde, und mußte ihn und mich verteidigen gegen die Welt und
den Dämon, wovon er vor einigen Tagen vorahnend gesprochen hat!

Letztes Kapitel.

Fröhliche Siege.

Clelia lag erschüttert und aufgelöst im Sofa. Durch alle
Thorheiten der lieblichen Thörin hatte sich die Natur gewaltig Bahn
gebrochen. Sie achtete nicht mehr darauf, die Chatelaine zu ver=
bergen, ihr Taschentuch hatte sie erhoben und vor das Gesicht gedrückt.

Fancy trat in die Thüre des Seitenkabinetts. Kommen Sie
einen Augenblick herein, lassen Sie ihr Zeit, flüsterte sie. Lisbeth
ging etwas bestürzt in das Kabinett. Fancy nötigte sie auf einen
Sessel und maß mit einem seidenen Faden den Umfreis ihres Haar=
geflechtes und dann legte sie das Maß an einige Zweige des Myrten=
bäumchens. Sie schnitt die Zweige ab und verband sie zum Kranze.

Auch das Mädchen hatte eine Thräne im Auge. Sie sagte
während ihrer Arbeit: Wenn ich sie so weinen sehe, schäme ich
mich meiner Listen, und doch waren sie notwendig. Denn hätte
ich sie nicht durch meine Unterwürfigkeit konfus gemacht und sie
nicht in die Verlegenheit hineingeputzt, so hätten Sie, junge gnädige
Gräfin, mit ihr einen härteren Stand bekommen, oder der Herr
Oberamtmann packte die Sache wieder an und dann würden Sie
es nicht durchgesetzt haben. — Die Fancy ist aber dankbar. Seien
Sie so gütig, dem Herrn Gemahl zu sagen, die Kastellanstochter
habe sich für den alten Vater revanchiert.

Lisbeth verstand nicht, was das Mädchen wollte. Sie hatte
auch nicht Zeit, darnach zu fragen, denn in Clelias Zimmer hörte
sie laut schluchzen und dann ebenso laut lachen und darauf wieder
schluchzen und so wechselte es immer ab zwischen Lachen und
Schluchzen Endlich rief es leise und innig ihren Namen. Als

sie in das Zimmer trat, kam ihr Clelia entgegen, schloß sie in ihre Arme, nannte sie Kusine und sagte: Du sollst ihn haben.

Die junge liebliche Thörin gehörte zu den glücklichen Naturen, die, wenn sie närrische Streiche gemacht zu haben einsehen, ohne
5 viele Weiterungen durch Wort und That bekennen: Wir haben närrische Streiche gemacht. — Kein Schmollen, kein Hinzögern, kein falscher Widerstand hauchte über den Spiegel dieser komisch= anmutigen Seele. Lisbeth hatte sie überwunden, und sie schämte sich nun der Niederlage nicht. Sie drückte sie an sich, sie streichelte
10 ihre Wangen, sie gab ihr die zärtlichsten Namen, nannte sie ihr kaiserlich Kind und eine geborene Prinzessin der Ehre. Lisbeth war von dem plötzlichen Wechsel wie betäubt und ruhte freude= trunken an der Brust der ihr noch vor wenigen Minuten so feindlich gewesenen neuen Freundin. Clelia schlug ihren Arm um
15 den Nacken des bräutlichen Kindes und ging mit ihr halbtanzend auf und nieder; dann stellte sie sich mit ihr vor den Spiegel, stemmte die Hände in die Seite und sagte, drollige Vergleichungen anstellend: Cendrillon und daneben alle drei Fräulein Schwestern in einer Person. Sie drohte ihrem Spiegelbilde, schnitt ihm
20 neckische Gesichter und rief: Wie kann man sich so aufdonnern?

Sie war in einem Taumel der Lust und trieb darin Rührendes und Possenhaftes durch einander. Plötzlich kam aber Fancy ge= sprungen und rief: Gnädige Frau, der Oberamtmann!

O mein Himmel! rief Clelia. Der muß weg, gleich weg, unter
25 jeder Bedingung weg! Wie kriegen wir ihn weg? Fancy, gieb einen guten Rat! Sie lief hin und her, ihr Taschentuch windend.

Wenn wir nur einen Prozeß oder ein Aktenstück ihm in der Ferne zeigen könnten! rief Fancy, die nun fast ebenso ängstlich sich zeigte, als ihre Gebieterin. Mit Speck fängt man Mäuse —
30 Hm! Wie? Ja — Was — Richtig — ich hab's — Viktoria!

Was?

Wo ist die Affise?

Die Affise?

Fancy lief auf das gestern abend gelesene Zeitungsblatt zu.
35 Hier! sagte sie und zeigte mit dem Finger auf eine der Anzeigen.

Clelia lachte. — Nun, albernes Mädchen?

Hinein, gnädige Frau mit der jungen Dame in mein Kabinett!

18. Cendrillon (san-dri-llon), Aschenbrödel.

rief sie, Sie möchten sich nicht genug verstellen können. Ich schaff'
den Oberamtmann fort.

Clelia eilte mit Lisbeth in das Kabinett. Der Oberamtmann
trat in das Zimmer. — Ich hörte hier laut sprechen, sagte er.
Die Stimme der Baronesse unterschied ich und die des Mädchens. 5
Wo ist Ihre gnädige Frau? Wie steht es?

Ganz vortrefflich, versetzte Fancy mit Emphase. — Die sogenannte Braut ist beseitigt, abgemacht, hinüber. Noch heute abend
reist sie nach Hamburg und wird dort Erzieherin in einer Pension,
mit sechsundfünfzig Thalern Gehalt. Aber, wie haben auch die 10
gnädige Frau gesprochen! Göttlich, sage ich Ihnen, Herr Oberamtmann, von Tugend, Entsagung und uneigennütziger Liebe;
Sie würden Ihr blaues Wunder gehört haben, ich wurde recht
erbaut und faßte gute Vorsätze für mein ganzes Leben, wenn ich
auch einmal sollte das Unglück haben, daß mich ein junger vor- 15
nehmer Herr heiraten wollte. Die Lisbeth bat die Baronesse
zuletzt kniefällig um Verzeihung, daß sie nur im Ernst an den
Grafen gedacht habe. Jetzt ist sie mit dem Kinde spazieren gegangen, um in der freien Natur sie zu trösten und sie noch recht
in der Vernunft zu befestigen. Wenn sie aber nach Hamburg 20
abgereist ist, dann will sie auch den Herrn Vetter auf eine gute
Art zu behandeln anfangen.

Kein treuer Staatsdiener, dem von seiner vorgesetzten Be-
hörde ein glänzendes Lob zugeht, kann frohere Augen machen,
als der Oberamtmann machte. Er schlug in die Hände, daß es 25
schallte, zog einen ganzen Schoppen Luft in sich und rief: Nun,
Gott sei Dank! So wäre denn also dieses schwierige Geschäft
glücklich beendigt. Ach, Sie glauben nicht, Fancy, was für eine
Angst ich ausgestanden habe. Aber meinen Kopf hätte ich daran
gesetzt, es durchzutreiben. 30

Sie können lachen, sagte Fancy. Wir haben die Not gehabt,
und Sie hatten das Zusehen. — Und was halte ich hier in der
Hand, Herr Oberamtmann? — Sie hob das Zeitungsblatt empor.

Was denn, liebe Fancy? — Er las. — Zeitung vom —
vom — ei, die habe ich nicht zu sehen bekommen! — Hm! Was 35
steht denn da? — — Assisen in Elberfeld! rief der Geschäftsmann mit einem Freudenschrei.

Das hat die gnädige Frau heute gefunden, und feurige
Kohlen sammelt sie auf Ihrem Haupte, vergiebt Ihnen die Szene

von gestern abend und trug mir auf, Ihnen das Blatt da zu
zeigen, damit Sie Ihren Wunsch erfüllen können. Der Ort soll
nicht gar zu weit von hier sein. Wenn Sie gleich Post nähmen,
so kämen Sie noch spät abends dort an. Und unterdessen, daß
5 Sie fort sind, machen wir hier alles mit dem jungen Herrn fertig.

Also wirklich soll ich doch noch das öffentliche Verfahren
kennen lernen! sprach der Oberamtmann gerührt. — Großer Gott,
wenn sie nur nicht schon vorüber sind! Sie gingen nach der
Anzeige da vor vierzehn Tagen an. Ich hoffe indessen noch zwei
10 oder drei Tage zu erhaschen, denn wie ich am Rheine vernahm,
so pflegen sie in die dritte Woche ihrer Dauer überzugreifen. —
Er wischte sich die Augen. — Deine Baronesse ist doch eine
herrliche Frau, sagte er. Empfiehl mich ihr auf das angelegentlichste
und sage ihr, in drei Tagen sei ich wieder da, wenn nicht etwa
15 gar zu interessante Sachen vorkämen, denn dann bliebe ich wohl
noch etwas länger aus. Adieu, liebe Fancy.

Sie fahren?

Sogleich. Ich gehe auf der Stelle selbst zum Posthalter.
Er eilte fort.

20 Fancy sprang ausgelassen im Zimmer umher. Clelia trat
mit Lisbeth aus dem Kabinette. Lisbeth trug den Myrtenkranz,
den ihr Clelia drinnen aufgesetzt hatte. Lauf, Fancy, lauf! rief
sie. Schaff mir den Diakonus, lebendig oder tot, setzte sie in
ihrer sprudelnden Laune hinzu. Fancy lief hinunter.

25 Was haben Sie denn mit mir vor, gnädige —

Clelia sollst du mich nennen, werde ich nicht deine Kusine?
versetzte die Baronesse und gab ihr einen leichten Schlag mit dem
Zeigefinger über die Wange. — Was ich mit dir vorhabe? Trauen
will ich euch lassen, im Augenblick!

30 Mein Gott, welche Übereilung! rief Lisbeth froh und bestürzt.

Keine Widerrede, sagte Clelia. Soll es geschehen, so kann
es nur in der Übereilung geschehen. Drei Tage bleibt der Oger
weg, das Aktenungeheuer; nicht drei Viertelstunden will ich ver=
lieren. Euer Bund ist außer aller Ordnung und Regel, in der
35 Ordnung und Regel kriegen wir's nimmer fertig. Hurli burli
muß es gehen. Himmlisch kannst du sprechen, Herzkind, und einer
jungen Strohwitwe, die noch dazu das Unglück hat, selbst in ihren
Landläufer von Gemahl verliebt zu sein, den Kopf schon verdrehen;
aber kennst du die Welt, das taube, hartmäulige Tier? Braut=

leute sind zu trennen, eine Verlobung ist rückgängig zu machen,
da muß man also einen Riegel vorschieben, einen von denen, die
nicht weichen und wanken. O die Ehe, der gute, feste, unweich=
same Riegel! Immer gleich sieht er aus, man mag ihn von der
oder der Seite beschauen. Seid ihr getraut, so mögen sie schimpfen, 5
skandalieren, schikanieren, ihr sitzt geborgen hinterm Riegel. Da
hat selbst der Kaiser seine Macht verloren. Ihr seid Mann und
Frau und sie müssen sehen, wie sie sich drein finden. — Jetzt
aber komm her, mein Bräutlein, daß ich dich schmücke.

Sie stellte ihren Juwelenkasten neben sich, setzte sich in einen 10
Lehnstuhl und Lisbeth mußte vor ihr auf dem Fußschemel knieen.
— Ein anderes Kleid können wir dir nicht anziehen, denn meine
sind dir zu weit, du schlankes Reh, aber die besten Brillanten
schenke ich dir, sagte sie. Ein reiches Kollier, die Brosche und
die dazu gehörigen Ohrgehänge nahm sie aus dem Kasten. Sie 15
legte der Knieenden die prächtigen Steine an und um und wie
gern ließ sich die glückliche, halbbetäubte Lisbeth zieren! — Sieht
sie in ihrem weißen Kambrickleidchen und mit den Diamanten
vom reinsten Wasser nicht aus wie ein Märchen, einfach, strahlend,
ärmlich, feenreich? rief sie, als sie ihr Werk vollendet hatte. Sie 20
erhob die Geschmückte und drehte sie nach allen Seiten, um die
Wirkung der Brillanten zu prüfen.

Der Diakonus kam. Fancy hatte ihn von der Straße
hereingeholt. Er kehrte eben aus dem Gerichtshause zurück, den
Auftritt mit dem Hofschulzen noch in Haupt und Herzen. Seine 25
Frau, die auch schon etwas von der Revolution in ihrem Hause
gehört hatte, folgte. Fancy schloß den Zug. Die Wirte sahen
mit Erstaunen auf Lisbeth, die wirklich dastand, ein armes, reiches,
weißes, buntes Wunder. — Kleine Frau, rief Clelia ihre Wirtin
an, Sie bekommen heute freies Haus. Sobald wir hier unsere 30
Pflicht gethan haben, reise ich ab, denn den Oberamtmann über=
lasse ich euch, ihr Guten, und der wird denn auch bald zorn=
schnaubend seiner Wege gehen.

Herr Pastor, sagte sie gravitätisch zum Diakonus, Sie werden
ersucht, Ihren Mantel anzulegen, die Bäffchen vorzustecken und 35
sofort Ihr heiliges Amt zu verrichten.

Wie? versetzte der Diakonus äußerst befremdet. Ohne Auf=
gebot, ohne Formalitäten ...

18. Kambric, weißer Baumwollstoff.

Einspruch erfolgt nicht, auf Kavalierparole, sagte Clelia noch feierlicher. — Und was die Formalitäten betrifft, so steht hier eine bekränzte Braut, drüben im Zimmer sitzt ein harrender Bräutigam, ich habe mich als ehestiftende Juno aus dem Stegreif in Staat ge=
5 worfen, zwei ehrliche Leute als Zeugen werden zu haben sein, weitere Formalitäten sind wohl überall zu einer Hochzeit nicht erforderlich.

Er versagte auf das bestimmteste die Bitte. Clelia wurde aber bringender und fand an der Frau des Geistlichen eine Bundes= genossin. Ich dächte, liebes Kind, du gäbest nach, sprach sie mit
10 einem verlegenen vielsagenden Blicke.

Mit der ganzen Offenheit, welche seine Äußerung über den modernen Adel gegen die Excellenz auf dem Oberhofe geziert hatte, rief der Diakonus, sich vergessend: Nein, mein Schatz, weil du etwas länger Last in der Küche behältst, deshalb kann sich
15 dein Mann nicht scharfen Verweisen, oder gar Strafen aussetzen!

Darüber will ich Sie beruhigen! rief Clelia. Ich kenne Ihren *, er ist in Karlsbad ganz überaus freundlich gegen mich gewesen, denn er erwartet von mir eine Gefälligkeit bei uns daheim. Eine Hand wäscht die andere, ich verbürge mich dafür, daß Sie
20 mit einer leichten Zurechtweisung, die Ihnen nur des Scheins halber erteilt werden wird, entschlüpfen sollen, zumal da in der Sache selbst nichts Unrechtes geschieht. — Fancy schlich fort; sie wußte, wo der Ornat hing.

Gnädige Frau, versetzte der Diakonus ernst, die Formen sind
25 einmal in der Welt und die Formen sind heilsam. Entschuldigen Sie, wenn ich mich innerhalb der mir gewiesenen Schranken halte.

Aber auch Clelia konnte ernsthaft werden. So fest und ge= halten, daß es alle Anwesende überraschte, sagte sie: Meine Eitel= keit erlebt wenigstens einen kleinen Triumph darüber, daß Sie
30 mir so bald und so vollständig Genugthuung geben. Sie grollten mit mir gar sehr in Ihrem Herzen, daß ich die Bettlerin, das Findelkind — denn ich darf sie so nennen, sie weiß, wie lieb ich sie gewonnen habe — nicht in der ältesten Familie des Reichs haben wollte, und nun weigern Sie sich, ja Sie, zwei Lieblinge
35 Ihres Herzens allen Nöten zu entheben. Und weshalb weigern Sie sich? Einer Form, einer armseligen Form wegen, deren Verletzung Ihnen möglicherweise eine kleine Unannehmlichkeit im Amte machen könnte. O ihr anderen, wann werdet ihr doch ablassen, euch über uns aufzuhalten? Ich bin doch besser als

Sie. Denn ich ward wenigstens von dem königlichen Gemüte
dieses Kindes, welches ich nun mit Freuden für meine Verwandte,
Gräfin Waldburg, erkenne, rasch bekehrt. Sie aber scheinen der
Bitte einer Frau unnahbar zu sein, die nur begehrt, was der
Augenblick gebietet, den Sie mir ja auch als Lehrer der Menschen 5
angepriesen haben. — Wohl, ich dringe nicht weiter in Sie. Aber
die Zukunft der beiden schiebe ich Ihnen in Ihr Gewissen. Für
alle Quälereien, Hemmungen, Verdrießlichkeiten oder gar Miß=
geschicke, welche Oswald und Lisbeth noch haben können, bin ich
für meine Person nicht ferner verantwortlich.   10

Der Diakonus stand betreten. Von Anfang an hatte ja
eine Stimme in seinem Inneren für die Bitte der Baronesse ge=
sprochen. Diese Stimme redete um so lauter, als er kurz zuvor
so tief bewegt worden war. Das Große, Echte, Menschliche war
ihm in der Gerichtshalle so nahe getreten; er fühlte, daß es Dinge 15
und Verwickelungen gebe, in denen der Mensch sich vergessen und
nur an das Wesen, und an das Los anderer denken soll.

Nach einigem Schweigen erwiderte er Clelien: Sie haben
mich auf eine Probe gestellt. Selten wird es vorgekommen sein,
daß ein Geistlicher sich scharf tadeln lassen muß vor einer heiligen 20
Handlung, die man von ihm begehrt. Folgte ich einer kleinlichen
Empfindlichkeit, so würde ich bei meinem Versagen beharren. Ich
bin aber nicht empfindlich, sondern erkläre Ihnen ganz einfach:
Sie haben recht. Ich bin bereit, dem Bunde, welcher uns alle,
wie es scheint, durch seine liebliche Kraft über das Gewöhnliche 25
erhebt, Weihe und Unlösbarkeit zu geben.

Fancy hatte sich schon während der letzten Worte mit dem
Ornate in der Thüre gezeigt. Der Diakonus ging hinaus und
kam nach einigen Augenblicken im priesterlichen Kleide zurück. —
Wollen wir ihn nicht vorbereiten lassen? fragte Clelia. — Wozu? ver= 30
setzte der Diakonus. — Das Göttliche regt nicht auf; es beruhigt.
Still treten wir bei ihm ein und ich sage ihm dann in kurzen Worten
sanft, was wir wollen; das ist wohl die beste Vorbereitung.

Er nahm Lisbeth bei der Hand, die Frauen folgten. Schweigend
und gefaßt gingen diese guten Menschen nach dem Zimmer, in 35
welchem sich auf den Glücklichen, der noch nichts ahnete, sogleich
ein Segen herniederlassen sollte, rein, groß, himmlisch.

E n d e .

Anhang.

Zwei Briefe.

—

I.

Sie wollen mir, lieber Herr Buchbinder, wie ein Londoner
Publikum, das Nachspiel zu der Tragödie, die einen heiteren
Ausgang gewann, nicht erlassen. Sie fragen mich nach unterschied=
lichen Dingen und Personen, und da Sie mir während der Arbeit
rechtschaffen beigestanden haben, teils durch Heften des Manuskripts,
teils durch guten Rat, so will ich Ihnen auch darin gern, inwie=
weit ich kann, gefällig sein.

Vor allen Dingen wünschen Sie zu wissen, was der Arzt
zu der Vermählung gesagt habe. Herr Buchbinder, Sie sind ein
schlauer Vogel. Der Doktor kam ungefähr eine Stunde nach der
Trauung in das Haus und fand noch alles in Entzücken und
Thränen. Er war aber gar nicht entzückt und vergoß auch keine
Thräne. Sondern bitterböse war er und rief: Verdammt, daß
der Humor immer wörtlich genommen wird! Allerdings war der
Graf in großer Gefahr, und noch jetzt ist ein Rückfall zu besorgen,
wenn man ihn nicht vor Gemütsbewegungen in acht nimmt. Er
hatte hierauf mit der Baronesse ein Gespräch unter vier Augen.
Infolge desselben wußte die junge Dame die neue Gräfin zu
bestimmen, daß sie noch an ihrem Hochzeittage mit ihr abreiste,
und so trennte sich das Paar wenige Stunden nach seiner ewigen
Vereinigung unter heißen Thränen, aber mit freiem und würdigem
Entschlusse. Nachdem Clelia ihren entronnenen Gemahl aus dem
Osnabrückschen sich wiedergeholt hatte, reisten sie zusammen durch
Holland, Belgien, Frankreich, England bis nach Schottland. Die
junge Frau oder Braut sah vieles, merkte auf alles und wechselte
mit ihrem Gemahl oder Bräutigam die schönsten Briefe. Man

sah ihr nirgend an, daß sie nur ein Findling war, sondern sie
betrug sich wie eine geborene Gräfin. In England wurde sie
der Königin vorgestellt, diese küßte sie auf die Wange und die
Frau von Lehtzen nannte sie my dear Eliza.

Endlich nach sechs oder sieben Monaten schlug die Stunde
der Heimkehr. Der Graf, nun ganz wieder hergestellt, kam den
Reisenden bis Rotterdam entgegen und führte sein bräutliches
Weib in großer Wonne auf das hohe Schloß am Neckar.

Der alte Baron, über welchen sich bei dem Einsturze des
Schlosses schützend ein Stück Dach gespreitet hatte, wurde dadurch
vor dem Zerquetschen bewahrt. Er schlug nur mit der Stirn
auf einen harten Körper, einen Stein oder Balken, auf und trug
eine große Brausche davon. Einige Tage lag er betäubt, als
er aber wieder zukehrte, war er von allen und jeglichen Ein=
bildungen geheilt. Entweder muß daher an ihm das Dogma
des Dorfchirurgen vom Chok und Gegenchok sich bewährt haben,
oder die firen Ideen sind ihm früher von einem Knoten im
Hirne entstanden, den ihm die Erschütterung des Falles gesprengt
hat. Genug, er war auf den Kopf gefallen und dadurch zu Ver=
stande gekommen.

Einen großen Schmerz hatte der alte Mann über die Ge=
fühllosigkeit seiner Pflegetochter, wie er ihr Benehmen nannte.
Er wollte sie auch deshalb gar nicht sehen, als sie ihn endlich
besuchte, und sie mußte, nachdem sie drei Tage inständig bittend
verweilt hatte, unverrichteter Sache abreisen. Jede Einladung
nach dem Schlosse am Neckar hat er beharrlich abgelehnt. Die
jungen Gatten sorgen aber dennoch für ihn durch einen seiner
alten Freunde, der von ihnen ins Vertrauen gezogen worden ist.
Dieser zahlt ihm nämlich reichliche Summen aus unter dem Vor=
wande, es seien Rückstände von Zinsen, die sein ehemaliger Rent=
meister nachlässigerweise uneingefordert gelassen habe. Der alte
Baron wohnt bei diesem Freunde zur Miete, hat sich wieder
Jagdgewehr angeschafft, schießt Rehe, so viele er treffen kann,
trinkt Rheinwein nach Bedürfnis und lebt ganz der Gegenwart.

Der Schulmeister Agesel ließ in den rheinisch=westfälischen
Anzeiger einrücken, er erkläre jeden, der ihn nicht für einen ge=

4. Baronin v. Lehtzen, Tochter des Pastors Lehtzen in Hannover; sie kam 1820 nach
England und wurde Erzieherin der Königin Viktoria, an deren Hof sie von 1837—1843
großen Einfluß ausübte; sie starb über 80 Jahre alt 1870 in Bückeburg; vgl. v. Stockmar,
„Denkwürdigkeiten“, Braunschweig 1872, S. 322. (Gütige Mitteilung von Prof. R. Leonhard.)

wöhnlichen Menschen im vollen Sinne des Worts halte, für einen
Schurken, worauf der Küster aus Furcht, insultiert zu werden,
seine andere Furcht nach und nach bemeistern gelernt hat.

In Dünkelblasenheim steht alles beim Alten. Nationallied
ist noch immer der Gesang der Fische aus Wielands Märchen:

> Hätten's gern besser
> Statt immer schlimmer;
> Und raten immer,
> Und treffen's nie.

Münchhausen wird in den höchsten Kreisen der Gesellschaft ganz
außerordentlich vermißt.

Von dem Verschwinden dieses wunderbaren Mannes ist der
Schleier nie gelüftet worden. Natürlich muß die Krypte einen
geheimen Ausgang gehabt haben, wer nur wüßte, wo. — Eine
ganz sonderbare Nachricht verbreitete sich unlängst. Ein Reisender
wollte nämlich in einem kleinen Gebirgsstädtchen im Hohenzollern-
Hechingenschen einen Mann, genau aussehend wie unser Held, mit
einer ältlichen Dame lustwandeln gesehen haben. Auf Befragen
hatte man dem Reisenden gesagt, jener Mann heiße Münch, genannt Hausen, lebe vom Ackerbau, sei ein nützlicher Staatsbürger,
guter Gatte und würde ohne Zweifel ein ebenso guter Vater
werden, wenn seine Frau noch Kinder bekommen könnte.

Wäre dieser unschädliche Acker- und Staatsbürger wirklich
der Freiherr von Münchhausen, so hätte sich in unserer lehr-
reichen Geschichte gerade das Gegenteil von dem ereignet, was
in anderen Geschichten vorzukommen pflegt. Denn in denen
werden meistens alle Vernünftigen toll, in der unsrigen aber
wären durch tüchtige Eingriffe des Lebens, sei es mittelst Nicht-
achtens auf die Schrolle, sei es mittelst Fallens auf den Kopf, oder
mittelst Wiedererscheinens einer alten Geliebten, alle Tollen oder
Halbtollen vernünftig geworden. Gewiß ein tröstlicher Ausgang!

Mit Wehmut wende ich mich zu Ihrer Frage nach Karl
Buttervogel. Dieser praktische Charakter ist leider an seiner einzigen
Schwäche untergegangen, er starb nämlich am Übermaß von
Gründen. Das ging so zu. Bald nach dem Verlassen des
Münchhausenschen Dienstes fand er eine neue Herrschaft, bei
welcher er auch mit Pferden umgehen mußte, d. h. er wurde

---

6 ff. Wielands „Wintermärchen" B. 280; vgl. Nat.-Litt. 52. Bd.

zugleich Kutscher. Einstmals fuhr er nun in einem holprichten
Wege so schlecht, daß ihn sein Herr heftig anließ und ihn fragte,
warum er nicht im Geleise bleibe. Karl hätte hierauf einfach
antworten sollen, daß er gen Himmel statt auf die Straße ge=
sehen habe. Er wandte aber den Kopf rückwärts und trug dem
Herrn unaufhaltsam eine Fülle von Gründen vor. Da schlug
der Wagen in ein tiefes Loch, Karl stürzte vom Bock, fiel vor
das Rad, dieses ging über ihn weg und jämmerlich kam er um.
An seinem Grabe weint Rieke aus Stuttgart, die er geheiratet
hatte, mit zwei unmündigen Kindern. Ich weiß, daß auch Sie
seinem Andenken eine Thräne zollen werden.

Was das optische Glas zu lesen gegeben, kann ich Ihnen
nicht sagen. Es liegt unter den Trümmern des Schlosses, die
nicht hinweggeräumt worden sind.

Habe ich Sie nun zufrieden gestellt, lieber Herr Buchbinder?
Der ich mit aller Achtung u. s. w.

N. S.

Beinahe hätte ich den Oberamtmann vergessen. Eine Ge=
schichte mit so vielen Personen ist wie ein Wirtshaus voll Gäste.
Bei der pünktlichsten Aufmerksamkeit wird doch immer der und
jener sitzen gelassen. Er kam aus dem gewerbfleißigen Wupper=
thale zurück, schon sehr verstimmt, denn von der Assise hatte er
nichts zu sehen bekommen. Den ersten Tag seines Dortseins
konnte er nämlich wegen Überfüllung des Saales mit Menschen
nicht hinein, am zweiten Tage wurde eine Sache bei verschlossenen
Thüren verhandelt und am dritten eine ausgesetzt, weil der Haupt=
zeuge fehlte; womit die damalige Quartalsitzung schloß.

Als er nun gar seinen Freund, den er brautlos erwartete,
vermählt wiederfinden mußte, kannte sein Zorn keine Grenzen.
Aber die Ehe saß wirklich wie ein guter Riegel fest und spottete
jeglicher Bemühung, sie hinwegzuschieben. Er reiste auf der Stelle
ab, hat sich in den Schwarzwald vergraben und nichts mehr von sich
hören lassen. Sein Glaube an die Menschheit soll sehr gesunken
sein und Clelien nennt er, wie man sagt, nur Armiden, die listige
Verführerin. Oswald hofft indessen doch noch ihn auszusöhnen.

---

34. Armida, die Verführerin Rinaldos in Torquato Tassos Epos „Das befreite
Jerusalem" und in Glucks Oper „Armida".

II.

Du fragſt mich nicht nach den komiſchen Leuten, obgleich Du, luſtig wie ein Knabe, an ihnen Dein Ergötzen hatteſt und Dich ſelbſt nicht ſcheuteſt, über „den gemeinſten aller gemeinen Bedienten"
5 wie Du ihn nannteſt, zu lachen. Du fragſt mich nach Oswald und Lisbeth. Ihre Geſchichte ſei ja noch nicht aus, ſagſt du.

Nein, ihre Geſchichte iſt auch nicht aus, ſie hat erſt begonnen. Ich hätte nicht ſolchen Anteil beiden gewidmet, wenn ſie zu denen gehörten, deren Blüte das Läuten der Hochzeitglocken zu Grabe
10 läutet. Die Geſchichte ihres Herzens und innerſten Geiſtes nahm von dem Segen des Prieſters den Ausgang.

Ein zu frühes Beieinanderſein der Liebenden hat etwas Un= geſchicktes. Das Leben iſt nun einmal roh, es trennt mehr, als daß es verbinde. Der Tag wirft viel Schaum und trübe Flut
15 zwiſchen zwei Herzen, die noch nicht gelernt hatten und auch unter ſolchen Umſtänden nicht lernen können, mit einander vertraut zu ſein — denn auch das echte Vertrauen will gelernt werden. Daher kommt es denn, daß die meiſten einander zu fremd und doch zu nahe in den Eheſtand treten. Und ſo entſteht die trübe und
20 unreine Geſtalt vieler Ehen. In manchem Zufälligen hatten die Verbundenen das Weſenhafte zu finden gewähnt, das nimmt Abſchied, und nun klagen ſie über bittere Enttäuſchungen, wo ſie im Gegenteil ſich vielleicht der Entfaltung eines Weſenhafteſten zu erfreuen hätten.

25 Unſer Paar wurde durch anſcheinendes Mißgeſchick über dieſe gefährliche Sandbank des Lebens hinübergeſpült. Draußen, in Wald und Feld, außer dem Pferch der Civiliſation hatten ſie einander gefunden, hatten einander vor aller Bekanntſchaft geliebt, der Blitz der Ahnung hatte dem einen des andern ewiges Sein
30 und Werden erleuchtet. Aber nun galt es, den koſtbaren Gewinn für die Erde zu feſtigen. An dem Tage ihres Bundes wurden ſie getrennt! Trauriges Los, glückliches Los! In Sehnſucht und Wehmut, in zartem Harren und Darben lernte nun eines des andern Tiefſtes aus; das Feinſte und Wahrſte der Seelen, der
35 Blütenſtaub des inneren Menſchen wehte hinüber und herüber. Die Leidenſchaft konnte nicht aufkommen, denn die Hoffnung, feſt geankert auf dem Grunde des Sakraments, hielt ſie mit ſanfter

2 Du, der zweite Brief iſt an des Dichters Braut gerichtet.

Hand nieder, die Ferne zeigte jedem die zweite teure Gestalt in verklärten Umrissen.

Daher kannten sie einander, als er ihr bei Rotterdam aus dem Boote half, aber sie kannten einander in der edelsten und köstlichsten Weise. Den ewigen Menschen hatte eines in dem andern erschauen gelernt, nicht den zufälligen. Die Begeisterung des ersten Liebesrausches hatte die süßeste und zugleich die ernsteste hohe Schule durchgemacht. In allen Tiefen des Bewußtseins hatte sich das Aufjauchzen des Gefühls als hohe Vernunft wieder= gefunden.

Und nun haben sie einen Glauben, den nichts erschüttern kann. Wenn der Tag seinen Schaum heranspült und das Bild des Liebsten verunreinigt; wenn die Laune kommt und das Sonder= bare, Dumpfe, so sprechen sie: Das ist nicht Oswald, das ist nicht Lisbeth, das ist der Zufall. Eines ist für das andere nur da in der schönen Figur jener akademischen Zeit ihrer Liebe.

Nach allen Seiten hin erbaut sie die Ehe, die den Namen einer heiligen verdient. Denn sie haben einander einen Doppel= schwur geleistet ohne Worte. Eins wollen sie sein und bleiben, aber eins im Leben und in der Welt, nicht sich versteckend vor Leben und Welt. Mit Liebe wollen sie den stumpfen Wider= stand der Materie überwinden. Der ist groß. Denn ihr Schritt hat freilich in alle Verhältnisse den tiefsten Riß gemacht. Man läßt Lisbeths Liebenswürdigkeit zwar gelten, aber das Findelkind bleibt ihnen doch ein Findelkind. Die Bekannten haben gestutzt, die Freunde getrauert, die Familie ist außer sich gewesen, hab= süchtige Vettern schielten froh nach der Zukunft. Zwischen diesen dürren Klippen, in solcher Wildnis ist ihnen die Aufgabe ge= setzt, den Garten eines schönen, fruchttragenden Lebens auszusäen. Daher hat denn ihre Geschichte nur erst begonnen. Überallhin müssen sie sich aufstellen, jeden Schatz aus sich zu Tage fördern, sie müssen sich vollenden für die Welt und für die Zwecke der Welt, um das Recht des Herzens darzulegen.

Eine Liebesgeschichte und nichts weiter! werden manche sagen. Wenn es nichts weiter wurde, so ist daran meine geringe Fähig= keit, nicht mein Sinn schuld. Mein Sinn stand darauf, eine Ge= schichte der Liebe nachzuerzählen, der Liebe zu folgen bis zu dem Punkte, wo sie den Menschen für Haus und Land, für Zeit und Mitwelt reif, mündig, wirksam zu machen beginnt.

Deine Seele hat manchen Gedanken von mir in sich empfangen, Du hast ihn gepflegt und mir schöner zurückgegeben. Von Dir vernahm ich zuweilen erst, was ich eigentlich gedacht hatte. Höre denn auch jetzt, was meine rauhe und ungestüme Lippe Dir zu- stammelt; pflege es in einem feinen, guten Gemüte.

Unsere Zeit ist groß, der Wunder voll, fruchtbar und guter Hoffnung. Aber irr und wirr taumelt sie noch oft hin und her, weiß die Stege nicht und plaudert wie im Traume. Das rührt daher, weil das Herz der Menschheit noch nicht wieder recht auf- gewacht ist. Denn nicht abhanden kam der Menschheit das Herz, es ward nur müde und schlief etwas ein. Im Herzen müssen sich die Menschen erst wieder fühlen lernen, um den neuen Weg zu erkennen, den die Geschlechter der Erde wandeln sollen, denn vom Herzen ist alles Größte auf Erden ausgeschritten. Moses sah an das Elend seines Volkes und führete es hinweg; Christus wollte sein göttliches Licht nicht für sich behalten, sondern in überströmender Liebe gab er es seinen Brüdern; nach dem heiligen Grabe lechzete die durstige Brust der Kreuzfahrer, Luther that mit seinem Herzen die tiefe Frage nach der ewigen Seligkeit, vor welche sich schmauchende Kirchenkerzen gestellt hatten, die von Meß- gewändern und Weihrauchwolken verhüllt war.

Wenn ich aber das viel gemißbrauchte und deshalb übel be- rufene Wort brauche, so weißt Du, daß ich damit nicht den schlaffen, von der Empfindelei getauften Muskel meine, der in einer Flut matter Thränen schwimmt. Das volle, starke Herz meine ich, vom Atem Gottes und göttlicher Notwendigkeiten durchweht und be- geistet. Ich meine das Herz, welches das schöne Weib des Kopfes ist. Von ihm wird es befruchtet und giebt die Kraft seines Mannes und Herrn wieder als göttliches Kind mit tiefen welterlösenden Augen. Dieses Herz erscheint den Schwachen nicht selten kalt und roh, und doch ist es das Wärmste, was es giebt, denn es ent- zündet mit seinem Brande die Völker. Und das Zärteste ist es auch, denn nicht irdische Stümper rühren es, sondern die Himmlischen spielen darauf, wie auf einer Äolsharfe, und es tönet seine ewigen Akkorde unter den Fingern der Elohim.

Unsere Zeit ist ein Kolumbus. Sie sieht wie der Genueser mit den Blicken des Geistes das ferne Land hinter der Wüste des Ozeans. Desselben gleichen erlebt sie die Geschicke des Kolumbus. Auch ihr laufen die Kinder nach, halten sie für wahnwitzig und zeigen an den Kopf. Auch sie steht vor manchem Rate von Salamanca und soll sich aus Kirchenvätern widerlegen lassen. Auch heuer giebt es diesen und jenen heuchlerischen Johann von Portugal, der ihr das Geheimnis abgekauft zu haben wähnt und die Karavelle aussendet von den Inseln des Grünen Vorgebirges, aber nach vierzehn Tagen den schlechten Bootsmann entmutigt wiederkehren sieht. — Sie hat die Anker gelichtet und steuert und steuert.

Aber der Genueser hatte die Buffole am Bord und nach der richtete er sein Schiff und ließ sich nicht irre machen, als die Nadel unter entlegenen Graden abzuweichen begann. Die Nadel zeigte ihm den Pfad.

In das Schiff der Zeit muß die Buffole gethan werden, das Herz. Und keine Abweichung muß den Seefahrer irren, wenn die Reise immer weiter und weiter vordringt. Dann wird nach verzweiflungsvollem Hoffen und Harren plötzlich in einer Nacht vom Schiffe: Land! gerufen werden, und die Insel San Salvador wird nächsten Morgens entdeckt daliegen, wild, üppig, mit großen und schönen Wäldern, mit unbekannten Blumen und Früchten, von reinen, lieblichen Lüften überhaucht und umspült von einem krystallklaren Meere. — Und es kann sein, daß auch die Zeit nach Ophir und nach des Tartarchanes Gebiete entsteuert zu sein wähnet, und in diesem Wahne, ein erhaben phantasierender Kolumbus, abstirbt, und daß erst spätere Jahre erfahren, Amerika sei an jenem Morgen entdeckt worden.

---

1 f. Kolumbus wurde vor einer Ratsversammlung in Salamanca in betreff seiner Pläne und seiner Rechtgläubigkeit geprüft. — 3. König Johann II. regierte 1481—1495. — 5. Karavelle, portugiesisch-spanische Bezeichnung für kleinere Segelschiffe; grünes Vorgebirge, Kap der guten Hoffnung. — 13. Buffole, Kompaß. — 17. San Salvador nannte Kolumbus die am 12. Oktober 1492 entdeckte Insel Guanahani. — 21 f. Kolumbus meinte bekanntlich auf der Fahrt nach Westen Indien zu erreichen; das aus König Salomos Geschichte her berühmte Ophir (nahe der Indusmündung) wurde im 15. und 16. Jahrhundert in den verschiedensten Weltteilen gesucht.

Inhalt.

—

——

Sechstes Buch.
Walpurgisnacht bei Tage.